AKAL / PENSAMIENTO CRÍTICO

87

Diseño interior y cubierta: RAG

Título original:
Spectrum. From Right to Left in the World of Ideas

Publicado originalmente por Verso, 2005

© Perry Anderson, 2005

© Ediciones Akal, S. A., 2008, 2020
para lengua española
Sector Foresta, 1
28760 Tres Cantos
Madrid - España
Tel.: 918 061 996
Fax: 918 044 028
www.akal.com

ISBN: 978-84-460-4903-6
Depósito legal: M-20.060-2020

Impreso en España

Perry Anderson

Spectrum
De la derecha a la izquierda
en el mundo de las ideas

Traducción de
Cristina Piña Aldao

akal

ARGENTINA
ESPAÑA
MÉXICO

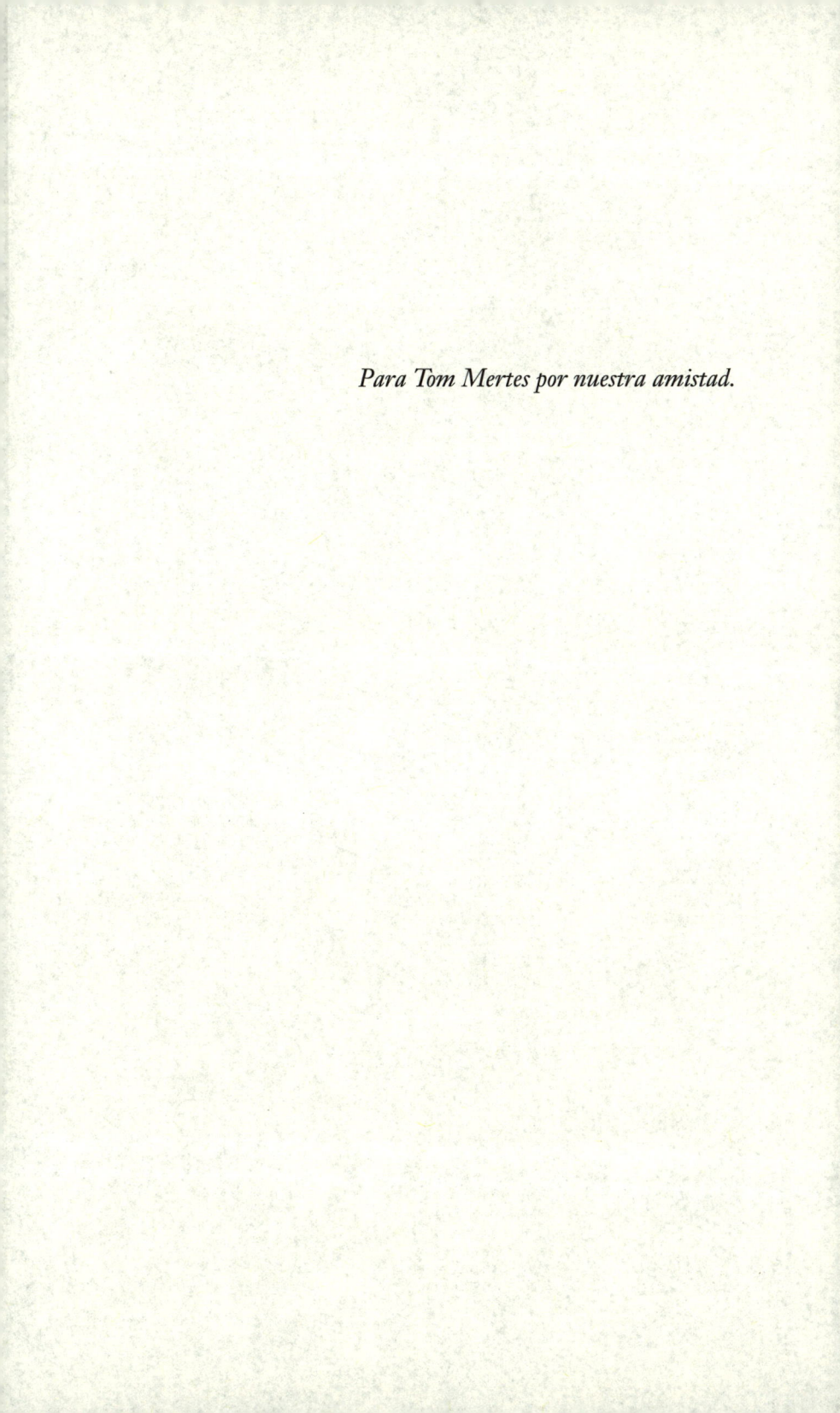

Para Tom Mertes por nuestra amistad.

RECONOCIMIENTOS

Las primeras versiones de parte o de todos los siguientes artículos se publicaron en el *London Review of Books:* «The Intransigent Right», 24 de septiembre de 1992; «Constitutional Theatre», 22 de octubre de 1992; «Dreams of Central Europe», 25 de noviembre de 1999; «In Memoriam», 21 de octubre de 1993; «Civil War, Global Distemper», 4 de noviembre de 1993; «Philologist Extraordinary», 10 de mayo de 2001; «The Vanquished Left», 3 de octubre y 17 de octubre de 2002; «An Anglo-Irishman in China», 30 de julio de 1998 y 20 de agosto de 1998. «Designing Consent» se publicó originalmente en *Dissent*, invierno de 1994; «Plotting Values» y «Arms and Rights», en *New Left Review*, I/231, septiembre-octubre de 1998, y 32, enero-febrero de 2005. «Tropical Recall» y «An Atlas of the Family» se publicaron en *The Nation* el 26 de enero de 2004 y el 30 de mayo de 2005, respectivamente; el primer apéndice se publicó con el título de «Reader's Note» en *London Review of Books. An Anthology*, Londres, 1996. La mayoría de estos textos han sido sometidos a corrección o enmienda. «Norming Facts» estaba hasta ahora inédito. Las ampliaciones se indican mediante la fecha al final del texto.

Me gustaría agradecer a mis directores de *LRB* y *NLR*, Mary-Kay Wilmers y Susan Watkins, y a mi hermano Benedict Anderson sus comentarios sobre diferentes partes de este libro; y a Tom Mertes, Choi Sung-eun y Zhang Xiaohong, la ayuda que me prestaron en su preparación.

PREFACIO

Este libro es un ejercicio sobre la historia de las ideas contemporáneas. Puede considerarse una toma panorámica, de derecha a izquierda, de un paisaje intelectual determinado. Los pensadores y los escritores a los que observa pertenecen a un mundo político en el que las categorías de derecha, centro e izquierda conservan aún visiblemente su significado, aun cuando –ésta es una de las cuestiones que se plantean a lo largo del libro– las localizaciones y los límites de cada uno distan mucho de estar fijados. Se trata del espectro al que alude el título. La existencia de tal gama de concepciones y convicciones es suficientemente conocida. Pero un recorrido por ellas sigue siendo una empresa analítica relativamente rara, por dos buenas razones. La primera es la tendencia natural de cada familia política a interesarse más por su propia especie que por extraños o adversarios. El celo polémico puede provocar una fijación con la otra orilla, u orillas, de intención puramente hostil. La Guerra Fría estaba llena de este tipo de bibliografía, tan efímera como instrumental. Pero en un plano intelectual más serio, las mentes tienden a dividirse de acuerdo con simpatías, una versión erudita de la atracción hacia los similares. El impulso de estudiar, ante todo, las fuentes –próximas o remotas– de las lealtades de uno mismo es perfectamente adecuado y productivo. Pero evidentemente también puede provocar un estrechamiento del horizonte. Las ideas raramente son valores absolutos: su valor siempre está en relación con cualesquiera otras nociones en juego al otro lado del campo, y cuyo conocimiento es el único que permite medirlas. La absorción intramural nunca puede proporcionar esto.

La segunda razón para la escasez de trabajos comparativos en este campo está relacionada con la naturaleza del ámbito en sí.

9

La política no es una actividad encerrada en sí misma, que genere orgánicamente un conjunto de conceptos internos. El conjunto de ideas que se considera que influyen en el conflicto político de un tiempo varía de acuerdo con la época y la región. Hoy se extiende mucho más allá del alcance de la ciencia política, tradicionalmente concebida. La filosofía, la economía, la historia, la sociología, la psicología, por no hablar de las ciencias de la tierra y de la vida, y las artes, todas se entrecruzan en diferentes puntos con el terreno de la política en su definición clásica.

Aunque dista mucho de haberse extinguido, la teoría política formal ocupa sólo una parte del espacio resultante. Ésta es una expansión, sin embargo, sometida a las leyes férreas de la especialización. Cuanto más amplio sea el conjunto de disciplinas con potencial interés por las perspectivas políticas de un momento determinado, más difícil resulta hacerse una idea precisa de la gama de ideas sobre el poder y la sociedad –el ámbito de la política propiamente dicha– que compone el inventario de ese tiempo. La restricción especialista refuerza la introspección partidista, al inhibir la exploración del campo en su totalidad.

Al intentar, no obstante, dar un paso en esta dirección, he seguido los métodos establecidos en *A Zone of Engagement*[1], un libro anterior del que éste puede considerarse continuación. Sería ocioso repetirlos en profundidad aquí. Todo lo que debe decirse es que este libro también se basa en la premisa de que, con independencia de su complejidad, las ideas es mejor estudiarlas en la obra detallada de los escritores que las presentan, como textos inseparables de contextos históricos que siempre son a un tiempo sociales y conceptuales, aunque no reducibles a ellos. La opción, en otras palabras, es no tratarlas como motivos intemporales, ni como discursos genéricos, ni como lenguajes especializados, las tres alternativas más populares que se ofrecen. Por otra parte, este volumen no es un mero apéndice de la obra anterior, porque su diseño supone una alteración del alcance. En el anterior yo explicaba que, dado que normalmente mi impulso

---

[1] P. Anderson, *A Zone of Engagement*, Londres, 1992 [ed. cast.: *Campos de batalla*, Barcelona, Anagrama, 1998].

10

fundamental al analizar una obra era la admiración crítica, hallaba difícil escribir sobre autores de los que personalmente me sentía demasiado cercano. Al elaborar un volumen referido a pensadores que cubren el espectro desde la extrema derecha al centro moderado y la izquierda radical, he intentado superar esta limitación. *A Zone of Engagement* menciona a tres pensadores de la izquierda sobre quienes me habría gustado escribir en aquel momento, pero me sentía incapaz. Dos de ellos, Eric Hobsbawm y Sebastiano Timpanaro, se incluyen en este libro; el tercero, Fredric Jameson, es objeto de otro estudio, *The Origins of Postmodernity*[2]. Es una ampliación en un extremo del espectro. En el otro, analizo aquí a un grupo de pensadores que, al contrario de todos los demás tratados antes, no eran liberales de convicción más o menos conservadora –Max Weber y Francis Fukuyama, que forman parte importante de *A Zone of Engagement*, lo eran ciertamente–, sino teóricos de una derecha más inflexible, enemigos de cualquier consenso liberal.

El resultado es un libro de concepción más sistemática que la de su predecesor. Cualquier selección de figuras escogidas de cada segmento de un hemisferio político ha de ser, por supuesto, un tanto arbitraria, respondiendo a los accidentes del interés personal. La reflexión sobre los incluidos en esta recopilación no siempre ha sido, en todo caso, premeditada, sino que respondía a diferentes encargos. Pero la intención de un análisis como el que sigue se formó muy pronto, y guió las posteriores elecciones. El espectro político, que da las coordenadas generales del libro, también ha determinado en gran medida la gama de temas. La derecha, el centro y la izquierda no han invertido idénticas energías en las mismas materias o disciplinas. Los legados clásicos del pensamiento político, desde Platón hasta Nietzsche, y las tareas inmediatas de regir el mundo, en el interior y en el extranjero, han sido de gran interés para la derecha. Las estructuras filosóficas normativas se han convertido en la especialidad del centro. Las investigaciones económicas, sociales y culturales –del pasado

---

[2] P. Anderson, *The Origins of Postmodernity*, Londres, 1998 [ed. cast.: *Los orígenes de la posmodernidad*, Madrid, Akal, 2016].

y del presente– dominan la producción de la izquierda. Cualquier intento de entender las tres perspectivas obliga, por lo tanto, a atravesar un terreno muy variado. En este libro, se encontrarán temas como teorías del derecho, del Estado, de la economía, de la familia, de las relaciones internacionales, de las lecciones de la Antigüedad y del siglo XX, de la memoria y la mortalidad. Está claro que sería mejor que cada uno de ellos estuviera abordado por un especialista en la materia. Pero aun así se puede decir algo sobre ellos, por muy parcialmente que sea, allí donde penetran en las reservas generales de la cultura política entendidas como recursos para un frente de opinión determinado. Mi propio intento de hacerlo no se basa en una competencia politemática, sino que procede más prosaicamente de las necesidades de la práctica editorial, desde hace medio siglo, en una revista generalista que impone cierta diversidad de lectura y –en cualquier caso en principio– de crítica, como exigencia técnica[3]. Las limitaciones que eso supone también están perfectamente claras.

La recopilación de temas incluida en este libro, en cada caso a través del prisma de una obra completa determinada, no pretende ser ni remotamente integral. Faltan, por ejemplo, sistemas intelectuales sobre los que he tratado en otras partes: más notablemente, el posestructuralismo francés, a cuyo pensador político más activo, Jean-François Lyotard, analizo en *Los orígenes de la posmodernidad*. Figuras de otros campos han sido tan bien captadas por otros colegas que la adición sería superflua. Entre ellas se encuentran los dos teóricos más significativos de las relaciones interestatales en la actualidad, de sello muy diferente, John Mearsheimer y Philip Bobbitt[4]. La teoría de los sistemas mundo

---

[3] *New Left Review* se fundó en 1960. Empecé a colaborar editorialmente en 1962. La conexión define, por supuesto, mi propio posicionamiento en el espectro político.

[4] Véase P. Gowan, «A Calculus of Power», *New Left Review* 16, julio-agosto de 2002, pp. 47-67 [ed. cast: «Un cálculo de poder», *New Left Review* 16 (septiembre-octubre de 2002), pp. 44-63]; y G. Balakrishnan, «Algorithms of War», *New Left Review* 23 (septiembre-octubre de 2003), pp. 5-33 [ed. cast.: «Algoritmos de guerra», *New Left Review* 23 (noviembre-diciembre de 2003), pp. 5-31].

de Immanuel Wallerstein y su escuela aún no ha sido evaluada en cuanto a calidad, pero ha atraído mucha bibliografía. Lo mismo podría decirse de la política cultural de Edward Said, cuya influencia no es menor hoy. Otras lagunas están más relacionadas con la falta hasta ahora de una figura u obra suficientemente importante como para representar un punto de entrada obvio en el terreno afectado. Éste es en general el caso de cuestiones que componen buena parte de la agenda política emergente del nuevo siglo, pero que aún no han generado una bibliografía igual a su importancia. La ecología y la biotecnología son ejemplos obvios. El feminismo es un caso distinto, su historia ahora considerable ofrece un enigmático patrón de parones y avances intelectuales. Si bien el actual es un periodo de relativa calma –no hay ningún *El segundo sexo* a la vista–, es improbable que dure. El mundo de las ideas políticas sigue siendo un asunto más masculino que el de las carreras políticas, pero antes o después uno se pondrá a la altura del otro.

La distribución del libro se adapta al desfile del tiempo. Desde el final de la Guerra Fría, cuando se publicó *A Zone of Engagement*, las ideas de la derecha han ganado más terreno; el centro se ha adaptado cada vez más a ellas; y la izquierda sigue, mundialmente hablando, en retirada. La escala de la restauración intelectual que se ha producido –el término «neoliberalismo», tomado en serio en su referencia histórica, capta parte de ella– se reprime habitualmente en la izquierda de diversos modos. La derrota es una experiencia difícil de dominar: siempre hay la tentación de sublimarla. Mas para superarla es necesario poder mirar a la cara a los adversarios teóricos, sin indulgencia ni autoengaño. Eso exige una cultura de curiosidad y crítica que no se contente con mantenerse en las tradiciones de la propia izquierda, donde la inclinación general de las tendencias políticas al autoensimismamiento se ha intensificado en general debido a la mentalidad de sitio experimentada por cualquier formación minoritaria, como siempre ha sido –en Occidente, desde luego, con las excepciones fugaces de la Francia y la Italia de posguerra– el universo intelectual de la izquierda; y nunca más que hoy. Uno de los objetivos de esta recopilación es el de resistir contra esta involución.

La primera parte del libro considera escritos que, de un modo u otro, pertenecen a la bibliografía de la derecha. Dominando este paisaje, se encuentran los cuatro pensadores, de dotes sobresalientes cada uno a su modo, analizados en el primer artículo: Michael Oakeshott, Carl Schmitt, Leo Strauss, Friedrich von Hayek. Desde que se escribió este texto, la bibliografía sobre cada uno de ellos, como pensador individual, se ha enriquecido[5]. Pero son las interrelaciones complejas entre estas mentes, a medida que reaccionan ante la llegada de la democracia de masas, las que siguen siendo claves para entender su impacto político. Es el tema del capítulo que aquí se les dedica. El resto de esta parte analiza dos escritores de levas posteriores, ambos destacados en la vida pública inglesa, que ilustran en parte el modo de concebir la democracia después de ese momento: Ferdinand Mount, que introdujo el legado de Oakeshott en las estructuras internas del Estado y de la sociedad británicos; Timothy Garton Ash, preocupado por la reproducción externa de los modelos occidentales, desintoxicados de los riesgos que alarmaron al cuarteto de entreguerras, en Europa Oriental y en el resto del mundo. El título de esta sección, «Política», debe entenderse en el sentido más estricto del término, es decir, el diseño de formas y políticas para dirigir un Estado, como algo distinto de cuestiones más amplias sobre la naturaleza y la estructura del poder en una sociedad, o en el uso francés, *la politique* opuesta a *le politique*. Es lógico que los escritos sobre esta materia correspondieran predominantemente a la derecha, porque así ha ido el mundo en este periodo.

La segunda parte del libro contempla tres filósofos políticos fundamentales en el cambio de siglo, todos los cuales están considerados en general –y se consideraban a sí mismos– figuras de

***

[5] La aportación más notable a esta bibliografía es la de G. Balakrishnan, *The Enema. An Intellectual Portrait of Carl Schmitt*, Londres, 2000. P. Franco, *Michael Oakeshott*, Yale, 2004, y D. Tanguay, *Leo Strauss. Une biographie intellectuelle*, París, 2003; son interesantes. A. Ebenstein, *Friedrich Hayek. A Biography*, Nueva York, 2001, y H. Jorg, *Friedrich August von Hayek. Die Tradition der Freiheit*, Dusseldorf, 2000, son primeros pasos buenos, pero limitados.

la izquierda moderada: John Rawls, Jürgen Habermas y Norberto Bobbio. Aquí son tratados, sin un ánimo polémico particular, como pensadores que, a estas alturas, es mejor considerar como figuras de centro. En el caso de Rawls y Habermas, la justificación procede del ideal que une la teoría política interior de su obra tardía: el «consenso». Si éste no es un valor prototípico del centro, parece difícil saber qué lo sería. Bobbio, que tuvo un currículum más duradero y más comprometido como figura de la izquierda, nunca se adscribió a él: de hecho, intentó con no poca elocuencia retrazar líneas de división precisas entre derecha e izquierda que sólo permitieran un espacio de evasión hacia el centro. En su caso, más claramente aun que en el de Habermas o de Rawls, la clasificación política está más en función de la coyuntura política que de la identidad esencial. He escrito en otras partes acerca de los primeros trabajos de Habermas y Bobbio, cuando eran sin ambages de izquierda[6]. Si comparamos la teoría política interior de los tres pensadores, como se analiza aquí, Bobbio mantuvo hasta el final una sensibilidad más radical que Rawls o Habermas. Pero si observamos los escritos sobre relaciones internacionales de los tres, el tema del artículo intermedio de este libro, la convergencia sobre los principios de intervención militar que han justificado sucesivas guerras imperiales los sitúa a los tres en el puro centro de las ideas mayoritarias de hoy.

La tercera parte del libro se traslada al terreno de la izquierda, donde todos los analizados pueden considerarse más abiertamente interesados por la historia en cuanto registro del pasado, distinto de cualquier deontología, que cualquiera de las figuras de la derecha o del centro aquí consideradas. Esto es aplicable,

---

[6] Respecto a Habermas, véase P. Anderson, *In the Tracks of Historical Materialism*, Londres, 1982, pp. 57-67 [ed. cast.: *Consideraciones sobre el marxismo occidental*, Madrid, Siglo XXI de España, 1979]; *A Zone of Engagement*, cit., 1992, pp. 327-331; *The Origins of Postmodernity*, cit., pp. 36-44; respecto a Bobbio, *A Zone of Engagement*, cit., pp. 87-129. Bobbio me respondió a este último, y al artículo sobre él incluido en este libro. Respecto a nuestros intercambios, véase *Teoria Politica* 2-3 (1989), pp. 293-308, y *New Left Review* I/231, pp. 82-93.

por supuesto, a historiadores famosos actuales como Edward Thompson, Robert Brenner o Eric Hobsbawm. Pero también se puede decir de Sebastiano Timpanaro, historiador de las ideas del siglo XIX y filólogo clásico; de Göran Therborn, de profesión sociólogo, pero cuya obra principal es desde cualquier punto de vista una gran síntesis histórica; e, incluso a su propio modo, de Gabriel García Márquez, cuyos relatos nunca han tenido por objeto al mundo contemporáneo. ¿Es una disposición activa de la izquierda, porque ésta ya ha dejado atrás su vida activa como movimiento para cambiar el mundo? Sería una conclusión demasiado fácil, y no sólo porque ninguna de estas figuras ha dejado nunca de participar en la política contemporánea. Esta inclinación por la historia indica, por el contrario, unas conexiones compartidas con lo que hasta hace poco era la *Leitkultur* de la izquierda internacional, a la que, después de todo, sus fundadores denominaron materialismo histórico.

Que un marxismo capaz de informar obras de tan obvia magnitud como las de Therborn, Brenner o Hobsbawm –referentes a temas tan amplios como la historia de la familia moderna, la dinámica de la economía mundial, la periodización del siglo XX– difícilmente se puede considerar muerto, es evidente en sí mismo. El tratamiento que doy a las diferentes figuras de esta izquierda varía en parte en función de la ocasión en la que se me pidió que escribiera sobre ellos, o decidí hacerlo. Dos de estos textos se compusieron a la muerte del autor del que se ocupan, Edward Thompson y Sebastiano Timpanaro, y pulsan una nota más personal. Otros dos tratan exclusivamente de una sola obra del autor, uno dedicado a Göran Therborn, el otro a Gabriel García Márquez, cuya inclusión aquí, como el novelista en general más admirado del mundo actual, es menos extraña de lo que pudiera parecer a simple vista: ¿qué selección de la izquierda podría en realidad excluirlo? Dos, por último, contemplan sus objetos de estudio con mayor amplitud, cada uno desde un doble punto de vista: Robert Brenner en su obra sobre la Guerra Civil inglesa y sobre la larga recesión, Eric Hobsbawm en su tetralogía del mundo desde la Revolución francesa y en sus memorias. Este último artículo, de conformidad con el modo en que el propio autor ha escrito *Age of Extremes*, y con la realidad del periodo, se titula «La izquierda vencida». Pero no es lo mismo ser derrotado que doblegado. Ninguno de estos escritores ha inclinado la cabeza ante los vencedores. Si se quiere una línea divisoria entre lo que se ha convertido en centro y lo que sigue siendo la izquierda, estaría aquí.

Los ensayos sobre otros, practicados como forma, plantean a menudo cuestiones tácitas acerca del ensayista. Los estudios culturales han puesto de moda el «autoposicionamiento», como exordio a menudo forzado a las materias analizadas. Aquí he preferido sencillamente indicar dos de las deudas que tengo como escritor. La primera la contraje con la *London Review of Books*, en el que muchos de estos artículos se publicaron por primera vez. Al proceder de un entorno político bastante distante de la línea general del periódico, aprendí de él a escribir –y, por lo tanto, también a pensar– de modos nuevos para mí. La descripción que intento de la *LRB* pretende captar la alquimia peculiar de la revista, y puede interpretarse como signo de lo que estas páginas deben a su educación. Es difícil escribir sobre las publicaciones periódicas, y no se escribe mucho acerca de ellas. Las reflexiones incluidas en este libro, tanto críticas como admirativas, están escritas desde el punto de vista de un colaborador situado en la extrema izquierda del ancho de banda de la revista. El libro termina con una historia de la vida de mi padre en la China republicana. Lo que una generación debe a otra varía mucho históricamente. Las circunstancias que describo me separaron de este pasado, pero cuando lo descubrí, bastante tarde, comprendí de un modo complicado algo que había contribuido a crearme. Pero el propio relato, sobre un individuo y una institución, es en sí un trozo de historia.

PRIMERA PARTE
Política

CAPÍTULO I

La derecha intransigente: Michael Oakeshott, Leo Strauss, Carl Schmitt, Friedrich von Hayek

Pocos meses después de la caída de Margaret Thatcher, fallecía el pensador más original del conservadurismo de posguerra. Quizá en parte debido a la conmoción causada por el cambio de liderazgo nacional, el óbito de Michael Oakeshott no atrajo mucha atención pública. Hasta *The Spectator*, de quien podría esperarse que realzase el acontecimiento con una amplio análisis del autor, lo pasó por alto durante casi medio año, antes de publicar un artículo curiosamente distraído de su director, en el que hablaba de extrañas pérdidas entre los documentos del filósofo, sin mencionar siquiera sus ideas políticas[1]. La lejanía de los orígenes intelectuales de Oakeshott respecto al paisaje contemporáneo tal vez fuera otra de las razones de la reacción silenciosa. El idealismo angloescocés de los primeros años del siglo XX, extinguidas hace tiempo sus otras luces, se ha convertido en uno de los episodios menos recordados del pasado autóctono. Oakeshott siempre resultó difícil de clasificar. Aunque era un ejemplar patriota de las instituciones británicas, una mirada superficial podría hacernos creer que últimamente estaba más considerado en Estados Unidos que en su propio país. Su último libro, *The Voice of Liberal Learning*, lo publicaron en Colorado. La primera recopilación póstuma, una versión ampliada de *Rationalism in Politics*, se publica ahora en Indianapolis[2]. El único estudio extenso sobre su obra es una admirativa mono-

---

[1] Véase C. Moore, «Another Voice», *The Spectator*, 15 de junio de 1991.

[2] Ambos volúmenes han sido editados por Timothy Fuller, del Colorado College.

grafía publicada en Chicago[3]. Pero su perfil, en ambas orillas del Atlántico, sigue siendo esquivo.

Oakeshott se ha considerado con frecuencia la voz obstinada del conservadurismo arquetípico inglés: empírico, previsible, tradicional, adversario de cualquier política sistemática, de reacción no menos que de reforma; un pensador que prefería escribir sobre el Derby de caballos a explicar la Constitución, y a quien hasta Burke le parecía demasiado doctrinario. La imagen amablemente descuidada y cómoda es engañosa. Para situar a Oakeshott en su verdadero contexto, hace falta un ángulo de visión comparativo. Porque él fue, de hecho, uno de los cuatro destacados teóricos europeos de la derecha intransigente cuyas ideas modelan ahora –independientemente de lo mucho o lo poco consciente que los principales políticos sean de ello– gran parte del mundo mental de la política occidental de finales de siglo. Lo más apropiado es considerar a Michael Oakeshott junto a Carl Schmitt, Leo Strauss y Friedrich von Hayek. Las relaciones entre estas cuatro figuras esperan la documentación de futuros biógrafos. Pero sean cuales fuesen los contactos o los conflictos circunstanciales –algunos más visibles que otros–, el entramado de las relaciones intelectuales entre ellos forma un patrón impresionante. Por generación, tres eran contemporáneos prácticamente exactos: Strauss (1899-1973), Hayek (1899-1991), Oakeshott (1901-1990). Una década mayor, Schmitt (1888-1985) se superpuso a ellos, superando como Hayek los noventa años, una longevidad a la que también se aproximó Oakeshott. Proceden de disciplinas distintas –economía (Hayek), derecho (Schmitt), filosofía (Strauss) e historia (Oakeshott)–, pero la política atrajo los intereses de todos ellos a un terreno común. Allí, estuvieron divididos por marcados contrastes de carácter y perspectiva, y por las respectivas situaciones a las que se enfrentaron. El entrelazamiento de temas y resultados, por encima de tales diferencias, es aún más sorprendente.

---

[3] P. Franco, *The Political Philosophy of Michael Oakeshott*, New Haven, 1990: un estudio lúcido y cuidadoso, originalmente efectuado en la Universidad de Chicago, que nunca se aleja de las propias posiciones de su objeto de análisis.

La experiencia formativa de todos estos pensadores fue la crisis de la sociedad europea en los años de entreguerras, cuando la dislocación económica, la revuelta obrera y el retroceso de la clase media sometían al orden establecido a una presión creciente, y éste empezaba a combarse en sus puntos más débiles. En la República de Weimar, el westfaliano Schmitt empezó su carrera siendo el más original adversario católico del socialismo y del liberalismo. En polémicas de intensidad eléctrica, cuya carga se dirigía cada vez más contra el precario parlamentarismo de la Alemania posterior a Versalles, él trataba las ideas como teologías diluidas, destinadas a resultar más débiles que la fuerza del mito nacional[4]. Su propia doctrina positiva se convirtió en una teoría neohobbesiana de la política. El giro crucial de ésta era el de proyectar el estado de naturaleza descrito en el *Leviatán*, la guerra de todos contra todos en la que los agentes individuales se lanzan unos contra otros, en el plano de los conflictos colectivos contemporáneos: transformando así la propia sociedad civil en un segundo estado de naturaleza. Para Schmitt, el acto del poder soberano no se convierte tanto en la institución de la paz mutua como en la decisión de fijar la naturaleza y la frontera de una comunidad dada, separando amigos de enemigos: la oposición que define la naturaleza de la política en cuanto tal[5]. Esta dura visión «decisionista» surgió de un entorno regional en el que las opciones le parecían, a Schmitt como a otros muchos, la revolución o la contrarrevolución. «En Europa Central vivimos *sous l'oeil des Russes*», escribió[6]. Su propia opción por el segundo

---

[4] Los tres textos decisivos son: C. Schmitt, *Politische Theologie*, 1922; *Römische Katholizismus und politische Form*, 1923 [ed. cast.: *Catolicismo y forma política*, Madrid, Tecnos, 2001]; *Die geistesgeschichtliche Lage des heutigen Parlamentarismus*, 1923.

[5] El manifiesto clásico es C. Schmitt, *Der Begriff des Politschen*, 1932, originalmente publicado en forma de artículo en *Archiv für Sozialwissenschaft und Sozialpolitik*, en septiembre de 1927, pp. 1-33.

[6] «Das Zeitalter der Neutralisierung und Entpolitisierung» [«La era de la neutralización y la despolitización»], la visionaria conferencia pronunciada por Schmitt ante la Unión Cultural Europea de Barcelona en octubre de 1929, y recopilada en C. Schmitt, *Positionen und Begriffe im Kampf mit Weimar–Genf–Versailles*, Hamburgo, 1940, véase p. 120.

término –era admirador de De Maistre y de Donoso Cortés– nunca se puso en duda.

En Inglaterra, donde el incandescente primer manifiesto de Schmitt en pro de la Iglesia católica se editó en una colección católica de textos titulada *Essays in Order*[7], las polaridades no eran tan agudas. El Cambridge de la década de 1920 era un lugar protegido, y los intereses de Oakeshott no eran inicialmente tan políticos. De formación anglicana en lugar de católica, su primera publicación fue un tratado sobre la religión y la vida moral que tenía por tema la necesaria consumación de la decisión ética mediante el conocimiento religioso y, por lo tanto, la unidad sustancial entre la civilización y el cristianismo[8]. La devoción personal de Oakeshott parece haber disminuido con los años, pero los acentos contrarios de tradición religiosa y opción radical se mantuvieron: una combinación que recuerda al primer Schmitt, con la diferencia de que el decisionismo de Oakeshott siempre fue de registro más moral que político. Pero había estudiado teología en Marburgo y Tubinga, y conocía *Teología política*, la famosa aplicación que Schmitt hizo de las categorías religiosas a las doctrinas laicas[9]. Cuando empezó a centrarse en la política, la lealtad intelectual de Oakeshott demostró ser la misma. Se dispuso a construir una teoría del Estado partiendo de Hobbes. Para ambos hombres, *Leviatán* –«la mayor, y quizá la única, obra maestra de filosofía política escrita en inglés», como la calificó Oakeshott[10]– se constituiría en la piedra de toque permanente para cualquier estudio contemporáneo sobre la autoridad civil.

Y no fue el único paralelo en sus puntos de vista. En aquellos años, cuando aventuraba opiniones políticas, el desprecio de Oakeshott hacia el liberalismo político y la democracia apenas

---

[7] Bajo el título de C. Scmitt, *The Necessity of Politics*, Sheed y Ward, Londres 1931, con introducción de Christopher Dawson; otras obras de la serie incluyen textos de Maritain y Berdiáiev.

[8] «D» Society Pamphlet, Cambridge, 1927, pp. 10-13.

[9] Véase su nota en M. Oakeshott, «Thomas Hobbes», *Scrutiny* IV, 1935-1936, p. 264.

[10] «Introduction to *Leviathan*» (1946), recogida en M. Oakeshott, *Hobbes on Civil Association*, Oxford, 1975, p. 3.

era menos incendiario que el de Schmitt. Al dar su veredicto sobre el otro filósofo inglés normalmente considerado clásico, hablaba con la voz auténtica de la derecha radical.

> Locke fue el apóstol de un liberalismo más conservador que el propio conservadurismo, el liberalismo no caracterizado por la insensibilidad, sino por una sensibilidad siniestra y destructiva al influjo de lo nuevo, el liberalismo que está seguro de sus límites, al que horrorizan los extremos, que posa su paralizadora mano de respetabilidad sobre todo lo peligroso y revolucionario [...] Era humilde, y hasta hace poco heredó la tierra[11].

Por fortuna, ese legado estaba pasando entonces a otras manos. «La democracia, el gobierno parlamentario, el progreso, el debate y "la ética verosímil de la productividad" son nociones –todas ellas inseparables del liberalismo lockiano– que ahora ni siquiera suscitan oposición», se burlaba Oakeshott; «no son meramente absurdas y explotadas: carecen de interés[12]. Estas líneas se escribieron en el otoño de 1932, en vísperas de la victoria nazi en Alemania. Unos meses después, Schmitt –que había sido asesor de Brüning y después de Schleicher– se pasó al bando de Hitler. Observando el nuevo régimen desde Inglaterra, Oakeshott había decidido al final de la década que, en comparación con las alternativas disponibles, la democracia representativa, por incoherente que fuese como doctrina, tenía algo a su favor después de todo. El catolicismo, sin embargo, era el depositario de otra tradición de profunda importancia, autoritaria sin capricho, «una herencia que hemos descuidado»: «En lo que a este país respecta –continuaba– me aventuro a sugerir que muchos de los principios que pertenecen a la doctrina histórica del conservadurismo deben buscarse en esta doctrina católica»[13], que

---

[11] M. Oakeshott, «John Locke», *Cambridge Review*, 4 de noviembre de 1932, p. 73.

[12] *Ibidem.*

[13] M. Oakeshott, *The Social and Political Doctrines of Contemporary Europe*, Cambridge, 1939, pp. xix-xx.

había recibido forma constitucional en la Austria de Dolffuss y en el Portugal de Salazar. En abril de 1940, el mes que cayó Francia, Oakeshott todavía rechazaba «esas majaderías sobre el gobierno por consentimiento»[14].

Por su parte, Leo Strauss, nacido en Hessen y de formación ortodoxa, había debutado en el movimiento sionista con textos sobre la religión y la política judías –su primer artículo significativo fue *Das Heilige*[15]– antes de dedicarse a estudiar la crítica bíblica de Spinoza, y más adelante a investigar sobre Hobbes. Esto lo puso en contacto con Schmitt, con quien mantuvo relaciones amigables en Berlín. Antes de salir de Alemania en 1932, dedicó su última publicación –por los mismos meses que Oakeshott pronunciaba su sentencia sobre Locke– a la obra más fascinante de Schmitt, *El concepto de lo político*. En una crítica a un tiempo admirativa y admonitoria, Strauss sostenía que, en su loable rechazo del liberalismo, Schmitt había confundido las relaciones filosóficas del mismo, y ello porque la teoría de Hobbes sobre el Estado no era un antídoto contra el liberalismo contemporáneo, sino su propio cimiento. Al radicalizar la perspectiva realista de Hobbes sobre las pasiones humanas y su resolución en la sociedad civil, convirtiéndola en una exaltación tácita de la enemistad como sello necesario de toda vida política, Schmitt no había hecho más que ofrecer un «liberalismo con un signo negativo»[16]. Lo que se necesitaba era «un horizonte más allá del liberalismo», del que no obstante podían hallarse indicios en el texto de Schmitt, cuando hablaba de que el «orden de las cosas humanas» sólo puede

---

[14] M. Oakeshott, «Democratic Socialism», *Cambridge Review*, 19 de abril de 1940, p. 348.

[15] Véase *Der Jude* 7 (1923), pp. 240-242.

[16] L. Strauss, «Anmerkungen zu Carl Schmitt: Der Begriff des Politischen», *Archiv für Sozialwissenschaft und Sozialpolitik*, agosto-septiembre de 1932, p. 748. La publicación del texto en la misma revista en la que había aparecido originalmente el propio artículo de Schmitt no fue una coincidencia: Schmitt se lo había recomendado personalmente al director. La crítica de Strauss se incluye en la edición inglesa de *El concepto de lo político*: L. Strauss, *The Concept of the Political* (traducción del cuerpo principal de la versión de la obra publicada en 1932), con introducción de George Schwab, New Brunswick, 1976: véase p. 103.

encontrarse en el retorno a una naturaleza pura. Era este orden natural, comentaba Strauss, el que la concepción liberal de la cultura había olvidado[17]. Schmitt tomó estas objeciones con calma, haciendo unos cuantos ajustes discretos a las posteriores ediciones de su obra para acentuar los indicios de trasfondo religioso que Strauss había señalado[18]. También ayudó a Strauss a llegar a Francia antes de que Hitler subiera al poder. Seis meses después de la instauración del Tercer Reich –el día que Goering elevó a Schmitt al Consejo de Estado prusiano– Strauss le escribía desde París, pidiéndole que lo recomendase a Maurras. En 1934, Strauss se trasladó a Londres, donde se quejaba de que la publicación más reciente de Schmitt, su primer desarrollo de teoría jurídica bajo el nuevo orden, había incorporado las propuestas de Strauss para superar el decisionismo, sin mencionarlo[19].

En Inglaterra, Strauss se dispuso a demostrar que Hobbes era de hecho la fuente teórica de un individualismo nivelador moderno. Publicado en 1936, *The Political Philosophy of Hobbes* sostenía que la revolución provocada por Hobbes había sustituido la visión clásica de que el orden político se basaba en la razón filosófica y estaba modelado por el honor aristocrático, por la doctrina de que el poder soberano está motivado por el temor y fabricado a partir de la voluntad: una construcción efectuada sobre los cenagales de «la negación [por parte de Hobbes] de gradación alguna en la humanidad», porque no concebía «ningún orden; es decir, ninguna gradación en la naturaleza»[20]. Recomendado al lector en inglés por el impecablemente liberal Er-

---

[17] L. Strauss, «Anmerkungen zu Carl Schmitt: Der Begriff des Politischen», cit., pp. 736, 739, 749; «Comments» en *The Concept of the Political*, cit., pp. 86, 90, 104-105.

[18] La importancia de estas enmiendas la percibe con delicada precisión Heinrich Meier en su destacado estudio, *Carl Schmitt, Leo Strauss und «Der Begriff des Politischen»*, Stuttgart, 1988, la obra fundamental sobre la relación entre el pensamiento de ambos hombres.

[19] Respecto a las cartas enviadas por Strauss a Schmitt el 10 de julio de 1933, y a Jacob Klein el 10 de octubre de 1934, véase la documentación incluida por H. Meier en *Ibidem*, pp. 134-138.

[20] L. Strauss, *The Political Philosophy of Hobbes – Its Basis and Genesis*, Oxford, 1936, p. 167.

nest Barker (que poco después prestó el mismo servicio al análisis de las doctrinas políticas contemporáneas efectuado por Oakeshott, formando un incongruente *trait d'union* entre los dos), el libro de Strauss fue en conjunto bien recibido por Oakeshott, que lo consideró el estudio más original sobre Hobbes publicado desde hacía muchos años. Pero mientras que, para Strauss, el remedio para el naturalismo adulterado de Hobbes permanecía intacto en la filosofía antigua de Platón, para Oakeshott, la incoherencia de la doctrina naturalista de la voluntad planteada por Hobbes sólo podía superarse con la moderna reunión de la razón y la volición en Hegel y Bosanquet, a pesar de que la síntesis de éstos aún no se había[21]. Oakeshott tampoco estaba muy dispuesto, como dejó claro posteriormente, a aceptar que Hobbes hubiera renunciado a los valores heroicos del orgullo como ingrediente de la paz civil: meramente los había limitado, en su realismo, a unos pocos elegidos, «debido a la escasez de personajes nobles»[22].

En 1938, Strauss se trasladó a Estados Unidos, donde después de la guerra ocupó una cátedra en Chicago en el mismo periodo en que Oakeshott se encontraba en la London School of Economics. Allí produjo una serie de obras notables, a modo de retrospectiva oracular de la historia de la filosofía desde Sócrates a Nietzsche, una doctrina política sistemática de hecho, que desde entonces ha alimentado a la escuela más característica y resuelta del conservadurismo estadounidense. En esta obra había dos temas principales. Un orden político justo debe basarse en las exigencias inmutables del derecho natural. La naturaleza, sin embargo, es inherentemente desigual. La capacidad para descubrir la verdad se limita a unos pocos, y la capacidad para soportarla la presentan muy pocos más. El mejor régimen reflejará, por lo tanto, las diferencias en la excelencia humana, y estará

---

[21] «Dr Leo Strauss on Hobbes», publicado originalmente en *Politica*, II, 1937, y recopilado en M. Oakeshott, *Hobbes on Civil Association*, cit., pp. 132-149.

[22] M. Oakeshott, «The Moral Life in the Writing of Thomas Hobbes», 1960, publicada por primera vez en *Rationalism in Politics*, Londres, 1962, p. 292.

dirigido por una elite apropiada. Pero aunque la mayor virtud es la contemplación filosófica de la verdad, esto no significa –al contrario de lo que supone una interpretación superficial de la *República*– que la ciudad justa esté regida por filósofos, porque la filosofía no sólo contempla sin vacilar las condiciones necesarias del orden político, por desconcertantes que éstas puedan ser para el prejuicio demótico, sino también las realidades más terribles del desorden cósmico: la ausencia de autoridad divina, la falsa ilusión de cualquier moralidad común, la transitoriedad de la tierra y de sus especies: todos los conocimientos que la religión debe negar y a los que la sociedad no puede sobrevivir. Desplegadas en general, estas verdades destruirían la atmósfera protectora de cualquier civilización y, con ella, todas las condiciones estables para la misma práctica de la filosofía. El conocimiento esotérico y la opinión exotérica deben, por lo tanto, mantenerse separados, so pena de destrucción mutua. Los caballeros ociosos que han sido instruidos en la norma –pero no elevados a la verdad– por los filósofos deberían sostener un orden racional de estabilidad política frente a las tentaciones niveladoras. En este régimen, el conocimiento teórico podría encontrar refugio institucional, sin peligrosos efectos secundarios sobre la práctica cívica. De conformidad con su enseñanza, que ahora imponía al filósofo dicha prudencia, Strauss hizo durante la Guerra Fría la concesión –antes impensable– de describir estas opiniones como una contribución al liberalismo, si bien «en el sentido original» entendido por los antiguos de «liberalidad» que era otro nombre dado a la «excelencia»[23]. En la emergencia universitaria de 1968, llegó a respaldar públicamente a Richard Nixon. En general, sin embargo, Strauss evadía la trivialidad oficial o el pronunciamiento partidista; éste no constituía la función del profesor, sino del enseñado.

La velada estrella polar del viaje que Strauss hizo por el pasado fue Nietzsche, el único pensador contemporáneo que –creía él– había captado en toda su profundidad la crisis de la modernidad,

---

[23] L. Strauss, *Liberalism Ancient and Modern*, Nueva York, 1968, pp. vii, 28.

después de que la filosofía abandonase con Hobbes la corrección, dedicándose a aliviar el estado del hombre en lugar de buscar la verdad eterna, y de que las formas sociales se apartasen del orden natural[24]. La autoridad equivalente para Oakeshott era Burckhardt. Característicamente, le gustaba compararlos entre sí, dando ventaja al adivino suizo, el amigo que compartía el odio de Nietzsche hacia la sociedad de masas y el desprecio hacia la democracia, pero desplegaba más una fría ecuanimidad que una «sensibilidad errática y patológica» hacia ellos, y desdeñaba ofrecer cura para esos tiempos[25]. Éstas eran, de hecho, virtudes en gran parte imaginarias: el venenoso antisemitismo de Burckhardt y su cháchara política a menudo absurda no tienen parangón en Nietzsche[26]. Y el propio historial de Oakeshott en estos años tampoco estuvo a la altura del contraste que intentaba efectuar. La guerra lo convirtió en un nacionalista, y las elecciones de posguerra en un alarmista. Olvidando apotegmas anteriores, anunció que «no hay nada en común entre el conservadurismo británico y cualquiera de las categorías de la política continental. Este tipo de conversaciones a la ligera sobre la política británica sólo libera una niebla de irrealidad[27]. El Partido Laborista era otro asunto. La reciente experiencia alemana era una empresa demasiado fatalmente similar, a pesar de que «la ausencia de golpe de Estado» en su acceso al poder hubiera confundido en un principio a los observadores. Pero «la tiranía establecida sólo puede ocultar eternamente su carácter a los esclavos voluntarios», y para entonces (1947) estaba claro que «el Partido Laborista tiene un *incentivo* para volverse despótico, los *medios* para volverse despótico, y la

---

[24] Véase L. Strauss, «The Three Waves of Modernity», recopilado en *Political Philosophy: Ten Essays by Leo Strauss*, editado por H. Gildin, Nueva York, 1989, pp. 95 ss. y «Note on the Plan of Nietzsche's *Beyond Good and Evil*» (1973), recopilado en *Studies in Platonic Political Philosophy*, editado por Thomas Pangle, Chicago, 1983, pp. 174-191.

[25] M. Oakeshott, «The Detached Vision», *Encounter*, junio de 1954, pp. 69-74.

[26] Véase, por ejemplo, J. Burckhardt, *Briefe an seinen Freund Friedrich von Preen 1864-1893*, Stuttgart y Berlín, 1922, pp. 137, 189, 203.

[27] M. Oakeshott, «Contemporary British Politics», *The Cambridge Journal*, I, 1947-1948, pp. 479-480, un texto clave.

intención de volverse despótico». De hecho, Oakeshott ya detectaba «una trama sencilla para establecer, no por la fuerza sino mediante subterfugios, un sistema de partido único y la esclavitud de la que éste es inseparable»[28]. Probablemente, a Strauss dichas diatribas provincianas le habrían parecido recargadas.

Pero el punto de vista burckhardtiano no dejaba de producir una postura cercana al nietzscheano, aunque con su propio matiz. Mientras que para Strauss, la democracia política moderna se basaba en negar la desigualdad del hombre, entendida como gradación permanente dentro de la naturaleza; para Oakeshott, esta desigualdad era el resultado de una diferenciación histórica. Como Burckhardt había mostrado, al final de la Edad Media aparecía en escena un nuevo personaje, el *uomo singulare:* un individuo moral autónomo, liberado de las cadenas de la comunidad y capaz de escoger su propio modo de vida. La expansión de este tipo de individualidad, el acontecimiento más destacado de la historia europea, dio gradualmente lugar a instituciones que expresaban su libertad. Dichas instituciones alcanzaron su punto culminante con el gobierno parlamentario surgido en Inglaterra a finales del siglo XVIII y principios del XIX. Pero la saludable disolución de las comunidades tradicionales también había liberado a una peligrosa multitud de tendencia opuesta. A quienes integraban ésta, Oakeshott los denomina individuos *manqués,* todos aquéllos a los que las nuevas condiciones dejaron atrás, porque no estaban dispuestos a aceptar la responsabilidad de la independencia personal, un enjambre de fracasos morales y sociales, consumidos por «la envidia, los celos y el resentimiento»[29]. A finales del siglo XIX, esta masa inferior había presionado a favor de un cambio espantoso: la transformación gradual del «gobierno parlamentario» en «gobierno popular», cuya «primera gran empresa fue el establecimiento del sufragio universal de los

---

[28] *Ibidem*, pp. 485, 483.
[29] M. Oakeshott, «The Masses in Representative Democracy» (1957), en A. Hunold (ed.), *Freedom and Serfdom: An Anthology of Western Thought*, Dordrecht, 1961, pp. 152-160; un artículo ahora recogido en la edición ampliada de *Rationalism in Politics*, editada por T. Fuller, Indianapolis, 1991.

adultos». Porque, continuaba Oakeshott, «el poder del "hombre masa" radica en su número, y este poder podía imponerse al gobierno por medio del "voto"»; es decir, un régimen basado en «la autoridad de los meros números»[30]. En este sentido, la democracia contemporánea no ponía en entredicho la jerarquía de los dones naturales, como desde el punto de vista de Strauss, sino la de las opciones existenciales. Porque lo antiindividual que hay tras el sufragio universal, explicaba Oakeshott, «está especificado por una incompetencia moral, no intelectual»[31].

Este matiz se reproduce en sus respectivas concepciones sobre la vocación de la filosofía. Para ambos hombres, ésta era la empresa suprema del entendimiento humano, y tan intransigentemente radical que nunca podría confraternizar directamente con la política, que exigía una estabilidad habitual que la búsqueda implacable de la verdad por parte de la filosofía debe subvertir. Porque la filosofía, en la fórmula de Oakeshott, era «experiencia sin presuposición, reserva, freno ni modificación»[32]; una frase que hubiera hecho estremecer a Burke. La práctica de la política, sin embargo, implicaba necesariamente las cuatro condiciones que la filosofía como teoría excluía. «La filosofía es el intento de disolver el elemento en el que la sociedad respira, y por ello *pone en peligro* a la sociedad», escribió Strauss[33]. Oakeshott era, si cabe, más franco:

> La filosofía no es el realce de la vida, es la negación de la vida […] hay algo quizá decadente, depravado incluso, en el intento de alcanzar un mundo de experiencia completamente coherente; porque tal intento nos exige renunciar en el presente a todo lo que puede llamarse bueno o malo, a todo lo que puede ser preciado o rechazado por carecer de valor[34].

---

[30] M. Oakeshott, «The Masses in Representative Democracy», cit., p. 166.

[31] *Ibidem*, p. 168.

[32] M. Oakeshott, *Experience and its Modes*, Cambridge (MA), 1933, p. 2.

[33] L. Strauss, «On a Forgotten Kind of Writing» (1954), en *What Is Political Philosophy?*, Chicago, 1964, p. 221.

[34] M. Oakeshott, *Experience and its Modes*, cit., pp. 355-356.

32

La tensión entre los dos polos comunes al patetismo de cada uno –una metafísica del escándalo y un pragmatismo de la convención– encontraba una solución distinta, sin embargo. Para Strauss, el conocimiento filosófico no podía revelarse al vulgo, pero sí podría tal vez modelar desde la distancia las formas de la vida cívica, siempre que se mantuvieran impuestas las barreras entre la verdad esotérica y la exotérica. Para Oakeshott, sin embargo, la filosofía y la política estaban categóricamente separadas. La política era una actividad de segunda clase que implicaba inherentemente «vulgaridad mental, lealtades irreales, objetivos ilusorios, significados falsos»[35]; pero, por otra parte, era impermeable a la mejora por parte de la filosofía, que no conseguía arrojar luz sobre el valor de proyectos particulares[36]. La creencia en su capacidad para hacerlo, sin embargo, podía conducir al peor de los espejismos prácticos: la idea de que las formas institucionales eran susceptibles de un diseño inteligente, y no el resultado del crecimiento tradicional. Ésa era la idiocia característica del «racionalismo en política»[37].

Aquí las trayectorias se bifurcaron inevitablemente. El ideal de Strauss siguió siendo aquello de lo que Oakeshott abjuraba: la previsión deliberada de una ciudad bien gobernada que había sido el objetivo de la línea de Sócrates a Cicerón, que él describía y admiraba como «racionalismo político clásico», y que reprochaba a Burke –independientemente de sus otros méritos– haber abandonado[38]. Tras las prescripciones opuestas radicaban puntos de partida intelectuales opuestos: orígenes normativos situados alternativamente en el mundo bajomedieval y en el mundo antiguo. Ésta era una división profunda. Oakeshott podía rechazar la *polis* por considerarla carente de importancia para el gobierno moderno; Strauss, tomar el pogromo como un epítome de la Edad Me-

---

[35] M. Oakeshott, «The Claims of Politics», *Scrutiny*, VIII, 1939-1940, p. 148.

[36] M. Oakeshott, «Political Education» [1951], en *Rationalism in Politics*, cit., p. 132.

[37] Respecto a este tema fundamental, véase el artículo clave que da título a *Rationalism in Politics*, cit., pp. 1-36.

[38] L. Strauss, *Natural Right and History*, Chicago, 1953, pp. 311-314 ss.

dia[39]. Pero más allá de esa básica diferencia de horizonte histórico, existía una razón contemporánea para la divergencia de énfasis en esta bifurcación. La peculiar vehemencia del rechazo de Oakeshott a cualquier idea de «ingeniería política», por fragmentaria que fuese, como sueño maligno que sólo podía resultar coercitivo y abortivo, procedía de la dura experiencia del gobierno laborista y (de las conversaciones sobre) la planificación laborista. Estas preocupaciones eran menos urgentes en Chicago que en Londres.

Las trasladaría allí, sin embargo, el pensador que había precedido a Oakeshott en la condena de la planificación económica en particular y del «constructivismo» social en general. Hayek había llegado a la LSE en 1931. Su formación intelectual en Austria era bastante distinta a la de Strauss, Oakeshott o Schmitt: profundamente laica, claramente liberal, exenta de cualquier tentación suprasensible (Mach fue su primer entusiasmo filosófico). Su mentor político fue Ludwig von Mises, famoso por oponerse a la mera posibilidad de una economía socialista y por una defensa a ultranza del modelo puro de capitalismo de libre mercado. No hubo defensor más sincero del liberalismo clásico en el mundo de habla germana durante la década de 1920. Pero la escena política austriaca dejaba poco espacio para esta perspectiva, dominada como estaba por el conflicto entre la izquierda socialdemócrata y la derecha clerical. A este respecto, Mises no tenía dudas. En la lucha contra el movimiento obrero, tal vez hiciera falta un gobierno autoritario. Buscando al otro lado de la frontera, veía las virtudes de Mussolini: los camisas negras habían conservado de momento a la civilización europea para el principio de la propiedad privada: «El mérito que el fascismo ha obtenido por esta razón perdurará eternamente en la historia»[40]. Asesor de monseñor Seipel, el prelado que dirigió el país a finales de la década de 1920, Mises aprobó el aplastamiento del movimiento obrero austriaco por parte de

---

[39] Véase M. Oakeshott, «The Masses in Representative Democracy», cit., p. 156; L. Strauss, «Preface to the English Translation of *Spinoza's Critique of Religion*», Nueva York, 1965, p. 3.
[40] L. von Mises, *Liberalismus*, Jena, 1927, p. 45; edición inglesa: *Liberalism. A Socio-Economic Exposition*, Kansas City, 1962, p. 51.

Dollfuss en la década de 1930, culpando de la represión que instauró en el poder su dictadura clerical en 1934 a la locura cometida por los socialdemócratas al protestar por la alianza con Italia[41].

Hayek mantuvo un estrecho contacto con Mises durante ese periodo, cuando dedicaba sus propias energías a organizar los argumentos contra el cálculo económico socialista, y a defender contra Keyness su variante de la teoría austriaca sobre el ciclo económico. No hay datos sobre la opinión que le merecía el régimen de Dollfuss –ciertamente no los hay de que hubiera protestado de algún modo contra el fascismo austriaco–, pero parece probable que compartiera la actitud de Mises hacia él. En cualquier caso, se produciría una asombrosa coincidencia en las posteriores intervenciones políticas de ambos, tras el estallido de la Segunda Guerra Mundial. Evacuado a Cambridge, Hayek lanzó en 1944 el apasionado grito de alarma contra la lógica totalitaria del planeamiento colectivo –*The Road to Serfdom*– que lo hizo famoso. Entre los temas principales del libro se encontraban la continuidad fundamental entre el socialismo y el nazismo, ambos productos malignos de origen específicamente alemán (independientemente de su posterior capacidad de contagio general)[42]. Éste era precisamente el argumento, desarrollado en una escala más extensa, del *Omnipotent government* de Mises, completado en Estados Unidos un mes más tarde, pero basado en un manuscrito redactado en Suiza inmediatamente después del *Anschluss* [anexión], cuatro años antes. En él, el motivo de la incriminación total contra Alemania es muy visible, sirviendo demasiado a las claras como exculpación de Austria, tierra del «único pueblo del continente europeo que» –en los días de la Heimwehr– «se resistió verdaderamente a Hitler»[43].

Tras una década en Gran Bretaña, ésta no es una afirmación que Hayek, quien en *The Road to Serfdom* evita toda referencia a

---

[41] L. von Mises, *Erinnerungen von Ludwig v. Mises* (con prefacio de Margit von Mises e introducción de Friedrich von Hayek), Stuttgart y Nueva York, 1978, pp. 51, 89-90.

[42] F. von Hayek, *The Road to Serfdom*, Londres, 1944, pp. 16-17, 124-134, etc. [ed. cast.: *Camino de servidumbre*, Madrid, 1950].

[43] L. von Mises, *Erinnerungen von Ludwig v. Mises*, cit., p. 91.

su país natal, hubiera hecho. Su polémica estaba destinada a los términos del debate político inglés. Allí encontró una resonancia dispuesta en el Partido Conservador, y quizá suscitara en Churchill la predicción de que, en caso de que el Partido Laborista ganara las siguientes elecciones, se establecería una Gestapo británica. Pero la vehemencia del libro dejó a Hayek un tanto aislado en el clima de opinión posbélico, cuando el gobierno de Attlee no cumplió con sus expectativas. Aun así, por impopular que fuese en el consenso laborista, tal vez sería de esperar que su intervención recibiera más honores de aquéllos dispuestos a resistirse a dicho consenso. Oakeshott, sin embargo, no se encontraba entre ellos, tachando *The Road to Serfdom* de otro ejemplo más de racionalismo doctrinario, poco más que un plan para oponerse al planeamiento[44]. Desanimado por este ambiente, Hayek se trasladó a Estados Unidos en 1950, cuando Oakeshott empezaba a dar clases en la LSE.

En Chicago, Hayek dejó a un lado su trabajo económico más técnico para desarrollar una teoría social y política que se convirtió con el tiempo en la síntesis más ambiciosa y completa que emergió de las filas de la derecha de posguerra. Entre sus temas –la abrumadora importancia del imperio de la ley, la necesidad de la desigualdad social, la función de la tradición irreflexiva, el valor de la clase privilegiada–, había muchos de los cultivados en la universidad por Strauss. Ninguno de ambos pensadores, sin embargo, hizo jamás referencia al otro. ¿Estuvo el silencio dictado por el antagonismo temperamental o por la indiferencia intelectual? De cualquier modo, las tensiones latentes en las perspectivas de ambos acabarían encontrando expresión en el debido momento. Schmitt, por otra parte, nunca estaba lejos de la mente de Hayek: sobresaliendo como principal ejemplo de jurista hábil cuya sofistería ayudó a destruir el imperio de la ley en Alemania, pero también como teórico político cuya dura definición de la naturaleza de la soberanía y la lógica del partido debía, en cualquier caso, aceptarse[45].

---

[44] M. Oakeshott, *Rationalism in Politics*, cit., p. 21.

[45] Véase F. von Hayek, *The Road to Serfdom*, cit., pp. 59, 139; *The Constitution of Liberty* [ed. cast.: *Los fundamentos de la libertad*, Madrid, 1998],

Pero lo más importante para entender a cada uno es la relación de Hayek con Oakeshott. En *The Constitution of Liberty* (1960), publicado inmediatamente antes de *Rationalism in Politics* (1962), Hayek distinguía entre dos líneas de pensamiento intelectual acerca de la libertad, ambas de conclusión radicalmente opuesta. La primera era una tradición empirista esencialmente británica, descendiente de Hume, Smith y Ferguson, secundados por Burke y Tucker, que entendía la evolución política como proceso involuntario de gradual mejora institucional, comparable con el funcionamiento de una economía de mercado o con la evolución del derecho consuetudinario *[common law]*. La segunda era un linaje racionalista, típicamente francés y que descendía desde Descartes hasta Comte, pasando por Condorcet, con una horda de sucesores contemporáneos, que consideraban las instituciones sociales susceptibles de construcción premeditada, en el espíritu de una ingeniería politécnica. Sólo la primera línea conducía a la verdadera libertad; la segunda la destruía inevitablemente. Por el momento, la distinción parece casi idéntica a la de Oakeshott. Pero en la explicación dada por Hayek, Locke se convierte en elemento fundamental para la auténtica tradición de libertad, mientras que Hobbes se considera el racionalista político por excelencia, una mente alejada del carácter nacional, progenitora de lo que más tarde serían las falacias letales del positivismo jurídico[46].

El constructivismo social no era la única amenaza para el verdadero liberalismo, que se enfrentaba también a los potenciales peligros de otra índole: el ascenso de la democracia contemporánea. Podría parecer, continuaba Hayek, que la igualdad ante la ley conduce de manera natural hacia la igualdad en la confección de la ley. Pero ambos eran en realidad principios completamente distintos, y el segundo podía destruir al primero, ya que la idea

---

Chicago, 1960, p. 485; *Law, Legislation and Liberty* [ed. cast.: *Derecho, legislación y libertad*, Madrid, 3 vols.], vol. I, *Rules and Order*, Londres, 1973, pp. 71, 139; vol. II, *The Mirage of Social Justice*, Londres, 1976, pp. 144, 167; vol. III, *The Political Order of a Free People*, Londres, 1979, pp. 125, 192 y 194.

[46] F. von Hayek, *The Constitution of Liberty*, cit., pp. 54-62 ss., 170-171.

de soberanía popular contenía la premisa de que el derecho público declarativo –lo que las mayorías legislativas podían decretar a voluntad– podía anular los conocimientos heredados del derecho consuetudinario privado, transgrediendo los límites insuperables que el orden liberal sitúa en torno a la propiedad individual y la persona física. En este sentido, destacaba Hayek, un régimen autoritario que reprimiese el sufragio popular, pero respetase el imperio de la ley podría ser mejor guardián de la libertad que un régimen democrático susceptible a las tentaciones de la intervención económica o de la redistribución social. Aun así, ésa era una hipótesis extrema. Hasta el momento, en todo caso, la democracia podía justificarse como la forma de cambio más pacífica y el mejor medio para educar a las masas, aportándoles más madurez[47]. Pero ésas eran ventajas técnicas y provisionales que no convertían a la democracia en un valor en sí mismo.

Una década después, Hayek se mostraba más pesimista. En *Law, Legislation and Liberty* comenzaba reconociendo que sus ideales políticos no habían recibido el apoyo que merecían, y que no había conseguido hacer entender que «el modelo predominante en las instituciones democráticas liberales» del mundo occidental «conduce sin remedio hacia una transformación gradual del orden espontáneo de una sociedad libre en un sistema totalitario»[48]. Para evitar esta propensión fatal, que Hayek resalta que Schmitt había comprendido en su tiempo –pero también fomentado– más que cualquier otro observador, era necesario entender con urgencia tres verdades. La primera, la diferencia fundamental entre un orden espontáneo y una organización con un fin, o lo que Hayek denominaba entonces un *cosmos* y un *taxis*: el primero, una red de relaciones espontánea pero coherente dentro de la cual los agentes individuales perseguían sus propios fines, regulados sólo por normas de procedimiento comunes; el segundo, una empresa voluntaria que intentaba hacer realidad sustanciales metas colectivas comunes. El imperio de la ley sólo

---

[47] *Ibidem*, pp. 103 ss.
[48] F. von Hayek, *Law, Legislation and Liberty*, vol. I, *Rules and Order*, cit., p. 74.

podía mantenerse, mientras la estructura de gobierno reflejase una separación de principios entre ambas, concediendo una prioridad absoluta al mantenimiento del primero como condición para una economía de mercado en una sociedad libre, y limitando el segundo a funciones estrictamente delimitadas y subordinadas al interés público. Todas las democracias del momento confundían estos requisitos, permitiendo una descuidada invasión del terreno del *cosmos* propiamente dicho por parte del *taxis*, con la intrusión de la dirección macroeconómica y la erección de un Estado del bienestar en nombre de una imaginaria «justicia social», una idea carente de significado, porque el orden espontáneo del mercado no sólo imposibilita la igualdad, sino que necesariamente pasa por alto algo fundamental: el éxito en él a menudo no es más que pura casualidad[49]. Por lo tanto, la jerarquía social que genera no se basa, al contrario que la de Strauss, en una gradación cultural basada en la naturaleza. Hayek confesaba que ésta era tal vez una verdad demasiado incómoda para proclamarla ampliamente, y –en un movimiento que sí recuerda a Strauss– concluía que después de todo la religión tal vez fuera un juguete necesario para garantizar la cohesión social frente a los peligros causados por los decepcionados en el transcurso de la casualidad.

Pero con independencia de que necesitemos dichos consuelos individuales, el *cosmos* del mercado tenía una razón general. Era el producto evolutivo de una competencia histórica entre prácticas económicas rivales, que había demostrado su valor al proporcionar un mayor crecimiento total de la producción y de población[50]. A este respecto, la teoría de Hayek adoptaba un último giro utilitario. La vara para medir el orden deseable no era la verdad filosófica, sino el bienestar práctico. En sus propios términos, ésta era una conclusión perfectamente coherente. Pero esta teoría aún se enfrentaba a una dificultad extraña en el aparente resulta-

---

[49] *Ibidem*, vol. II, *The Mirage of Social Justice*, cit., p. 74.

[50] Respecto a la importancia del aumento de la población, véase Friedrich von Hayek, *The Fatal Conceit*, Londres, 1988, pp. 120 ss.; respecto a la importancia funcional de la religión, *Ibidem*, pp. 135-140, 157.

do institucional de los mecanismos sociales espontáneos que celebraba, ya que ¿no era la continua erosión de la división entre *taxis y cosmos*, con el crecimiento aparentemente inexorable del Estado del bienestar, un proceso en sí eminentemente evolutivo? Para hacerlo retroceder hacía falta –de acuerdo con las nuevas prescripciones de Hayek– un rediseño drástico de la estructura del Estado. De hecho, lo que Hayek proponía entonces era nada menos que desmantelar todas las asambleas legislativas conocidas y transformarlas en dos organismos nuevos, con competencias distintas y electorados dispares, que se correspondieran con los dos tipos de orden ontológicos: la cámara más poderosa, guardiana del imperio de la ley, eliminaba del censo de votantes a todos los menores de cuarenta y cinco años[51]. Esto, como ni siquiera los simpatizantes podían dejar de percibir, era un ataque violento al propio constructivismo que su teoría se había dispuesto a purgar. Hayek no se conmovió. Era el precio por preservar el *nomos*, o la ley de la libertad, frente a la lógica de la soberanía popular. Había que privar a las asambleas de su capacidad de injerencia general, para garantizar el gobierno limitado –basado en el rigor de la ley, no en la licencia del consentimiento–, que era la única garantía de la libertad. La fórmula correcta, explicaba Hayek, era la demarquía sin democracia[52].

Dos años después de que se publicase el primer volumen de *Law, Legislation and Liberty*, Oakeshott publicó su propia obra culminante, *On Human Conduct*. El tema principal del libro era la distinción fundamental que se debía hacer entre la idea de «asociación civil», articulada por normas de procedimiento, y una «asociación empresarial», dedicada al logro de objetivos sustanciales. El gobierno concebido como compromiso en consonancia con la primera era una «nomocracia» y, en el intento de alcanzar la segunda, una «teleocracia». La correspondencia entre esta dicotomía y la de Hayek era claramente cercana. Hayek conocía el dúo de Oakeshott (desarrollado en conferencias, y quizá empleado por primera vez de modo impreso en el elogio

---

[51] F. von Hayek, *Law, Legislation and Liberty*, vol. III, cit., pp. 112-114.
[52] *Ibidem*, p. 40.

a Geoffrey Howe de 1967) y, en general, lo había reconocido[53]. La cortesía no le fue devuelta. Los obituarios han resaltado el buen carácter de Oakeshott, pero sus virtudes no incluían una generosidad destacada en asuntos intelectuales. Además, sin embargo, su interpretación se distinguía de la de Hayek por dos diferencias fundamentales. Oakeshott no atribuía la superioridad de la asociación civil sobre la asociación empresarial como concepción del gobierno a una base evolutiva, como la forma política necesaria para el progreso económico espontáneo. Por el contrario, esbozó de nuevo una historia particular, presentando la aparición del Estado europeo moderno como algo tendente desde el comienzo hacia los ideales opuestos de –en terminología medieval– *societas y universitas:* dominio concebido en términos jurídicos o de gestión.

Cada una de estas disposiciones derivaba de una miscelánea de contingencias sin más lógica. Pero aunque habían coexistido desde el principio, eran estructuralmente irreconciliables. El Estado podía adoptar forma de asociación civil o de empresa de gestión, pero no podía darse una combinación legítima de ambas[54]. En otras palabras, aunque la dicotomía de Oakeshott tiene una génesis aparentemente más casual, en el mero acaso fortuito del pasado europeo, adquiere de hecho una fuerza más absoluta –incluso fanática– que la de Hayek. Mientras que *Law, Legislation and Liberty* admite un necesario, aunque rígidamente circunscrito, ejercicio de *taxis* por parte del Estado liberal, la antítesis entre *societas* y *universitas* en *On Human Conduct* es implacable. Tras la idea de que el gobierno efectúa tareas calculables, escri-

---

[53] Véase F. von Hayek, «The Confusion of Language in Political Thought» [1967], en *New Studies in Philosophy, Politics, Economics and the History of Ideas*, Londres, 1978, p. 89. Oakeshott parece haber introducido sus términos en público por primera vez en su favorable reseña sobre *The Conservative Opportunity*, una recopilación de ensayos del Bow Group sobre «Conservadurismo del mañana», en *New Society*, 15 de julio de 1965, pp. 26-27.

[54] Las dos formas son «irreconciliablemente opuestas entre sí»; «se niegan una a otra»: M. Oakeshott, *On Human Conduct*, Oxford, 1975, pp. 319, 323.

bía Oakeshott, había una «*canaille* recientemente emancipada del idioma del servilismo e incapaz de permitirse sentir rechazo por el olor de otro», entre cuyos peores aromas se encontraba en ese momento «la vil expresión, "elección social"»[55]. El gobierno considerado como asociación civil basada en el orgullo de la libre individualidad excluía categóricamente el propósito colectivo.

Pero siendo así, ¿qué podía motivar la cohesión compacta de la asociación civil en sí misma? La respuesta de Hayek había sido anticipada y rechazada desde el principio por considerarla nada más que «la ética verosímil de la "productividad"»: en opinión de Oakeshott, cualquier justificación de la *societas* en función de la satisfacción de las necesidades materiales debía lamentarse como el «más triste de los malentendidos»[56]. Éste era, de hecho, el tipo de preocupación que había movido por lo general a los proyectistas teleocráticos, desde el ominoso sueño de Bacon de forzar a la naturaleza a rendir sus secretos. Aunque nunca lo expresara con tanta elocuencia, Oakeshott compartía con Strauss la hostilidad al señorío tecnológico sobre el mundo natural[57]. Era la línea divisoria básica que los separaba de Hayek, que hasta el final se resistió incluso a los argumentos ecológicos moderados. Pero el argumento alternativo en pro del mejor régimen presentado por Strauss, como el escudo de los filósofos, tampoco era aceptable para Oakeshott. Lo dejaba, en su propia expresión, con un agudo problema de justificación, ya que si la asociación entre ellos carecía de propósito, ¿por qué iban los agentes individuales a aceptar ninguna autoridad pública? En la interpretación de Oakeshott, el gobierno sin objetivo produce algo muy parecido a un état gratuit. Su famosa imagen de la política –un navío que surca infinitamente los mares, sin

---

[55] *Ibidem*, pp. 303 y 87.

[56] M. Oakeshott, «John Locke», cit., p. 73; «Talking Politics», *National Review*, 5 de diciembre de 1975, p. 1427, ahora recopilado en *Rationalism in Politics and other Essays*, Indianapolis, 1991, p. 457.

[57] Respecto a Oakeshott, véase *On Human Conduct*, pp. 288-292; respecto a Strauss, véase, entre otros, su introducción a *The City and Man*, Chicago, 1964.

puerto ni destino[58]– es muy apropiada. ¿Por qué entonces iba ningún pasajero a subir a bordo del barco, para empezar?

Oakeshott intentó responder a la pregunta con otra analogía, formalmente más desarrollada pero de hecho más extravagante, en *On Human Conduct*. La suscripción a la asociación civil era completamente no instrumental. Pero una práctica no instrumental –actos efectuados por sí mismos, no como instrumentos para otros fines– era la definición de la conducta moral[59]. Podría parecer que Oakeshott, habiendo rechazado cualquier alegación prudente a favor de la condición civil, fuera a dar a su Estado involuntario una base ética. Pero esto sería una falsa ilusión. Porque lo que Oakeshott procede a identificar como moralidad es un «idioma coloquial» de conducta, hablado con diversos grados de destreza y estilo verbal por diferentes hablantes. La asociación civil, en otras palabras, se basa de hecho en el lenguaje, no está dictada por la virtud.

Este paso tenía su lógica. Fue Carl Menger, fundador de la ciencia económica austriaca, el primero en plantear una alegación teórica general a favor de los beneficios prestados por las instituciones sociales producto de un crecimiento espontáneo y no producto de un diseño intencionado[60]. Para ilustrar los méritos del mercado, lo comparaba con otras dos invenciones humanas igualmente no planeadas, el derecho y el lenguaje, cuyo lento crecimiento había sido el tema de las grandes figuras eruditas del Romanticismo alemán, Savigny y Grimm. Lo que Hayek y Oakeshott hicieron, cada uno a su manera, fue ampliar el mismo razonamiento al Estado, un paso que también Menger había previsto. Pero mientras que Hayek tomaba el mercado y el derecho consuetudinario como paradigmas de una constitución polí-

---

[58] «En la actividad política, por lo tanto, los hombres surcan un mar sin límites ni fondo; no hay puerto para abrigarse ni fondo para echar el ancla, ni lugar de partida o destino establecido»; ni «siquiera una veta de progreso detectable»: M. Oakeshott, *Rationalism in Politics*, cit., pp. 127, 133.

[59] M. Oakeshott, *On Human Conduct*, cit., pp. 62-64, 122-124.

[60] C. Menger, *Gesammelte Werke*, t. II, *Untersuchungen über die Methode der Sozialwissenchaften und der politischen Ökonomie insbesondere*, Tubinga, 1969, pp. 161-163 ss.

tica, Oakeshott escogió el lenguaje como metáfora habilitadora. Las dos opciones presentan una lógica muy distinta. Las transacciones económicas satisfacen las necesidades humanas: el mercado existe sólo como centro de intercambio de servicios; también las normas legislativas reflejan exigencias sociales y, por lo regular, se alteran para obtener otros fines prácticos. A partir de estas analogías de fondo, podía interpretarse que la concepción verosímil del «orden político de un pueblo libre», a modo de Estado hayekiano, respondía a los mismos objetivos. El lenguaje, sin embargo, no es en general susceptible de un cambio deliberado, y está claro que su función no es meramente instrumental. Ofrece una metáfora mucho más radical de un Estado despojado de soberanía activa.

Por otro lado, desde luego, tampoco proporciona un emblema de moral adecuado. La segunda mitad del siglo XX ha contemplado muchos intentos de usar el lenguaje como clave multiuso para entender los asuntos humanos: el «giro lingüístico» conserva aún, incluso en fecha tan tardía, un atractivo desordenado para quienes viven predominantemente de las palabras. La versión de Oakeshott en este sentido no es más, ni menos, simple que las de Heidegger, Lévi-Strauss, Wittgenstein, Lacan, Habermas, Derrida u otros. Pero tiene su propio silogismo específico. La asociación civil es no instrumental; la práctica que es no instrumental es moral; la moral es un lenguaje de la conducta; por lo tanto, el orden político puede concebirse como una lengua vernácula de la relación civil. En esta cadena de analogías forzadas, la elisión significativa es la segunda. Porque hay un tipo de práctica efectuada por sí misma mucho más familiar y precisa que la moral; es ésta la que de hecho proporciona el soporte callado de toda la construcción. La verdadera esencia de *On Human Conduct* es una concepción de la política tomada de la estética. Esto se hace visible siempre que Oakeshott intenta ilustrar su afirmación de que la conducta moral o la asociación civil son un lenguaje: «Un instrumento que puede ser tocado con diferentes grados de sensibilidad» por múltiples «flautistas», todos, no obstante, «ocupados en la misma destreza»; una lengua vernácula que puede «hablarse de manera pedante o sencilla, servil o magistral», que «los mal preparados hablan de manera vulgar, los puristas, de modo inflexible», dejando «a los conocedores del estilo moral» el «placer en la pequeña perfección de esos destellos de felicidad que redimen la torpeza de la expresión moral vulgar»[61]. El imaginario rector es el del gusto literario o el de la destreza musical.

Este modo de contemplar la política, como ocasión para la representación estética, tiene una considerable historia. Por una hermosa ironía, la crítica más aguda sobre el mismo la escribió Carl Schmitt, cuyo *Political Romanticism* (1919) ya había captado esta veta en el punto de vista del autor de *Rationalism in Politics* (1962); Schmitt llegó de hecho a señalar para la demolición la expresión que se convirtió en el lema más famoso de dicha perspectiva, la idea de que la política era una «conversación infinita»[62]. El de Oakeshott, sin embargo, era un romanticismo de tipo paradójico. Porque seguía encajado en una lealtad formal a Hobbes. Sería difícil encontrar una autoridad más incongruente para cualquier interpretación «no instrumental», y mucho menos semiestética, del Estado. El pacto de asociación civil entre individuos del que se habla en *Leviatán* es ante todo un instrumento para garantizar fines comunes: los objetivos de seguridad y prosperidad, «paz mutua» y «vida cómoda». A partir de ahí, el poder soberano que instituye puede sacrificar cualquier reivindicación privada, excepto la propia vida, al interés de la colectividad. El «dios mortal» no carece de prerrogativas de gestión para cuidar a la comunidad. De hecho, Hobbes declara tajantemente, en una fórmula que pondría los pelos de punta a los monetaristas, que el gasto del Estado, en principio, no debe tener límite: «La República no puede soportar dietas»[63]. A los estudiosos de Cambridge les gusta quejarse del uso caprichoso que Strauss hace de los textos clásicos, pero en comparación con Oakeshott, de quien poco dicen, era la lealtad filológica en persona.

---

[61] M. Oakeshott, *On Human Conduct*, cit., pp. 65-66, 121.

[62] Véase C. Schmitt, *Politische Romantik*, Múnich y Leipzig, 1919, pp. 129-130; versión en inglés, *Political Romanticism*, Cambridge, (MA), 1986, p. 139.

[63] T. Hobbes, *Leviathan*, Parte II, capítulo 24.

La cuestión que se plantea, por supuesto, es por qué a Oakeshott se le ocurrió, de todos los mecenas insólitos, escoger a Hobbes para su teoría de la *societas*. La respuesta radica en lo que Hobbes excluye. En su esquema de cosas, no hay lugar para los derechos. Una vez constituido el soberano, los súbditos no tienen más que obligaciones. A este respecto, no hay, de hecho, una inclinación al consentimiento, sólo una lúcida declaración del deber: la obediencia a la autoridad civil. Era esto lo que atraía a Oakeshott. Burlándose del «mecanismo absurdo de una Declaración de Derechos» y de «la estupidez acerca de algo llamado "sociedad"», rechazaba –como en una ocasión dijo ante un público estadounidense:

> La doctrina fantasiosa de la Declaración de Independencia, en la que se dice que los gobiernos existen meramente para garantizar derechos que en sí no tienen autoridad para prescribir, y en la que el «consentimiento» de los súbditos no puede legitimar nada más que el aparato de poder necesario para proporcionar esa seguridad[64].

El mérito del Estado hobbesiano era que no dejaba espacio para las reivindicaciones típicas de la democracia contemporánea.

Quedaba aún una dificultad. El sometimiento debido a las condiciones de la asociación civil, insistía Oakeshott, no dependía de ninguna aprobación de las mismas (que, en dicho caso, podría ser retirada): era una obligación incondicional. Pero si la obediencia a la autoridad civil era, como había determinado Hobbes, la norma de la conducta justa, ¿significaba eso que cualquier ley que dicha autoridad decretara era por lo tanto justicia? A este respecto, el formalismo de la explicación que Oakeshott da de la *societas*, asociación sin objetivo ni aprobación, corría el riesgo de llegar a una conclusión inaceptable que podría sancionar los caprichos del racionalismo. Para evitarlo, tenía que haber otro principio que le diera una sustancia aparentemente correcta. En esto, su conocimiento del idealismo inglés, por lo demás

---

[64] M. Oakeshott, «Talking Politics», cit., pp. 1424, 1427; *Rationalism in Politics and Other Essays*, cit., pp. 448 y 450.

recesivo en su obra posterior a la guerra, acudió en su ayuda. Oakeshott halló el complemento que necesitaba en un débil eco de Hegel: la ley no debía entrar en conflicto con «la sensibilidad moral educada» de la época[65]. Donde antes había deseado una teoría de la voluntad racional como correctivo necesario a Hobbes, ahora volvía a caer en una *Sittlichkeit* meramente consensuada: convencionalismo libre de razón. Como un visitante incómodo y medio olvidado del pasado, Hegel sigue siendo recibido en *On Human Conduct*, pero está fuera de lugar. El esfuerzo de Oakeshott por convertir al teórico supremo del Estado entendido como comunidad sustantiva y dirigida a un fin –*universitas* ascendida al poder más elevado– en un humilde empleado de la asociación civil es un capricho, incluso desde el punto de vista de su Hobbes. Para Hegel, la vida ética realizada por el Estado moderno era un patrón racional de formas sociales que reflejaba el desarrollo inmanente de la historia universal. En la versión de Oakeshott, la cáscara del orden político no alberga más que una pulpa de costumbre aleatoria, porque cada lenguaje moral es tan contingente como el pasado de las personas que lo hablan, y el mundo está dividido en lenguas vernáculas sin relación entre sí[66]. Por supuesto, incluso en estos términos, el relleno se desintegra, porque ninguna comunidad moderna ha contenido una sola «sensibilidad educada». La colisión de códigos morales dentro del mismo Estado es la materia de la vida política que el sueño de la asociación civil reprime.

Casi todos los que han escrito necrológicas sobre Oakeshott se han referido a su falta de orgullo materialista, tipificada por la indiferencia a los honores oficiales que por sus logros podría haber esperado merecer. No hay razón para dudar de que éste no fuera un rasgo atractivo del hombre, pero también dice algo de él como pensador. Aunque Oakeshott se formó como historia-

---

[65] M. Oakeshott, «The Rule of Law», en *On History and Other Essays*, Oxford, 1983, p. 160.

[66] M. Oakeshott, *On Human Conduct*, cit., pp. 80-81, donde «el modesto mortal con un yo que revelar y un alma que hacer» tiene «poca tendencia a inquietarse porque haya otras lenguas con las que no pueda relacionar fácilmente la suya propia».

dor, y en un compartimiento de su mente siempre sabía más sobre el detalle real del pasado europeo que Hayek, Strauss o Schmitt, su teoría normativa del Estado abandona sus realidades como estructura histórica más de lo que lo hacen cualquiera de estos tres autores. Porque, como demuestra la más mínima observación del historial del Estado europeo, desde el principio su abrumadora *raison d'être* fue la guerra, la más «directiva» e «instrumental» de todas las actividades colectivas. Oakeshott nunca pudo permitirse registrar la lógica de la competición militar para la construcción del Estado: su visión de la autoridad pública es puramente interna. La guerra era sencillamente un periodo de excepción, cuando la verdadera función del Estado como vigilante de la paz civil se «suspende» temporalmente[67]. Tan decidido estaba Oakeshott, de hecho, a excluir de la idea de gobierno cualquier vestigio de empresa común que incluso se vio llevado a negar la existencia del Estado-nación. Políticamente, su propia perspectiva era profundamente nacionalista. ¿Quién podía dudar de la superioridad de las instituciones inglesas sobre «las cinco fútiles "repúblicas" de Francia», la falsa unificación de Italia, la anarquía de España y el bandidaje de Grecia: de hecho, sobre el «conspicuo fracaso de la mayoría de los Estados europeos (y todos los Estados de imitación en el resto del mundo)»?[68]. Pero filosóficamente, la conjunción de la nación con el Estado dejaba entreabierta la inaceptable sugerencia de la agencia colectiva, y había que cerrarla.

Oakeshott lamentaba que el Estado europeo hubiese acabado por adoptar la forma predominante de asociación empresarial, pero su teoría no le permitía dar una explicación histórica de por qué había ocurrido esta aberración. Todo lo que podía ofrecer era un diagnóstico físico. Dentro del individuo había dos inclinaciones contrarias, una hacia un robusto «autoempleo» espiritual en una vida de aventura, la otra hacia una «alianza» servil para obtener beneficios, y tales eran las fuentes de los dos tipos

---

[67] *Ibidem*, p. 147.
[68] *Ibidem*, pp. 188 y 191.

de gobierno, imposibles de reconciliar[69]. Toda la imponente erudición de Oakeshott acaba en la sensiblería de esta pequeña parábola del alma dividida del hombre económico. Las leyes del dominio –las realidades sociales de la acumulación de poder y de propiedades en la historia de Occidente– quedaron tan olvidadas en medio del imperio de la ley –el hábitat ideal del hombre autoempleado– que Oakeshott pudo escribir con entusiasmo infantil que los romanos y los normandos eran los dos grandes transmisores de la asociación civil a Europa[70]. Que sus Estados se encontraran entre las «asociaciones empresariales» más implacablemente decididas y con más éxito de todos los tiempos, máquinas de conquista y colonización sin igual, podía olvidarse.

Fue el teórico de la decisión política, no de la conversación, quien entendió lo que esos ejemplos significaban para cualquier jurisprudencia realista. En su última hazaña, publicada en la República Federal, *Der Nomos der Erde* («La ley de la Tierra»), Schmitt demostraba que el propio término fetichizado por Oakeshott y Hayek para revelar la trascendencia de las normas de procedimiento abstractas, exentas de todas las directivas sociales específicas, significaba de hecho lo contrario en sus orígenes: y nada menos que Thomas Hobbes había sido el primero en dejarlo claro.

> Ver, por lo tanto, que la Introducción de la Propiedad es una consecuencia de la República [...] y pertenece exclusivamente al Soberano; y consiste en las Leyes, que nadie que no tenga el Poder Soberano puede hacer. Y esto lo sabían muy bien desde antiguo, quienes llamaron *Nomos* (es decir, *Distribución*) a lo que nosotros llamamos Ley; y definieron la Justicia, diciendo que ésta consistía en distribuir a cada hombre *lo suyo*. En esa *Distribución*, la Primera Ley es la de la División de la Tierra en sí[71].

---

[69] *Ibidem*, pp. 323-325.

[70] M. Oakeshott, «The Rule of Law», cit., p. 164.

[71] T. Hobbes, *Leviathan*, cit., parte II, cap. 24: «Of the Nutrition and Procreation of a Commonwealth». Respecto a este tema, véase el notable ensayo de Schmitt, «Nehmen / Teilen / Weiden» (1953), recopilado en *Verfassungsrechtliche Aufsätze*, Berlín, 1985, pp. 489-504.

Para Schmitt, esa distribución original presuponía una apropiación fundadora, lo que él denominaba una *Landnahme*[72]: la ocupación de territorio que necesariamente precedía a cualquier división de éste, y que el suelo inglés había conocido tan memorablemente como cualquiera, bajo el saqueo romano y el estribo normando. El «título radical» (término utilizado por Locke) subyacente a cualquier ley estaba en esa toma y asignación, como sugería la relación etimológica de *nomos* con *nemein* (tomar). A este respecto, conceptual e históricamente, las oposiciones entre dominio y objetivo, derecho y legislación, lo civil y lo directivo, se disuelven. El *nomos* y el *telos* son uno.

La exploración de Schmitt sobre la lógica espacial que hay tras cualquier normativa jurídica no condujo a una metafísica de los orígenes. Schmitt se basó en Weber, a quien había conocido y a quien, en muchos aspectos, se parecía en cuanto a mentalidad y capacidad para captar la variación social e histórica. No tenía dificultad para ver qué tipo de distinción quería Oakeshott. Hacia el final del periodo de Weimar, había comentado la diferencia entre los ideales de un *Regierungsstaat* y un *Gesetzgebungsstaat* –un Estado que gobierna frente a un Estado que legisla–, y la mayor aproximación en el siglo XIX del Estado inglés al primero y del continental al segundo, aunque resaltando que ninguno de los dos había existido jamás como tipo puro. En el siglo XX, sin embargo, con el enorme aumento de la reglamentación económica, la provisión de seguridad social, la supervisión cultural por parte de las autoridades públicas –señalaba que, en 1928, más de la mitad de la renta nacional estaba controlada por el gobierno de Weimar– se había producido un «cambio estructural». El *Gesetzgebungsstaat* no sólo predominaba en todas partes, sino que, en ese momento, avanzaba hacia una nueva configuración, en la que el Estado se convertía cada vez más en algo parecido a «la autoorganización de la sociedad»[73]. Si preguntamos cuál era la

---

[72] C. Schmitt, *Der Nomos der Erde im Völkerrecht des Jus Publicum Euroepaeum*, Berlín, 1950, pp. 15-20 ss.

[73] C. Schmitt, «Die Wendung zum totalen Staat» [1931], en *Positionen und Begriffe*, cit., pp. 148-152.

ansiedad común que prestaba energía imaginativa a la obra de todos estos pensadores, ésta es una expresión que sugiere su centro neurálgico.

Tras el desastre de la Primera Guerra Mundial y la victoria del bolchevismo en Rusia, el antiguo mundo político de gobernantes terratenientes y electorados limitados, presupuestos modestos y divisas estables se había desmoronado. Un nuevo tipo de liberación y expectativa se había apoderado de Europa, la llegada de una democracia capaz de acabar, en busca de la seguridad y la igualdad, con los obstáculos tradicionales entre las tareas de gobierno y los asuntos de empresa: un Estado semioligárquico y una sociedad civil todavía jerárquica. ¿Adónde conduciría la soberanía popular sin responsabilidad social? El comunismo era, por supuesto, el primer y mayor peligro. El fascismo, que a algunos les parecía un posible antídoto, no resultó mucho mejor; de hecho, al menos en el formato alemán, prácticamente idéntico. Pero, aunque éstos desapareciesen, estaba también el Estado del bienestar, una versión repulsiva de la misma enfermedad. En el transcurso de seis décadas, los juicios políticos sobre este cambio de escena variaron. Strauss y Oakeshott, que antes de que Hitler subiera al poder se burlaban del liberalismo, se mostraron más circunspectos después de la guerra; Hayek, que se calificaba a sí mismo de liberal clásico durante la guerra, repudió el término por considerarlo comprometido más allá de toda recuperación cuando llegó a Estados Unidos; Schmitt, que nunca había tenido relación con el liberalismo, avanzó desde el autoritarismo católico hacia el nacionalsocialismo, antes de acabar como decano del constitucionalismo de posguerra más respetable. Pero, aparte de sus discrepantes simpatías locales, estas carreras –con su extensión de identidades temporales: conservadora, sionista, nazi, viejo liberal *[Whig]*– reflejaban una llamada teórica común.

Fue Schmitt quien encontró el símbolo para ella. Su obra posterior está perseguida por una imagen teológica. Una y otra vez, aludía a uno de los textos más enigmáticos entre todos los textos apocalípticos, la Segunda Epístola a los Tesalonicenses, sin siquiera citarla. ¿Qué dice Pablo en ella? «Porque el misterio de la impiedad ya está actuando; tan sólo con que sea quitado de en medio el que ahora lo retiene; entonces, se manifestará el Impío, a quien el Señor destruirá con el soplo de su boca, y aniquilará con la manifestación de su venida». Lo que importaba era la segunda frase. ¿Quién era el que lo retiene, el *katechon* que aparta de la tierra al mal que la merodea, hasta la llegada del Redentor? La crítica erudita ha debatido sobre la identidad críptica del *katechon* (sólo aparece esta vez en las Escrituras) desde tiempos de Tertuliano. En los propios escritos de Schmitt, la oscura figura asume varios aspectos históricos –típicamente oblicuos– como *Aufhalter* político o jurídico en las diferentes épocas[74]. Pero la capa estigia encaja en el esfuerzo colectivo de este grupo de pensadores. Porque éstas eran de hecho elaboraciones diseñadas para contener el avance de algo. Lo que todos buscaban atemperar eran los riesgos de la democracia, vista y temida a través del prisma de sus teorías de la ley como el abismo de la ausencia de ley: *to misterion tes anomias*, el misterio de la anarquía.

Cada uno puso sus propias barreras contra el peligro. Las dicotomías que constituyen la característica de su obra –lo esotérico y lo exotérico, lo civil y lo directivo, el amigo y el enemigo, lo legítimo y lo legislativo– son sendos cordones. Su función es la de mantener a raya a la soberanía popular. Los diferentes dones desplegados con este fin, independientemente de la visión de él que se adopte, fueron notables. A pesar de su tendencia posterior a la exhibición en los textos, la amplitud y la sutileza de Strauss como maestro del canon de la filosofía política no tuvo igual en su generación. La inestabilidad moral de Schmitt nunca deterioró su capacidad extraordinaria para fundir intuición conceptual e imaginación metafórica en relampagueantes destellos de iluminación en torno al Estado. Hayek podía parecer tácticamente ingenuo, pero de su epistemología y su economía surgió una síntesis teórica cuyo alcance y fuerza aún no han sido suplantados.

---

[74] Bizancio en *Land und Meer*, Berlín 1944, p. 12 (quizá también más tarde Rodolfo II, p. 56); los emperadores carolingios, sajones y salios en *Der Nomos der Erde*, pp. 28-34; Savigny y Hegel, en «Die Lage der europäischen Rechtswissenschaft» [1943-1944], *Verfassungsrechtliche Aufsätze*, pp. 428-429; falta en la época de Tocqueville, en *Ex Captivitate Salus*, Colonia, 1950, p. 31.

Oakeshott fue el artista literario de esta galería. Sus escritos varían considerablemente en cuanto a calidad, y pueden ser caprichosamente arcaicos en un momento y curiosamente crudos en otro, desconcertantemente cercanos a *Polichinela* o al diputado independiente. Pero en sus mejores momentos, cuando pasa a un registro elevado, puede alcanzar una belleza lírica. Oakeshott era ajeno al debate, que de cualquier modo no aceptaba: sus exposiciones no tienen nada de eso. Y tampoco, a pesar de las recomendaciones que él hacía, tienen el mínimo carácter de conversación: las declamaciones de Oakeshott no guardan relación con el ritmo vacilante de un estilo conversacional, como el que se encuentra en Hume. Son retórica: un ejercicio sostenido en el arte de la seducción, no de la interlocución. Hay en esta prosa un toque de exuberancia eduardiana. Pero para entender su hechizo, sólo hace falta consultar –el ejemplo más oportuno– el excurso sobre la religión en *On Human Conduct*[75]. Las continuas reivindicaciones de ese modo de escribir no sorprenden.

Si comparamos la fortuna general de estos pensadores radicales de la derecha con la de las eminencias más convencionales del centro, hallaremos un fuerte contraste. La obra de un solo teórico, John Rawls, quizá haya acumulado más comentario especializado que la de estos cuatro juntos. Pero esta verdadera industria académica prácticamente no ha influido en el mundo de la política occidental. La reticencia de su sujeto, que nunca ha arriesgado su reputación con compromisos expresos, es sin duda parte de la razón. Pero también está relacionada con la distancia entre un discurso sobre la justicia, por muy olímpico que sea, y las realidades de una sociedad regida por el poder y el beneficio. El cuarteto aquí considerado tuvo el valor político de sus convicciones. Pero éstas también estaban, más en general, en consonancia con el orden social. Por lo tanto, aunque a menudo pudieran parecer a sus colegas figuras marginales, incluso excéntricas, su voz se oía en las cancillerías. Schmitt asesoraba a Papen y recibía a Kissinger; los straussianos llenaron el Consejo Nacional de Seguridad durante el gobierno de Reagan, y rodean a Quayle; Ha-

---

[75] Se encontrará en las pp. 81-86.

yek recibió tributo formal de Thatcher en la Cámara de los Comunes; y Oakeshott, bajo el anestésico Major, ha entrado en el breviario oficial. Hasta la enseñanza arcana puede alcanzar a los caballeros. Ellos son los herederos.

1992

CAPÍTULO II

El teatro constitucional: Ferdinand Mount

«Los teóricos constitucionales que deseen retener nuestra atención deben fascinar además de instruir; esto no es así, pienso, en otros países», escribe Ferdinand Mount[1]. ¿Quién mejor para ilustrar esta afirmación? Pocas figuras del mundo de las letras inglesas poseen esa combinación de credenciales atractivas. Autor de una serie de interesantes novelas, que recuerdan en más de una ocasión a su tío Anthony Powell: popular columnista o articulista para la mitad de la prensa del país, con un récord de colaboraciones para *Sketch* o *The Spectator*; cortés defensor de los valores iconoclastas de la familia; práctico asesor político en Downing Street; el director de *The Times Literary Supplement* parece el candidato ideal para la tarea que se trae entre manos. Y tampoco cabe duda de que *The British Constitution Now* consigue cumplir la primera parte de la exigencia. El análisis que Mount realiza del marco del Reino Unido y de la reparación que dicho marco pueda necesitar ha seducido a lectores de todo el espectro político. Comentaristas de derecha e izquierda han alabado por igual el ingenio y la perspicacia del libro. Si bien pocos han analizado directamente todas las propuestas que hace, prácticamente todos coinciden en que ésta es la obra de un reformista ilustrado de temperamento liberal, dentro del partido de la tradición. He aquí, podría parecer, un raro conservador que incluso podría considerarse aliado, a su modo, de los *franc-tireurs* radicales que rodean al grupo *Charter 88*.

La admiración suscitada por *The British Constitution Now* no es inmerecida. Se trata, de hecho, de un libro atractivo e inte-

---

[1] F. Mount, *The British Constitution Now*, Londres, 1992, p. 65.

ligente que, sin embargo, ha provocado malentendidos. El encanto de la imagen ha oscurecido, por así decirlo, la instrucción del texto. Hay diversos modos de aproximarse a él, pero tal vez el mejor empiece por la dedicatoria. El libro está dedicado a la memoria de Michael Oakeshott, cuyo pensamiento, nos dice Mount, ha dejado sus huellas, «sin duda tristemente emborronadas», en muchas de sus páginas[2]. A primera vista, la afinidad entre autor y autoridad parece aquí bastante directa, porque Oakeshott era considerado en general el pensador conservador más civilizado de su tiempo, un filósofo por encima de partidos o prejuicios, admirado, en ocasiones, en un espacio tan alejado como la *New Left Review* inicial[3]. Pero esa afinidad tiene más carga política de lo que pudiera creerse. Para verlo, debemos acudir a la ocasión original en la que Mount ofreció tributo a su mentor.

El 17 de noviembre de 1975, Oakeshott pronunció en Nueva York una conferencia pública, «Talking Politics», para conmemorar el vigésimo aniversario de *The National Review*, la revista de la extrema derecha estadounidense. En el número del 21 de noviembre, Mount –colaborador habitual– brindaba por la publicación de *On Human Conduct*, la «majestuosa obra» de Oakeshott, cuya «fresca y memorable definición de la libertad política» era causa de «gratitud y celebración». Fue un número representativo de la revista. El homenaje de Mount iba acompañado por dos tributos, de James Burnham y F. R. Buckley, al «mejor dirigente de nuestro siglo», el generalísimo Franco: «Un gigante que será verdaderamente llorado por España», desmintiendo «los tópicos sobre el "fascismo"». Presidiendo la revista se encontraba una admirativa entrevista al general Somoza, «desde hace mucho tiempo el mejor amigo que Estados Unidos tiene en Centroamérica», que se disponía a reconstruir el país después del terremoto de Nicaragua. La cerraba una advertencia de Robert Bork contra la amenaza de la «clase educada» que entonces

---

[2] *Ibidem*, p. ix.
[3] Véase C. Falck, «Romanticism in Politics», *New Left Review* I/18, enero-febrero de 1963, pp. 60-72.

(bajo la presidencia de Ford) estaba guiando al país hacia los bajíos de la igualdad y la uniformidad[4].

El siguiente número extraordinario de *The National Review*, publicado el 5 de diciembre, estaba dedicado principalmente al texto de la conferencia de Oakeshott, acompañado por un «ensayo pictórico» sobre el banquete para conmemorar el vigésimo aniversario ofrecido en el Gran Salón de Baile del Plaza Hotel (un estilo *Tatler* lleno de esmóquines y cálices, cuyas estrellas fueron Barry Goldwater («el estadounidense vivo que goza de un afecto más universal») y Ronald Reagan («a punto de iniciar una gran empresa; de hecho, esta ocasión es al mismo tiempo su última y más improbable oportunidad de echarse atrás»). Observando como un elfo desde el alegre flujo, se encontraba Oakeshott. Quizá también deberíamos imaginar al joven Mount, en algún lugar fuera del alcance de la cámara, rondando con respeto en los remolinos periféricos. En todo caso, ésta es la constelación de la que, con mayor utilidad, puede partir el análisis de *The British Constitution Now* e, incluso, del actual *The Times Literary Supplement*.

El libro de Mount comienza con una hábil descarga contra las complacencias reinantes y las autoridades canónicas, calculada para ganarse la simpatía de cualquier lector radical. Las vanidades del excepcionalismo británico –la inigualable sabiduría política de Westminster– y las falsas ilusiones de continuidad sin fisuras en nuestro desarrollo constitucional se despachan con ligereza. Después se descartan con mayor profundidad las doctrinas heredadas de Bagehot, Dicey y Jennings, por considerarlas simplificaciones toscas y engañosas de la realidad más sutil y sorprendente de la herencia británica. Tras la demolición, procede a revisar la verdadera forma de la Constitución del país, un edificio más que una máquina, resalta Mount en idioma oakeshottiano. Revisando una a una las partes principales, no sólo encuentra errores en la forma de interpretarlas, sino también en la forma en que de hecho operan algunas de ellas. Se ha producido,

---

[4] R. Bork, «Oakeshott's Distinction», *National Review*, 21 de noviembre de 1975.

concluye, una decadencia de las virtudes originales de la Constitución británica, que siguen latentes en ella. Las propuestas de reforma de Mount pretenden volver a despertar el «antiguo espíritu» constitucional, con un conjunto de cambios ingenuos pero moderados, que también le permitirían ajustarse a las «mareas que penetran» desde el mundo exterior al Reino Unido. El atrincheramiento de las actuales convenciones constitucionales, la incorporación de la Convención Europea sobre los Derechos Humanos, los parlamentos de término fijo, una especie de Asamblea Escocesa, son los principales temas de su agenda. No avanza lo suficiente, podrían decir los partidarios de *Charter 88*, pero va en la dirección correcta.

La deriva de la empresa, sin embargo, no puede captarse con tanta facilidad. La característica del libro de Mount que más ha atraído la imaginación de la izquierda tal vez sea la de que se deshace de «los tres grandes simplificadores», algo que aclara el terreno para el propio punto de vista que el autor mantiene sobre la Constitución. El varapalo que da a Bagehot y Dicey, en especial, ha provocado más de un escalofrío de placer. Debería haberse prestado más atención a cómo clasifica Mount a su trío. «Por coincidencia –comenta– los tres analistas constitucionales más destacados representan cada una de las tres tendencias principales: Bagehot, la liberal; Dicey, la unionista; Jennings, la fabiana»[5]. Alguien que critica a los tres, puede deducir el lector, no se expresará desde una miope perspectiva partidista. La descripción es, sin embargo, una estratagema. Dicey fue de hecho «unionista», pero nunca conservador, manteniéndose durante toda su vida como un liberal de persuasión *whig*. Una de las «principales tendencias políticas» está tácitamente exenta de crítica en el libro, y forma la verdadera base para la crítica de las otras dos.

Porque al observarlas, el fondo de las objeciones de Mount a las autoridades habituales no resulta ser el hecho de que acuñasen devociones convencionales, sino la subversión de ellas. Para empezar, Bagehot –por lo demás epítome del «sentido común

---

[5] F. Mount, *The British Constitution Now*, cit., p. 8.

masculino»– tuvo el mal gusto de tratar a la monarquía como si fuera una mera charada para alimentar a las masas y no como un «símbolo conmovedor» de la cultura que éstas compartían con las clases educadas y, por lo tanto, en verdad, «la autoridad legítima que tenía derecho a exigirles obediencia»[6]. Fue C. H. Sisson, de formación maurrassiana, el primero en plantear con vehemencia esta queja[7], que Mount repite ahora en términos más decorosos, lamentando que Bagehot desconfiase tanto de la ampliación del electorado.

Dicey, por el contrario, era culpable de algo peor. Tras su elevada doctrina de la soberanía del Parlamento, libre de poder rival o de precedente vinculante, «acecha la amenazadora e insaciable voluntad soberana del pueblo, el ello del ego de Westminster»[8]. Al fin, los principios del constitucionalismo diceyano, a pesar de las apariencias, a poco más equivalen que a una fórmula para «el imperio de las masas», como demostró su propia conducta durante la larga crisis irlandesa, cuando apeló a la resistencia popular contra las decisiones parlamentarias. En este punto, no se afrenta contra el *pudeur* monárquico, sino contra el propio imperio de la ley. Mount finge escandalizarse de que Dicey pudiera haber contemplado la insurrección para mantener la Unión, como si ésta no fuera una opción generalizada entre los dirigentes políticos del momento, albergada por Bonar Law y otros muchos: se trata, en realidad, de un episodio famoso en la historia contemporánea de su propio partido. Como las opiniones de Bagehot acerca de la *Second Reform Act* [Ley de Reforma de 1867 o Segunda Ley de Reforma], las intervenciones de Dicey contra el *Home Rule*[9] le sirven a Mount de cómodo bastón táctico para atacar a autores cuya verdadera falta radica en otros aspectos: deslustrar el aura de la monarquía y abrir la puerta a la soberanía popular. Jennings, por el contrario, no necesita tácticas secunda-

---

[6] *Ibidem*, pp. 39 y 43.
[7] C. H. Sisson, *The Case of Walter Bagehot*, Londres, 1972, pp. 64-77 y 127-129.
[8] F. Mount, *The British Constitution Now*, cit., p. 52.
[9] También denominado *Devolution*, es el traspaso, a veces temporal, de competencias centrales a organismos regionales o locales. *[N. de la T.]*

rias. Mount lo ataca sin más preámbulos por «calumnia burocrática descarada» a la constitución, al tratar a organismos como los sindicatos como si tuvieran importancia alguna para ella[10]. Fue el camino hacia un corporativismo calamitoso, inflando las pretensiones y corrompiendo la integridad del gobierno.

Si tales son los defectos de las autoridades aceptadas, ¿cuáles han sido las consecuencias prácticas de sus doctrinas? ¿Se reflejaron sencillamente o promovieron de hecho tendencias peligrosas en el cuerpo político? «¿Son Bagehot, Dicey y Jennings meros agentes involuntarios de una degeneración intelectual interna?»[11]. Eso supondría la existencia de fallos estructurales en nuestra propia herencia cultural. Es un terreno delicado, en el que los seguidores naturales de Mount mantienen fuertes convicciones, y el autor hila muy fino. Pero su solución es equivocada. Esencialmente, el problema es nuestra «interpretación» de la Constitución, no su realidad. Si con el tiempo han aparecido en la misma ciertas tiranteces, la estructura antigua contiene las soluciones para ellas, virtudes descuidadas desde hace mucho tiempo, bajo la influencia distorsionadora de las tergiversaciones oficiales. El pragmatismo del siglo pasado es «síntoma de decadencia»[12]. Lo que hace falta hoy es volver a los principios que informaban nuestras instituciones originales; recuperar el «viejo espíritu» de la Constitución, dice Mount[13].

La comodidad de la idea radica, por supuesto, en la ausencia de carta fundacional que se corresponda con ella, o incluso que la contradiga. La «Constitución británica» es, en cualquier significado comparativo, *sólo* espíritu. De hecho, se podría decir, múltiples espíritus, en el sentido del tablero de espiritismo. La propia sesión espiritista de Mount es un tanto aleatoria, y tras varios resultados erráticos, el autor abandona la *ouija*. Entre los fantasmas que aparecen brevemente, se encuentran Bracton, Grattan e inevitablemente Burke. El pasado ideal convocado os-

---

[10] *Ibidem*, p. 68.
[11] *Ibidem*, p. 71.
[12] *Ibidem*, pp. 31 y 265.
[13] *Ibidem*, pp. 81 ss.

cila vagamente entre los tiempos angevinos y los hanoverianos. Sin detenerse en ninguno de esos periodos, Mount pasa a la tarea más segura de «sintetizar» a los genios en general. Naturalmente, incluye el imperio de la ley, como horizonte superior a todos los legisladores. Aparte de esto, en la retrospectiva de Mount, el viejo espíritu de la Constitución resulta ser lo que Montesquieu había supuesto, pero pocos ingleses han creído: la peculiar separación de poderes de nuestro reino. Adaptado por Leo Amery, la sentencia de *De l'esprit de lois* resurge después de todo como la verdad más profunda de nuestras instituciones, digan lo que digan los historiadores[14]. Este alejamiento del veredicto de los especialistas modernos, sin embargo, no se aborda en detalle. Porque lo que verdaderamente desea recalcar Mount no es la separación, sino la *multiplicación* de poderes en el pasado nacional. El término que usa para deplorar la decadencia contemporánea de la Constitución es significativo. Cuando describe la tendencia del siglo XX, siempre habla de «atenuación» de las instituciones británicas[15], no de «fusión». A lo que se refiere esencialmente con ese término es al proceso por el cual, primero, la monarquía perdió la sustancia de sus prerrogativas en el sistema del Rey en el Parlamento, y después, la Cámara de los Lores perdió la mayoría de las suyas frente a la Cámara de los Comunes, dejando a ésta en algo que se acerca peligrosamente al pleno control del Estado. En resumen, lo que normalmente se considera el surgimiento de la democracia.

Aunque este proceso, por supuesto, sigue incompleto. Porque en *Ukania* la supremacía del Parlamento no es la soberanía del pueblo, ni en la teoría ni en la práctica. El paso de una a otra, que Mount reprocha a Dicey haber facilitado, nunca se dio. Las razones históricas de por qué las formas del nuevo-viejo acuerdo de 1689 han sobrevivido tres siglos las explica mejor Tom Nairn en *Enchanted Glass*, un estudio que Mount consigna a una nerviosa nota a pie de página. Pero es el calibre adecuado para medir las que éste ofrece. Porque lo que la comparación de las dos

---

[14] *Ibidem*, pp. 88-89.
[15] *Ibidem*, pp. 21, 33, 36, 79.

obras demuestra es que la crítica de lo que ambos autores denominan «monoteísmo parlamentario» puede avanzar en sentidos diametralmente opuestos. Puede señalar todas las vías en las que Westminster sigue siendo una asamblea premoderna, sin fingir siquiera una representación equitativa de la opinión electoral, y mucho menos un control democrático al poder ejecutivo; o puede lamentar la falta de impedimentos modernos a que se legisle en nombre de un mandato popular, como los que antes proporcionaban el palacio y los pares. La aversión de Mount a la soberanía parlamentaria, al estilo del siglo XX, es del segundo tipo. No coquetea con un rechazo radical del sistema presente, como una variante algo más moderada del espectro, sino que se sitúa en el polo opuesto.

Por eso, desde luego, Michael Oakeshott es el dios particular del paisaje intelectual del libro. Porque la teoría del Estado de Oakeshott estaba diseñada precisamente para separar el gobierno popular y la legislación intencional de la conducta de dominio adecuada. La «asociación civil», en cuanto marco del orden, eliminaba de la estructura de gobierno los objetivos colectivos o el consentimiento común. Éstas eran las características de otro tipo de actividad, la «asociación empresarial», que no tenía nada que ver con el verdadero gobierno. La confusión de la asociación empresarial con la asociación civil, cuando los gobernantes asumían tareas «gestoras» –intervenir en la vida económica o inmiscuirse en los asuntos sociales: en resumen, cualquier programa de bienestar público– era la senda hacia la servidumbre. Mount, más cercano a las realidades cotidianas, comprende las dificultades de esta dicotomía extrema para el político práctico, y nos asegura que los dos tipos de asociación no son mutuamente excluyentes, y «realmente no se pretendía que lo fueran»[16]. El barniz devoto carece de importancia, porque la carga del argumento de Mount es que la Constitución no debería interpretarse, de hecho, del modo que Bagehot la veía –como una «máquina» de gobierno intencionado, o la espantosa imagen de una asociación empresarial–, sino como una asociación civil: una for-

---

[16] *Ibidem*, p. 75.

ma de vida, escribe, tan exenta de forma u objetivo voluntarios como South Kensington[17].

Es probable que esta floritura la escribiera el autor cuando aún era columnista de *The Daily Telegraph*, ya que uno puede pensar en barrios de Londres cuyo nombre tendría un efecto menos poético. Pero el tono tranquilizador del distrito postal SW3 no significa que la idea pretenda sugerir simplemente una importancia local. Fue la asociación civil la que Oakeshott expuso a *The National Review* y la cual celebró en el Grand Plaza. Goldwater y Reagan combatieron por ella antes de que ninguno hubiera oído hablar de Thatcher. Y también lo hacía Mount, en su propia condición, al criticar la aceptación del planeamiento por parte de Macmillan y la retirada de Heath del mercado ya en 1972, cuando el parlamentario por Finchley no era más que otro corporativista[18]. Por aquel entonces, la extrema derecha estadounidense iba muy por delante de la británica. Pero de la camaradería atlántica entre las dos surgieron lazos duraderos: las relaciones de Mount con el mundo de Bork y Burnham, entre ellos.

Si hoy las principales colaboraciones ideológicas en *The Times Literary Supplement* ofrecen a menudo los talentos del neoconservadurismo estadounidense –Alan Bloom, Harvey Mansfield, Joseph Epstein, Hilton Kramer, Charles Murray, Paul Craig Roberts, Irving Kristol e, incluso, nombres para entendidos, como el de Richard Cornuelle–, éstas se encuentran entre los frutos de una asociación mutuamente beneficiosa. Porque, por un lado, la oferta local es limitada –los esfuerzos de Conor Cruise O'Brien, Paul Johnson y Norman Stone, a pesar de ser infalibles, sólo alcanzan hasta cierto punto–; y, por otro, las luces de *New Criterion* o *Public Interest* brillan más en el antiguo espejo británico que en su propio país. El resultado es una fórmula que compone una mezcla más viva que antes, en la que los liberales siguen siendo por lo demás perfectamente presentables, a las órdenes de un

---

[17] *Ibidem*, p. 46.
[18] F. Mount, «Fashions in Planning», en *The Theatre of Politics*, Londres, 1972, pp. 204 ss.

director que ha conseguido dar un giro sin llamar demasiado la atención sobre él, ni imponer un sello personal entrometido.

Tras la afinidad visible en este aspecto, sin embargo, radica una atracción más profunda hacia la propia organización política estadounidense. Asombra la frecuencia con la que, cuando acude a un ejemplo extranjero del que el Reino Unido haría bien en aprender, Mount mira hacia Estados Unidos. Su entusiasmo a este respecto es tal que la propia Thatcher se revela, mediante la feliz casualidad de los subrayados en un gastado libro que regaló al autor, como –desde luego en otro tiempo– una creyente secreta en la superioridad de la organización constitucional estadounidense sobre la británica, al constituir aquélla «un sistema de fortificaciones para la libertad y la justicia»[19]. ¿Dónde radica dicha superioridad? No en una constitución escrita, ni en un gobierno republicano, o en la separación de Iglesia y Estado, ni en el derecho a la libertad de información. Lo que fortalece la libertad y la justicia es algo del estilo de lo que Oakeshott tenía en mente: «Un tenor majestuoso, incluso somnoliento, de la vida no política y el extremo conservadurismo de actitudes y prácticas que desmiente la opinión convencional de la adicción estadounidense a la novedad», una «especie de majestad procedimental» y una «estabilidad constitucional» que ha «impedido el avance de la concepción de la política como asociación empresarial»[20]. En otras palabras: un Estado fuerte y estable, pero con menos capacidad para aprobar legislación, menos gasto en seguridad social y menos participación importuna en las votaciones.

¿Qué aspecto tiene la Constitución británica actual, en comparación con el ideal de Oakeshott? Mount procede a hacer una evaluación, algo para lo cual está excepcionalmente bien equipado, al combinar, como combina, la experiencia de un *think tank* partidista, de los medios de masas modernos, y los *arcana imperii* del propio despacho del primer ministro. Empieza su explicación del poder ejecutivo, bastante solemnemente, con la monar-

---

[19] F. Mount, *The British Constitution Now*, cit., pp. 27-28.
[20] *Ibidem*, pp. 178 y 76.

quía, quejándose de que en los textos recientes no se le ha dado la adecuada preeminencia sobre todos los demás elementos de gobierno. ¿Algún problema al respecto? Sólo en las subestimaciones recibidas, procedentes de Bagehot, de su función vital de guardiana de la constitución. La cultura de la deferencia es imaginaria, y la idea de ciudadanía, sobrante: los súbditos disfrutan de derechos inmemoriales bajo la Reina. De hecho, el prestigio de la monarquía florece al disfrutar los propios miembros de la familia real de una nueva libertad de expresión. Incluso hace suya la opinión de que la monarquía tiene un sentido más seguro de su futuro que el Parlamento. En esto, los lectores de *The Sun* parecen no coincidir con él.

A continuación, se refiere al primer ministro. ¿Se ha desarrollado una excesiva concentración de poder en Downing Street, a expensas del consejo de ministros *[cabinet]* en pleno, como piensan Crossman y tantos otros? En absoluto. Thatcher, a menudo frustrada, presidió un gobierno neobaronal, al igual que tuvieron que hacerlo sus predecesores: ministros que no aceptan órdenes directas del Número 10. ¿Pero qué decir, entonces, de la responsabilidad colectiva? ¿Acaso las camarillas especiales convocadas confidencialmente por el Parlamento no evitan, a veces por completo, al consejo de ministros en la toma de decisiones importantes? Sí, y eso también es muy bueno: un gobierno ejecutivo fuerte exige absolutamente esto. «La convocatoria o no convocatoria de reuniones, junto con la inclusión u omisión de elementos en el programa, sigue siendo un importante instrumento de poder»; de hecho, «un arma indispensable para el despacho efectivo de tareas»[21]. ¿Pero es necesario decidir incluso el presupuesto a espaldas de los ministros? Por supuesto, el «secretismo férreo» ciertamente «garantiza la impotencia del consejo de ministros en asuntos presupuestarios»[22]. De hecho, nos informa Mount por experiencia, ni siquiera la estrategia a largo plazo es un tema de discusión adecuado para el organismo nominalmente responsable de gobernar el país.

---

[21] *Ibidem*, p. 119.
[22] *Ibidem*, p. 122.

¿Y respecto a los funcionarios públicos que componen los departamentos regidos por cada ministro? ¿Ejercen, como popularmente se supone, más poder real del que oficialmente les atribuye su categoría? Bien, tienen las ventajas que naturalmente corresponden a la continuidad y a la cantidad, frente a los políticos provisionales, con sus pocos asesores, que están por encima de ellos; y podrían beneficiarse de la experiencia empresarial, por ejemplo, en una tabacalera antes de servir al bien público en general. Pero la lealtad y la integridad de este grupo incomparable están aseguradas por su fidelidad a la monarquía, «una realidad concreta y no meros recuerdos sentimentales», es decir, «un asunto tanto de la cabeza como del corazón» con «consecuencias prácticas y emocionales»[23]. Aun así, cabe mejorar la organización del servicio: se priva absurdamente al primer ministro del control directo sobre la *Cabinet Office* [Oficina del Gobierno] –la puerta forrada de verde que la separa del Número 10 incluso está cerrada con llave–, basándose en el argumento anticuado de que los funcionarios deben mantener la neutralidad distanciándose de la formación de política. Es un anacronismo: la respuesta a este respecto es que el poder de Downing Street debe aumentar, no disminuir.

¿Libertad de información? «El problema del gobierno abierto parece menos real cuando se adquiere incluso una módica experiencia de la vida dentro de la Administración pública.» Por ejemplo, el «consejo de ministros se reúne en *privado*, una palabra menos contenciosa y engañosa que "secreto"»[24]. ¿Pero no pudiera ser que el anterior Portavoz del Gobierno se excediera un poco en el control de las noticias? Por el contrario, en un afectuoso saludo a su viejo colega, Mount ha dicho a los lectores del *TLS* que el único defecto del resuelto servicio de Bernard Ingham había sido el de «haber desempeñado su cargo con demasiada fidelidad y modestia, no haber sido suficientemente manipulador y perspicaz, y no haber ayudado activamente a su jefa

---

[23] *Ibidem*, p. 104.
[24] *Ibidem*, p. 114.

a conspirar a favor de los vientos y las mareas de la política»[25]. En resumen, lo que tenemos aquí es un gobierno observado desde la firmeza de la Unidad Política del Número 10, el ejecutivo desde el punto de vista del equipo asesor. En todos los puntos, los imperativos son la autoridad centralizada, la eficacia y el secretismo. Son los valores que Mount presentaba entonces y mantiene ahora. Independientemente de la actitud que tengamos hacia ellos, el análisis que hace de su maquinaria es una descripción atractiva que forma la parte más animada del libro.

Pasando al legislativo, Mount sostiene que el Parlamento tiene tres funciones posibles: protesta, escrutinio y control. Le parece que la Cámara de los Comunes actual desempeña la primera de ellas, atender las quejas de los electores, con excelencia. La segunda, inspección o mejora de las posibles leyes, sólo la realiza muy defectuosamente. La tercera, controlar las acciones del ejecutivo, sólo la lleva a cabo de manera poco convincente. Sus propias sugerencias de reforma se concentran en el examen riguroso, para el que piensa que unos Comités Permanentes Especiales de la Cámara de los Comunes, capacitados para estudiar los proyectos de ley y leerlos, son la solución. El rasgo significativo de este análisis sobre la función del Parlamento, sin embargo, es la función que *no* se le asigna: la capacidad de hecho de redactar leyes, en lugar de meramente ratificarlas o refinarlas. Éste es, en otras palabras, un «legislativo» que no legisla. Mount cita con aprobación su autoridad moderna preferida para plantear el argumento. «La principal tarea del Parlamento», declaraba Leo Amery, «sigue siendo la que era cuando se convocó por primera vez, no legislar ni gobernar». O, como dice Mount: «Tenemos que reconocer los límites intrínsecos de las capacidades del Parlamento, quizá de todos los parlamentos»[26]. Pero ésta no es una aceptación reacia de la imperfección. Por el contrario, dichos límites son una saludable salvaguardia y no hay que lamentarlos, sino reforzarlos. El fin de sus nuevos comités, explica, sería el de

---

[25] F. Mount, «National Articulators», *Times Literary Supplement*, 21-27 de diciembre de 1990.
[26] F. Mount, *The British Constitution Now*, p. 179.

reducir la cantidad de leyes nuevas, al ralentizar todo el proceso y hacerlo más laborioso.

La descripción que Mount hace de las actuales realidades es, por supuesto, muy precisa. Durante mucho tiempo cabildero de los grupos de presión antes de ser asesor político, conoce tan bien Westminster [el Parlamento] como Whitehall [los ministerios]. Pero si preguntamos por qué la Cámara de los Comunes no es un poder legislativo, en el sentido dado por los teóricos clásicos del gobierno representativo el siglo pasado –Guizot, Mill o Dicey–, la respuesta es desde hace tiempo clara. Las leyes no se hacen en la Cámara, sino que están determinadas por los líderes de los partidos, y se aprueban mediante la disciplina de partido. El debate es secundario. Ésta es la realidad fundamental del proceso político. ¿Qué tiene Mount que decir al respecto? Nada. Sencillamente, *The British Constitution Now* no analiza la función de los partidos en la democracia constitucional británica. La enormidad de esta omisión puede verse echando un vistazo a cualquier comentario contemporáneo sobre el tema. Cuando Crossman escribió su introducción a Bagehot –todavía la mejor reflexión sobre *The English Constitution*–, su tema esencial fueron las transformaciones políticas provocadas por el ascenso de los partidos organizados, algo que Bagehot no llegaba a captar plenamente. Una generación más tarde, Dicey era perfectamente consciente del cambio, y lo abordó directamente desde el punto de vista de un individualismo liberal intransigente que consideraba la independencia del parlamentario en la Cámara de los Comunes un valor inabrogable. En el periodo de entreguerras, la situación era tal que Jennings podía escribir simplemente que «una observación realista de la Constitución británica debe empezar y terminar por los partidos y analizarlos profundamente en el medio»[27]. Así debe seguir haciéndolo –y en mucha mayor medida– hoy.

La desaparición que de repente experimenta el partido en *The British Constitution Now* es, por lo tanto, una regresión sor-

_____

[27] I. Jennings, *The British Constitution*, Cambridge (MA) 1945, p. 31. El libro se completó en 1940.

prendente. Parece poner en peligro cualquier reivindicación de realismo que pudiera hacer Mount en todo lo demás. ¿Cómo se explica la ausencia? Ciertamente, no por el descuido. Veterano del Conservative Research Department y del Centre for Policy Studies, por no hablar de los amplificadores amarillistas de la opinión conservadora, quizá de todos sus puntos de observación aventajados, aquél cuya perspectiva mejor conozca Mount sea el de Smith Square [sede central del Partido Conservador]. La razón de que aun así haya eliminado a los partidos políticos de su análisis de la constitución es que considerarlos plantea sin remedio la cuestión que él con su diseño espera reprimir. ¿Cuál es la sustancia de la *democracia* en el Reino Unido? La palabra no aparece en el índice onomástico del libro de Mount. Y no se trata de un olvido. El índice es exhaustivo. El término no está, porque la idea no anima al texto. Esto no sorprende. Porque contra la lógica de la democracia, del ejercicio de la voluntad popular, se diseñó el esquema teórico de la asociación civil, cuya esperanza era situar el patrón de riqueza y poder fuera del alcance de dicha voluntad. La vida política contemporánea de las sociedades occidentales nunca ha respondido, por supuesto, a este sueño. La realidad ha sido una continua pugna acerca de los fines sociales, entre partidos organizados que compiten entre sí, como vehículos de la voluntad popular. Ésta es la forma de democracia que poseemos.

Su sustancia, por lo tanto, gira inevitablemente en torno a los modos en que los propios partidos se constituyen y eligen; en otras palabras, en qué medida su organización es libre, su financiación, justa, y su representación, equitativa. La distorsión en cualquiera de estas tres condiciones significa, directamente, disminución de las oportunidades de autodeterminación democrática. En el Reino Unido, el voto en bloque del Partido Laborista muestra un notable ejemplo de la primera; la financiación empresarial y la prensa de los magnates del Partido Conservador, un flagrante ejemplo de la segunda. Pero lo que une a ambos es su aprovechamiento de nuestra burda ilustración nacional de la tercera: un sistema de votación que regularmente priva de sus derechos a la cuarta parte del electorado. La verdadera prueba de la reforma constitucional en el Reino Unido está en el desenlace de este sistema de manos muertas. Mount, consciente de que el sistema mayoritario *[first past the post]* electoral ya no es tan intocable, hace referencia a las mociones que plantean establecer cambios en él, pero naturalmente las rechaza. Incluso de acuerdo con inexactos criterios locales, los argumentos que él presenta son nulos. Pero no debería tenérsele indebidamente en cuenta, ya que, desde el principio, ha excluido del programa la función de los partidos y la naturaleza de su representación. Porque éstos, se nos da entender, pertenecen al orden de los meros «hechos» del paisaje político, que no tienen nada que ver con las «estructuras» de la constitución. El gran error de Jennings, explica Mount, fue el de confundir estos dos órdenes de realidad completamente distintos[28].

Esto no es todo lo que Mount tiene que decir acerca del poder legislativo. Porque queda otra cámara. ¿Qué opina de la Cámara de los Lores? Le gustaría que adquiriese más autoridad, y, con este, fin está dispuesto a admitir cierta «reducción» –aunque no abolición– de su elemento hereditario: para obtener los detalles necesarios, nos refiere al Informe del Partido Conservador efectuado por lord Home para Margaret Thatcher (1978). Porque la competencia de la Cámara de los Lores que a Mount le gustaría que se potenciara es la judicial: idealmente, la creación en su seno de un tribunal supremo encargado de juzgar la constitucionalidad de las leyes aprobadas por la Cámara de los Comunes, o las decisiones tomadas por el poder ejecutivo. Esta evolución culminaría un cambio más amplio. Porque en la idea de reforma de Mount, el poder judicial es la rama de gobierno con futuro. No es por debajo, en la emancipación de la decisión política entre el electorado, sino por arriba, en las más altas deliberaciones de la judicatura, donde se puede ampliar la libertad.

Raros son los temperamentos políticos sin impulsos mezclados ni vestigios de ambigüedad. Su diversidad de dotes y vocaciones hace improbable que Mount sea una excepción. Hay buenas razones para desear proteger por ley los derechos cívicos

---

[28] F. Mount, *The British Constitution Now*, cit., pp. 70-71.

contra los abusos del poder ejecutivo británico, y Mount da expresión forzosa a algunos de ellos. Si en este libro se pulsa una nota que comprensiblemente haya atraído a los reformadores de *Charter 88* es ésta. Aquí, al menos, se puede detectar un hilo claramente libertario en su argumento, que conduce a la solicitud de que se incorpore a las leyes británicas la Convención Europea sobre los Derechos Humanos. Estaría mal minimizarlo. Pero la nota generosa pulsada en estas páginas todavía no ha encontrado su lugar en la partitura completa. En ella, la lógica de la doctrina determina la selección de la atención. Porque, junto a la petición general de que se protejan mejor los derechos del individuo, cae un silencio sobre cada opresión específica de los mismos. En un discurso sobre libertades civiles, se buscan en vano los hitos de la justicia británica: Birmingham, Guilford y Gibraltar. Tal vez el GCHQ [*Government Communications Headquarters;* el centro de los servicios secretos del gobierno] y el libro *Spycatcher* no hayan existido nunca. Sólo se recuerda un caso, Ponting. ¿Qué decir de él? «En general se aceptó que, en lugar de filtrarlas y hacerlas públicas –escribe Mount– debería haber planteado las preocupaciones a su secretario permanente y contentarse con el consejo que ese dignatario le diese»[29]. ¿Se acepta en general? Qué lástima de jurado. Lo que importa es el buen sentido del juez.

A este respecto, la sensibilidad de *The British Constitution Now* es toda ella congruente. La prosa en general atractiva de Mount asciende a un ruboroso entusiasmo siempre que se menciona a los jueces. Recoge el inestimable servicio a la nación de los jueces Hewart, Radcliffe y Denning; el sólido desempeño del juez Lane, traducido por periodistas y demagogos; la verdadera «revolución» de nuestros juzgados, a medida que la creciente revisión judicial les aporta el aliento de la justicia natural[30]. La sugerencia de que la composición de la judicatura británica pudiera albergar peligro alguno para la libertad del ciudadano común es «sólo un intento

---

[29] *Ibidem,* p. 104.
[30] *Ibidem,* pp. 24-28, 209-210 y 261.

barato de suscitar la paranoia popular»[31]. Mount admira en especial a Tom Denning, juez del Tribunal Supremo cuyos «nobles» esfuerzos, más que los de ningún otro, «mantuvieron viva en la mente de los ingleses una idea de la ley más amplia y elevada y más duradera que los volúmenes cada vez más gruesos de las Leyes del Parlamento»[32]. Está bien que se nos recuerden esos esfuerzos. Éste fue el juez que dijo de los Seis de Birmingham[33]:

> Si los seis hombres ganan, significará que la policía fue culpable de violencia y amenazas, que las confesiones fueron involuntarias y admitidas improcedentemente como prueba, y que las sentencias eran erróneas. Eso supondría que el secretario de Interior tendría que recomendar su perdón o remitir el caso al Tribunal de Apelaciones *[Court of Appeal]*. Ésta es una idea tan espantosa que cualquier persona sensata del país diría: no puede estar bien que estas acciones prosigan[34].

Sentimientos dignos de ese otro gran juez del suroeste de Inglaterra, George Jeffreys. Si esto cuenta tan poco en la escala de Mount, podemos suponer que se debe a que éste piensa en servicios más elevados de Denning. Su héroe podía ser «errático» en ocasiones, pero lideró el camino en el verdadero frente de batalla de la libertad: las medidas para reprimir a los sindicatos, que han pasado «la mayor parte de este siglo arruinando las perspectivas industriales del Reino Unido»[35].

La confianza en el sistema judicial equivale, de acuerdo con la concepción de Mount, a una especie de inscripción a medias de

---

[31] *Ibidem*, p. 212.

[32] *Ibidem*, pp. 266, 209.

[33] Se trata del caso de seis irlandeses (Hugh Callaghan, Patrick Hill, Gerard Hunter, Richard McIlkenny, William Power y John Walker) condenados erróneamente a cadena perpetua en 1975 por la voladura de dos pubs en Birmingham que causaron la muerte de 21 personas e hirieron a otras 182 en 1974, y puestos en libertad en 1991. *[N. de la T.]*

[34] Sentencia emitida en calidad de *Master of the Rolls* [juez presidente de la sección civil del Tribunal de Apelaciones], 17 de enero de 1980.

[35] F. Mount, *The British Constitution Now*, cit., p. 266.

la sabiduría de la Constitución. Ésta no equivaldría a ningún documento escrito como carta fundamental, que podría suscitar extrañas cuestiones de coherencia arquitectónica desde el punto de vista del principio filosófico, sino que simplemente adoptaría la forma de ley parlamentaria que enumerase ciertos derechos y procedimientos que sólo pudieran alterarse mediante una mayoría de dos tercios de cualquier parlamento sucesor. La interpretación de esta ley debería confiarse a los tribunales, ampliados con un escalafón superior de jueces específicamente constitucionales apoyados por la Cámara de los Lores. Respecto a las credenciales de esta solución, se nos remite a soluciones parecidas en Nueva Zelanda (un ejemplo que presumiblemente se ha vuelto menos compatible desde que Mount lo escribiera, ya que sus ciudadanos acaban de votar por mayoría superior al 80 por 100 la abolición del sistema mayoritario electoral). La apelación al precedente tranquilizador en los antiguos dominios blancos es ahora un método común en la bibliografía reformista moderada. Por ejemplo, en *Constitutional Reform*, escrito por Rodney Brazier y publicado poco después del libro de Mount, es Australia la que inspira las mejoras internas.

El contraste entre ambos libros, sin embargo, revela los límites del enfoque adoptado por Mount. De un modo calmado y discreto, el estudio en apariencia más convencional de Brazier es consecuentemente más radical. Sitúa las realidades del partido en el centro de su análisis de la Constitución y de las perspectivas para cambiarla. Se pronuncia a favor de la reforma electoral, aunque sólo sea la votación alternativa; prevé la revocación popular de parlamentarios para poder exigirles más responsabilidades; pide la reducción de las competencias del primer ministro y el control colectivo del presupuesto; señala el «deprimente catálogo» de afrentas a la libertad civil bajo el mandato de Thatcher, y el «número récord de causas de cualquier Estado representado en el Consejo de Europa» que se sentencian en contra del Reino Unido en el Tribunal Europeo de Derechos Humanos; señala que «todos los jueces de Inglaterra y Gales deben su nombramiento a un político y, ocasionalmente, a dos», y pide un Tribunal Supremo que «no esté compuesto

73

sólo por hombres entresacados de un grupo muy reducido que no representa a la población en general»[36]. La obra de Brazier, a pesar de todos sus méritos, sigue siendo en muchos aspectos bastante cauta. Para encontrar un programa de reforma más amplio, debemos acudir al impresionante plan de James Cornford para democratizar el Estado británico, *Constitution of the United Kingdom*[37], un detallado borrador de constitución escrita publicado el año pasado por el Institute for Public Policy Research. En él, las cuestiones de la soberanía popular y de la representación equitativa, núcleo de una reforma política significativa en el Reino Unido, adquieren el relieve que merecen. Quizá no sorprenda que las por lo demás abundantes referencias de Mount a escritos constitucionales actuales no incluyan ninguna mención al de Cornford.

¿A qué equivalen los diferentes elementos de su propio programa? Mayor reverencia por la monarquía; inmutable autoridad del primer ministro; nada de ventilación de la burocracia; menos legislación del Parlamento; más competencias para los tribunales. Todo esto tiene una dimensión relacionada con los derechos, pero muy modesta: protección de un mínimo existente, ningún desarrollo para avanzar hacia un óptimo. Poder ejecutivo consagrado, poder legislativo inhibido, poder judicial fortalecido. Podría decirse que Mount, en lugar de derrocar a Bagehot, simplemente lo ha renovado, con un calendario de obras cuya fórmula es: redecorar lo dignificado y fortalecer las partes eficientes de la Constitución. Pero hay una diferencia, sobre la que Mount se siente autorizado a llamar nuestra atención. La eficacia de la estructura renovada no debe concebirse de modo dinámico. Para funcionar como asociación civil, el Estado debe abandonar sus aventuras erróneas hacia la asociación empresarial. El elemento verdaderamente radical del programa de Mount no se halla tanto en su preocupación astigmática por las liberta-

---

[36] R. Brazier, *Constitutional Reform*, Oxford, 1991, pp. 60-62, 52-53, 100-102, 126-127, 153 y 162.

[37] J. Cornford, *Constitution of the United Kingdom*, Londres, Institute for Public Policy Research, 1991.

des civiles, como en su propuesta presentada a la ligera de abolir ministerios enteros para reducir el tamaño del Estado. Los ministerios de Energía, Agricultura y Empleo encabezan la lista, pero no parece haber razón para que no los siga el de Industria. He aquí el primer toque de drástico espíritu hayekiano, en un esquema por lo demás oakeshottiano.

El propio Hayek, por supuesto, tenía una opinión demasiado franca sobre los defectos de la Constitución británica como para resultar un guía cómodo. El gobierno británico representaba «una monstruosidad y una caricatura del ideal de la separación de poderes», escribió, añadiendo que el Parlamento podía incluso teóricamente enviarlo a la Torre por decirlo[38]. Su propia solución para los males de una supremacía parlamentaria era la de reconstituir el poder legislativo en una cámara alta, basada sólo en electores de edad madura (mayores de cuarenta y cinco años), para vigilar normas constitucionales estrictas, y una baja, basada en el sufragio universal, a la que se le permitiera aprobar determinadas leyes dentro de dichas normas. Naturalmente, el realismo de Mount impide la recepción de esta idea. Pero el sentido general de su esquema avanza en la misma dirección: conversión de la cámara alta en un *garde-fou* de la baja, para impedir que apruebe una legislación inadecuada. En consonancia con las prescripciones de Oakeshott, sin embargo, no se avanzan cambios institucionales de espíritu racionalista, a modo de anteproyectos de mejora, sino como indicios de tantas «formas futuras» latentes en el propio devenir de las cosas. Recapituladas al final del libro, tales reformas se despliegan en sucesión como las que «se están haciendo visibles», las «probablemente cercanas en el tiempo» y las discernibles «a largo plazo»[39].

Las alteraciones concebidas son «verosímiles», explica Mount, en el feliz sentido de deseables y probables. Pero, desde el punto de vista conservador, sigue planteándose la cuestión de por

---

[38] F. von Hayek, *Law, Legislation and Liberty*, vol. III, *The Political Order of a Free People*, Londres, 1979, pp. 126, 179.
[39] F. Mount, *The British Constitution Now*, cit., pp. 260-267.

qué hacer cambios. Mount está dispuesto a admitir que «la alegación a favor de la situación actual es muy convincente»[40]. ¿Qué lo ha llevado entonces a plantearse cambiar dicha situación? A primera vista, la respuesta parecería una reacción contra las expansiones corporativistas, o intrusiones contrarias al espíritu liberal, del Estado de posguerra en la sociedad civil. Ciertamente, ello parece la preocupación subyacente en su tema introductorio, en el que evoca la diversidad de competencias en el viejo espíritu de la Constitución, frente a las peligrosas arrogancias de una Cámara de los Comunes excesivamente poderosa en el nuevo espíritu. A este tenor, el modo en que Oakeshott justifica la reforma –como «corrección» de una «masa acumulada de desajustes» debida sólo a la «negligencia de generaciones pasadas»– también se reproduce. «Es importante apreciar cuánto hemos olvidado», insiste Mount, recordándonos los orígenes de la libertad británica en el «mundo veteado» de la Edad Media, como a su mentor le gustaba hacer[41].

Pero dichos gestos no guían tanto como cabría esperar hacia el argumento fundamental del libro. Es destacable que, intelectualmente, el propio Mount apenas insista en ellos. Tras describir al principio la forma original de la Constitución, desde hace tiempo caída en el descuido, como «una estructura magnífica, delicada, pero potentemente fortalecida y equilibrada», él mismo la olvida, hasta el punto de escribir casi en la página siguiente sobre «un conjunto de soluciones tan notoriamente fluidas e imprecisas», que ¡«hasta esbozar con firmeza algo que pueda calificarse dignamente de estructura es fomentar los intentos de someter sus vigas maestras a tensiones para las cuales no estaban diseñadas»![42]. Desde el punto de vista político, además, los peligros tradicionales señalados por los detractores del corporativismo gubernamental, o de igual modo del autoritarismo, no acechan en lo escrito a continuación. Las razones están muy claras.

---

[40] *Ibidem*, p. 215.
[41] *Ibidem*, p. 79.
[42] *Ibidem*, pp. 79-81.

Después de todo, el gobierno de Thatcher ha vencido los primeros; mientras que Mount parece satisfecho con las manifestaciones del segundo honradas por el tiempo. Ciertamente, no son
los errores cometidos a la hora de vender los Ferrocarriles Británicos, o el haber neutralizado al consejo de ministros, lo que ha
suscitado *The British Constitution Now*.

Los verdaderos acicates para la reforma radican en otra parte.
Mount los aborda al final de su libro. Corresponden a un conjunto de problemas que el conservadurismo británico dejó sin
resolver en los años de Thatcher. El primero es la posición de
Escocia dentro del Reino Unido. La difícil posición del partido
al norte de la frontera, en un campo ahora en permanente oposición a él, y potencialmente capaz de soltar amarras por completo, aconseja desde hace tiempo cierta acomodación al sentimiento nacional. A este respecto, Mount convierte con ingenio
el prejuicio de los *tories* contra la lógica o la simetría en un argumento favorable a la introducción de una Asamblea escocesa sometida a Westminster, sin reducir la representación escocesa en
Londres, o conceder una sustancial autonomía en Edimburgo.
«Mientras se construya con cuidado, siguiendo unas líneas de
mínimos»[43], esa solución desordenada ayudaría a conservar la
Unión, no a debilitarla.

El segundo problema, más grave, lo plantea el destino de la
Administración local con Thatcher. Desde las filas conservadoras, Mount fue desde el comienzo un profético crítico del impuesto de capitación, y su hostilidad al mismo —«una de las peores innovaciones y de las más obviamente condenadas al fracaso
de la historia política británica»[44]— no ha disminuido. Pero hace
todo lo posible por destacar que el agitado historial de anteriores
gobiernos laboristas y conservadores no ha sido mucho mejor.
La raíz del mal se encuentra en un excesivo centralismo parlamentario que ha conducido a un frívolo desdén tanto por la independencia municipal como por la tradición de los condados.
Es improbable que ahora considere los impuestos municipales,

---

[43] *Ibidem*, p. 263.
[44] *Ibidem*, p. 205.

que ya están exponiendo al partido a nuevas tensiones, una gran mejora. La solución radica, por el contrario, en una demarcación clara y estable de las competencias y de los ingresos de las autoridades locales, para garantizar «una gestión responsable», mediante un acuerdo constitucional que debería, en lo posible, restaurar las «lealtades históricas» sobre el terreno[45].

A este respecto, casualmente, se ha producido en la retrospectiva conservadora una significativa bifurcación. Porque junto al libro de Mount, tenemos ahora otro estudio oakeshottiano, *Anatomy of Thatcherism* de Shirley Letwin, que saca la conclusión opuesta acerca del impuesto de capitación. Los dos autores colaboraron al mismo tiempo con el Centre for Policy Studies y comparten buena parte de las ideas teóricas. Mientras que Mount adecua su obra a la distinción que Oakeshott hace entre asociación civil y asociación empresarial, Letwin organiza tácitamente la suya en torno al contraste que Oakeshott establece entre la espiritualidad del individuo «autónomo» y el antiindividuo «dependiente». El verdadero impulso del thatcherismo, sostiene ella, fue el de hacer revivir las «vigorosas virtudes» características del primero –no sólo las de lord Hanson y lord Kint, sino también las del Dr. Johnson y Edward Elgar, de Baden-Powell y Edith Cavell– entre una población desde hacía mucho tiempo, aclimatada a los vicios del segundo[46]. El análisis que Letwin hace de estos años, la defensa más audaz de la antigua primera ministra hasta la fecha, no deja, sin embargo, de criticar su actuación. La enseñanza superior, donde el thatcherismo traicionó los ideales de aprendizaje liberal propuestos por Oakeshott a favor de objetivos erróneos de una asociación empresarial, fue de hecho un punto negro que dejó a Mount, separado de la vida académica, más indiferente. Por otro lado, Letwin, atacando a quienes critican el impuesto de capitación, trata la reverencia hacia las imaginarias «tradiciones de autonomía local»[47] en el Reino Unido con el espíritu enérgico uti-

---

[45] *Ibidem*, p. 205.
[46] S. Letwin, *The Anatomy of Thatcherism*, Londres, 1992, pp. 32-48.
[47] *Ibidem*, pp. 159-162 ss.

lizado por Churchill en sus agudos comentarios sobre las costumbres de la Marina. El principal fracaso del tercer mandato de Thatcher no fue el del gobierno local, sino su incapacidad para controlar la inflación. Los medios técnicos para hacerlo, sin embargo, varían necesariamente a lo largo del tiempo, y esta derrota no supuso el entierro de la causa thatcherista de revitalizar la moral de las virtudes vigorosas en la sociedad británica. Sencillamente, el frente de batalla ha cambiado, y el principal adversario es ahora la ética burocrática del federalismo europeo.

Europa es también, al fin, la cuestión decisiva para Mount. En la profunda disensión existente en el conservadurismo británico actual, los dos teóricos adoptan bandos opuestos. Para Letwin, el auténtico individualismo británico nunca ha tenido homólogo en el continente, y la «unión cada vez más estrecha» que promete el Tratado de Roma augura la extinción de nuestra independencia nacional. Su libro, que simplemente da la Constitución por sentada, acaba con una advertencia poco velada contra quienes demuestran ser los usurpadores del thatcherismo. Para Mount, por el contrario, las instituciones de la Comunidad son ahora hechos de la vida británica a los que se les debe efectuar un ajuste oportuno. Al final de su libro, el argumento fundamental para dar el paso hacia algo parecido a una constitución escrita es el hecho de que las obligaciones jurídicas de la Comunidad Europea ya nos han impuesto de hecho una, que bien podríamos «transferir» a una versión propiamente inglesa, diseñada por nosotros mismos. En esta lógica, si –en expresión del juez Denning– no se pueden frenar las mareas entrantes del Tratado de Roma, pongámosles un dique y cultivémoslas para convertirlas en un fructífero paisaje propio.

Es éste un argumento derivado de la necesidad. Mount, sin embargo, va más allá. La Comunidad es un proyecto moderno, aunque ligado a la antigua idea de cristiandad. Representa los derechos humanos y comparte preocupaciones ecológicas. Hay en estas páginas un inconfundible tufillo a algo que *The Spectator* calificaría de «euroentusiasmo»: en algunos momentos

Mount usa incluso la sospechosa jerga de Bruselas, exaltando la subsidiariedad («paparruchas extranjeras» en Doughty Street [sede de *The Spectator*]). Tras esta percepción de Europa, hay una atractiva amplitud de cultura personal, libre de cualquier insularidad amarga. Pero sería un error considerar la visión que Mount tiene de la Comunidad como –por así decirlo– una agradable franja de humedad en medio de un punto de vista político seco hasta los huesos. El gran mérito de la CE es formar un enorme espacio de libre comercio. La unión monetaria no es una amenaza para el capitalismo liberalizado, sino su mejor seguro. Porque un Banco Central Europeo cuya independencia de las presiones políticas estuviera constitucionalmente protegida –es decir, exactamente el tipo previsto en Maastricht– sería un policía mucho más estricto de una moneda fuerte de lo que pudiera serlo cualquier conjunto de políticos nacionales, sometidos como están a las tentaciones electorales. Volviendo en su contra el argumento de Nicholas Ridley, Mount comenta que la única razón práctica para salirse del mecanismo de tasa de cambio sería recurrir nuevamente a la desacreditada herramienta de la devaluación.

> Las competencias que muy probablemente se cedan en la Unión Económica Europea son exactamente las mismas que la mayoría de los partidarios del libre mercado detestan. Por contraste, parece que el afianzamiento constitucional de los principios económicos que consideran más preciados solo puede alcanzarse, en todo caso, a escala europea[48].

Este argumento tiene historia. Oakeshott, cuya teoría técnica no da cabida al Estado-nación, dado que la solidaridad colectiva no era uno de los principios de la asociación civil, no tenía –como podría esperarse– nada que decir acerca de los problemas de un Estado supranacional. Al preguntarle sobre su opinión acerca de la entrada del Reino Unido en la CEE a comienzos de la década de 1960, informa Noel Annan, respondió: «No

---

[48] *Ibidem*, p. 245.

me parece necesario opinar acerca de esos asuntos»[49]. Hayek, por su parte, mantenía unas opiniones firmes y con visión de futuro. Ya en 1939, sostenía en un profético artículo titulado «The Economic Conditions of Inter-State Federalism» [Las condiciones económicas del federalismo interestatal] que trascender a la soberanía nacional en un marco supranacional sería de ventaja natural para una economía libre, dado que cuanto más elevado fuera el plano en el que se situasen sus parámetros estructurales –es decir, cuanto más alejados se encontrasen de la facción y el interés locales– más aislados estarían de la pasión popular[50]. En otras palabras: probablemente, cuanto menos inmediatamente democrática sea la maquinaria de decisión, más segura será para la reproducción del capital. Por supuesto, no se trataba tanto de una deducción lógica como de una apuesta empírica: que la tarea de construir una soberanía popular supranacional, capaz de determinar la senda social de una economía supranacional, resultaría imposible. Ese cálculo aún no está condenado, como demuestran los términos de unión acordados en Maastricht: una autoridad monetaria central para Europa sin asamblea elegida acorde.

Al hacerla propia, Mount no es un hereje en la filas de la derecha radical, sino fiel a sus orígenes. *The British Constitution Now* no intenta ampliar la democracia, sino circunscribirla, en interés de las antiguas libertades. Lo hace con un toque ligero y un aire de buen humor que merecen los elogios recibidos. El primer libro de Mount sobre la vida pública se titulaba *The Theatre of Politics*. El tropo era eminentemente oakeshottiano. La política no era una batalla de intereses, ni una búsqueda de la verdad, o un viaje de progreso, sino una representación estética para cautivar al público. Pero no era teatro culto (Oakeshott también había insistido en que la política era una actividad de segundo rango). Se parecía más al teatro comercial, al drama de los bulevares que juega con nuestras emociones o nuestros azora-

---

[49] N. Annan, *Our Age*, Londres, 1990, p. 400.
[50] F. von Hayek, *Individualism and Economic Order*, Chicago, 1998, pp. 255-271.

mientos, Rattigan en lugar de Racine, explicaba. En esta escena, Mount ciertamente nos ha ofrecido una producción elegante. Podríamos denominarla la comedia de la reforma.

1992

Epílogo

Una década más tarde, se ha producido un impresionante cambio de escenario. El nuevo libro de Mount, *Mind the Gap*, no nos ofrece una renovación cortés de la herencia constitucional británica, sino una apasionada acusación contra la polarización social del país. En tonos más cercanos a Cobbett que a Burke, Mount critica con dureza la arrogancia y la irresponsabilidad de una nueva corrupción, y la desmoralización que ésta provoca en los menos pudientes. Un ayudante de Thatcher ha pasado a entonar elegías por la clase trabajadora. La metamorfosis no debe ser objeto de burla. Pero los detalles de su mensaje merecen un examen.

Mind the Gap se divide en tres partes. En la primera, Mount esboza el retrato amargo de un país polarizado. A pesar de los mitos sobre la desaparición de las clases, en los que afirma haber creído hasta hace poco, el Reino Unido es una sociedad dividida en dos destinos completamente opuestos. Los de arriba poseen riqueza, educación y movilidad. Los de abajo son quienes desempeñan tareas serviles en trabajos sin salida, los desempleados, todos los que carecen de esperanza. Los primeros corresponden a lo que eran tres clases diferenciadas, alta, media alta y media, pero hoy se han convertido en una sola unión de privilegio caprichoso. Los segundos están compuestos por lo que antes era la clase trabajadora, pero que ahora se reduce cada vez más a una clase marginada y embrutecida. La brecha que las separa, lejos de disminuir, aumenta constantemente. La desigualdad económica sigue creciendo. Los estilos de vida tal vez se hayan alterado, pero siguen tan estratificados como siempre. La enseñanza refuerza la ventaja heredada. La pobreza se tacha de fracaso personal. Entre los dos mundos, además, hay poco o ningún contacto humano, de ése que suavizaba las relaciones de clase en el pasado. Sólo por la noche invaden los de abajo las casas de los de arriba, como protagonistas espeluznantes de los dramas de delincuencia violenta y sórdidas riñas domésticas que inundan la pequeña pantalla.

Mount no niega que las condiciones de vida materiales de las capas más bajas de la sociedad son mucho mejores que hace medio siglo. Pero son, no obstante, vidas arruinadas, porque «el empobrecimiento cultural borra cualquier modesta mejora material». En este sentido, el más fundamental, «los de abajo están hoy mucho peor que los de 1970 o incluso los de la década de 1930»[51]. También son –quizá un argumento aún más inesperado, viniendo de este autor– los más desgraciados entre las clases bajas de Occidente. Una y otra vez, *Mind the Gap* apunta que la experiencia popular no sólo es mejor en Estados Unidos, que casi siempre ha sido una referencia positiva para Mount, sino también en Europa, donde históricamente la industrialización ha sido menos dura, los colegios, más igualitarios, y el sentimiento de comunidad cívica, más fuerte. Francia, en particular, se convierte en un polo de comparación tan atractivo como Estados Unidos, con el que a menudo se equipara para causar efecto, en párrafos que acentúan la especial desgracia británica[52]. Esos países extranjeros sirven de marcadores de fondo para el resto del libro. El primer plano está ocupado por un conjunto de contrastes entre el pasado y el presente de los trabajadores manuales dentro del país, mientras Mount observa la cultura de la clase trabajadora británica en su época heroica anterior.

No había en ella, insiste, una cuestión de anomia o desintegración generalizadas. En las fábricas y en los suburbios miserables de comienzos del siglo XIX, la Revolución industrial no debilitó la

---

[51] F. Mount, *Mind the Gap*, Londres, 2004, p. 262.

[52] *Ibidem*, pp. 10, 111-112, 140, 243-244, 271 y 316. Mount se permite incluso calificar las protestas de los agricultores franceses que bloquean las carreteras con sus tractores –acciones que sin duda lo dejarían atónito en Reino Unido– de expresiones de un saludable espíritu de independencia.

moral tradicional, como temían los críticos contemporáneos, sino que creó una nueva determinación popular de mantener la familia unida a toda costa. Dicha tenacidad moral estaba sostenida por la fe religiosa desplegada en una enorme red de iglesias disidentes, a las que las familias de clase trabajadora acudían en tropel, y de las que sus hijos recibían educación los domingos. «En todo el siglo XIX, lejos de mantenerse alejadas de la religión, las clases trabajadoras se mecían en su mayoría en una hamaca de educación, controversia y ritual religiosos, probablemente con más intensidad que nunca antes o después»[53]. De esta resuelta disconformidad surgieron a su vez unas instituciones obreras profundamente impresionantes: capillas y escuelas diurnas; institutos de mecánica y sociedades de socorros mutuos; y a su modo, también, sindicatos. Era una cultura autónoma y digna, de enorme fortaleza ética.

No es un exceso decir que las clases bajas británicas entre 1800 y 1940 habían creado una notable civilización propia y difícil de comparar en la historia humana: intolerante tal vez, mojigata sin duda, farisaica en ocasiones, pero estable, industriosa, honorable, idealista, pacífica y decidida[54].

¿Qué ha reducido entonces este orgulloso edificio victoriano a los escombros de las actuales «moradas de la desolación», como Mount las denomina, el abandono de viviendas municipales decadentes, capillas transformadas en salas de bingo, colegios hundidos, patanes inflados de cerveza y mujeres sucias llenas de tatuajes, reunidas en *Mind the Gap?* Para Mount, dos fuerzas son responsables de destruir la confianza de la clase trabajadora en sí misma. La primera fue la elite intelectual de la nación, que, desde comienzos de los tiempos victorianos en adelante, se burló constantemente de los principios y prácticas de las Iglesias protestantes no anglicanas, llenando la literatura de calumniosas representaciones de predicadores disidentes e incluso ministros

---

[53] *Ibidem*, p. 173.
[54] *Ibidem*, p. 198.

evangélicos –Dickens fue especialmente culpable, y Trollope lo siguió de cerca– nacidas del esnobismo y la ignorancia. Peor, una alianza malvada de pensadores de todo el espectro político –se especifica a Disraeli y Marx– insistió en que donde en otro tiempo había existido una sutil gradación de situaciones en la sociedad, Gran Bretaña estaba ahora dividida sin remedio en sólo dos clases opuestas; y que la inferior se encontraba en un alarmante estado de disolución moral. Al final de las eras victoriana y eduardiana, sostiene Mount, este dogma dual –simplificación de clases y degradación de la clase baja– se había convertido en una idea fija en la clase intelectual británica, que genera las visiones pesadillescas de masas embrutecidas e ignorantes que pueblan los escritos de Gissing, Welles, Woolf, Lawrence, Eliot y similares. Al final, esta montaña de desprecio no podía sino afectar a quienes fueron objeto de tal desdén.

Más grave aún, sin embargo, fue el impacto de estos mitos en las elites obsesionadas por ellos, que llegaron a creer que las clases bajas, a un tiempo impotentes y peligrosas, necesitaban desesperadamente una redención. Abandonadas a su estado de oscuridad, podrían un día levantarse y llevarse por delante el templo de la sociedad. El Estado tenía, por lo tanto, el deber de intervenir para mejorar sus condiciones de vida. Por consiguiente, tras un largo e incansable bombardeo intelectual, que debilitó la confianza y el respeto de la clase trabajadora hacia sí misma, un regimiento de tanques burocráticos avanzó contra las defensas debilitadas, apartando a un lado o demoliendo las instituciones populares que ésta había creado. Los colegios religiosos fueron barridos por alternativas sostenidas mediante los impuestos locales y dirigidas por el Estado. Las sociedades de socorros mutuos fueron devoradas por los planes de seguro obligatorios. Los hospitales benéficos fueron anexionados por el Servicio Nacional de Salud. Los suburbios tradicionales, bastante destartalados pero a su modo no *ungemütlich* [incómodos], fueron convertidos en barrios de viviendas públicas que pronto se volvieron más inhóspitos y anómicos que los barrios laberínticos a los que sustituían. La religión quedó expuesta a los vientos del sarcasmo. Hasta el matrimonio ha dejado de ser sagrado, porque el perverso divorcio y la legislación fiscal sólo sirven para incitar la ruptura familiar entre los más pobres. La inseguridad y descualificación de los trabajos en el extremo inferior del capitalismo contemporáneo también han dañado a los pobres, pero el principal autor de su desheredamiento está claro. A finales del siglo XX, el Estado que en todo se inmiscuye había dejado sin sustancia a la clase trabajadora británica. En los de abajo actuales, vemos por fin el resultado de un siglo de condescendencia y expropiación.

Ésa es la trama de *Mind the Gap*. Cuenta un relato conmovedor, con verdadero sentimiento. ¿Pero qué tipo de narración es? Calificado de ensayo por su autor, sería injusto considerarlo historia. Su gesto básico es más bien el de «érase una vez». Pero decir que hay algo de fábula en lo que sigue es insuficientemente específico. Sería más preciso decir que *Mind the Gap* pertenece a un género asociado con el teatro. Lo que se escenifica, en este caso, no es comedia, sino melodrama. Porque entre otros rasgos, la forma melodramática siempre se caracteriza por un binario sencillo de bien y mal. En el libro esta dicotomía adopta la forma de estricto contraste temporal: el florecimiento y la ruina de un modo de vida en otro tiempo admirable. Convencionalmente, eso podría calificarse –y sin duda se ha hecho– de tragedia. Pero el guión de Mount no sólo carece de la complejidad moral de una tragedia; lo que falta incluso de manera más significativa es un sentido realista del medio, sin el cual no puede existir lo trágico. Que nos encontramos en el ámbito del melodrama puede verse ya, por el contrario, en el modo en que Mount ha reproducido su propia queja de los victorianos. Tras una enérgica filípica contra la «simplificación de clases» impuesta por igual por los partidarios de una nación y del comunismo, Mount reduce al Reino Unido contemporáneo a una versión aún más elemental del mismo dualismo: los de arriba y los de abajo *sans phrases*. Significativamente, en su descripción de los segundos faltan los inmigrantes[55].

---

[55] De igual modo, escribe acerca de la condición preferible de los pobres en Estados Unidos como si no existieran los guetos negros.

Más reveladora aún es la función que desempeña –o deja de desempeñar– la política en el viaje del bien al mal. Mount es un escritor eminentemente político –¿quién más que él?–, pero *Mind the Gap* cuenta un relato de la clase trabajadora británica en el que prácticamente se borra todo vestigio de la trayectoria política de dicha clase. Hay unas cuantas referencias nerviosas a la historia de sus primeros años escrita por Edward Thompson, las cuales deploran el malicioso análisis que éste hace del metodismo. La cultura del radicalismo popular que supone el tema principal de *The Making of the English Working Class* e influye directamente en el tema de la «civilización oculta» de los trabajadores de la época planteado por Mount se pasa sencillamente por alto. Todo lo que demuestra una obra como la de Thompson es que «esta clase trabajadora industrial no fue concebida por sí misma, sino como arma de batalla política» de los historiadores comunistas y otros de su especie, que soñaban con un «gran colectivo palpitante y contestatario» que «condujese a un vuelco social», una idea bastante ajena a los propios trabajadores de carne y hueso[56]. Eludiendo fantasías como ésta, los trabajadores británicos escogieron, por el contrario, el camino sensato de las reformas parlamentarias. Prácticamente en el único comentario sobre la política de los siguientes cien años en la historia de dichos trabajadores, Mount escribe:

> Sería difícil imaginar nada menos terco y errático que el movimiento obrero británico. Son personas empapadas de las tradiciones de debate democrático y procedimiento parlamentario. Cuando se sentaron en Westminster, se adaptaron a la vida de los Comunes como si hubieran nacido en ella y no encontraran mayor dificultad en dirigir un ministerio gubernamental que en actuar de secretario general o incluso de secretario de delegación en los sindicatos que las enviaron allí.

Mount no siempre ha manifestado una opinión tan amable de los sindicatos, como hemos visto; es más conocido, incluso ahora,

---

[56] F. Mount, *Mind the Gap*, cit., pp. 110 y 249.

por acusarlos de ser verdaderas bolas de demolición de la industria británica. Aquí, sin embargo, trata con indulgencia hasta el indudable daño que las prácticas restrictivas de los sindicatos hicieron a la economía, como *faux-frais* de sus mejores yos. Porque «los *modales* políticos del sindicalismo británico siempre han debido más a las sociedades de socorro mutuo que a la muchedumbre revolucionaria»[57]. En otras palabras, desde que obtuvo la entrada en los escaños del poder, el movimiento obrero británico se ha comportado, todo hay que decirlo, extremadamente bien.

¿Pero por qué –en ese caso– le han ido tan mal las cosas a aquéllos a quienes dicho movimiento representaba? En el análisis de Mount, un curioso anonimato rodea a los actores políticos responsables del desastre que se ha apoderado de la clase trabajadora británica. Se nombra y acusa a intelectuales. Pero por escandalosa que pueda haber sido su actitud hacia los órdenes más bajos, nadie ha atribuido jamás un poder práctico a E. M. Forster o Virginia Woolf. ¿Acaso no han tomado algunas fuerzas más poderosas –hablando claro: los gobiernos– las medidas prácticas para recortar una honorable cultura de independencia? El relato de Mount elude la pregunta. Su interpretación depende de una amplia elipse. Lo ocurrido entre los días tranquilos y el siniestro presente se deja en blanco. Ciertamente, las «elites» fueron culpables y ambos bandos de la Cámara de los Comunes cometieron «errores». Pero las alusiones de Mount a ellos son dispersas y vagas. En esta nebulosa hay, con seguridad, un malo de la película, pero sigue siendo una pura abstracción, a la que Mount recurre sin especificar más: «El Estado.»

La historia real ha sido más dolorosa a los efectos de cualquier polémica y deshace el cuento que él desea narrar. Por el hecho obvio, que prácticamente se deduce de la lógica contradictoria de la propia caracterización que Mount hace de ellos, de que han sido exactamente los rasgos políticos que él ensalza de los trabajadores británicos los que, en último término, han conducido a los resultados sociales que él condena. El comienzo y el fin de la historia tienen una relación mucho más cercana de lo

---

[57] *Ibidem*, pp. 191-192.

que él nos haría pensar, y que podría más adecuadamente considerarse trágica, en la que los protagonistas engloban su propia caída. Moderado y respetable ciertamente sí lo fue, pero lejos de empaparse de democracia, el Partido Laborista siguió desde el comienzo líneas más burocráticas que las de cualquier otro partido socialdemócrata de Europa, basándose en votos en bloque controlados por un puñado de jefes sindicales. La cultura política que generó esta estructura inherentemente autoritaria no encontró dificultades para aceptar la versión defectuosa de democracia representativa ofrecida por Westminster, junto con un sistema electoral premoderno y una cámara alta hereditaria, por no hablar de un imperio colonial imponente. La mera idea de cambio constitucional apenas se le ocurrió. Ésta era la realidad de la excelente «estabilidad» y la «madurez política» que Mount aplaude. Pero, desde luego, las posteriores reformas que el Partido Laborista introdujo tuvieron el mismo molde. Sin el menor sentimiento por los valores de participación popular, y no hablemos de rebelión, el laborismo presidió la construcción de un Estado del bienestar, de diseño tecnocrático y aplicación burocrática, que provoca en Mount un constante desagrado. Si el «estatalismo» es el enemigo, he aquí su principal arquitecto. En cuanto al interés del laborismo por la cultura, en cualquier sentido del término, cuanto menos se diga, mejor.

No es, por supuesto, que las escenas que ahora incomodan a Mount sean mero resultado del código genético del laborismo. Históricamente, el capital siempre ha puesto el terreno al que aquél se ha ajustado. Pero las relaciones entre ambos eran opuestas a las que teóricamente figuran en *Mind the Gap*. Los que dominaban el país siguieron en guardia, pero, a partir de la segunda mitad del siglo XX, no consideraron, y con razón, en conjunto a la clase trabajadora tremendamente peligrosa ni particularmente desvalida. Cuando el laborismo se materializó como principal expresión política de esa clase trabajadora en el siglo XX, en general lo consideraron, con no menos razón, esencialmente seguro y potencialmente útil, como en 1914 se apresuró a demostrar que lo era. Porque de lo que carecía esta respetable e instintivamente deferente corriente principal de la cultura política era de verdadera independencia de espíritu. Las reformas que, al final, produjeron el tipo de Estado y sociedad que existen hoy rara vez, o nunca, fueron resultado de su iniciativa. Por lo general, fueron transigencias que las clases privilegiadas aceptaban, porque se habían asegurado concesiones o promesas de no inmiscuirse en sus disposiciones, o medidas de profilaxis, sazonadas de compasión, tomadas por el partido que las representaba. Por lo tanto, las reformas educativas nunca crearon un sistema de enseñanza común, la más fundamental de las fuentes de división cultural. El sistema sanitario dejó que la práctica privada floreciese a expensas del servicio público. Las pensiones estatales se convirtieron en el pariente pobre de los planes de especulación comercial. Históricamente, en las soluciones híbridas resultantes –las concepciones burocráticas proponían, las consideraciones de mercado disponían–, liberales y conservadores encontraban al laborismo a medio camino. Pero si tomamos la opinión de Mount acerca de las virtudes políticas de los trabajadores británicos, por un lado, y la fealdad del paisaje social presente, por otro, es inevitable concluir que, en gran medida la clase, trabajadora cavó su propia tumba.

De hecho, por supuesto, el movimiento obrero en el Reino Unido siempre fue más complejo que la oleografía que Mount hace de él, y contenía muchas ramas que estaban en desacuerdo con el conformismo de su cultura dominante y que no se desvanecieron sin más con el tiempo. Hubo que quebrarlas, en duros combates para erradicar los impulsos rebeldes de las capas más bajas de la sociedad. En la huelga general de 1926, en la huelga de estibadores de 1949, en la huelga de marineros de 1963, le tocó al Partido Laborista extinguir tales brotes de insurgencia. En la huelga de mineros de 1982, correspondió al gobierno conservador quebrar la resistencia como exigían los tiempos. El Nuevo Laborismo es heredero de esa limpieza final, en la que el propio Mount participó. Veinte años después, una pregunta que obviamente suscita el argumento de *Mind the Gap* es cómo ve él esta sucesión y el régimen bajo el que el libro se ha escrito.

A pesar de haber servido tanto tiempo a la causa conservadora –en su época, trabajó indistintamente para el partido, la prensa y el primer ministro–, Mount nunca ha perdido su independencia de mente[58]. Cuando Blair retomó las políticas de Thatcher y se presentó candidato con ellas, no tuvo reparo en reconocerle el mérito de realizar tantos de los objetivos de ésta. Aunque abatido por las críticas que su propio partido lanzaba contra Major, se mostró más que dispuesto a contemplar con benevolencia al Nuevo Laborismo. Había muchas razones para la satisfacción, y no dudó en expresarlas. Los sindicatos quedaron más efectivamente emasculados que con Thatcher. Al fin, se introdujeron pagos de matrícula en la enseñanza superior. El servicio de correos dejó de ser sacrosanto. Sobre todo, Blair tuvo la valentía de llevar al país a una guerra justa en los Balcanes y en Iraq. Incluso en aquellos casos en los que el Nuevo Laborismo se apartó del legado de Thatcher, a menudo lo hizo en la dirección correcta: más abierto a una medida prudente de traslado de competencias en el interior, menos llena de prejuicios y hostil hacia la UE en el exterior. Como cualquier gobierno, tenía aspectos menos atractivos: impuestos ocultos, excesivo sesgo, actitudes de acoso hacia los adolescentes. Pero en con-

---

[58] Detalles comparativos de aquellos a quienes sirvió: «No venero a Margaret Thatcher. Por la sencilla razón, como observó Montaigne, de que ningún hombre o mujer es un héroe para su ayuda de cámara, y yo fui ayuda de cámara político de Margaret Thatcher durante dos años. Podía ser mezquina, obtusa, vengativa. Como la mayoría de todos los políticos con éxito, nunca se privaba de repetirse. Era ajena a la ironía. Pero compensando con creces estas pequeñas debilidades, irradiaba una sensación de posibilidad. Siempre creía que algo podía hacerse. Y estaba decidida a conseguirlo, si fuera necesario –preferiblemente, de hecho– ella sola, aunque nadie más se molestara en ver dónde quería llegar» (Ferdinand Mount, «Britain and the Intellectuals – In Thrall to Bad Old Times», *The National Interest*, verano de 2001, p. 91). En términos menos halagüeños, en una ocasión, describió a Thatcher como la Evita del Partido Conservador. Por contraste: «Keith Joseph debe de haber sido el político más serio que jamás he conocido. A veces pienso que es el único político serio al que he conocido. Para mí sigue siendo el personaje de la política británica más fascinante y la influencia más crucial para el pensamiento y la política del Partido Conservador desde la Guerra, y dado que el Partido Conservador lleva tanto tiempo en el poder, la influencia más crucial en la política interna de todo el país» (Conferencia en memoria de Keith Joseph IV, 23 de marzo de 2000).

junto, el balance era profundamente positivo. En torno al milenio, Mount dio exuberante voz a su júbilo ante el giro nacional de lo que, en una inversión reveladora, ahora denominaba «los años de Blair-Thatcher»[59].

¿Cómo explicar, entonces, este abrupto oscurecimiento de su opinión sobre el Reino Unido, dos años después? La explicación que el mismo Mount da sobre el contraste absoluto entre lo que escribía en 2001 y lo escrito en 2003 es notablemente pobre e impropia de él: plantea la vacuidad posmoderna de que la sociedad británica es tan compleja que se puede mirar desde innumerables ángulos distintos, sin importar lo contradictorios que sean. En otra parte escribe, de manera poco más convincente, como si hubiese un momento prácticamente paulino en el que de repente se le cayeran de delante de los ojos las escamas de la ceguera de clase. A este respecto, sólo es posible la conjetura, pero parte de lo que podría estar implicado radica sencillamente en la propensión de Mount a lo teatral, con sus exigencias de drásticos cambios de escena y de corazón. En sus obras políticas, lúcidas e inteligentes como han sido en general, hay a menudo algo ligeramente artificial: un toque de representación, no siempre tomada demasiado en serio por el propio intérprete. Pero en *Mind the Gap* no cabe duda acerca de la fuerza de los sentimientos de Mount hacia el abismo entre los de arriba y los de abajo, descrito con las dotes de observación y la simpatía imaginativa que pertenecen más al novelista que al periodista que lleva dentro. Parece que nunca antes hubiera escrito con tanta pasión.

Eso sigue dejando sin resolver por qué un escritor tan observador como éste ha dejado de registrar durante tanto tiempo lo que ahora ve tan claro como el agua. Pero se puede suponer al menos una condición políticamente capacitadora[60]. Irónica-

---

[59] F. Mount, «Britain and the Intellectuals», cit., p. 86. Se puede encontrar una colaboración anterior en el mismo tono optimista en «Farewell to Pudding Island», *Times Literary Supplement*, 28 de abril de 2000.

[60] El comentario de que «cualquiera obligado a ver la televisión continuamente, por estar postrado en un hospital, no puede más que preguntarse cómo puede un espectador sobrevivir sin experimentar una irreparable

mente, aunque ha aplaudido mucho de lo realizado por el Nuevo Laborismo, y expresado aversión hacia el tono del conservadurismo más reciente, es probable que el régimen de Blair haya liberado impulsos críticos que tal vez, si su propio partido estuviese en el poder, siguiesen reprimidos. Es difícil imaginarlo destapando ese amargo chorro de indignación durante el gobierno de Thatcher o de Major, aunque el paisaje no difería mucho entonces, como él prácticamente admite. El blairismo en sí, aunque un poco carente de estilo antes y ahora, está bien. Agrupado en torno al primer ministro, de hecho, su cuadro de «reformadores progresistas» –sobre todo el honrado trío de Mandelson, Byers y Milburn es el más elogiado– ofrece esperanzas de nuevas ideas para los problemas de los pobres[61]. Pero al no estar inhibido por vínculos personales con el nuevo laborismo, Mount es ahora libre de señalar los duraderos males que todos los gobiernos, incluido éste, han descuidado, o incluso provocado activamente.

Mind the Gap termina dando sus propias recetas para los aprietos de los de abajo. Empieza con una nota aparentemente incendiaria:

> A estas alturas debería ser obvio que sólo un atrevimiento más firme y activo tiene probabilidades de hacer desaparecer esta vergüenza sangrante. Sólo una apertura entusiasta, temeraria incluso, del poder más sustancial a las clases más bajas tiene probabilidades de mejorar su autoestima o la opinión que las clases dirigentes tienen de ellas[62].

Un crítico amistoso, describiendo éste como uno de los «momentos de encuentro de Mao con Oakeshott más atractivos» de Mount, ha señalado que el sistema político británico está tan

---

confusión cerebral», tal vez sea indicio de una experiencia más personal que cambiase su forma de pensar acerca de las maravillas del país: F. Mount, *Mind the Gap*, cit., p. 234.

[61] *Ibidem*, pp. 13, 53-54 y 304.

[62] *Ibidem*, p. 283.

diseñado que cualquier dotación de capacidad política de ese tipo es inconcebible[63]. Aunque cierta, ésta es una interpretación equivocada de Mount, cuya lealtad a la interpretación más restrictiva de las disposiciones democráticas no se ha alterado significativamente desde *The British Constitution Now*. En tales asuntos, el único cambio es que últimamente ha aceptado la votación alternativa, el más ligero de los pellizcos posibles a la regla de la pluralidad, por temor a que el nuevo laborismo pudiera perpetuarse en el poder de manera más o menos indefinida. Por lo demás, lo último que concibe es alterar Westminster en nombre de la equidad electoral o de la soberanía popular.

El poder que Mount desea ampliar a las profundidades más bajas es completamente distinto. No es el poder del ciudadano o del votante, sino del propietario y del consumidor. El espíritu de su solicitud resultará familiar a cualquiera con un conocimiento fundamental de la historia conservadora. Es el lema de Churchill en la década de 1950: «Liberar al pueblo»; es decir, darle la libertad para comprar y vender sin controles estatales que interfieran. Medio siglo después, la alegación de Mount contra las insolencias acumuladas del Estado es mucho más arrolladora de lo que habría tenido sentido para los conservadores en tiempos de Eden o Butler. Su programa para liberarse de ellas es, por consiguiente, también más radical. Contiene un pequeño elemento redistributivo: quizá cierto aumento del salario mínimo, ciertamente reducciones fiscales para los menos pudientes. Pero la moral de los pobres no puede levantarse a costa de privar a los ricos. La solución está en otra parte. Desde el punto de vista social, las prioridades son los bonos escolares, alicientes para fomentar el matrimonio, diezmos para ayudar a las Iglesias, hospitales independientes. Desde el punto de vista económico, las empresas podrían ofrecer a los trabajadores una modesta proporción de las nuevas emisiones bursátiles a menor precio, y los municipios dar a los inquilinos la oportunidad de adquirir sus pisos. Pero sobre todo –la *pièce de resistance* del sueño de futuro mejor de Mount– deberían eliminarse las normativas sobre cin-

---

[63] J. Manchester, *London Review of Books*, 21 de octubre de 2004.

turones verdes y cederse huertos en el campo, mediante la concesión de terreno público o la venta de terreno privado, a quienes moran en los alojamientos de la desolación urbana, para que planten o construyan en ellos lo que quieran.

Éste es el programa, explica Mount, de una «democracia de propietarios» actualizada, el ideal de muchos manifiestos conservadores desde hace tiempo[64]. Pero su versión de ella es menos inglesa de lo que el término en sí sugiere. Tácitamente, la inspiración para la mayoría de estas propuestas procede de Estados Unidos. Los vales escolares, las iniciativas basadas en la fe, la legislación para proteger el matrimonio: andamos en las cercanías de Karl Rove. Más fundamentalmente, toda la idea de instalar una clase de labradores y constructores autónomos en parcelas rurales es una transposición en pequeño a la escena inglesa del sueño estadounidense de «imperio de pleno dominio», una sociedad de agricultores fornidos que prosperan en heredades en una frontera siempre en retroceso, hasta llegar al Pacífico. El plan de Mount es una reducción del sueño de Jefferson a escala suburbana, dada la carencia de praderas en Hampshire o Kent. Su falta de realismo como receta para los *bas fonds* británicos ha suscitado comentarios. Pero que tenga algo de la cualidad fantástica de un experimento agrario del otro lado del mundo, el éxodo en otro tiempo planeado a Birobidján en la URSS, es menos significativo que su lógica en el plan de redención planteado por Mount.

Porque la alternativa que Mount ofrece al mundo de los de arriba y de los de abajo sigue llevando el sello de su mentor específico. Como filósofo político, Oakeshott dio un giro absolutista a dos tendencias contrarias de la sensibilidad conservadora inglesa, llevando cada una de ellas al extremo de un modo nunca efectuado por ningún otro pensador. En una perspectiva única e inquebrantable, combinó un individualismo cáustico con un tradicionalismo místico. Oakeshott dedicó poco tiempo a la cultura política estadounidense, en su opinión comprome-

---

[64] Mount fecha la frase en el periodo en que Eden era líder conservador: F. Mount, *op. cit.*, p. 285.

tida por nociones racionalistas de derechos que llevaban en sí mismos la marca de la Ilustración. Pero como sociedad, Estados Unidos personificaba en la acción, más que cualquier otra, algo parecido a la fusión de los opuestos que él representaba en el pensamiento: por una parte, un extremado individualismo de la vida económica, por otro, un extremado tradicionalismo de la vida religiosa. Mount, libre de los prejuicios residuales de la generación de Oakeshott contra los arribistas de 1776, ve esta conjugación con más claridad. Siempre ha admirado la «gran república somnolienta» de ultramar, más ligada a la tradición, en el mejor sentido, que la propia Inglaterra. *Mind the Gap* contiene, entre otras cosas, una resplandeciente descripción de la vitalidad de las Iglesias metodista y baptista en Estados Unidos, contrastada con su decrepitud en el Reino Unido. A buen seguro, el revivalismo no puede reimportarse fácilmente al Reino Unido. Pero como sentido de la fe y la lealtad trascendentes e inspiradoras, y creadoras de una identidad colectiva, el monarquismo serviría. La monarquía, si los intelectuales no siguieran atropellándola, podría convertirse de nuevo en símbolo de nuestra unidad y nuestra continuidad nacional, y foco indispensable del sentimiento patriótico, como se mantiene latentemente entre las clases más bajas (inmigrantes, de nuevo, presumiblemente excluidos). Mientras tanto, cualquier restauración del tejido social en zonas de privación debe ir unida a una vuelta de las Iglesias, a las que podría confiarse de nuevo la administración de la seguridad social. Atraído igualmente por los valores de corte libertario y por las vetas devotas de la derecha estadounidense, Mount ha reunido ambos en un colorido paquete para consumo local, con un brío que hace palidecer al Cato Institute y a la Heritage Foundation.

Aun así, en el núcleo del Reino Unido contemporáneo permanece la visión de desigualdad cruel y complacencia. Intelectualmente menos coherente que *The British Contitution Now*, que era una producción más serena, *Mind the Gap* es políticamente más atormentada y generosa. Ambas son una especie de dramaturgia. ¿Pero quién podía refrenar cierto aplauso? En el desierto de ideas que ha rodeado a los regímenes de Major y Blair, conforman un par de composiciones originales –sobre el Estado, sobre la sociedad– que ningún otro escritor de la clase dominante británica, de derecha o de izquierda, ha igualado. La yuxtaposición de la «magnífica estructura» de nuestro orden constitucional, celebrada en el primero, y la «maldición no expiada» de nuestro sistema de clases, denunciada en el segundo, puede parecer irritante. Pero las recetas subyacentes, de libertad económica y comunidad espiritual, son las mismas.

2005

CAPÍTULO III

Los sueños de Europa Central: Timothy Garton Ash

La curiosidad occidental por otros territorios, como fenómeno literario, viene de antiguo; los orígenes de la moda se fechan en general en el *grand siècle*, el tiempo de los viajes de François Bernier o Thomas Coryate al imperio mogol en India. Entre las culturas europeas más avanzadas, sería difícil hacer distinciones en cuanto al volumen o a la calidad de los relatos de viajeros durante la mayor parte del periodo contemporáneo. En la Ilustración, por cada Cook había un Bougainville o un Forster; en un nivel más elevado, un poco más tarde, Humboldt o Custine. Pero en el siglo XX, la tradición parece haberse bifurcado, y una sociedad supera en producción a todas las demás, en todos los géneros. En el periodo de entreguerras, se produjo una fuerte veta de exotismo en la escritura francesa, que emergió de diversos modos en Gide, Morand, Saint-Exupéry, Michaux, Leiris, Malraux y otros, para la que *Tristes tropiques* de Lévi-Strauss puede considerarse un golpe de gracia melancólico. Después no hubo mucho comparable. En la orilla británica del Canal, donde la tradición siempre fue menos filosófica, no se percibe dicha ruptura. Observando el registro acumulativo, la literatura de viajes parece haberse convertido en una especialidad británica.

La razón no está clara a primera vista. Pero dos impulsos poderosos –opuestos aunque relacionados– pueden aportar en buena medida la explicación. Por una parte, el sofocante provincianismo y el puritanismo de una cultura insular de clase media, con todo su peso de aburrimiento y represión, hizo que la huida al extranjero se convirtiera en una opción instintivamente atractiva para los espíritus inquietos: un motivo que puede observarse ya en los primeros tiempos victorianos, cuando la fascinación de George Borrow por la vida de los pobres y los gitanos españoles fue alimentada por el desprecio hacia el «refinamiento» nativo. Por otra parte, la primacía imperial británica –cuyo recuerdo duró mucho más que su realidad– suscitó inevitablemente sueños de hazañas osadas en tierras remotas, fomentando encuentros con pueblos desconocidos, sin necesariamente desestabilizar la lealtad a los valores de los condados natales. El horizonte del imperio habituó a los ingleses a la idea de las aventuras ultramarinas.

Entre estas dos orillas, avanzaba una abundante corriente literaria con múltiples resacas, remolinos y contracorrientes (incluso una ciénaga colateral en la reciente multiplicación de escritores de viajes «profesionales», que producen encargos de un área tras otra, con una ignorancia y una indiferencia subyacentes ante cualquiera de ellas; el mundo de *Granta* en su peor versión). Limitándonos a la primera mitad del siglo, percibimos una serie de características. Geográficamente, hubo durante mucho tiempo tres zonas preferidas: Oriente Próximo, el Mediterráneo y la cuenca del Danubio. Éstos fueron, como se sabe, los terrenos de St John Philby o Robert Byron, de Norman Douglas o Patrick Leigh-Fermor, de R. W. Seton-Watson y Rebecca West. Las salidas más alejadas –como las expediciones de Peter Fleming al Gobi o al Mato Grosso– son más escasas. Paradójicamente, la enorme expansión del imperio no fue en sí suelo fértil para este tipo de escritos. Allí, el poder británico estaba demasiado a mano. Generó unas formas completamente distintas: memorias, sombrías o nostálgicas, de funcionarios coloniales como Orwell o Wolf, o monografías reconocidamente científicas de antropólogos como Firth o Evans-Pritchard.

La división de la especialidad de acuerdo con la función desempeñada por el sujeto es menos precisa que en el caso del objeto. En principio, tres tipos de autor eran profesionalmente distinguibles: el periodista, el escritor, el estudioso. En la práctica, como indica una ojeada a los nombres mencionados, había en principio pocos autores que no combinaran aspectos de más de una de esas funciones, a veces las tres. Seton-Watson, claramente un estudioso –cátedras de historia en Londres y Oxford– se dio a conocer como corresponsal de prensa en Europa Oriental.

A Leigh-Fermor, escritor por definición, le interesaba tanto el pasado distante como la vida presente de su oscura franja del Peloponeso. Evelyn Waugh, por su parte, partió hacia el cabo de Hornos y hacia Levante como mercenario de Northcliffe, pero ¿quién imagina que dejara de observar o escribir como novelista? En cuanto al periodo de posguerra, el enorme crecimiento de los medios de comunicación y el número decreciente de autores «con medios independientes» han convertido el recurso al periodismo de uno u otro tipo prácticamente en una necesidad, incluso para escritores de relativo éxito; animando a los periodistas, a su vez, a considerarse escritores, o incluso –al recibir becas institucionales– estudiosos provisionales. Las líneas de distinción entre estas profesiones, aún importantes, se han borrado más que nunca.

Otro tipo de taxonomía no se centraría ni en el sujeto local ni en el objeto extranjero, sino en la relación entre ambos. A este respecto, la gama de objetivos y actitudes posibles, tras una relación literaria con culturas desconocidas, es mucho más amplia. Es interesante que escasee la hostilidad sistemática (a menudo las excepciones son desenfadadas), en contraste con las notorias ambivalencias de la biografía en cuanto proyecto, como para demostrar que es más difícil ponerse en contra de una sociedad que en contra de un individuo. En su mayor parte, las actitudes adoptadas no han sido las del crítico, y mucho menos las del enemigo. Son, por el contrario, las del aventurero, el admirador y el defensor. Estas posturas típicas podrían combinarse, pero no deberían confundirse; aunque, por supuesto, no son divisiones impermeables entre sí. Es probable, aunque no seguro, que un defensor sea un admirador. Un admirador puede también con facilidad ser un aventurero. Un aventurero –algo mucho menos frecuente, pero posible: Malraux en Indochina– puede ser un defensor, sin ser un admirador.

Pero no sólo existen representantes bastante puros de cada tipo. Cuando dichos tipos se mezclan en un individuo dado, rara vez es difícil descubrir el dominante. Evelyn Waugh en Etiopía fue un aventurero *sans phrases*. Wilfred Thesiger, aunque incuestionablemente intrépido, era un admirador. En 1916, a los seis años, contempló la entrada triunfal de Ras Tafari en Adis Abeba, con sus enemigos transportados en un atroz tren tras él, y más tarde escribió: «Creo que ese día implantó en mí toda una vida de anhelo del esplendor bárbaro, del salvajismo, el color y el ruido de los tambores, y eso me dio una duradera veneración por la costumbre y el ritual establecidos desde antiguo»[1]. En 1930, viendo la coronación de Ras Tafari como el emperador Haile Selassie, Thesiger lamentó que Waugh, «el único presente con dotes de escritor, estuviera ciego a la importancia histórica de la ocasión, incapaz de percibir esta última manifestación del campesinado tradicional abisinio». La opinión que manifiesta sobre Waugh es una declaración de la distancia existente entre ambas especies.

> Desaprobé sus zapatos grises de ante, su caída corbata de lazo y el ancho excesivo de sus pantalones; me pareció flácido y petulante, y me disgustó a la vista. Más tarde me preguntó, a través de otros, si podía acompañarme al desierto de Danakil, adonde yo planeaba viajar. Me negué. Si hubiera venido, sospecho que sólo habría vuelto uno de los dos[2].

Thesiger, apasionadamente apegado a los feudatarios etíopes, los beduinos árabes, los moradores de las ciénagas iraquíes, vio cómo los mundos que admiraba se disolvían a lo largo de su vida: Haile Selassie depuesto por el Dergue, Nuri al Said caído en su palacio, el imam de Yemen –por cuya tiranía esclavista Thesiger luchó en la vejez– derrotado en su intento de contrarrevolución. Pero poca o ninguna defensa contienen sus libros; son prácticamente prepolíticos. Philby, su antecesor en la exploración del desierto de Rub al Jali, ofrece un irónico contraste. Enemigo declarado del imperialismo británico después de la Primera Guerra Mundial, que animó a Ibn Saud a establecer acuerdos con empresas petrolíferas estadounidenses para garantizar la independencia saudí respecto a Londres, murió habiéndose declarado

---

[1] W. Thesiger, *The Life of My Choice*, Londres, 1987, p. 56.
[2] *Ibidem*, pp. 91-92.

socialista –nunca dudó en defender causas impopulares en su propio país– bajo la segura protección saudí.

La figura del entusiasta británico por la causa de un pueblo extranjero oprimido se retrotrae, por supuesto, a Byron en Grecia. Lawrence y Philby, defendiendo a dinastías rivales en la descomposición del imperio otomano, la trasladaron a Oriente Próximo. Pero su escenario más natural siempre fue mediterráneo o balcánico, donde con más facilidad podían invocarse entidades enterradas o unidades antiguas de la civilización europea. El enormemente idiosincrásico *Black Lamb and Grey Falcon* de Rebecca West, un emotivo grito por los serbios cuando la Wehrmacht barría Yugoslavia, pertenece a esta tradición. Su mayor representante, sin embargo, fue Seton-Watson padre, que no sólo escribió la primera historia contemporánea en inglés sobre los checos, los eslovacos y los rumanos –no vivió para completar un estudio similar sobre los eslavos del sur–, sino que desempeñó una función clave en la ideología y en la diplomacia de tiempos de guerra que condujeron a la creación de los tres Estados de la Pequeña Entente. Se trataba de defensa en su nivel más elevado, históricamente más efectivo.

Después de la Segunda Guerra Mundial, las condiciones cambiaron. La figura del explorador, aún significativa en la literatura de entreguerras –Fleming, Thesiger, Saint-Exupéry– pronto feneció, al cerrarse el inventario del planeta. La televisión y el turismo masivo trivializaron la distancia. Las sociedades «primitivas» se establecieron en los mercados modernos. El mundo se convirtió en un campo de batalla política universal. En este escenario, la veta heroica de la literatura anterior –y no digamos su faceta de legión extranjera– fue más difícil de sostener. No es que faltase drama, sino que ahora éste era típicamente moderno y político, exigiendo destrezas profesionales de otro tipo. El periodista con conocimientos especializados en un país o en una región dados, que comunica o analiza los acontecimientos del momento, desde una perspectiva histórica o cultural más amplia, se convirtía en la figura representativa. La bibliografía dedicada al extranjero está ahora dominada por esta forma.

Entre sus practicantes más elocuentes se encuentran los tres anglomosqueteros que normalmente aparecen en *The New York Review of Books:* Neal Ascherson, Timothy Garton Ash e Ian Buruma, los cuales se ganaron los galones respectivamente en Europa Oriental y en Asia Oriental. Unidos por convicciones liberales comunes, los perfiles de los tres son por lo demás muy distintos. Garton Ash, una generación más joven que Ascherson, siguió la senda de éste desde Alemania a Polonia como tierras de reportaje primario. En 1982-1983, ambos escribieron libros apasionadamente comprometidos sobre Solidaridad. Después, Garton Ash se sumergió de modo más profundo y resuelto que Ascherson en la política de Europa Oriental durante los últimos años de la Guerra Fría. Tal vez, el periodo explique la diferencia. A medida que avanzaba la década de 1980, las oposiciones de Europa Oriental al comunismo fueron atraídas firmemente hacia el campo magnético de la ideología dominante en Occidente: las doctrinas de extrema derecha proclamadas por Reagan y Thatcher. Para Garton Ash, colaborador y director de *The Spectator* por aquel entonces, se trataba de una evolución natural y deseable. A Ascherson, agudo crítico del thatcherismo, debió de plantearle más dudas. Probablemente, también, las consideraciones internas pesaban por sí solas. Ascherson y Buruma mezclaban el origen escocés y holandés con el judío; ambos han expresado un profundo desprecio por las identidades británicas convencionales y sus respaldos habituales, lo cual condujo, en el caso de Ascherson, a una participación directa en la política radical escocesa. Las credenciales inglesas de Garton Ash, por contraste, parecen puras. Cuando, en 1978, partió hacia Berlín en su Alfa Romeo azul, Reino Unido no estaba en cuestión. No distraído por las dudas acerca del país natal, pudo sumergirse más completamente en las causas patrióticas del otro lado del Elba.

El resultado ha sido una obra completa impresionante, que se extiende durante más de dos décadas. Tras un reportaje inicial sobre la vida en Alemania Oriental, basado en el tiempo que pasó allí como posgraduado y publicado por capítulos en *Der Spiegel,* y un detallado relato sobre el ascenso de Solidaridad en *The Polish Revolution,* escribió *The Uses of Adversity* –subtitulado

«Essays on the Fate of Central Europe» [«Ensayos sobre el destino de Europa Central»]– en la primavera de 1989, ampliando el alcance de su testimonio a Hungría y Checoslovaquia. En estos años, deslizándose de un movimiento clandestino a otro, trabó un incomparable conjunto de amistades con intelectuales disidentes de los tres últimos países (para entonces le habían prohibido la entrada en la RDA), lo cual le permitió trazar la erosión del comunismo en la región más intrépidamente y con más agudeza que cualquier otro periodista del momento: un proceso que él esperaba que adoptase la forma de prolongada «otomanización» –debilitamiento y decadencia– del poder soviético en Europa Oriental.

Cuando, por el contrario, unos meses después, se produjo el hundimiento repentino, estaba perfectamente situado para proporcionar las mejores diapositivas sobre los héroes del momento, captados en un asombroso primer plano: Michnik, Kuron, Balcerowicz, Geremek en Varsovia; Göncz y Orbán en Budapest; en Berlín, «el mayor partido de la calle de la historia mundial»; y, por último, el clímax en Praga con Havel –«era extraordinario el grado en el que todo giraba al final en torno a este hombre»– que Garton Ash observaba como participante, junto con Klaus o Dienstbier, en la sede central del Foro Cívico, «en pleno corazón de la revolución», mientras el viejo mundo se desintegraba a su alrededor[3]. El aventurero y el admirador raramente han estado tan drástica o eficazmente unidos.

Tras este triunfo periodístico, Garton Ash volvió al punto de partida de estudioso que pretendía en un principio, con un gran estudio histórico sobre los orígenes y el resultado de la *Ostpolitik* alemana. Basándose en una cuidadosa investigación de archivo, así como en un extenso material de entrevistas, *In Europe's Name* (1993) rastreaba la senda camuflada y a menudo oblicua de Bonn hacia la unificación alemana, un objetivo no deseado por Francia ni por Reino Unido, perseguido mediante la ambigua invocación de la unidad europea y el cultivo tenaz de las relaciones con Rusia. Las propias reservas de Garton Ash sobre el proceso,

---

[3] T. Garton Ash, *We the People*, Londres, 1990, pp. 85, 89.

como sería de esperar, atañen a actores o episodios considerados culpables de retraerse de los valores occidentales al tratar con el dominio comunista en Europa Oriental: principalmente, los socialdemócratas desde el tiempo de la frialdad de Schmidt con Solidaridad en adelante. Pero el libro, su logro más sustancial hasta la fecha, es escrupulosamente equilibrado y equitativo en el juicio general que hace de la conclusión de la estrategia alemana hacia el Este. *The File* (1997) puede interpretarse como un colofón personal: la búsqueda por parte de Garton Ash de aquellos que lo espiaron o informaron sobre él cuando era estudiante en Berlín Oriental en 1980, cuya identidad revelaban ahora los expedientes de la Stasi. Lo que podría fácilmente haber sido una investigación formulista se convierte, cuando la memoria autobiográfica cobra vida sobresaltada ante los encuentros perturbadores, en la más autocrítica y humana de sus obras.

Históricamente, Garton Ash pertenece a la última leva de la Guerra Fría, una cohorte de jóvenes incendiada por un anticomunismo sin complicaciones. Su devoción lo convirtió en un candidato natural al reclutamiento para el MI6, que le hizo propuestas desde muy pronto, como en su momento le había hecho a Ascherson. Aunque no dejaba de atraerle la idea de trabajo clandestino para el espionaje británico, finalmente lo rechazó porque no quería que lo controlasen desde arriba: en la batalla contra el totalitarismo, era mejor ser filibustero que funcionario. Después de que se publicara su libro sobre Solidaridad, lo invitaron a convertirse en director adjunto de Radio Europa Libre en Múnich; nuevamente lo rechazó. Los repetidos intentos de este tipo eran lógicos. Políticamente, sus credenciales de combatiente por la derecha liberal en la Guerra Fría eran impecables. A mediados de la década de 1980, se encontraba, de acuerdo con la mejor fuente interna, entre el grupo selecto de académicos –Hugh Thomas, Brian Crozier, Norman Stone, Leonard Schapiro y otros– que proporcionaban asesoramiento y ayuda externa a Thatcher.

Pero las refrescantemente sinceras memorias de George Urban, *Diplomacy and Disillusion at the Court of Margaret Thatcher*, también dejan claro que Garton Ash era un cortesano con peculiaridades. Echando una ojeada a la mesa de la residencia de campo de los primeros ministros en Chequers, con la primera ministra en la cabecera, Urban comenta de su vecino:

Tim es un excelente analista; es joven y ya se ha labrado un nombre. Lo veo en el futuro convertido en un R. W. Seton-Watson o en un político de primera categoría. Es racional, piensa con rapidez y tiene el corazón donde debe, con una o dos excepciones: realizó un juicio equivocado respecto a Nicaragua y tiene una veta blanda en lo que se refiere al Tercer Mundo, pero acerca de Europa Oriental es sensato y ha escrito un material excelente[4].

Las dudas acerca de los Contras resultaron no ser tan anómalas como podrían haber parecido. El lado escéptico y empírico de Garton Ash –él lo identifica con las mejores tradiciones nativas– siempre ha sido capaz de controlar al entusiasmo doctrinal. El derrocamiento del comunismo en Europa Oriental, concluía él en 1990, no aportó nuevas ideas al mundo, aunque recordó a los europeos occidentales valores morales e intelectuales que a menudo habían olvidado. Fue –simple y decisivamente– poner el mundo cabeza arriba: es decir, la llegada de un orden familiar de parlamentos elegidos y mercados libres, derechos civiles y propiedad privada, en el que sólo había un tipo de democracia, legalidad y ciencia económica. Aun así, en el primer brote de entusiasmo, era posible que algunos de los nuevos conversos exagerasen las cosas. Entre los intelectuales situados al frente de la transición al capitalismo, Garton Ash detectó «un peligro opuesto: el de considerar el libre mercado como una cura para todos los males, sociales y políticos además de económicos. De ahí la popularidad de Hayek. Casi se podría decir que el libre mercado es la utopía más reciente en Europa Central»[5].

Los ensayos y despachos reunidos en *History of the Present* registran las respuestas de Garton Ash a lo ocurrido desde que esto se escribió. La recopilación comienza con diversos temas

---

[4] G. Urban, *Diplomacy and Disillusion at the Court of Margaret Thatcher*, Londres, 1996, pp. 121-122.

[5] T. G. Ash, *We the People*, cit., p. 152.

alemanes, después ampliados: los triunfos electorales de Kohl con la unificación en 1990 y en 1994, y su caída en 1998 por las consecuencias de dicha unificación; viñetas de Honecker en la cárcel, Markus Wolf juzgado, y reflexiones sobre la Oficina Gauck como catarsis del legado de la Stasi. Trasladándose a Polonia, hay un esbozo crítico sobre el comienzo de la presidencia de Walesa; por desgracia, los antiguos líderes de Solidaridad «se golpean entre sí con porras herrumbrosas», entre signos potencialmente esperanzadores de economía thatcherista bajo el dominio autoritario del presidente. Sigue el análisis de una segunda parte inesperada, la victoria del poscomunista Kwasniecki en 1995, bajo quien, no obstante, cambios tales como la conversión de la *Gazeta Wyborcza* de Solidaridad en un conglomerado de medios al estilo del de Murdoch ofrecen una irónica confirmación de la entrada de Polonia en la normalidad consumista occidental. Se vuelven a contemplar los diferentes significados de la revuelta húngara, para los contemporáneos y para la posteridad. En la República Checa, un capítulo obligatorio –uno de los ejes del libro– recuerda un choque público entre Havel y Klaus, presidente y primer ministro, en el que el autor también participó.

Volviendo a sus territorios elegidos, Garton Ash se muestra en general alerta y comedido. Predomina una nota de compungida satisfacción. Walesa y Havel tal vez hayan decepcionado en el poder, las esperanzas de un espíritu regional más elevado prácticamente se han extinguido en una fiebre común de aburrido consumo, pero –a pesar de lo improcedentes que sean algunos de su antiguos ornamentos de *nomenklatura*– las bases de un capitalismo democrático están aseguradas. El principal interés de la nueva recopilación, sin embargo, está en otra parte. A partir de 1995, Garton Ash empezó a ir más allá de su espacio anterior, viajando a la ex Yugoslavia. Sus salidas a este paisaje menos conocido producen los mejores esbozos y ensayos del libro. A este respecto, como si se liberara de apegos convencionales, alcanza las conclusiones más radicales y originales.

Dichas conclusiones proporcionan poca tranquilidad al consenso liberal oficioso acerca de la región. La cobertura de Garton Ash se inicia con una escalofriante descripción de la Krajina inmediatamente después de que el barrido de los croatas la hubiera vaciado de 150.000 serbios, y de la indiferencia europea ante el destino de éstos. En lo referente a Bosnia, las complejidades de la guerra a tres bandos entre comunidades reciben la atención que merecen, sin reducir la responsabilidad serbia por el salvajismo étnico, ni la enormidad del incumplimiento europeo ante el desastre. En Kosovo, Garton Ash se mostraba partidario de la independencia antes de que se hablase de intervención occidental, y expresó reservas justificadas acerca de los ataques aéreos a Serbia cuando se produjeron, al igual que las había expresado acerca del sistema de gobierno *potemkin* establecido en Bosnia.

Informando el tratamiento que da a estas cuestiones se encuentra la impopular convicción, o quizá sería mejor decir la divulgación, de lo que el consenso occidental (las voces de los bares de Tuzla) preferiría dejar sin decir. Las democracias europeas estables, sostiene, exigen poblaciones muy homogéneas: una mayoría étnica de al menos el 80 por 100[6]. Quizá, a este respecto, su formación ajena a los Balcanes fuese condición necesaria para romper filas. Aunque el tacto le prohíbe mencionarlo directamente, los territorios favoritos de Garton Ash son Estados fundados en las dos mayores limpiezas étnicas desde la Segunda Guerra Mundial: Polonia y la República Checa. No hay indicio de exoneración en el análisis que hace de la repetición de estos procedimientos en el Adriático, sólo horror y la predicción de que de ellos puede surgir la democracia liberal tal como la conocemos. Pone como ejemplo la futura Croacia limpia. Es un argumento avanzado por primera vez por Tom Nairn respecto a Bosnia, con la misma tensión entre dolor y realismo[7].

La extensión de la gama de Garton Ash a los Balcanes supone, por lo tanto, más que un movimiento geográfico. Representa una ampliación intelectual y moral. Pero, al mismo tiempo, pone de profundo relieve las limitaciones de su trabajo anterior. Porque si había un tema principal en su obra hasta mediados de

---

[6] T. G. Ash, *History of the Present*, Londres, 1999, pp. 365-366.
[7] T. Nairn, «All Bosnians Now», *Dissent* XL, 4, 1993, pp. 403-410.

la década de 1990, éste era el carácter especial de los países de Europa Central en el espectro de la naciones cautivas, y su llamamiento muy particular a las simpatías y los recursos de Europa Occidental. La idea de «Europa Central» –expuesta por portavoces como Kundera o Milosz– designaba a Checoslovaquia, Hungría y Polonia, ampliándose en ocasiones a Lituania. Tenía una función esencialmente doble. Por una parte, trazaba una línea cultural que separaba a esta zona de países verdaderamente de Europa Oriental (es decir, atrasados) como Rumania o Yugoslavia (por no hablar de la perpetuamente bárbara y totalitaria Rusia); por otra, vinculaba esta región con las patrias de la libertad y la prosperidad en Europa Occidental, de las que, en la exposición de Kundera, sólo el destino maligno la había apartado, siendo como era la cuna de la tolerancia política y la gran cultura[8].

El carácter ingenuamente ideológico de esta interpretación era transparente desde el principio. Si Bohemia y Hungría Occidental podían razonablemente calificarse de centroeuropeas, la idea de que Bialystok o Vilna estuvieran situadas en medio del continente y que Belgrado o Timisoara estuvieran al este de ellas siempre fue ridícula. La noción de que la Europa «Central» así interpretada, territorios donde la servidumbre permaneció hasta finales del siglo XVIII o hasta el siglo XIX, estuviera cultural o socialmente más cerca de los patrones de experiencia histórica occidentales que de los orientales no soporta una revisión seria. En esencia, la función del término fue el tipo de redefinición que se puede leer en los folletos de agentes inmobiliarios: el aumento de categoría de un barrio menospreciado por metonimia con un distrito más atractivo (cuya elegancia se exagera en general): Harringay convertido en East Highgate.

En una parte de su mente –la del historiador–, Garton Ash siempre supo que esta versión de Europa Central era un mito interesado; aparte de todo, como él señalaba, ¿qué se puede decir de las contribuciones de la región a las más violentas formas

---

[8] M. Kundera, «The Tragedy of Central Europe», *The New York Review of Books*, 26 de abril de 1984.

contemporáneas de racismo y nacionalismo?[9]. Pero, en otra parte de su mente, necesitaba el mito, y lo cultivó. Porque a mediados de la década de 1980, ¿acaso el trío PCH –Polonia, Checoslovaquia, Hungría– no se había apartado de sus vecinos del COMECON por el vigor de sus oposiciones democráticas, y el ansia que sus habitantes tenían de unirse al comité de naciones europeo? Si el pasado no ofrecía una base muy firme a la idea actual de Europa Central, tal vez el futuro lo hiciera, porque ahí seguramente radicaba el talón de Aquiles del imperio soviético. En este sentido, la definición de Europa Central era política: designaba la línea del frente contra el comunismo, estuviera donde estuviese dicha línea. Garton Ash incluso aventuró la idea de que ahora podíamos decir que George Orwell era centroeuropeo, y siendo así, él mismo «solicitaría la ciudadanía»[10]. El suyo era un uso pragmático, explicaba. A los británicos no les gusta buscarle tres pies al gato.

En sí misma, esa concepción –al estar desvergonzadamente diseñada para convertir al trío PCH en *salonfähig* [presentable] en Occidente– podía tacharse de fantasía ideológica inocua del momento. Garton Ash no había recurrido a ella en su libro anterior sobre Solidaridad, que sitúa a Polonia directamente en Europa Oriental[11], y repudió su peligro más obvio –la división que trazaba entre naciones cívicas e incívicas en la región– cuando posteriormente se fijó en los Balcanes. *History of the Present* rechaza dicho «determinismo cultural». De hecho, Garton Ash escribe ahora que le asombra de qué modo la idea de Europa Central se ha «puesto al servicio de la política del relativismo y de la exclusión»[12]. Condena con los términos más duros posibles el hecho de que la Unión Europea no impidiese el desastre en Yugoslavia. La preocupación por el espurio proyecto de moneda única era la responsable: los chanchulleros de Maastricht se ha-

[9] Véase T. G. Ash, *The Uses of Adversity*, Cambridge (MA), 1989, pp. 165-167.

[10] *Ibidem*, p. 191.

[11] T. G. Ash, *The Polish Revolution. Solidarity 1980-1983*, Londres, 1983, pp. 4, 8, etc.

[12] T. G. Ash, *History of the Present*, cit., pp. 209 y 392-393.

bían mostrado ciegos a los incendios que estaban a punto de declararse en Sarajevo.

La sinceridad de este veredicto sobre el historial occidental en los Balcanes está fuera de duda. Pero le falta algo. Carece de cualquier indicio de autocrítica. Y sin embargo, si alguna vez ha habido un caso de sartén que pide al cazo que no la tizne, las quejas de Garton Ash acerca de la indiferencia de Bruselas al destino de los Balcanes lo sería. Porque el culto a Europa «Central» –que él sigue defendiendo como «una buena causa» y sigue manipulando (con morbosas descripciones de por qué Ucrania no pertenece aunque, por suerte, Eslovaquia se está reagrupando)– no era sólo cuestión de definición caprichosa. Tenía un fuerte sesgo político. Al adoptarlo, Garton Ash pasó de admirador a defensor en un sentido muy preciso. Una cosa era la calidez de la simpatía hacia los disidentes polacos, checos o húngaros, mientras luchaban contra sus regímenes; otra muy distinta fomentar el trato privilegiado al trío PCH después de la caída del comunismo, a expensas de otros países de Europa Oriental. En octubre de 1990, Garton Ash exigía que se diera a Polonia, Hungría y Checoslovaquia «una prioridad clara y netamente inequívoca», tanto en ayuda económica como en el ingreso político en la Unión Europea. «Si por toda esta vasta región se esparce de manera más o menos indiscriminada la ayuda alemana, europea y occidental», se pondría en peligro la transición al capitalismo liberal, y «la región podría de hecho convertirse en el Oriente Próximo de Europa»[13]. Dado que no podía hacerse todo al mismo tiempo, era esencial una discriminación. Los países del grupo Visegrad (Polonia, República Checa, Eslovaquia y Hungría), cuyos legados de preguerra y cristianismo occidental los convertían en aliados naturales, deberían entrar en la UE por la vía rápida. De hecho, pronto empezó a insistir Garton Ash, merecían la entrada inmediata.

Aunque esta última exigencia era directamente impracticable, servía para aumentar la presión retórica a favor del trato especial a PCH, en una campaña que por lo demás tuvo gran éxito, en

---

[13] *Ibidem*, p. 62.

gran parte porque coincidía muy de cerca con los intereses de la política exterior alemana, destinados a establecer un *glacis* de seguridad e inversión en torno a la República Federal. Las propuestas francesas de trato equitativo a todos los antiguos países comunistas de la región, en una confederación que los vinculase a todos a la UE, fueron saboteadas con indignación, en gran medida por los checos, con Havel a la cabeza, furiosos ante la perspectiva de que los pusieran en una situación comparable a la de búlgaros y rumanos. A requerimiento de Kohl, a los países del PCH se les prometió el derecho a entrar primero en la UE, y pronto recibieron la porción más elevada de la ayuda occidental. Hungría, con una renta per cápita cuatro veces superior a la de Macedonia, obtuvo una ayuda doce veces superior. Europa Central había encontrado su fundamento económico: al que tiene se le dará.

La justificación que Garton Ash hacía de esta máxima bíblica era congruente: sólo ella podía impedir que el desastre cayera sobre toda la región, dado que el éxito del capitalismo democrático en el trío PCH era la condición para la paz y la estabilidad en el resto de la Europa ex comunista, todo lo que se interponía entre ella y el escuálido destino del Levante. Todavía en 1993, escribía: «De nuevo, la cuestión centroeuropea promete ser la cuestión central de Europa»[14]. Cuando estas líneas se imprimían, Sarajevo llevaba ya uno año sitiado, y la principal contribución «centroeuropea» a la paz en los Balcanes había sido la venta clandestina por parte de la democracia húngara de 36.000 Kalashnikovs a los paramilitares croatas.

La realidad histórica es que la estrategia de «todo el favor para el PCH» no sólo era moralmente censurable, sino también políticamente ciega. En su centro radicaba un colosal astigmatismo. En la conclusión a *We the People*, escrito a comienzos de la década de 1990, Garton Ash se quejaba airadamente de los comentaristas de Occidente que advertían contra los peligros de un resurgimiento del nacionalismo en Europa del Este. «¿Qué significa eso?», exclamaba. «El registro histórico debe demostrar que 1989 no ha sido un año de agudo conflicto étnico o nacional en la

---

[14] T. G. Ash, *In Europe's Name*, Londres, 1993, p. 409.

Europa Oriental situada al oeste de la frontera soviética. Muy al contrario: ha sido un año de solidaridad tanto dentro de las naciones como entre ellas»[15]. Para la pluma capaz de escribir eso, los Balcanes habían sido borrados de la historia. Desvanecidos de la «cuestión central de Europa», efectivamente perdidos de vista.

La verdad, por supuesto, era que los conflictos nacionalistas habían alcanzado un grado febril en Yugoslavia ya en la primavera de 1987, cuando Milosevic aspiraba al poder en la ciudad de Kosovo Polje. Con complicidad eslovena, Serbia quebraba la autonomía de Kosovo un año después, antes de que las dos repúblicas dominantes entrasen a su vez en curso de colisión. En 1989 –el año «sin agudos conflictos étnicos»–, masivas manifestaciones albanesas en Kosovo conducían a violentos choques con la policía: se declaró el estado de emergencia total, con aviones y tanques reforzando la práctica ocupación de la provincia, mientras los líderes croatas y eslovenos se preparaban para la secesión. No se trataba de hechos oscuros o periféricos. Claramente presagiaban la ruptura de Yugoslavia, un país con más población que Hungría y Checoslovaquia juntas. Para los demócratas, suponían actos de trasgresión de los derechos humanos que superaban con creces a todos los de «Europa Central», y llevaban un tiempo produciéndose, como habría demostrado una mirada a los informes de Amnistía. Claramente se estaba forjando un desastre.

Culpar al Tratado de Maastricht de que Europa Occidental no percibiese lo que estaba ocurriendo en Yugoslavia, como Garton Ash desea ahora, no sirve. Mucho antes de que dicho tratado se concibiera, el polvorín de los Balcanes era evidente. Y el proyecto de moneda única nunca distrajo a la UE del Este. La «ampliación» –limitada al trío PCH– se respaldó oficialmente como objetivo en el propio Maastricht. Con posterioridad, de los preparativos para el euro se encargaron los bancos centrales y los ministerios de economía. La política hacia el Este la determinaron el Consejo Europeo y las autoridades de los diferentes ministerios de exteriores, ahora en piloto automático hacia Varsovia, Praga y Budapest. Convertir a la moneda única en chivo expiato-

---

[15] T. G. Ash, *We the People*, cit., pp. 143, 145.

rio de Sarajevo, por cómodo que pueda resultar a una sensibilidad conservadora británica, es un desplazamiento –como Freud lo entendía– de grueso calibre. El líder occidental más responsable de fomentar la unión monetaria, François Mitterrand, fue de hecho el único con una visión unitaria de Europa Oriental como un todo, exactamente aquello a lo que Garton Ash se oponía. Después de olvidar la crisis de los Balcanes, y de presionar incansable para que la ayuda y la atención se concentrasen en Europa «Central», de haber una voz individual que pueda considerarse responsable de la inversión trágica de prioridades, mientras Yugoslavia se precipitaba en el abismo, ésa sería la suya.

Por supuesto, no estaba solo. A partir de la década de 1980, mucho antes de que la vendieran como tal, «Europa Central» fue un imán para muchos buenos periodistas e investigadores intelectuales. Su atractivo era doble. Polonia, Checoslovaquia y Hungría fueron escenario de los movimientos más vigorosos e interesantes contra el comunismo, y los países más dispuestos a afirmar su parentesco con el propio Occidente. Yugoslavia –y todavía más, sus vecinos– carecía de estos elementos de inversión afectiva. Por compleja o turbulenta que fuese la política balcánica, no podía (aún) dramatizarse fácilmente como una batalla directa del bien contra el mal. También culturalmente ofrecía pocas de las *images d'Epinal* –la Virgen Negra de Chestokova, la plaza de San Wenceslao, la corona de San Esteban, el Papa liberador, el filósofo presidente, el electricista Nobel– con los que los medios pudieran incrementar la audiencia en Occidente. Tal vez Kadaré fuese mejor escritor que Havel, pero aparte de unos cuantos lectores franceses, ¿a quién le importaba? Ninguna heredad montenegrina estaba a la espera de ser reclamada por lores ingleses; pero en Bohemia, Garton Ash puede presentarnos a Diana Phipps (nacida Sternberg) recuperando la propiedad ancestral de tres mil hectáreas, bosques llenos de jabalíes y un venerable castillo («restaurado con raro gusto e imaginación»), y considerar que «esto no sólo es fabuloso, en el sentido original de la palabra, sino también conmovedor»[16].

---

[16] T. G. Ash, *History of the Present*, cit., pp. 116-117.

En la bibliografía de la participación exterior, la defensa tiene un registro honorable. Las comparaciones con R. W. Seton-Watson, como tales, hacen mérito a Garton Ash. Pero hay en esto una regla general. Tal defensa es mejor cuanto más libre está de las inclinaciones a encontrar semejanzas con el yo en el otro defendido. La historia colonial está demasiado llena de versiones de esto: las «razas marciales» de India como otros tantos *Highlanders* subcontinentales. El tropo de Europa Central estaba en parte ciego por ser tan engreído: los primos de Orwell en el espejo.

Por eso, a Polonia se le perdonó la mitad de la deuda exterior, mientras los mismos acreedores occidentales exprimían a Yugoslavia hasta secarla, obligando al país a imponer un draconiano plan de estabilización tras otro, mientras el desempleo se disparaba y el gobierno federal se debilitaba. El antecedente inmediato a la desintegración yugoslava fue el hundimiento económico. El mito de Europa Central no sólo fue una condición negativa en el despliegue de la crisis; fue un catalizador activo de la misma. Como dice Susan Woodward en *Balkan Tragedy*, la principal obra especializada sobre la descomposición de Yugoslavia:

Ya en 1989 los gobiernos occidentales empezaron a declarar que los países de Europa Central estaban mejor preparados para efectuar la transición económica y política del socialismo al capitalismo que los del sureste de Europa. Pero este criterio histórico y cultural, en general el de *Mitteleuropa*, catolicismo romano y tradición habsburga, atravesaba directamente a Yugoslavia por la mitad. Dejó una herida profunda e indefinida allí donde se había situado la frontera militar de poblaciones mixtas entre el dominio habsburgo y el otomano, y reforzó los argumentos separatistas que ya presentaban los nacionalistas eslovenos y croatas. Estos intelectuales empezaron a hablar de la existencia de «dos mundos» en Yugoslavia, y ambos grupos proclamaban estar mejor preparados para entrar en Europa por ser centroeuropeos[17].

---

[17] S. Woodward, *Balkan Tragedy*, Washington, DC, 1995, pp. 104-105.

La supuesta precondición de paz civil en el Este resultó, no inesperadamente, una incitación a la guerra étnica.

History of the Present evita cualquier reconocimiento de este vínculo mortal, separando el uso –la «buena causa»– y el mal uso –la «asombrosa exclusión»– del culto a Europa Central como si no estuvieran relacionados. Pero su condena al *Flur-und-Feldbereinigung* croata y a la indiferencia occidental a él, y la amplitud de su simpatía por todas las víctimas de la violencia y del odio étnicos en la ex Yugoslavia, seguirá estando entre los comentarios más convincentes sobre la región escritos a finales de la década de 1990. Ante esa decencia, ¿por qué recordar sus problemáticos antecedentes? Hay dos respuestas, una intelectual y otra política, las cuales nos llevan al modo en que la recopilación en su conjunto está enmarcada.

El libro, en un nuevo giro en la espiral de la exageración contemporánea, toma su título de un extravagante encomio publicado en *The New York Review of Books* a uno de los libros anteriores de Garton Ash, en el cual George Kennan lo comparaba con Tocqueville como «historiador del presente». El autor se apropia ahora con descaro de este calificativo para describir su nueva obra, que útilmente reproduce toda la *laudatio* de Kennan en la contraportada, debajo de una galante representación del escritor, que posa ante una lóbrega pared desconchada, mirando sombrío a la lejanía con el garbo y el aire de un Scott de la Antártida moral. Debe esperarse que esto fuese idea del departamento de publicidad de Penguin, y no del propio Garton Ash, que hasta ahora ha dado señales de modestia y de que no le gustan tales pretensiones ni siquiera entre amigos (lamentando la adopción por parte de Vaclav Havel de una «atroz mirada imperial». ¿Qué decir ahora de la suya?)[18].

Si es así, sin embargo, los responsables del envoltorio lo han inducido a algo más que lapsos de gusto en la presentación. Porque la introducción del libro se dedica a justificar el título con una serie de afirmaciones sobre la historia contemporánea. Hoy, sostiene Garton Ash, los actores de grandes acontecimientos ya

---

[18] T. G. Ash, *History of the Present*, cit., p. 20.

no confían sus pensamientos o sus actos al papel como en el pasado; hablan en persona o por teléfono o envían instrucciones electrónicas. Los documentos pierden importancia. Por otra parte, los estadistas y otros nunca se han mostrado tan ansiosos por dar su versión de los acontecimientos «en directo», en el tiempo real de las entrevistas o los discursos televisivos. El resultado es que «lo que se puede conocer poco después del acontecimiento ha aumentado, y lo que se puede saber mucho después del acontecimiento ha disminuido»[19]. Esto ofrece oportunidades a un nuevo tipo de historia, capaz de trascender las ilusiones retrospectivas de unos especialistas de archivo enclaustrados, mediante informes directos sobre «cómo fue realmente en el momento», afirma Garton Ash, es decir, transmitidos por el testigo informado. A este respecto, la televisión –no sólo muchos eruditos, sino también los espectadores se asombrarán de descubrirlo– se convierte en ayuda inestimable para captar la verdad del mundo: «Nos acerca más que cualquier otro medio a cómo han sido las cosas en realidad.» Lo mejor, sin embargo, es el propio escritor sobre el terreno, como Garton Ash ha sido a menudo: «No hay nada comparable a estar allí»[20].

La inocencia de este descubrimiento recuerda, irresistiblemente, a la desconcertada presencia de Peter Sellers en la Casa Blanca. La idea de que la presencia personal ofrece un vehículo más elevado para la verdad, o que una entrevista televisiva es un vehículo de verdad superior, pertenece al mundo de los estantes de revistas en las cajas de salida del supermercado, no de una universidad de Oxford. Intentar elevar de este modo incluso el mejor periodismo a una categoría superior a la de Ranke no puede servir más que para desacreditarlo. La distancia entre una verdadera historia del presente, necesariamente sólo una versión preliminar, y *History of the Present* puede verse observando *Balkan Tragedy* de Woodward. No es sólo la escala del relato, ni el nivel de detalle y documentación, lo que separa a ambos libros. Es sobre todo la diferencia entre una empresa que cons-

---

[19] *Ibidem*, p. xii.
[20] *Ibidem*, pp. xvi y xiv.

tantemente se aferra a una cadena de causalidad, por difícil que eso pueda ser, rastreando las complejidades de los grandes procesos desde sus orígenes remotos hasta sus últimas consecuencias, y otro que en esencia ofrece una serie de episodios y viñetas, sin preocuparse por conocer con más profundidad las interconexiones entre ellos. Para el estudio de éstas, el escalofrío del curioso no es más que un cebo. Ni todo el tiempo de la linterna mágica podrá decirnos jamás cómo actuó la policía secreta en la manifestación estudiantil del 17 de noviembre que detonó la Revolución de Terciopelo: los historiadores todavía discuten sobre ello. Garton Ash, autor de *In Europe's Name*, lo sabe a la perfección. Su trabajo como historiador es suficiente respuesta al título de este volumen.

No es que el credo del libro sea el de cualquier periodista. En el caso de Garton Ash, las ilusiones de inmediatez proceden de algo más. Como escritor es más conocido por su conocimiento directo de los principales disidentes de Europa Oriental. Fueron los amigos en cuya compañía presenció acontecimientos históricos. Cuando se convirtieron en gobernantes, no dudó en criticarlos o en discutir con ellos, cuando lo consideró necesario. No es una simple cuestión de temperamento, también de creencia. En su famoso desacuerdo con Havel, Garton Ash mantuvo una radical distinción entre las funciones del intelectual y las del político. La tarea del intelectual era, en la expresión acuñada por Havel cuando era disidente, «vivir en la verdad». La tarea del político elegido, replicaba después Garton Ash, es la de «trabajar en las medias verdades», lo mejor que se puede esperar en un sistema de partidos competitivo, basado en la «limitada falsedad contradictoria»[21]. Ambos constituyen una llamada honorable. Pero intentar combinar los dos, poder y verdad, es no servir a ninguno. En un Estado liberal, es esencial mantener una división del trabajo entre intelectuales independientes y políticos profesionales. Al convertirse en presidente, Havel –decía su amigo con mucha delicadeza– se arriesgaba a dejar de ser un intelectual serio.

---

[21] *Ibidem*, p. 22.

119

Naturalmente, Havel rechazó la antítesis, no sólo por considerarla demasiado absoluta en sí, sino porque equivalía a negar que la pureza de intenciones pudiera influir en el gobierno práctico. ¿Por qué no iban los intelectuales a intentar elevar los criterios del desempeño de un cargo público? Para Neal Ascherson, secundando a Havel, esto es exactamente lo que figuras genuinas como Geremek y Balcerowicz –arquitectos de la integración militar y de la terapia de choque en Polonia– han estado haciendo en Europa Oriental. Garton Ash no dudó en responder que como ministros ya no eran los pensadores que en otro tiempo habían sido. En este extraño debate, asombran dos características. La definición que Garton Ash da de intelectual deriva de una acuñación de Havel –«vivir en la verdad»– originalmente de una aplicación muy general, un término de integridad moral en un régimen totalitario. Siempre hubo un rasgo sentencioso en la frase, ya que la verdad no es una morada, sino como mucho un objetivo, variable y susceptible de pérdida, en la vida. Pero si la literatura clandestina tiene su licencia, el argumento convencional debe ser más exacto. La conversión del término por parte de Garton Ash en un talismán del intelectual descansa sobre una confusión. La integridad puede encontrarse (o perderse) en cualquier ocupación. La intelectualidad es algo más: su campo son las ideas.

Los valores –éticos, epistemológicos y estéticos– figuran en los debates sobre este campo, pero no lo definen. A los intelectuales no se les juzga por sus valores morales, sino por la calidad de sus ideas, que raramente son reducibles a simples veredictos de verdad o falsedad, aunque sólo sea porque las banalidades son atinadas por definición. Como portadores u originadores de ideas, los intelectuales han participado de manera muy natural en política –tanto en el poder como en la oposición– desde que aparecieron como tipos modernos, en la época de la Revolución americana y de la francesa. Invocando legítimamente a De Gaulle para su causa, Havel podría de igual modo haber citado a Jefferson. De hecho, los ejemplos que Garton Ash presenta de intelectuales que vivieron en la independencia moral, libres de los halagos del poder político, cuentan la misma historia pero de manera menos gloriosa. «Tenemos a Orwell. Tenemos a Raymond Aron»[22]: el primero entregó a las autoridades una lista secreta de conocidos sospechosos, el segundo mantuvo silencio acerca de la Guerra de Argelia en *Le Figaro*, para no molestar a sus empleadores. Intentar aislar a los intelectuales, incluso ésos tan admirados, de la mugre de la política es vano.

Aunque fue su prescripción para los intelectuales la que suscitó debate, quizá el aspecto más significativo de la dicotomía de Garton Ash radique en otro que pasó prácticamente desapercibido. No se podía esperar que los políticos contasen la verdad desnuda; las mentiras eran parte de su equipamiento profesional, necesidades funcionales de una carrera de éxito en cualquier democracia parlamentaria, en la que la competencia entre partidos exige por lo regular las destrezas publicitarias, más que el intento de alcanzar ideas o el ejercicio de la reflexión. En otras palabras, si las normas para los intelectuales se establecen a niveles inverosímilmente elevados –ajenos al mundo–, las expectativas de los políticos parecen tender a criterios indulgentemente bajos –demasiados prosaicos–, como si la mediocridad y las argucias fuesen más o menos inherentes a la actividad tal como se practica en Occidente. Así no es, sin embargo, como lo ve Garton Ash. Por el contrario, aunque a veces es mordaz acerca de los fallos colectivos de los líderes occidentales en Europa Oriental, se muestra notablemente respetuoso con la mayoría de los estadistas individuales que presenta en sus páginas.

A este respecto, las ilusiones de inmediatez parecen proceder de una excesiva cercanía al poder: informes periódicos de altos cargos, discusiones en cónclaves semidiplomáticos, conversaciones íntimas con gente muy importante. El tono de sus referencias a estos últimos puede volverse aburridamente reverencial, hasta un grado difícil de imaginar, por ejemplo, en el menos convencional y más sincero Buruma. Aunque Garton Ash echa de menos una Thatcher para Yugoslavia, es el canciller alemán quien recibe sus abundantes elogios. «Helmut Kohl es el político –y estadista– más formidable de Europa. No se deja desviar con facilidad de la última gran tarea que se ha impuesto», escribe.

---

[22] *Ibidem*, p. 155.

Ahora que el siglo XX se acerca a su fin, podemos decir con seguridad que Helmut Kohl es el último gran estadista europeo. Al verlo salir de escena, recordé una memorable conversación que mantuvimos hace unos años [...] Esta asombrosa salida ha reunido varios ingredientes de la grandeza de Kohl: su agudo instinto para el poder, su visión histórica y la intrépida simplicidad de su pensamiento estratégico»[23].

Si bien Gerhard Schroeder no es, por desgracia, del mismo calibre, consuelan los valores más elevados de sus homólogos británico y estadounidense; «alguien que lo conoce me dijo con razón que, al contrario que Clinton o Blair, no tiene creencias religiosas. Luego es una especie de Clinton sin principios *(sic)*»[24].

El mejor de todos, sin embargo, es el propio Papa. «Filósofo, poeta y dramaturgo además de pastor», declara Garton Ash, «Juan Pablo II es simplemente el mayor líder mundial de nuestro tiempo». Testigo directo de la visión planetaria del pontífice –«Cuando una vez cené con él, en un círculo de amigos polacos, hablando polaco, me asombraron [...] su experiencia global, su fe y su misión»– no le cabe duda de que entre los gigantes históricos, el Papa los supera a todos. «He tenido oportunidad de hablar con varios candidatos verosímiles al título de "gran hombre" o "gran mujer" –Mijail Gorbachov, Helmut Kohl, Václav Havel, Lech Walesa, Margaret Thatcher–; pero ninguno iguala la combinación exclusiva de fuerza concentrada, congruencia intelectual, calor humano y sencilla bondad reunida por Karol Wojtyla»[25]. Es improbable que demasiadas cenas de este tipo produzcan el tipo de intelectual que Garton Ash recomienda.

Pero, en su caso, el mayor peligro no radica tanto en la seducción ejercida por el poder, por muy efusivo que se vuelva en ocasiones su lenguaje, como en la distorsión de la perspectiva. La sensación de contacto cara a cara, de «estar ahí», con los regentes del mundo, provoca el riesgo de observar la historia

---

[23] *Ibidem*, pp. 144, 331.
[24] *Ibidem*, p. 338.
[25] *Ibidem*, pp. 344-345.

con telescopio y convertirla en fábulas edificantes. Concluye su homenaje a Juan Pablo II afirmando que el Papa fue el primer actor en la caída del comunismo, desde Berlín a Vladivostok, convirtiendo al propio Gorbachov en poco más que un subproducto de las fuerzas puestas en marcha por Wojtyla, cuando el regreso del Santo Padre a Polonia incitó taumatúrgicamente a su pueblo a unirse a Solidaridad. «He aquí –exclama– la cadena causativa específica que va desde la elección del papa polaco en 1978 hasta el final del comunismo y, por lo tanto, de la Guerra Fría, en 1989»[26]. Esto equivale a una especie de inversión paródica de la legendaria pregunta de Stalin: ¿cuántas divisiones tiene el Papa? Habiendo degradado la *Perestroika* a espectáculo secundario, el devoto puede preguntar: ¿cuántas masas tenía el Kremlin?

Con esto, sin embargo, llegamos a la otra razón de por qué la reciente reinvención de Europa Central sigue hipotecando la interpretación que Garton Ash hace de la época. La idea se estableció como barrera para disociar a Polonia, Hungría y Checoslovaquia de Rusia. El mito exigía lógicamente que la caída del comunismo fuese obra de su propia oposición política, que derrocase desde abajo al viejo orden. De hecho, por supuesto, el cambio históricamente decisivo procedió de la potencia hegemónica. Tras la invasión de Checoslovaquia en 1968, el disidente germano oriental Rudolf Bahro escribía en su libro *La alternativa* que el sistema «politburocrático» podría terminar cuando –y a él esto le parecía inevitable– en Moscú apareciera un Dubcek[27]. Su predicción fue exacta. Nada fundamental podía cambiar en Europa Oriental mientras el Ejército Rojo permaneciese listo para el ataque. Todo fue posible en cuanto el cambio fundamental comenzó en la propia Rusia. De hecho, Bahro predijo mejor de lo que esperaba. La figura y el destino de Gorbachov acabaron pareciéndose a los de Dubcek: el ingenuo perplejo y bienintencionado, explotado y enviado sin miramientos hacia la

---

[26] *Ibidem*, p. 347.
[27] R. Bahro, *The Alternative*, Londres, 1978, p. 333 [ed. cast.: *La alternativa*, Barcelona, 1979].

ruina por aquellos a los que aún consideraba sus amigos, ahora tanto del Oeste como del Este.

Rusia está a efectos prácticos ausente de *History of the Present*, como lo estuvo en los escenarios de Garton Ash en 1989. Pero, sin duda, la razón de que permanezca en el límite de la imaginación del autor es la misma que da preeminencia al Papa. Garton Ash orquesta sus temas europeos en una escala generosa; pero en la partitura hay siempre de fondo un breve tono de la *Polonesa*. Dentro de Europa Central, un país fue su primer amor –por tradición, el más apasionadamente opuesto a Rusia– y sigue atrayendo su interés. En esto, por supuesto, no está solo. Por diferentes razones, Polonia ha ocupado en años recientes una posición especial en el cálculo de las capitales occidentales. En Estados Unidos, el voto polaco que preocupaba a Roosevelt en Yalta fue un poderoso apoyo para Reagan, y sigue siendo una amplia fuerza interna. En Alemania, el deseo de mantener un firme amortiguador político y militar frente a Rusia dio prioridad diplomática a las relaciones con Varsovia. Recuerdos sentimentales y culturales relacionaban a Francia con Polonia. Teniendo con mucho la mayor población y la situación más estratégica del trío PCH, por no hablar de su antigüedad en la relajación del comunismo, Polonia estaba destinada a ser el elemento central del *Drang nach Osten* [impulso hacia el este] occidental después de la Guerra Fría.

Deplorando repetidamente que la Unión Europea no diera una bienvenida inmediata a los países del Grupo Visegrád, Garton Ash es más discreto respecto a la capacidad de la OTAN de absorberlos. Lamenta que Reino Unido no liderase el proceso, como él hubiera deseado, pero por lo demás se limita a una frase pasiva a impersonal: «El debate de la OTAN se ha ganado»[28]. Las consecuencias prácticas no se mencionan. Hoy, los sistemas de mando y control occidentales acampan al borde de la Rusia Blanca. Las garantías confidenciales dadas a Gorbachov (aunque particularmente nunca se pensó en plasmarlas en papel) de que la OTAN no se extendería al Este si desmantelaba el Pacto de

---

[28] T. G. Ash, *History of the Present*, cit., p. 412.

Varsovia se han dispersado en el viento. Tres meses después de digerir Europa Central, el Pacto Atlántico –aún «defensivo»– desató una ofensiva militar a escala total en los Balcanes.

Honorablemente preocupado por un ataque aéreo desde distancia estratosférica contra los soportes de la vida civil en Serbia, Garton Ash pasa por alto la evolución de los propósitos estratégicos a los que se debía dicho ataque. El libro termina una vez más con la alegación a favor de un «orden liberal» en Europa: una zona de libre comercio que evite una moneda común y rechace cualquier unidad federal, pero que abarque los territorios antes comunistas, admitidos en la secuencia apropiada. Evitando cualquier intento de convertirse en un actor único en la escena mundial, este orden europeo tendría, sin embargo, «una cierta proyección de poder, incluido el uso coordinado del poder militar en áreas adyacentes de interés vital para nosotros, como el norte de África y Oriente Próximo»[29]. Ése podría ser el punto de vista de cualquier conservador británico ilustrado y ligeramente euroescéptico. Como perspectiva para el continente, su principal interés radica en lo que deja fuera.

Porque del mismo modo que cuando escribe acerca de Europa Oriental cae sobre Rusia una pesada cortina, cuando se dirige a Europa Occidental –la Comunidad y la Unión que ha surgido de ella–, cae sobre Estados Unidos un velo más delicado. Las referencias de enjundia a Washington son pocas y efímeras. Como mucho, Garton Ash señala discretamente que incluso en un «orden liberal de diseño no hegemónico», tal vez haga falta una «potencia hegemónica externa benévola»[30]. Desde este punto de vista –traducido con crudeza: la tradicional servidumbre británica a Estados Unidos, imaginada como una afinidad especial–, está claro por qué la idea de Europa como actor único y, por lo tanto, capaz de enfrentarse a Estados Unidos, es anatema; mientras que al mismo tiempo siguen siendo indispensables las «proyecciones de poder» locales, en las que las fuerzas británicas puedan continuar actuando como los do-

---

[29] *Ibidem*, p. 327.
[30] *Ibidem*, pp. 323 y 326.

bermans más fiables de la voluntad estadounidense. Pero es como mucho una deducción negativa. La estructura positiva del dominio estadounidense en Europa no llega a aludirse en estas páginas.

Pero, como bien sabían los fundadores de la Comunidad, la unidad del continente debería conseguirse en último término a expensas de Estados Unidos como potencia mundial, independientemente de lo benéfica que fuese la ayuda de Washington en el proceso inicial de integración. A pesar de las montañas de empalagosa retórica para indicar lo contrario, ésa sigue siendo en la actualidad la verdad inconfesada de la construcción europea. Una identidad común en el Viejo Mundo sólo puede realizarse en tensión con el Nuevo, que, durante cincuenta años, ha sido su señor. Ese ascendiente estadounidense no es sólo práctico o institucional. En un estilo propiamente hegeliano sigue siendo también teórico. Si queremos entender la Europa contemporánea, tendremos que dirigirnos antes o después a Estados Unidos, que aún produce la más amplia y a menudo la más aguda bibliografía académica sobre la Comunidad, además de ser el comandante de su campo militar y diplomático. Adaptando un famoso dicho de Adorno y Horkheimer: quien no hable de Estados Unidos debería guardar silencio acerca de Europa.

Por lo tanto, si queremos ver las razones de por qué la OTAN adelantó con tanta rapidez a la UE en el avance hacia el Este, deberíamos contemplar los debates que tuvieron lugar en Washington y Boston. Tras la caída de la Unión Soviética, dos escuelas de pensamiento debatieron sobre la política occidental hacia la Rusia poscomunista. Un bando, incluidas algunas de las mentes más conservadoras además de las mentes «liberales» del país, sostenía que la mayor prioridad era proteger a la nueva Rusia de Yeltsin contra los riesgos de caer, al estilo Weimar, en el caos social y en un amargo nacionalismo, proporcionándole una generosa ayuda material, y evitando humillarla sin necesidad. La expansión de la OTAN hasta el umbral de Rusia sería una provocación insensata, que obligaría a Moscú a un aislamiento resentido, sin fortalecer realmente a la Alianza. Este punto de vista, común entre los rusistas de las universidades, también disfrutaba de audiencia en los medios de comunicación: Richard Pipes y Thomas Friedman eran representativos del mismo.

Enfrentado a éste, se encontraba el bando de quienes sostenían que Rusia seguía siendo un potencial enemigo peligroso, una potencia imperial semibárbara que no cambiaría fácilmente sus actitudes, y a la que había que cercar con rapidez, mientras la tendencia en Europa Oriental aún fuese buena. Para este punto de vista, la expansión rápida de la OTAN era prioritaria, para disuadir a Rusia de cualquier tentación de pensar en recuperar la categoría de gran potencia, haciendo comprender a la Federación la merma de sus circunstancias en el mundo. En lugar de mimar las susceptibilidades de rango o la nostalgia nacional de Moscú, Occidente debía construir un firme conjunto de fortificaciones en el antiguo suelo zarista: países independientes y firmemente integrados en la Alianza Occidental, capaces de controlar cualquier resurgencia de las ambiciones rusas. El eje de ese sistema de contención sería inevitablemente Polonia. A su debido tiempo, sin embargo, debía extenderse a los países bálticos por el norte y a Ucrania al este. Henry Kissinger se encontraba entre los partidarios de esta opción.

Pero –no por casualidad– su principal exponente era otro polonista, el asesor de Seguridad Nacional de Carter, Zbigniew Brzezinski. La agudeza y la claridad de su alegato le dieron la última palabra. La expansión de la OTAN hacia Europa Oriental, que Bush había prometido evitar, fue adoptada por el gobierno de Clinton, y puesta en práctica por una poco prometedora exalumna y compañera de Brzezinski en el NSC (Consejo de Seguridad Nacional), ahora ascendida a Secretaria de Estado, Madeleine Albright (muy adecuadamente, de origen checo). Para entender las ideas políticas que respaldaban el avance de la OTAN hacia las fronteras de Bielorrusia y Rutenia, no tenemos más que acudir al reciente manifiesto de Brzezinski, *The Grand Chessboard*. En él se exponen, con impresionante sinceridad, las bases de un diseño estadounidense a largo plazo para Europa. De manera confiada y congruente, describe lo que Garton Ash prefiere callar, o no afrontar. No es que se pueda considerar sin más a Brzezinski como la verdad que Garton Ash deja entre líneas. Hay en su argumento al menos un elemento que constituiría para éste una lectura dolorosa. Pero en general, el de Brzezinski es el marco externo para el paisaje esbozado en *History of the Present,* en el mundo real.

Brzezinski empieza señalando que hoy «Estados Unidos mantiene la supremacía en los cuatro ámbitos decisivos del poder mundial»[31]. Desde el punto de vista militar, no tiene rival; económicamente, es la locomotora del crecimiento mundial; en tecnología, lidera todas las áreas de innovación; culturalmente, su atractivo es universal entre la juventud. El resultado es una hegemonía mundial sin precedentes en la historia. Pero aunque su alcance es grande, su profundidad es en algunos aspectos escasa, dado que abarca un espacio mucho más extenso que los imperios del pasado, pero al contrario que ellos no se basa en un control directo del territorio. Harán falta imaginación y vigilancia para conservar el poder estadounidense. *The Grand Chessboard* indica los requisitos para mantener la primacía estadounidense otro medio siglo.

A este respecto será decisivo un campo de batalla. «Para Estados Unidos la principal presa geopolítica es Eurasia.» Allí, donde se sitúan tres cuartas partes de la población y de los recursos del mundo, por primera vez en la historia «tiene preeminencia una potencia no euroasiática»[32]. Éste es el gran tablero de ajedrez en el que Estados Unidos debe jugar para ganar, desde el océano Atlántico hasta el Índico y el Pacífico. Brzezinski tiene mucho que decir acerca de Extremo Oriente, Oriente Próximo y Asia Central. Pero su estudio empieza con resolución en Occidente. «Europa es la cabeza de puente geopolítica esencial para Estados Unidos en el continente euroasiático. El interés geoestratégico de Europa para Estados Unidos es enorme. Al contra-

---

[31] Z. Brzezinski, *The Grand Chessboard. American Primacy and its Geostrategic Imperatives,* Nueva York, 1997, p. 24 [ed. cast.: *El gran tablero mundial. La supremacía estadounidense y sus imperativos geoestratégicos,* Barcelona, 1998].

[32] *Ibidem,* p. 30.

rio que los lazos de Estados Unidos con Japón, la Alianza Atlántica atrinchera directamente el poder militar y la influencia política estadounidenses en el continente euroasiático»[33]. En la propia Europa, hay un mercado común en la mitad occidental del continente, pero por ahora no hay unidad política, y se dan signos de descenso en la vitalidad económica.

En estas condiciones, no del todo saludables, «no existe una "Europa" como tal verdaderamente europea». Brzezinski esboza las consecuencias sin eufemismos. «El hecho brutal es que Europa Occidental, y cada vez también más Europa Central, sigue siendo en gran medida un protectorado estadounidense, con sus países aliados que recuerdan a los antiguos vasallos y tributarios»[34]. No obstante, Estados Unidos debería fomentar la unidad europea, y colaborar constructivamente con sus principales actores para guiar el proceso en una dirección mutuamente deseable. Estos actores –esto tal vez sobresaltase a Garton Ash– no incluyen a Reino Unido. «Gran Bretaña no es un actor geoestratégico.» Sin albergar una visión audaz sobre el futuro de Europa, aferrado a las ilusiones de la relación especial, el país ha perdido importancia en el continente.

> Es el principal partidario de Estados Unidos, un aliado muy leal, una base militar vital, y un estrecho colaborador en actividades de espionaje de importancia fundamental. Hay que cultivar su amistad, pero sus políticas no exigen una atención sostenida[35].

Por el contrario, Francia y Alemania –el eje históricamente central de la Comunidad– tienen programas ambiciosos para Europa, derivados respectivamente de un pasado imperial y un presente unificado, cuyas direcciones tal vez empiecen a divergir cada vez más. Dada la frialdad francesa ante la primacía estadounidense, Estados Unidos debería apoyar el liderazgo alemán en la UE a corto plazo, colaborando en objetivos comunes tales

---

[33] *Ibidem*, p. 59.
[34] *Ibidem*, p. 59.
[35] *Ibidem*, pp. 42-43.

como la expansión de la OTAN. Pero a más largo plazo, una vez establecido el marco de seguridad, debería mostrarse dispuesto a hacer concesiones a las sensibilidades francesas. Porque, con el tiempo, Francia se convertirá en un útil socio para que Polonia alcance un equilibrio con Alemania. Estos tres países podrían entonces formar la columna vertebral de una futura Europa unificada[36]. Estados Unidos, mientras tanto, debería disuadir discretamente a Alemania de cualquier compromiso imprudente con Rusia, convenciéndola de la ampliación de la OTAN a Riga y Kiev. Un mapa despliega el poder combinado de Francia, Alemania, Polonia y Ucrania en 2010. En cuanto a Rusia, la prueba de sus credenciales democráticas será la admisión de acuerdos europeos como éstos, y el abandono de sus pretensiones residuales en el Cáucaso y en Asia Central. Quizás ha conjeturado Brzezinski en otra parte, pudiera descomponerse por completo en una serie de unidades más manejables.

No es difícil detectar los rasgos visionarios de esta perspectiva. El propio Brzezinski expresa recelos acerca del futuro de Ucrania, un país susceptible de ser reabsorbido por Rusia si Estados Unidos no lo amarra a Occidente. Pero eso no es lo más sorprendente. La retórica oficial en Europa, y en gran medida también en Estados Unidos –no sólo en los altaneros comunicados del G7, sino también en los piadosos editoriales de incontables columnistas bienpensantes–, resalta continuamente la necesidad de tratar con dignidad al patriotismo ruso, el peligro de fomentar una reacción revanchista contra Occidente, los riesgos inherentes a una libre acumulación de armamento nuclear y la urgencia de conciliar la reciente democracia del país. ¿Qué mayor y más insensata contradicción con este coro de tópicos hay que el plan de juego de *The Grand Chessboard*?

Pero, hasta el momento, su cálculo ha resultado más realista. La práctica dice mucho más que toda la prédica posible. Estados Unidos –con Europa Occidental a remolque– ha ampliado la OTAN hasta las antiguas fronteras soviéticas sin un asomo de verdadera resistencia por parte de Moscú. Desde entonces, la

---

[36] *Ibidem*, p. 78.

nueva OTAN ha desencadenado la primera guerra de la Europa de «posguerra», contra el último Estado supuestamente cercano a Rusia, no sólo sin una oposición seria de Moscú (sobre la que la prensa occidental leal se había llenado de terribles advertencias), sino en último término con su colaboración voluntaria: diplomáticos y soldados rusos proporcionaron la hoja de parra necesaria tras la cual Milošević? pudiera rendirse más decentemente. Rienda suelta en Chechenia es una pequeña contrapartida a tales servicios. Tras las nubes del desvelo hipócrita, se ha alcanzado un juicio lúcidamente desdeñoso. Las elites rusas, desde la familia presidencial hasta el más bajo diputado de la Duma, son tan corruptas e indolentes que –no importa el estruendo– aceptan en la práctica todo lo que venga de Occidente, siempre que no les cierren los grifos del FMI.

Otra cosa es, por supuesto, cuánto durará esto. Los precedentes poco dicen a este respecto. Por el momento, ésta es la realidad del continente, en la que entidades irrisorias como la «Organización para la Seguridad y la Cooperación en Europa» son meros fantasmas. Al final de *History of the Present*, Garton Ash expresa su decepción ante la situación actual, de modo similar a R. W. Seton-Watson, que, después de Versalles, sentía que su causa había ganado la guerra, pero perdido la paz. «Lo llamen como lo llamen», escribe Garton Ash, «éste no es el orden que yo esperaba»[37]. Dividido entre los apegos que mantiene desde la Guerra Fría y los impulsos humanos que, desde hace mucho tiempo, han dejado de concordar con ellos, ha escogido culpar a Bruselas. Pero se ha equivocado de dirección: el problema no está en el Edificio Carlomagno, sino en el Boulevar Léopold. Las últimas palabras de Garton Ash ordenan a los británicos «ver Europa con claridad y verla al completo»[38]. Pero la totalidad es más amplia de lo que él admite; y, para verla, necesitamos una tarjeta de viaje distinta.

1999

---

[37] *Ibidem*, p. 412.
[38] *Ibidem*, p. 417.

Con la publicación de *Free World*, su libro más reciente, Garton Ash ha ampliado su ángulo de visión. Nadie podría reprochar a esta obra, subtitulada en inglés *Why the Crisis of the West Reveals the Opportunity of Our Time [Por qué la crisis de Occidente revela la oportunidad de nuestro tiempo]*, una vergonzosa renuencia a abordar la influencia de Estados Unidos en Europa. La portada no podría ser más directa. En ella, dos piezas de un rompecabezas esperan a ser unidas. Estados Unidos extiende desde una su brazo fraternal hacia el brazo extendido de la Unión Europea de la otra: debajo está la bandera británica, sosteniendo ambos lados. La «oportunidad de nuestro tiempo» se aprovechará cuando las dos piezas encajen cómodamente entre sí. La «crisis de Occidente» es el desafortunado intervalo que todavía las mantiene apartadas. *Free World* muestra cómo convertir el rompecabezas en un todo.

Bajo la imagen y el subtítulo, Vaclav Havel proclama que el libro es un «atractivo manifiesto a favor de la ampliación de la libertad y de una nueva era en la política mundial». Alientos concertados de este tipo –famosos que patrocinan equipamiento deportivo mental–, se han convertido en un rasgo tan habitual de la edición contemporánea que tal vez sería injusto señalar al expresidente por éste, por pomposo o vacuo que sea. Pero hay en él cierta ironía. Porque *Free World* ha sido ocasionado por la guerra de Iraq, una ampliación de la libertad cálidamente apoyada por Havel, pero que ha provocado la deplorable fisura de Occidente representada en la portada. Al escribir este libro, el principal interés de Garton Ash es demostrar que dicha fisura no tiene una base profunda. Enfrentadas a la dictadura del Baaz en Bagdad, las potencias occidentales podían y debían haber presentado un frente común. Pero la falta de habilidad política condujo a una discusión a voces, no a la unidad, en el Consejo de Seguridad, y después a las recriminaciones en el seno de la alianza atlántica. «La diplomacia de la crisis de Iraq en 2002-2003 fue un caso práctico, sobre todos los aspectos de cómo no dirigir el mundo», escribe[39]. Que Occidente dirige el mundo, y por ahora debería hacerlo, no se pone en duda. Las cosas salen mal, sin embargo, si no demuestra un sentimiento de fin colectivo. En *Free World*, Garton Ash evita juicios sobre la guerra en sí que pudieran perpetuar las fricciones que él intenta superar. Pero un vistazo a su modo de describir los principales actores del reciente *déboire* deja poca duda acerca de qué partes tienen la culpa de la pelea dentro de la Alianza Atlántica. Asistimos «al espectáculo inaudito de Francia solicitando activamente votos contra Estados Unidos en el Consejo de Seguridad de Naciones Unidas, en una cuestión de guerra y paz que aquél consideraba vital para su propia seguridad nacional» y el «oportunismo político» de Schroeder al permitir «que se abandonasen hasta los dogmas básicos de la política exterior de un país por causa de la reelección[40].

Ambas fueron fundamentales deserciones de principio. Por comparación, los crasos errores de Bush y los descuidos de Blair pueden considerarse menos culpables, aunque tuvieron su propia contribución a una calamitosa exposición de la desunión occidental.

Aun así, después de todo, éstos no eran más que un cuarteto de políticos, capaces como individuos de aprender o de abandonar la escena. Si Blair, por ejemplo, mostró «ocasional inexperiencia», se debía a que como muchos políticos democráticos era experto en las técnicas de obtener el poder en su país, pero cuando asumió el cargo era un aficionado en el ejercicio del poder en el exterior. Por eso «tuvo que aprender sobre la marcha», lo cual «es difícil incluso cuando uno dispone de asesores diplomáticos de gran categoría sentados al otro lado del pasillo del 10 de Downing Street»[41]. Otro aprendiz similar era Bush, que, en el otoño de 2003, había madurado bastante, res-

---

[39] T. G. Ash, *Free World. Why the Crisis of the West Reveals the Opportunity of Our Time*, Londres, 2004, p. 44 [ed. cast.: *Mundo libre. Europa y Estados Unidos ante la crisis de Occidente*, Barcelona, 2005].

[40] *Ibidem*, pp. 8 y 70.

[41] *Ibidem*, p. 43.

paldando el multilateralismo en una «vuelta a la gran continuidad de esos once presidentes posteriores a Roosevelt»[42]. Chirac y Schroeder, más incorregibles, están ahora por suerte de salida, y esperamos con interés a sucesores como Sarkozy y Merkel, que serán claramente preferibles. No se debe dar, por lo tanto, demasiada importancia a los errores diplomáticos que rodearon al derrocamiento de Saddam Hussein.

Más preocupantes son las tendencias intelectuales que han usado la guerra de Iraq como caja de resonancia para interpretaciones destinadas a resaltar los contrastes entre Estados Unidos y Europa. Estas tendencias han atrapado incluso a pensadores hasta el momento responsables como Habermas, cuyo manifiesto conjunto con Derrida, con ocasión de las protestas contra la guerra, proponía un conjunto de diferencias de valores que supuestamente separan a Europa de Estados Unidos y permitirían formar la base para una identidad europea común: laicismo, Estado del bienestar, solidaridad social, rechazo de la pena capital, limitación de la soberanía nacional. Tales esquemas conducen a la idea de que Europa no sólo es distinta de Estados Unidos, sino en cierta medida mejor. Se trata de una idea divisiva y basada en una dicotomía falsa. Europa no es un único modelo social o político, sino un conjunto de comunidades diversas, en el que las características de la vida local están a menudo más cerca de las normas estadounidenses que de las de países vecinos, y no digamos de un prototipo continental. Y Estados Unidos tampoco ofrece una escena homogénea, y mucho menos se parece a las caricaturas al uso sobre él. Inglaterra tiene una religión estatal, algo que Estados Unidos no tiene; irlandeses y polacos son patriotas más ardientes que los estadounidenses; en Ucrania y Moldavia hay tantas pistolas como en Kansas o en Oklahoma; el gasto público en el Medicaid estadounidense es proporcionalmente superior al del NHS [Servicio Nacional de Salud] británico; los inmigrantes indios prefieren el recibimiento que les da Silicon Valley al que les reserva Renania. Estados Unidos y los diversos países de Europa pertenecen a una familia más amplia de democracias libera-

---

[42] *Ibidem*, p. 129.

les, y presentan muchas más similitudes que diferencias. Las diferencias existentes, además, no pueden generalizarse en una valoración de contraste general. Estados Unidos es mejor en algunos aspectos, Europa en otros. Lo importante es que permanezcan juntos.

El unilateralismo del gobierno de Bush, después de los atentados del 11 de septiembre, pone en riesgo esa unidad. El abrumador poder militar creó la tentación de actuar en solitario, primero en Afganistán y después, en un acceso de arrogancia, en Iraq. Pero, por muy torpemente que se ejecutasen, los objetivos de Estados Unidos siguen siendo admirables, en la mejor tradición wilsoniana de extender la democracia y los derechos humanos. El verdadero peligro no sería el activismo estadounidense, sino su despreocupación por los puntos peligrosos del mundo, «dejando el trabajo a medias» en Iraq y en otras partes[43]. Porque Estados Unidos sigue siendo la nación indispensable, con una combinación de poder militar, político, económico y cultural que la Unión Europea no puede aspirar a igualar. Esto es algo que no siempre se capta en la propia UE, donde Garton Ash advierte de las ilusiones del «euro-gaullismo»: la idea de que Europa podría actuar como potencia independiente de Estados Unidos, incluso en potencial rivalidad con él. El asiento de esta arriesgada concepción es obviamente Francia, pero tiene más partidarios entre las elites europeas, y está fomentada por nociones como la de Habermas. Sus peligros son obvios. «La línea entre Europa como no-Estados Unidos y Europa como anti-Estados Unidos» observa Garton Ash con inquietud, «no está definida con precisión en ningún mapa»[44]. Por fortuna, frente a ese euro-gaullismo se despliega un euro-atlantismo más saludable, representado no sólo por la opinión británica, sino sobre todo por las nuevas democracias de Europa Central y Oriental, en especial Polonia, cuyos líderes eran «blairistas mucho antes que Blair»[45].

---

[43] *Ibidem*, p. 133.
[44] *Ibidem*, p. 64.
[45] *Ibidem*, p. 87.

Las ideas, al estilo Chirac, de una superpotencia europea en un mundo multipolar están destinadas al fracaso. Pero si el euro-gaullismo «lleva las de perder»[46], el euro-atlantismo sigue siendo un proyecto que deberá cumplirse en el siglo XXI. La influencia británica es crucial a este respecto. Isla con un pasado glorioso, de ahí ciertos rasgos insulares residuales, es también un cruce de caminos del mundo, con una capital ahora tan multirracial o multicultural como la propia Nueva York, o incluso más. Ligado a Europa por su pertenencia a la UE, y por una larga historia, Reino Unido es también el antepasado colonial de Estados Unidos, al que le ha dado el idioma, las tradiciones jurídicas y los fundamentos políticos. ¿Quién mejor que este «Jano de cuatro cabezas» para reunir ambos lados del Atlántico, incluso el norte y el sur del planeta? «Estas islas lo son todo menos vulgares; durante cinco siglos, hasta la revolución estadounidense y la francesa, fuimos los pioneros de la libertad en Occidente», y aún hoy, cuando los occidentales intentan mejorar las cosas, «los británicos se encuentran siempre entre los modeladores del mundo»[47].

Han conseguido, además, un primer ministro acorde con los tiempos. La visión estratégica de la unidad euro-atlántica, y de lo que ésta puede dar al mundo, distingue a Blair de sus homólogos en la OTAN. Sólo él, al contrario que Bush, Chirac o Schroeder, intentó prevenir una desastrosa división en las filas de Occidente obteniendo un respaldo común a la política intransigente estadounidense sobre Iraq en el Consejo de Seguridad. Si este resultado fracasó debido a la intransigencia franco-alemana y a la indiferencia estadounidense, la culpa fue de otros. No es que su actuación durante la crisis, o incluso antes de ella, fuese perfecta. Blair entendió por instinto que la propia naturaleza de Reino Unido como país exigía concordia entre Europa y Estados Unidos, y habló con claridad y autoridad inigualables de lo que ambos podrían hacer juntos. Pero tendía demasiado a describir a Reino Unido como un puente entre Estados Unidos y la UE, una imagen con connotaciones exclusivas, y no una

---

[46] *Ibidem*, p. 93.
[47] *Ibidem*, pp. 207-208.

senda en una carretera incluyente; y europeo convencido como era, en los delicados equilibrios de discursos y diplomacia, se inclinó demasiado hacia Estados Unidos a expensas de Europa. La razón, sin embargo, no fue tanto un fallo personal, ni mayor comodidad en la anglosfera, como el chantaje de los tabloides euroescépticos, a los que, en cierto modo, estaba electoralmente agradecido. Pero su perspectiva básica sigue siendo la correcta. Los intereses mundiales de Estados Unidos y Europa son uno. Juntos, Estados Unidos y la Unión Europea pueden aportar los bienes públicos globales que el mundo más necesita.

La segunda parte de *Free World* aborda este escenario más amplio. Occidente afronta hoy lo que Garton Ash denomina los cuatro «nuevos ejércitos rojos»: la agitación en Oriente Próximo, el ascenso de China en Extremo Oriente, la pobreza en el Sur, los daños medioambientales en todas partes. Pero si se une, descubrirá un paisaje de oportunidades inauditas. Porque la libertad ya está en marcha, reuniendo nada menos que a mil millones de ciudadanos de los países democráticos de todo el mundo, y la función de Occidente deberá ser la de ayudar a expandirla a todos los rincones de la Tierra. Garton Ash sostiene que, para cumplir su parte en esta misión la UE debería extenderse a 40 países, abarcando no sólo los Balcanes del sur y Ucrania, sino también Turquía. En el interior, sus economías deben estar menos reglamentadas, sus inmigrantes mejor integrados, y deben crearse símbolos que unan a su población, como un himno que todos puedan cantar, por ejemplo. La alternativa, si no se cumple una perspectiva de este estilo, podría ser la recaída en la barbarie europea, al reafirmarse las tendencias malignas de la naturaleza humana. En Estados Unidos, hace falta menos cambio. Pero por respeto a la sensibilidad de los demás, no sólo debería actuar como si tuviera menos poder del que realmente tiene, sino que debería asimismo aceptar a Europa como un corrector benévolo de sus prerrogativas ejecutivas en el mundo. Los estadounidenses también deben recortar sus emisiones de dióxido de carbono.

Así reformado y reunido, Occidente podría vencer a los ejércitos rojos actuales. En Oriente Próximo, donde Europa tiene una especial responsabilidad de acción conjunta con Estados Unidos –porque es su «extranjero cercano»–, la tarea es la modernización democrática, drenar la ciénaga que alimenta al terrorismo. En la tarea policial necesaria, puede darse una «división de trabajo entre el "poli amable" europeo y el "poli duro" estadounidense»[48]. Desde el punto de vista económico, la UE tiene el deber de crear un área de libre comercio mediterránea, para colaborar con la estrategia estadounidense de desarrollo en la región. Por razones geográficas e históricas, Extremo Oriente es una bailía más estrictamente estadounidense, pero también allí Estados Unidos y la UE comparten los mismos intereses, y pueden usar su poder económico conjunto para guiar a China hacia la democracia. Para los restantes ejércitos rojos, la pobreza y el riesgo ecológico, lo que hace falta es esencialmente «globalización con rostro humano»: más ayuda y un comercio más libre. Europa debería abolir la PAC, y Estados Unidos aceptar Kyoto. El estadista que personifica el necesario espíritu de generosidad práctica y responsabilidad medioambiental es el primer ministro británico. Se diga lo que se diga de su tendenciosidad hacia Washington, en materias relacionadas con el cambio climático, se ha mostrado «cien por cien europeo»[49]. Garton Ash acaba su libro llamando a los mil millones de ciudadanos de las democracias actuales a unirse al programa que él ha diseñado, y a participar en las conversaciones al respecto que organiza en su página de Internet.

Así es *Free World*. ¿Qué relación guarda con las obras anteriores de Garton Ash? El aspecto más llamativo del libro es la distorsión temporal de su esquema. En la década de 1980, cuando él se formó como joven combatiente de la Guerra Fría, la unidad de Estados Unidos y Europa Occidental en la lucha contra el comunismo no se cuestionaba, hasta un punto en el que una vez ganada la guerra, Estados Unidos representaba el entorno natural para «contemplar Europa en su conjunto» que apenas necesitaba mencionarse en *History of the Present*. Para una sensibilidad política de

---

[48] *Ibidem*, p. 154.
[49] *Ibidem*, p. 181.

este tipo, el estallido de las disensiones acerca de Iraq no podía sino provocar una conmoción, que exigía medidas reparadoras para garantizar que Europa siguiese anclada firmemente en la Alianza Atlántica, y que a ésta se le diesen herramientas nuevas para abordar las problemáticas externas que ahora surgen. Con ese fin, Garton Ash no ofrece simples gestos de reparación, sino ambiciosas propuestas de rejuvenecimiento. Éstas, sin embargo, siguen congeladas dentro de una capa de hielo conceptual que procede de la Guerra Fría. «Occidente» –una noción a la que él dedica las primeras páginas ardientes– sigue siendo el origen y el horizonte absolutos de la referencia política contemporánea. Tras él radica, en el futuro, el empíreo de «un mundo libre», distinguido, explica, de su predecesor amenazado en los días de los hermanos Dulles por la crucial sustitución de un artículo definido por uno indefinido. ¿Cuáles son los enemigos cuya amenaza puede galvanizar de nuevo a Occidente hacia la batalla victoriosa? Las reencarnaciones del Ejército Rojo: los T-52 de los pobres, los SAM-9 de la capa de ozono, los SS-20 de los yihadíes, los Sujoi del crecimiento chino, evidentemente.

El engreimiento no debe tacharse de mero truco de presentación periodística. Porque en el centro del libro de Garton Ash radica una proposición que lo dice todo acerca del mundo libre concebido por él. Al «viejo occidente atlantocéntrico que ha estado modelando el mundo desde aproximadamente 1500, probablemente no le queden más de veinte años de vida para seguir siendo modelador mundial. Ésta es otra de las razones por las que es tan absurdo que europeos y estadounidenses pierdan más tiempo peleándose entre sí. En una perspectiva histórica más amplia, tal vez ésta sea nuestra última oportunidad de dictar la agenda de la política mundial»[50].

El mensaje es: la hegemonía de Occidente debe prevalecer, mientras pueda. Durante el futuro predecible –más allá de los veinte años, no mucho se puede predecir de manera realista–, las directrices para la humanidad deberán establecerlas Washington y Bruselas. O más bien, se apresura a decir, los mil millones de

[50] *Ibidem*, p. 192.

personas que componemos los ciudadanos libres no sólo de Norteamérica y Europa, sino también Japón y Australasia, complementados por los ricos de Rusia, Oriente Próximo y América Latina, que pueden considerarse miembros honorarios de Occidente a los efectos de la «oportunidad de nuestro tiempo».

¿Cuál es la oportunidad? Ampliar nuestro tipo de libertad al resto del mundo: democracia y prosperidad para todos. Hay en esto un impulso decente, pero ni un atisbo de ironía autocrítica. El creciente reconocimiento dado a los países democráticos, calificados y catalogados por la Freedom House en Washington, es la señal indicadora de un futuro auspicioso. Ahora lo que debe hacer Occidente es trabajar para difundir por el resto del mundo la democracia tal como la conocemos. En ningún momento se le ocurre a Garton Ash que podría haber algún defecto en los modelos que él pretende exportar. Que escasamente más de la mitad de la población –a menudo menos– vote en las elecciones presidenciales estadounidenses; que la tasa de reelección en las elecciones al Senado sea ahora superior al 90 por 100; que el coste de unas elecciones al Senado incluso en el estado más pequeño de Estados Unidos sea de millones de dólares; que el actual gobierno británico descanse en los votos de poco más de la quinta parte del electorado; que la participación en las elecciones al Parlamento Europeo haya descendido en cada una de ellas. Datos todos ellos que, en un libro repleto de cifras sobre todos los temas, se dejan en el olvido. Se dedica todo un capítulo a la perspectiva de una UE compuesta por cuarenta miembros, sin una línea sobre cómo se va a asegurar cualquier tipo de control popular en esta entidad deseable. En las últimas páginas de su libro, Garton Ash recoge por fin una anomalía. «Uno de los rasgos más extraños de nuestra época de democracia sin parangón es que haya tantos desilusionados por la política convencional como para no molestarse siquiera en votar»[51]. Esta rareza no le detiene. La idea de que pudiera existir una relación entre la expansión de este tipo de democracia y la creciente indiferencia del pueblo hacia ella no se le pasa por la imaginación.

---

[51] *Ibidem*, p. 249.

La realidad es que la democracia se ha extendido por el mundo *pari pasu* con un descenso en la gama de opciones que ofrece. En cuanto el mundo se ha vuelto seguro para el capitalismo –un término en gran medida ausente de *Free World*–, las elecciones se han hecho accesibles hasta para las sociedades menos estables. Sin alternativas al tramo más estricto de oferta de políticas «pro mercado», las expresiones de la voluntad popular se han vuelto inocuas, algo que no eran en la época de Mossadegh, Arbenz o Allende. En caso de que se produjese un peligro de inversión, Occidente puede encargarse de que los resultados se enderecen de todos modos: véase el rescate de Yeltsin. Sin intención, el propio lenguaje de Garton Ash cuenta la verdad de la historia. Al describir los modos en que sus mil millones de ciudadanos pueden influir en el resto de la humanidad, escribe con entusiasmo: «Es mucha gente, con mucho dinero, muchos votos, muchas voces»[52]. Tal es el orden de atributos que importa en el mundo libre, actualizado. La imagen que se le ocurre para propiciar la llegada de la democracia a China pertenece al mismo vocabulario: «La mayor remuneración en la historia de la libertad»: dinero cayendo de la loto o de la máquina tragaperras. Incluso cuando Garton Ash pide más ayuda y menos comercio restringido para el Sur utiliza el mismo cálculo político. Durante la Guerra Fría, explica, «la mayoría» creíamos que luchar «contra las dictaduras y las guerras que éstas causan» era la prioridad; hoy el frente ha cambiado, y debemos enfrentarnos a la «pobreza extrema»[53]. Traducido: ahora que se ha visto el fin del socialismo, podemos empezar a pensar en la miseria.

No es que la buena causa pueda limitarse al uso de nuestra riqueza económica para promover la libertad y distribuir la beneficencia en el extranjero. Sigue siendo necesaria la fuerza para alcanzar un mundo mejor. Occidente, insiste Garton Ash, debe institucionalizar la doctrina de las «guerras justas» que ha constituido un gran paso adelante desde el hundimiento del bloque

---

[52] *Ibidem*, p. 194.
[53] *Ibidem*, p. 241.

soviético. Siguen haciendo falta intervenciones militares en todo el mundo, si no para deponer dictaduras, sí ciertamente siempre que Estados bárbaros cometan genocidios o exista el riesgo de que adquieran armas de destrucción masiva. Los dos criterios no son injustificadamente restrictivos. «A qué se puede llamar genocidio es una cuestión para el debate más serio», mientras que cómo «establecemos si existe un peligro real y presente» de armas de destrucción masiva es «algo que todos deberemos afrontar»[54]. Dado que, de acuerdo con Garton Ash, se produjo un genocidio en Kosovo –murieron 5.000 de los 1,7 millones de albaneses– la respuesta es cambiar el derecho internacional para dar a futuras acciones de ese tipo un sello de legalidad.

En cuanto a las armas de destrucción masiva, ¿quién puede culpar a Blair por creer que existían en Iraq? Tenía buenas intenciones y, cuando se aproximaba la invasión, él era después de todo el primer ministro de su país: «Tiene que decidir. Tiene que dirigir.» Si las informaciones secretas en las que se basó su decisión eran incorrectas, no fue culpa suya, sino responsabilidad de los funcionarios que las proporcionaron[55]. Garton Ash dudó desde el comienzo de que la invasión fuese oportuna, pero no por una cuestión de principios. Simplemente temía que, al entrar los tanques estadounidenses y británicos en Iraq, la guerra pudiera resultar «no grotesca y criminalmente incorrecta, sino prudencial y políticamente incorrecta»[56]. Una vez iniciada, pronto rogaba por el éxito y se preocupaba principalmente por la posibilidad de que Estados Unidos se retirase demasiado pronto, un peligro del que ha seguido advirtiendo repetidamente desde entonces. Hoy Europa debería estar compartiendo con Estados Unidos la carga en el Tigris. «En Iraq, aunque no tuviésemos que intervenir, tenemos, sin embargo, promesas que cum-

---

[54] *Ibidem*, p. 243; más sobre la necesidad de las guerras justas en pp. 184-185, 221.

[55] Compárense sus artículos «In Defence of the Fence», *The Guardian*, 6 de febrero de 2003, y «Scarlett Must Go», *The Guardian*, 14 de octubre de 2004.

[56] T. G. Ash, «America on Probation», *The Guardian*, 17 de abril de 2003.

plir, y Europa tiene incluso intereses en el resultado más vitales que Estados Unidos»[57].

Reacciones como ésta a la guerra de Iraq han sido bastante típicas. Garton Ash puede afirmar que previó antes que muchos las dificultades de contener a Iraq, y deplora el cenagal en el que el país se ha convertido desde entonces. Pero, como sus predecesores en la época de Vietnam, sigue haciendo hincapié en la necesidad de terminar el trabajo. Tras esta respuesta tópica, sin embargo, en el núcleo de *Free World* subyace una ceguera –o incluso una complacencia– mayor. El libro acaba con una serie de mapas pensados para ilustrar gráficamente la distribución desigual de la renta per cápita, del gasto en armamento, de la población, de los «valores» y de la libertad en el mundo. Se omite algo que sería aún más asombroso, por asimétrico, que cualquiera de ellos: un mapa de las bases militares extranjeras en todo el mundo. Las fuerzas armadas estadounidenses están ahora mismo acampadas en más de cien países, en muchos más que durante la propia Guerra Fría. Esta inmensa red de violencia moderada es la armadura del mundo libre que Garton Ash propone a los infelices cinco mil millones de personas que no disfrutan aún de sus beneficios. El que no lo mencione ni una sola vez basta para definir la calidad de la libertad que ofrece. El imperio de las bases es la base inexpresada de la libertad humana por venir.

El autor de *Free World* ha cambiado. La principal pregunta que el libro suscita es cómo y por qué se ha producido ese cambio. La razón más inmediata radica claramente en la subida al poder del nuevo laborismo en Reino Unido. En la década de 1980, cuando informaba desde Europa Oriental para *The Spectator*, Garton Ash perteneció durante un tiempo a un grupo informal de asesores sobre política exterior en torno a Thatcher,

---

[57] T. G. Ash, *Free World. Why the Crisis of the West Reveals the Opportunity of Our Time*, cit., p. 244. Ya en abril de 2003, escribía: «Se habla mucho estos días acerca del nuevo imperio de Estados Unidos. Pero el mayor peligro no es el imperialismo estadounidense; es la inconstancia estadounidense», *Guardian*, 17 de abril de 2003.

cuyo anticomunismo –no menos resuelto, pero más alerta que el de Reagan– él naturalmente admiraba. Pero sin un sentimiento firme acerca de la política interior, aparte de la creencia en que la propiedad privada y el mercado eran la base de una sociedad libre, no era un conservador fiel. Los sentimientos firmes que tuviera estaban además mezclados con el aprecio a Thatcher. Ciertamente, Thatcher era una gallarda enemiga de la Unión Soviética. Pero por desgracia, también era antieuropea, hasta el punto de no dar siquiera la bienvenida a la reunificación alemana.

Cuando Blair se disponía a hacerse con el poder, y lo convocó a reunirse con él en Islington junto con otros académicos y diplomáticos de confianza[58], Garton Ash se mostró, por lo tanto, más que dispuesto a ofrecer sus consejos. Cuando Blair asumió su cargo, Garton Ash parece haber decidido muy pronto que por fin había llegado un líder que combinaba en la medida casi perfecta el pro americanismo con el pro europeísmo, las dos condiciones de una política exterior británica sensata. «Tony Blair ha captado y articulado el interés, la función y la oportunidad de Reino Unido mejor que cualquiera de sus predecesores. Al establecer la dirección estratégica de Reino Unido en el mundo, ha sido audaz, congruente y a veces valiente»[59]. Si el impulso más amplio al escribir *Free World* procedía de una necesidad acuciante de reunir a Europa con Estados Unidos, el motivo más estricto –vistas las pruebas, tal vez el originario– parece haber sido el deseo de fortalecer la posición de Blair en Reino Unido, en un momento difícil para el Nuevo Laborismo. A Garton Ash le extraña que, mientras que la política exterior de Blair no es más que el curso sensato para Reino Unido, «es la menos representada en los medios británicos», dominados por una prensa euroescéptica, con las elocuentes excepciones de *Financial Times* y *The Economist* (presumiblemente por modestia, omite *The Guardian*, donde él se expresa). *Free World* intenta compensar esta

[58] Véase J. Kampfner, *Blair's Wars*, Londres, 2003, p. 10.
[59] T. G. Ash, *Free World. Why the Crisis of the West Reveals the Opportunity of Our Time*, cit., pp. 198-199.

falta de apoyo. En una declaración que sugiere en qué medida se identifica con el gobernante del país, y que expresa con sinceridad la base lógica de su libro, escribe:

> Preguntar «por qué se cayó el puente de Blair en 2003» es, por lo tanto, un modo de preguntar «cómo podrían, si es posible, quienes comparten su visión estratégica de alianza entre Europa y Estados Unidos hacerlo mejor en el futuro»[60].

El tono, una mezcla de familiaridad y *engouement*, no es completamente nuevo. Antes, sin embargo, había en general más distancia geográfica entre el admirador y los objetos de su suprema admiración, gigantes como Kohl o Wojtyla. Vitorear un régimen interno, semana tras semana, es algo diferente. «Como el martes dijo Blair en su magnífico discurso ante la Cámara de los Comunes [...]»; «estoy totalmente convencido de que la visión blairista de nuevo orden mundial posbélico es la mejor disponible [...]»; «desde Churchill, ningún dirigente británico ha tenido tanta resonancia magnética al otro lado del Canal [...]»; «larga vida al blairismo [...]»; «el blairismo es la respuesta a los males de Europa [...]», etcétera, *ad libitum*[61]. El torrente de expresiones se interrumpe periódicamente por unos cuantos fragmentos de restos críticos, indicio de cualquier intelectual que se respete a sí mismo. Pero la condición mental está perfectamente clara. Una de sus señales son los abismos de estupidez a los que Garton Ash puede descender en esta condición extasiada. Solicitando un «acuerdo histórico» entre Reino Unido y Francia bajo el signo del euro-atlantismo de Blair, no sólo nos dice que Reino Unido ocuparía la posición más fuerte en ese trato –ya que «los británicos son los ganadores» gracias a «la sucesión hegemónica del Imperio británico a Estados Uni-

---

[60] *Ibidem*, p. 42. Incluso en el interior, ésta es la fórmula correcta. «Al estar tan cerca de Europa y de Estados Unidos, tenemos la oportunidad de tomar lo mejor de ambos. En muchos aspectos, esto es lo que el gobierno del Nuevo Laborismo ha intentado hacer», p. 205.
[61] T. G. Ash, *The Guardian*, 20 de marzo de 2003; 16 de septiembre de 2004; 2 de junio de 2005.

dos»–, sino también que el propio De Gaulle estaría encantado de aceptarlo[62].

Al principio y al final de *Free World*, se encuentra una famosa declaración igualitaria de Thomas Rainsborough, supuestamente pronunciada en la iglesia St Mary the Virgin en los debates de Putney de 1647, y presentada aquí como expresión no sólo del espíritu de la propia empresa de Garton Ash, sino como *genius loci* desplegado en el mosaico animado de las instalaciones multiculturales en la cercana High Street –McDonald's, Benetton, Starbucks, Hot Wok Express se encuentran entre los mencionados– y reencarnado, sobre todo, en el blairismo. «El proyecto de puente de Blair es, por así decirlo, Putney hecho política»[63]. Ni qué decir tiene que Rainsborough nunca habló en la iglesia descrita, aunque Garton Ash sí lo haya hecho[64]. ¿Por qué iba alguien a sorprenderse de que un republicano revolucionario asesinado por los monárquicos, en la causa de una institución de la que Blair sigue siendo un empalagoso admirador, se sirva en este guiso para consumo ideológico junto con las Big Mac y United Colours? Desde que Thatcher citó a san Francisco de Asís en el umbral de Downing Street, no ha habido una apropiación indebida tan grotesca de una figura histórica para un sociodrama político.

Tales momentos forman un nadir de *Free World* específicamente británico. Pero sería injusto juzgar el libro sencillamente por la pegajosa huella dejada en él por el laborismo. Se dan en él más proclividades personales. La atracción que Garton Ash experimenta por los poderosos afables, siempre fuerte, ha ido en

---

[62] T. G. Ash, *Free World. Why the Crisis of the West Reveals the Opportunity of Our Time*, cit., pp. 200-201.

[63] *Ibidem*, p. 52.

[64] El debate del 29 de octubre de 1647, en el que Rainsborough y otros discutieron con Ireton y Cromwell acerca del *Acuerdo del Pueblo* planteado por los Niveladores *[Levellers]*, se mantuvo en los aposentos del intendente general del Ejército. Trescientos cincuenta años después, por supuesto, la exigencia planteada por los Niveladores de una constitución escrita que protegiese los derechos básicos sigue sin realizarse en la «isla poco común» celebrada por Garton Ash.

aumento con los años. En este volumen se nos conduce a la presencia de Bush en la Casa Blanca, de Blair en Downing Street, de Fischer en la antigua Berlín Este, de Havel en el castillo de Hradcany. Los epítetos que adornan a estos políticos son uniformes. Hemos visto unos cuantos en el caso de Blair, pero Garton Ash los distribuye más en general. Bush, mostrando una asombrosa humildad —«la reunión es para preparar al presidente, aún nuevo en el cargo, para su primer viaje a Europa»— le dice «con sorna» que aún está aprendiendo su trabajo. Cuando el presidente ha aprendido algo, Garton Ash se maravilla del «extraordinario cambio» a mejor que ha experimentado. Clinton hace «una asombrosa declaración de compromiso» con Europa, y pronuncia «un brillante discurso» ante la Convención Demócrata. Fischer, «en una memorable conversación» ante una mesa de café, dice «cosas sensatas y maduras». Rumsfeld «bromea» con él mientras se dirigen paseando hacia un banquete con Havel. Powell tiene «una actuación fascinante» en el Consejo de Seguridad. Las expectativas de Rice son «pasmosamente ambiciosas». Enfrentado al problema de si los valores occidentales son los mismos que los universales, Garton Ash se topa con la piedra filosofal. ¿Qué sabio la ha descubierto? Bueno, James Baker, que «salva el día» con la hábil expresión de «valores democráticos» mientras Bush padre y Gorbachov, «cabeceando arriba y abajo en las tormentosas aguas de Malta», daban vueltas a las fórmulas correctas para poner fin a la Guerra Fría. El tono general es: «Saliendo de la famosa puerta delantera del número 10, sobre una alfombra roja que había aparecido para el primer ministro serbio, me planteé [...]»[65].

Este diluvio de hipérboles y tópicos sólo podía tomarse como el lenguaje natural de un asistente político. Coincide con las condecoraciones amorosamente enumeradas en la página de Internet de Garton Ash: Premio «Qué dicen los periódicos», Placa de Honor Imre Nagy, Premio Hoffman von Fallesleben, Órde-

---

[65] T. G. Ash, *Free World. Why the Crisis of the West Reveals the Opportunity of Our Time*, cit., pp. 93, 129, 112 y 237; *The Guardian*, 28 de noviembre de 2002, 2 de febrero de 2003, 20 de enero de 2005, 10 de febrero de 2005.

nes al Mérito polaca, checa y alemana, Premio Napoli, Compañero de la muy distinguida Orden de St Michael y St George. ¿Puede tardar mucho la Medalla de la Libertad? Garton Ash estuvo en otro tiempo por encima de esas vanidades. Se ha convertido en víctima de su propio éxito, y de una causa a la que en un principio prestó un buen servicio. La frescura de la observación y el calor de la simpatía que aportó al mundo aún semioculto de la disidencia de Europa Oriental, en sus aventuras como reportero, dependían en parte de un desafío juvenil a la muy convencional opinión occidental acerca de la distensión, reivindicada cuando él se convirtió en el principal testigo de las revoluciones populares contra la revolución. No estaba, por supuesto, aislado en su opinión cuando Thatcher subió al poder, pero al comienzo tampoco se encontraba exactamente en la corriente mayoritaria europea. Cuando, sin embargo, la victoria completa en la Guerra Fría fue seguida por la consolidación de un orden neoliberal en el mundo avanzado y en la mayor parte del mundo en vías de desarrollo, en buena medida también en los territorios de Europa Oriental preferidos por él, aquello que había defendido, como una especie de disidente occidental, se convirtió en conocimiento universalmente aceptado, lo cual supone en general la sentencia de muerte para una idea. Pero en lugar de cuestionar sus supuestos, Garton Ash sólo se ha hundido más en ellos. El intento de proyectar sus convicciones formativas hacia el exterior, desde Europa Oriental hasta el planeta en general, sin la experiencia directa que les dio vida originalmente, no ha conducido más que a la inanidad de los nuevos ejércitos rojos. El mundo posterior a la Guerra Fría no puede analogizarse de este modo. El intento de hacer retroceder el reloj mental ha dado lugar a un libro que, intelectualmente hablando, sólo en ocasiones se eleva sobre la petulancia y la exaltación. Ante la carencia prácticamente de contacto alguno con los movimientos de base de los que en otro tiempo tomó fuerza, su universo se ha restringido cada vez más a públicos cordiales con un asimiento banal de quienes ocupan cargos de poder.

Los cambios ocupacionales han influido en esta transformación. El reportero autónomo se ha convertido en un experto colegiado, y en pilar de dos instituciones académicas, cada una estrechamente conectada con los encargados de la política exterior de su país, primero St Antony's en Oxford y ahora –el elemento de *translatio imperii* está claro– en el Hoover Institute, dedicado desde su creación en la década de 1930 a luchar contra el comunismo. *Free World* es en gran medida –no toda, también está Blair– la vista desde Palo Alto. La que más consecuencias tiene de las nuevas funciones, sin embargo, es la primera. Las incansables exigencias de una columna periodística siempre plantean el riesgo de poner de manifiesto los puntos flacos de un escritor. La plataforma de Garton Ash en *The Guardian*, extensamente utilizada para vender su libro, no ha sido un mero vehículo de su actual fidelidad política. Más desastrosamente, ha resaltado y acentuado la veta elocuente de su escritura, una tendencia a la rima ingeniosa y una incapacidad para detectar la sensiblería y la cursilería. He aquí su descripción de un cónclave orquestado por Havel en Praga:

> Ahora se trataba de otros presidentes como él, y de si se quedarían después de la cena a escuchar el asombroso himno a la libertad que combinaba la *Oda a la Alegría* de Beethoven, la Marsellesa y *Power to the People* de John Lennon, encargado especialmente por él para la cumbre de la OTAN… y para su propia despedida […] Nos sentamos en un centro de conferencias, viendo al otro lado del río el castillo, iluminado, imponente y precioso, sobre la ciudad más hermosa de Europa Central. Pero esta noche, sobre el propio castillo, hay un enorme corazón de neón de color carmesí que late con lentitud. El corazón es el símbolo de Havel –lo pone junto a su firma en las cartas que les escribe a los amigos– y éste es su gesto de despedida. Algunos checos murmuran que es de mal gusto y poco digno, en especial porque en las tierras checas un corazón de neón rojo es por lo general el símbolo de un burdel. Pero a Havel no le importa, y pienso que tiene razón. Sobre el cielo nocturno, su aspecto es mágico[66].

---

[66] *The Guardian*, 31 de enero de 2003.

Orlando en el Vltava.

O he aquí, en un modo relacionado, cómo termina el capítulo sobre Reino Unido:

> Debemos tener una estrategia nacional que atraiga plenamente, en todos los frentes, al mundo. Se trata de una tarea abrumadora, pero, con suerte y los aliados correctos, no es imposible, como la promesa de victoria final de Churchill en 1940. Escribiendo ese mismo año, Orwell concluía *El león y el unicornio* con estas palabras: «Creo en Inglaterra, y creo que saldremos adelante». Aún podemos. El único obstáculo somos nosotros mismos[67].

¿Qué sátira de la ampulosidad insípida podría mejorarlo? Al final del libro, se nos dice: «La receta de la felicidad humana es misteriosa y no puede comprarse en Wal Mart»[68]. Escrito por un catedrático de Historia Europea en Oxford.

Le style, c'est l'homme no es una máxima infalible. Hay con demasiada frecuencia dos diferencias entre ellos. Pero el estilo de *Free World* es, en este caso, el veredicto adecuado de su contenido. Flaubert se habría abalanzado sobre él con placer, como un incomparable *Dictionnaire des idées reçues* de nuestro tiempo. Apenas contiene una sola idea que no pueda encontrarse, prácticamente cualquier día de la semana, en las columnas editoriales de la prensa predominante de Occidente: *Financial Times*, *The Guardian*, *Die Zeit*, *The International Herald Tribune*, *La Repubblica*, *The New York Times*, *The Economist*, *El País*, y otros medios afines. Lo que el libro aporta realmente es un compendio de las opiniones convencionales repetidas sin fin en este universo, mezcladas sólo con una especial parcialidad por Blair y un apoyo entusiasta a Reino Unido. Sin darse realmente cuenta de lo que dice, Garton Ash habla de lo mismo. Como dice, una vez derrocado Saddam:

---

[67] T. G. Ash, *Free World. Why the Crisis of the West Reveals the Opportunity of Our Time*, cit., p. 208.
[68] *Ibidem*, p. 247.

El coro de voces estadounidenses y europeas que piden que la relación trasatlántica se «repare», se «renueve» o «renazca» surgió al ritmo *fortissimo* del último movimiento de la *Novena Sinfonía* de Beethoven. No ha pasado un solo día sin que al menos un comentario editorial, una carta abierta, un discurso, una conferencia, un taller, una reunión de expertos, un grupo de alto nivel o un grupo de trabajo se dedicaran a reunir de nuevo a Occidente. A menudo, estas reuniones o iniciativas las financiaba una empresa estadounidense de propiedad alemana, o una empresa británica de propiedad estadounidense, o uno de los cientos de empresas con interés directo en la economía transatlántica. La comunidad atlántica que ha surgido a lo largo de sesenta años –y en un sentido más amplio, pero más débil, más de cuatrocientos años– se defendía como un cuerpo humano luchando contra un virus.

Escuchar este «coro de espíritus afines de ambos lados del Atlántico», que junto con él se «manifiestan contra la estupidez de que Europa y Estados Unidos disputen mientras el mundo arde», ha sido «muy alentador»[69]. Ningún escritor político debería querer ser original, explica. Eso es para los poetas o los novelistas. Lo que importa es cuántas personas dicen lo mismo que tú, y multiplicarlas.

Como credo del conformismo, tiene el mérito de la sinceridad. *Free World* repite incansablemente el mensaje de que «una Europa a la que le gusta la idea de Estados Unidos es una Europa mejor», al igual que «un Estados Unidos al que le gusta la idea de la nueva Europa está, a su vez, apoyando otra versión de sí mismo». O, en el dicho «vigoroso» de Thomas Friedman, que Garton Ash cita con aprobación: «Apoyo una Europa unida, porque creo que dos Estados Unidos son mejor que uno»[70]. Vaya. El Garton Ash de hoy corre el riesgo de convertirse en una pálida versión británica de su homólogo estadounidense, menos grosero y truculento, pero también menos iconoclasta y franco. Le apetecen poco las verdades brutales de las que disfruta Friedman.

---

[69] *Ibidem*, pp. 127 y 250.
[70] *Ibidem*, p. 232.

Mientras que el instinto del estadounidense es épater, el del inglés es *adoucir*, en los acentos del Foreign Office. Garton Ash negó en una ocasión indignado que pudiera asociársele con otro estadounidense sincero, Zbigniew Brzezinski[71]. Poco después, explicó que éste siempre le había parecido «lúcido, incisivo, agudo y estimulante», y que era difícil mostrarse en desacuerdo con sus «análisis y sus recomendaciones políticas, en especial los referentes a la ampliación de la OTAN y de la UE»[72]. Pero aun así tenía un argumento atragantado. Brzezinski no debía decir que Europa es un protectorado militar de Estados Unidos. No sólo es inexacto, sino también «de poca ayuda». El adjetivo habla por sí solo: un eufemismo para proteger los eufemismos, desde las catacumbas de la Administración del Estado.

2005

---

[71] T. G. Ash, *The London Review of Books*, 3 de diciembre de 1999, en respuesta a los comentarios aquí publicados sobre *History of the Present*.

[72] Symposium on «Living with a New Europe», *The National Interest*, verano de 2001, p. 32.

SEGUNDA PARTE
Filosofía

CAPÍTULO IV

El diseño del consenso: John Rawls

Ninguna obra de la filosofía política moderna, en ningún idioma, ha generado tanto comentario especializado como *A Theory of Justice* de John Rawls. Tras unos veinte años de flujo crítico ininterrumpido, el nuevo libro de Rawls está etiquetado como una corrección al original, a la luz del debate posterior. *Political Liberalism* ofrece abundantes –incluso superabundantes– pruebas de cuidadosa respuesta a la recepción de *A Theory of Justice*, en un bosque de notas a pie de página a diferentes interpretaciones de la misma. Pero la atención demuestra ser selectiva, y el resultado desconcertante. La prístina teoría de Rawls sostenía dos principios de justicia fundamentales: primero en orden, derechos y libertades iguales para todos; y segundo, sólo las desigualdades sociales y económicas compatibles con la igualdad de oportunidades y que produzcan más beneficios para los que se encuentran en peor situación. Todos, sostenía Rawls, escogeríamos infaliblemente estos principios si nos imaginásemos decidiendo la forma de una sociedad justa desde el hipotético punto de vista de una «posición original», sin conocimiento alguno de cuál podría ser la carga particular que nos correspondería soportar dentro de ella. En torno a esta doctrina central, concebida como variante actualizada del constructivismo kantiano para sustituir a todas las formas actuales de cálculo utilitario, Rawls desarrolló un amplio edificio intelectual, que culminaba en reflexiones éticas de noble alcance.

De la enorme bibliografía suscitada por esta interpretación, ¿cuáles serían las objeciones más elocuentes? Cuatro destacan como las más significativas. En primer lugar, el mecanismo de la posición original fue acusado en general de circularidad. Para conseguir que, en la posición original, las partes produjeran los principios de justicia por él establecidos, Rawls tenía que dotarlas subrepticiamente de simpatías que sólo los propios principios podían inducir. El círculo lógico deja ver la *petitio principi* histórica. En efecto, lejos de ser una condición genuinamente aborigen, como el estado de naturaleza planteado en la anterior teoría del contrato social, la postura de Rawls deriva de premisas sólo posibles con la llegada del capitalismo industrial desarrollado. El «velo de ignorancia» envuelto alrededor de sus actores es prácticamente diáfano: más allá se encuentra el paisaje familiar de una moral establecida, si no promulgada. Entre los signos más obvios del contexto restrictivo de la teoría de Rawls se encuentra el ordenamiento «léxico» de los principios de justicia en sí, objeto de la segunda crítica más habitual que se le hace. ¿Por qué iban siempre las libertades iguales a tener prioridad sobre las suficiencias iguales? La subsistencia material es una condición de cualquier existencia jurídica, y sus exigencias han sido dominantes durante la mayor parte de la experiencia humana.

En los países capitalistas avanzados de hoy, las quejas de necesidad absoluta son más raras que las de privación relativa. ¿Es satisfactoria la fórmula de Rawls para satisfacer éstas? El «principio de la diferencia» –que garantiza sólo aquellas desigualdades que proporcionen mayor beneficio a los menos aventajados– es la tesis más memorable de *A Theory of Justice*. Pero ¿cuál es su importancia real? La enorme ambigüedad de la teoría de la justicia rawlsiana radica precisamente en este punto. ¿Es el principio de la diferencia un poderoso llamamiento a una redistribución prácticamente socialista de la renta (dado que, en una de las interpretaciones, tan pocas de las llamativas disparidades de riqueza que nos rodean contribuyen al bienestar de los pobres)? ¿O es, de acuerdo con otra interpretación, simplemente una defensa sensata del funcionamiento normal del capitalismo, cuyo constante aumento de productividad, nivel de vida general creciente, exige precisamente las estructuras de incentivos, probadas y demostradas por la experiencia, que tenemos hoy? Para captar toda la indeterminación en el punto crucial de la interpretación de Rawls basta con señalar que puede ser aplaudido imperturbablemente en un extremo por John Roemer, desde la izquierda, y en el otro por Friedrich Hayek, desde la derecha, cada uno de ellos sosteniendo que el mensaje coincide con el suyo[1]. Claramente, los dos no pueden tener razón. Pero *A Theory of Justice* de Rawls, que en una página puede plantear la legitimidad del socialismo y, en la siguiente, decir que la sociedad estadounidense es «casi justa», deja espacio para cualquier opinión. Podría decirse que, dentro de su marco, el principio de la diferencia es políticamente indiferente. Fuera completamente del marco se encuentran los problemas de la justicia internacional. La última de las grandes críticas a la obra de Rawls siempre ha sido el anacronismo de sus suposiciones territoriales. No sólo Occidente, sino también el Estado nación formaban el límite imaginativo de la teoría.

Veinte años después, ¿qué tiene Rawls que decir sobre estas cuestiones? En conjunto, muy poco. La idea de la posición original, reitera, es un mecanismo de representación, cuyo resultado es, por lo tanto, «hipotético y ahistórico». Pero las partes «deben tener en cuenta los requisitos organizativos y la eficiencia económica»; en otras palabras, haber interiorizado los imperativos del capitalismo contemporáneo («por consiguiente es irrazonable detenerse en la división igual»), de tipo eminentemente histórico[2]. Por otra parte, la prioridad de la libertad cívica sobre la igualdad social, admite ahora Rawls, «no es necesaria en todas las condiciones», pero presupone «unas circunstancias razonablemente favorables» de prosperidad y alfabetización[3]. El principio de libertad, sin embargo, «puede ir fácilmente precedido por un principio léxicamente anterior de que se cubran las necesidades básicas de los ciudadanos», sin necesidad, aparentemente, de ajustar el esquema[4]. ¿Qué decir, entonces, del princi-

---

[1] Compárese el libro de F. Hayek, *Law, Legislation and Liberty*, vol. 2, *The Mirage of Solid Justice*, Londres, 1976, pp. xx, 100 y 185 [ed. cast.: *Derecho, legislación y libertad*, Madrid, Unión Editorial, 2006] con el de J. Roemer, *A Future for Socialism*, Cambridge (MA), 1994, pp. 26-27 [ed. cast.: *Un futuro para el socialismo*, Barcelona, Editorial Crítica, 1995].

[2] J. Rawls, *Political Liberalism*, Nueva York, 1993, pp. 24, 281-282 [ed. cast.: *El liberalismo político*, Barcelona, Editorial Crítica, 1996].

[3] *Ibidem*, p. 297.

[4] *Ibidem*, p. 7.

pio de la diferencia? Al contrario que el principio de la libertad, es inadecuado para la codificación constitucional, porque su interpretación es casi siempre debatible, al descansar en «inferencias complicadas y en juicios intuitivos que nos exigen evaluar una compleja información social y económica sobre temas poco conocidos»[5]. Eso es todo lo que el lector consigue, una señal de prohibido el paso a los curiosos. El tratamiento de las relaciones internacionales está aún más recortado. Son meros «problemas de ampliación», que Rawls «deja a un lado» para concentrarse en «la cuestión fundamental de la justicia política»[6].

En otras palabras, *Political Liberalism* desvía o pasa por alto todas las dificultades clásicas suscitadas por *A Theory of Justice*. Aborda, por el contrario, la menos obvia. En su obra original, Rawls sostenía que la realización estable de los principios de justicia exigía una sociedad ordenada, en la que los ciudadanos compartiesen cierto punto de vista moral, una percepción del bien que complementase a una percepción de lo correcto. El último tercio del libro, titulado «Fines», exploraba la forma de dicha visión. Es esta conclusión, ha decidido Rawls, la que estaba equivocada. Porque equivalía a una «doctrina filosófica integral» cuyo efecto no era, como él antes había creído, fortalecer los principios de la justicia, sino ponerlos en peligro. ¿Por qué iba a ser así? Porque, sostiene él ahora, en una sociedad moderna siempre hay una variedad de doctrinas integrales que son razonables, aunque incompatibles. Cualquier intento de convertir una de ellas en base de la razón pública debe, por lo tanto, ser divisorio y sectario, un proyecto que sólo podría prosperar mediante el uso intolerante del poder estatal, cancelando el primer principio de la justicia.

La cura debe encontrarse en el título del nuevo libro. ¿Qué denota la fórmula *Political Liberalism*? El antónimo de «político» aquí no es «económico» –como lo habría sido en otro tiempo–, sino «metafísico». Con esto, Rawls se refiere al análisis más amplio de los valores enseñados por Kant o Mill, y esbozados en su

---

[5] *Ibidem*, pp. 229-230.
[6] *Ibidem*, pp. 20-21.

espíritu por *A Theory of Justice*. En un sentido estricto, el nuevo libro de Rawls no es, por lo tanto, un desarrollo de su libro anterior; es una amputación del mismo. La carga de *Political Liberalism* es una renuncia intelectual, no una adición sustancial. Para Rawls no supone una verdadera pérdida. Porque en la nueva versión los principios de la justicia sólo exigen un vago «consenso superpuesto» entre las diversas doctrinas opuestas de la sociedad, y no una percepción más profunda de los fines supremos compartidos por sus ciudadanos. El objetivo más modesto es un aumento del realismo, además de un control contra la tentación.

¿Es muy persuasivo este cambio mental? No resulta muy difícil resistirse a él. Al contrario de lo que Rawls espera, su nueva interpretación es más frágil que la primera. *A Theory of Justice* presuponía un tiempo histórico y un espacio nacional, pero se abstraía de ellos para generar principios aparentemente intemporales. *Political Liberalism* introduce la historia y la sociología directamente en su estructura justificativa, pero de un modo que pone de manifiesto la contradicción original, en lugar de subsanarla. Porque todo el libro depende de la tesis de que la pluralidad de doctrinas integrales incompatibles –pero razonables– es un rasgo permanente de las sociedades modernas. Pero Rawls no ofrece pruebas de esta afirmación, que parece considerar tan obvia como para no necesitarlas. Simplemente, alude a los conflictos religiosos de los siglos XVI y XVII, señala el aumento de la tolerancia que los siguió, y después concluye que, no obstante, «el hecho de la división religiosa permanece»[7]. Dado el incesante avance de la laicización en todas las sociedades europeas, el destino actual de las creencias sobrenaturales habla en contra, no a favor, de la suposición de Rawls. Quizá el anacronismo estadounidense lo haya confundido a este respecto. Más probablemente, sin embargo, parecería tratarse de una cierta inocencia filosófica. El gran corpus de teoría social, desde muchos puntos de vista diferentes, que insiste en que la evolución histórica tiende a la homogeneización cultural creciente –incluye nombres tan variados como Kant y Hegel hasta Parsons y Gellner, por no

---

[7] *Ibidem*, p. xxiv.

hablar de Bell, Fukuyama o muchos otros–, parece no haberse registrado apenas. Lo importante no es que esta tradición de pensamiento sea necesariamente correcta, sino que hacen falta un debate y pruebas históricas serias para demostrar que se equivoca. Apelar con este fin a las supervivencias teológicas es fútil.

¿Seríamos injustos con Rawls dando demasiada importancia a esta ilustración? Habría que pensarlo. Pero los otros ejemplos de pluralidad doctrinal que impulsan la revisión de su teoría sugieren lo contrario. ¿Cuáles son las doctrinas integrales cuyo conflicto desmiente las conclusiones de *A Theory of Justice*? En el «caso modelo» que Rawls ofrece, incluyen un protestantismo tolerante en el espíritu de Locke, y «doctrinas morales liberales como las de Kant o Mill», en otras partes subdivididas en la «filosofía moral de Kant» frente al «utilitarismo de Bentham y Sidgwick»[8]. Basta considerar esta lista para ver lo trivial que es, de hecho, la afirmación de que existen grandes incompatibilidades. La rama calvinista de Locke, que ni siquiera dio lugar a una secta, está olvidada desde hace mucho. ¿Quién imagina que el imperativo de Kant sea una inspiración cívica significativa? ¿Dónde está el respetado cálculo de Bentham? ¿Cuántos recuerdan siquiera el nombre de Sidgwick? La realidad es que las doctrinas filosóficas *integrales*, como aquéllas de las que Rawls se arrepiente, prácticamente se han desvanecido de la escena contemporánea. Su propia retractación es sólo un ejemplo más del proceso que él no ha conseguido ver, lo cual debilita los fundamentos que le da. Podría decirse que la historia que él ha dejado penetrar en su teoría, como el aire en una tumba sellada, tiende a desintegrarla más que a conservarla. Los únicos candidatos verdaderos que quedan al papel de visiones multiuso son, de hecho, los religiosos; y, para dar fuerza a la idea de «consenso superpuesto» como apoyo adecuado para los principios de la justicia, Rawls se ve obligado –aunque no sin el temblor del remordimiento– a declarar que todas las grandes confesiones mundiales son «doctrinas» razonables y capaces de aceptarlos[9]. A este

---

[8] *Ibidem*, pp. 145 y 169.
[9] *Ibidem*, p. 170.

respecto, el distanciamiento de la realidad se vuelve práctica-mente absoluto: como si el oficio del filósofo no fuera interpre-tar el mundo ni cambiarlo, sino simplemente cambiar las inter-pretaciones del mismo.

Paradójicamente, sin embargo, el propio Rawls es incapaz de cumplir su propia ordenanza abnegada. Porque el liberalismo político que supuestamente excluye la visión metafísica descansa, como él explica, en una «concepción de la persona» que es una especie de interpretación ontológica muy tradicional. Se trata de una figura dotada de «dos poderes morales» (y sólo dos): la capa-cidad de percibir la «justicia» como lo que es «razonable», y la idea de que lo «bueno» es lo «racional», que juntas posibilitan una sociedad concebida como «cooperación equitativa»[10]. ¿Dón-de encuentra Rawls a esta persona? No, confiesa, en una «expli-cación de la naturaleza humana como la que dan las ciencias na-turales y la teoría social». Por el contrario, es una «concepción normativa»[11]. ¿De dónde proceden las normas, entonces? No de una doctrina filosófica integral, sino de «verdades simples ahora ampliamente aceptadas en general por los ciudadanos, o disponi-bles para ellos»[12]. ¿Qué garantiza estas verdades? Son «las con-cepciones de la persona y de la cooperación social que con más probabilidad congenian con la cultura pública de una sociedad democrática»[13]. En otras palabras, mientras que las doctrinas más antiguas basaban sus ideas de identidad o de valor en una discusión de principios, la nueva dispensación simplemente apela a la situación de nuestra cultura democrática, o lo que se entiende por ella. De hecho, sin embargo, a la mayoría de los ciudadanos les sorprendería la lista que Rawls da de sus competencias mora-les, que es esencialmente un residuo de lo que, en otro tiempo, constituía una visión ética coherente, como uno de los fragmen-tos morales de *Tras la virtud*. Extraídas de su asiento metafísico, sin embargo, dichas competencias están ahora asignadas a un alo-

---

[10] *Ibidem*, p. 19.
[11] *Ibidem*, p. 18.
[12] *Ibidem*, p. 225.
[13] *Ibidem*, p. 339.

jamiento inadecuado en la expansión de la opinión pública, donde no les corresponde.

Aparte de la ficción del domicilio de tales competencias, sin embargo, el paso dado por Rawls tiene una consecuencia más seria. La que en *A Theory of Justice* era una circularidad latente y sutil se vuelve en *Political Liberalism* burda y explícita. Porque Rawls apela simultáneamente a la perspectiva natural de una sociedad democrática para fundamentar su concepción de la persona, y a su concepción de la persona, para fundamentar la estructura básica de una sociedad democrática. La garantía de la doctrina de las dos competencias morales es que «conviene» a una sociedad en la que la justicia se concibe como equidad; y la garantía de la justicia en cuanto equidad, con su programa de principios fundamentales y bienes fundamentales, es que «protege» el ejercicio de las dos competencias morales. La idea atenuada de una persona es el basamento teórico de una constitución deseable, determinando cuáles se consideran bienes fundamentales, situados «por delante» de cualquier otra exigencia de la vida social[14]; pero tampoco es más que un reflejo ideológico de la cultura a la que supuestamente genera. En un círculo vicioso, las soluciones públicas se deducen de las capacidades personales definidas como adaptadas a las soluciones públicas.

En esto se da algo más que un error lógico. Lo que la estructura del argumento de Rawls indica es un rasgo más fundamental del pensamiento del autor. Éste es un mundo anfibio, que contiene suficiente tierra firme de referencia social real como para evitar las profundidades peligrosas de la primera filosofía (el gesto es aproximadamente: empecemos a partir de donde nos encontramos, en otras palabras, el país de Bush-Clinton), flotando al mismo tiempo con suficiente cuidado en las aguas de la abstracción para evitar el contacto con el terreno del cambio político real (por ejemplo, lo ocurrido en Estados Unidos desde la década de 1970). El resultado es una especie de *cabotaje* político, una crítica a la sociedad existente que se aferra nerviosamente a las orillas de ésta. Los lectores de Rawls muy bien podrían

---

[14] *Ibidem*, p. 308.

preguntarse: ¿en qué parte de Estados Unidos está la justicia real que se corresponde con la interpretación ideal que él nos ofrece, si se basa en «meras verdades ampliamente aceptadas por los ciudadanos»?[15]. La pregunta queda sin respuesta. *Political Liberalism* ya no habla de un orden contemporáneo «casi justo», sino de una «sociedad democrática moderadamente bien gobernada»[16]. Es como si nunca se hubiese producido la polarización social de los pasados veinte años. En todo el libro, el único nombre geográfico de la América contemporánea que se cita es Malibú. La pobreza y la desesperación, la codicia y la violencia de la escena urbana cotidiana están muy lejos. Los infiernos sociales de *Ciudad de cuarzo*, el libro de Mike Davies sobre Los Angeles, podrían estar en otro planeta.

La preocupación de Rawls está en otra parte. El autor comenta de pasada que los mercados tienden a «erosionar la justicia de fondo incluso cuando los individuos actúan con equidad»[17], sin dignarse a explicar este proceso, y aprueba el principio de redistribución fiscal. Pero «las desigualdades sociales y económicas en las perspectivas de vida de los ciudadanos dependiendo de su origen social» son, no obstante, «inevitables, o incluso necesarias o muy ventajosas para mantener la cooperación social efectiva»[18]. En qué medida el principio de la diferencia podría mitigar tales desigualdades es un asunto demasiado técnico y subconstitucional para captar la atención al lector. Por el contrario, el estado de las «libertades básicas» que tienen prioridad en el esquema de la justicia merece un interés sostenido. Las cuestiones que destaca para su análisis crítico son la libertad de expresión y la financiación de campañas. La alegación favorable a la primera, sostiene, no debe matizarse con el pretexto de proteger a la constitución frente a doctrinas revolucionarias, con el argumento de que éstas representan un «peligro claro y actual» para el orden jurídico; sólo podría restringirse la libertad de expresión política si hubiese

---

[15] *Ibidem*, p. 225.
[16] *Ibidem*, pp. 347-348.
[17] *Ibidem*, p. 267.
[18] *Ibidem*, p. 270.

una crisis constitucional general de esas que, para empezar, una democracia bien gobernada previene. Por lo tanto, «el libre uso público de nuestra razón en cuestiones de justicia política y social parecería absoluto»[19]. El sentimiento es admirable, pero los argumentos usados para respaldarlo son a menudo demasiado laxos. Tan comprometido está Rawls con su conclusión que sostiene –a pesar de la obviedad– que la Primera Enmienda no podría revocarse constitucionalmente, ya que, a pesar de todo aquello que el Congreso pudiera hacer o el Tribunal pudiera decir, está «validada por la larga práctica histórica»; incluso declarar retroactivamente «inconstitucional» la *Sedition Act* [Ley contra la Sedición], fuese cual fuese la validez en su momento, porque «ha sido puesta a prueba por el tribunal de la historia y hallada defectuosa»[20]. No son razones exactamente kantianas, pero sí congruentes con una nueva tendencia a encontrar garantías específicas para los objetos de la simpatía de Rawls, siempre que no coinciden con la lógica de su teoría. La religión protestante es manifiestamente una doctrina integral como otras a las que *Political Liberalism* despoja de un papel legítimo en el discurso de la razón pública. Martin Luther King, no obstante, aprueba, porque sus llamamientos bíblicos «respaldan plenamente los valores constitucionales»; y lo mismo ocurre con Abraham Lincoln, pero por razones opuestas, porque sus creencias «no influyen en la esencia constitucional»[21]. Lo mismo podría decirse del llamamiento a la oración efectuado por George Bush en 1991 mientras los bombarderos partían hacia Bagdad, pero es improbable que Rawls lo hiciese.

La libertad de expresión no está seriamente amenazada en Estados Unidos hoy en día. Las elecciones justas, por el contrario, son realmente difíciles de lograr. El reconocimiento por parte de Rawls de en qué medida el poder del dinero las niega es la única desviación radical en la que *Political Liberalism* no queda por atrás de *A Theory of Justice*, sino que lo supera. Las libertades

---

[19] *Ibidem*, p. 355.
[20] *Ibidem*, pp. 239 y 343.
[21] *Ibidem*, pp. 250 y 254.

políticas iguales, recalca ahora Rawls, no bastan, también deben ser de igual valor práctico, y no podrán serlo mientras las elecciones se ganen a fuerza de mayor riqueza. Expresando abatimiento ante las sentencias del Tribunal Supremo que han retirado los límites (en su mayoría nominales) a los gastos privados en el procedimiento electoral, prevé una cierta financiación pública de las elecciones para garantizar «el valor justo» a los derechos políticos de cada ciudadano[22]. Pero ahí se queda el asunto. Lo que no llega a divisarse es qué estructuras institucionales se necesitan para que el primer principio de la justicia adquiera realidad; a este respecto, de nuevo, «el mejor modo de proceder es un asunto complejo y difícil», en el que «tal vez falten la experiencia histórica y el conocimiento teórico necesarios»[23]. Al final de *Political Liberalism*, el lector no está más cerca de percibir la reforma electoral en Estados Unidos que al principio. Rawls no parece haberse dado cuenta de que, para que las libertades políticas tengan igual valor, tendría que producirse el cambio elemental de la representación proporcional en el sistema electoral, así como la financiación equitativa del sistema de campaña. En estas páginas no hay ni la más mínima referencia acerca de que, en «el régimen democrático más antiguo del mundo»[24], la mitad de la población no vota nunca. Por el contrario, se nos invita –*inter alia*– a la contemplación patriótica del «orgullo de un pueblo democrático que se distingue de los pueblos no democráticos»[25] *(sic)*. La categoría de pueblo no democrático es un *trouvaille* [hallazgo] político inesperado.

Political Liberalism, como la mayoría de sus recensores ha considerado, es un libro decepcionante. Tiene una mala organización formal, que aun guarda demasiadas trazas de las diferentes lecturas a partir de las cuales se ha montado, con una elevada tasa de repetición y falta de dirección independiente. Pertenece a este peculiar subgrupo de libros en los que un au-

---

[22] *Ibidem*, p. 328.
[23] *Ibidem*, p. 328.
[24] *Ibidem*, p. 239.
[25] *Ibidem*, p. 204.

tor se dedica a corregir o defender una celebrada obra anterior, y sólo consigue producir una sombra árida de ésta (*L'archéologie du savoir* de Michel Foucault y *Whose Justice? Which Rationality?* de Alasdair MacIntyre son casos similares que se me vienen ahora a la mente). La experiencia de la lectura es la del lamento. La dignidad imperfecta de *A Theory of Justice* se mantiene. Si Rawls ha tomado la senda incorrecta para alejarse de ella, una senda de reducción en lugar de ampliación, la razón radica en parte en un autoencierro provinciano de su mundo intelectual, ahora poblado de manera prácticamente exclusiva por colegas y alumnos de ideas afines. Pero es también consecuencia del deseo imposible que acecha a su programa, lo que –adaptando una expresión de Kant– podríamos denominar su conformidad inconforme: el sueño de extraer una alternativa radical a nuestro mundo social existente a partir de los rasgos de la propia descripción que ese mundo social hace de sí mismo. La contradicción entre los postulados de consenso, a los que Rawls se adscribe continuamente, y las realidades del disenso, a las que pertenecen sus mejores impulsos, es incurable. No hay expresión más aguda de la misma que el inocente paso de una frase clave a otra en la agenda de *Political Liberalism*. «El objetivo», escribe Rawls, «es buscar una concepción de la justicia política y social que congenie con las convicciones y las tradiciones más arraigadas de un Estado democrático moderno. La razón de hacerlo es ver si podemos resolver el punto muerto de nuestra reciente historia política; a saber, que no existe acuerdo sobre el modo en que deberíamos reformar las instituciones sociales básicas si queremos que se adapten a la libertad y a la igualdad de ciudadanos y personas[26].

Si el Estado moderno es como se describe, con unas profundas convicciones y tradiciones democráticas, ¿cómo puede ser que se dé un punto muerto respecto a la realización de la libertad y la igualdad para los ciudadanos? Las dos mitades de la afirmación se vienen abajo. Si hubiera buscado la lógica de la segunda, en lugar del fuego fatuo de la primera, congeniando menos con

---

[26] *Ibidem*, pp. 300 y 368.

el Estado y prestando más atención al callejón sin salida, Rawls habría escrito un libro mejor. La continuación necesaria de su gran obra tendría otro título: *A Theory of Injustice*.

1994

CAPÍTULO V
Datos normativos: Jürgen Habermas

La más leída de las obras de Jürgen Habermas sigue siendo una de las primeras: *Strukturwandel der Öffentlichkeit [Historia y crítica de la opinión pública. La transformación estructural de la vida pública]*, publicada en 1962, cuando tenía poco más de treinta años. La duradera influencia internacional de este libro se debe al modo en que combinaba argumentos históricos, sociológicos y filosóficos en una sola narración convincente que hablaba al presente político. En su asombrosa forma interdisciplinaria, se mantenía más fiel a las intenciones originales de la teoría crítica, como Horkheimer las había propuesto a comienzos de la década de 1930, que cualquier libro de preguerra de la propia Escuela de Fráncfort. El tema del libro, sin embargo, ofrecía un análisis agudamente revisado de la Ilustración sobre la que Adorno y Horkheimer habían emitido su despiadado veredicto veinte años antes. *Dialéctica de la Ilustración* narra una historia de endurecimiento y conversión de la razón en mito desde su propio comienzo: para dominar la naturaleza hace falta dominar a los demás y al yo, algo ya indicado en los albores de la civilización por Homero, que presenta a Ulises atado al mástil mientras sus remeros avanzan con los oídos obturados para protegerse de la llamada de las sirenas. Bacon, Kant y Sade marcan otros tantos pasos en la instrumentación de la razón, en una lógica de regresión que sólo puede acabar en las barbaries modernas del antisemitismo y la industria de la cultura dentro del capitalismo avanzado, las cuales no son negaciones de la concepción kantiana de la Ilustración como madurez autodisciplinada de la humanidad, sino amargo cumplimiento de ella.

Strukturwandel der Öffentlichkeit [La transformación estructural de la vida pública] es antitética en método y argumento. No procede mediante una proyección discursiva dramática –y dramáticamente arbitraria–, sino mediante una cuidadosa reconstrucción histórica, basada en materiales empíricos verificables. Devuelve los orígenes de la Ilustración a un periodo y a una región determinados, finales del siglo XVII y principios del XVIII en Europa Occidental, en lugar de envolverlos en las nieblas arcaicas del Egeo. De la manera más decisiva, traslada el enfoque del estudio desde la razón instrumental hasta lo que Habermas posteriormente denominaría la razón comunicativa: es decir, no a la conquista de la naturaleza, sino al consenso entre personas, el cual se alcanza mediante un intercambio racional y crítico de opiniones dentro de una esfera pública emergente e independiente del poder del absolutismo. Habermas rastrea el ascenso de esta esfera a través de los sucesivos circuitos institucionales de la misma: la familia conyugal, el mundo de las letras, el café y el salón, el semanario y la novela, la biblioteca circulante y el periódico, culminando con la codificación del derecho civil que preludia al Estado constitucional burgués. Habermas proporciona una cálida y vívida fenomenología de todo este proceso, como un impresionante triunfo de la razón en su tiempo.

Una vez así constituida, sin embargo, la esfera pública de la Ilustración empezó a revelar tensiones internas. Hegel señaló los antagonismos particularistas dentro de la sociedad civil, que sólo podían resolverse en la universalidad del Estado. Marx demostró que el Estado no era en absoluto universal, ya que reflejaba una sociedad dividida en clases, sólo la democracia podía hacerlo universal. Mill y Tocqueville percibieron que la democracia podía inducir a las masas al conformismo, y que la opinión pública podía en sí convertirse en una tiranía. Estas tensiones y estos augurios del siglo XIX habían adoptado, a mediados del XX, una forma material sobrecogedora. Porque la esfera pública creada en el tiempo de la Ilustración estaba para entonces completamente alterada.

Mientras que el Estado y la sociedad habían estado en otro tiempo separados, entonces estaban interpenetrados, a medida que la economía estaba cada vez más reglamentada y los grupos de presión organizados invadían la Administración. Las sociedades anónimas borraban la distinción entre instituciones públicas y privadas. La familia perdía su función socializadora. La cultura dejaba de ser un ámbito de razonamiento crítico y se convertía en uno de mero consumo ideológico, a medida que la masificación de los medios de comunicación –edición, prensa y radio– tendía a destruir a los públicos verdaderamente independientes. Las decisiones políticas habían salido de los parlamentos, y ya no reflejaban el resultado de una discusión desinteresada en un consenso racional, sino las concesiones entre intereses especiales de diferente fuerza negociadora. Los representantes en las asambleas políticas se estaban convirtiendo en herramientas de las maquinarias de los partidos, y las elecciones se reducían cada vez más a la obtención de aclamaciones. Al final de esta senda se encontraría una decadencia –económica, social, familiar, cultural y política– prácticamente completa de todo el complejo de la esfera pública de la Ilustración, y una conversión en mera «publicidad» o «relaciones públicas», en sus significados contemporáneos corruptos.

Tales evoluciones parecerían que trazan la senda de destrucción de la razón comunicativa, cuyo punto final, paradójicamente, no se alejaría tanto del resultado más sombrío de la dialéctica de la razón instrumental presentado por Horkheimer y Adorno: la perdición de la Ilustración por otra ruta. Pero Habermas no creía que todo estuviese perdido. La esfera pública podía salvarse si el Estado constitucional liberal del siglo XIX evolucionaba hacia un Estado del bienestar social en el que se garantizase la participación efectiva de todos los ciudadanos mediante un constante escrutinio público de los partidos, de los medios de comunicación y de la Administración, poniendo a éstos bajo controles democráticos y, de ese modo, racionalizando el necesario ejercicio de autoridad social y política. ¿Mas acaso la idea que rodeaba dichos objetivos no era utópica, cuando las relaciones de poder desiguales se beneficiaban de la decadencia de la esfera pública finalmente obtenida? Habermas admitía que la llegada del Estado constitucional liberal no se había producido en sí por la fuerza del mejor argumento, en el que ganasen todos los que escuchasen la persuasión de una razón común. También había sido necesaria una voluntad divisiva: «La autoridad para legislar se había obtenido tan obviamente en una dura lucha con las antiguas fuerzas que no podía absolverse de tener ella misma el carácter de "fuerza coercitiva"»[1].

Pero la perspectiva de un Estado del bienestar social democratizado sólo podía contemplarse bajo el signo de la unión, no de la división. ¿Cómo podía alcanzarse el consenso para dicho Estado en una sociedad tan desigual? Habermas acababa sugiriendo que la posibilidad de un acuerdo armonioso radicaba en dos evoluciones. Por una parte, la aparición de la abundancia general hacía que no fuese «irrealista suponer que la continua y creciente pluralidad de intereses pueda perder el sesgo antagonista de las necesidades opuestas hasta el punto de que la posibilidad de satisfacción mutua sea alcanzable». Por otro, los peligros del aniquilamiento nuclear eran «tan totales que, en relación con ellos, los intereses divergentes pueden relativizarse sin dificultad»[2]. El final de la escasez y los riesgos de la autodestrucción ofrecían la oportunidad de una humanidad unida, sin necesidad de las luchas divisivas del pasado.

Transcurridas dos décadas, Habermas había dejado de creer en la posibilidad de alcanzar una sociedad autogobernada como la que preveía en *Strukturwandel der Öffentlichkeit*. Pero había llegado a la conclusión de que esto no suponía una pérdida. Parsons era mejor guía para la modernidad que Marx: los sistemas impersonales del mercado y de la administración burocrática eran imperativos funcionales de una sociedad racional, inherentemente resistentes al control popular. Aunque eso no significaba una disminución de las perspectivas de libertad o razón; por el contrario, abría el camino a una base más sensata para las mismas. *Theorie des kommunicakiven Handelns* (1981) [*Teoría de la acción comunicativa* (1984)], en la que Habermas trataba directamente de la *Dialéctica de la Ilustración* de Horkheimer y Adorno, sostenía que la razón instrumental que necesariamente regía los ámbitos del di-

---

[1] J. Habermas, *Strukturwandel der Öffentilichkeit*, Neuwied, edición de 1968, p. 94 [*The Structural Transformation of the Public Sphere*, Cambridge (MA), 1991, p. 82]: «Fuerza coercitiva» es *Gewalt*, violencia, en el original.

[2] J. Habermas, *Strukturwandel der Öffentlichkeit*, cit., pp. 254-255 [*Structural Transformation of the Public Sphere*, cit., pp. 234-235].

nero y del poder, el espacio adecuado de la teoría de sistemas, podía y debía mantenerse bajo control mediante una razón comunicativa derivada del mundo de la vida que había tras ellos, en el que la acción –en las familias, los colegios, las asociaciones voluntarias, las empresas culturales y demás– no se orientaba hacia el éxito material, sino hacia la comprensión mutua.

A medida que la modernización capitalista avanzaba aún más en las condiciones contemporáneas, existía el peligro de que los sistemas colonizasen el mundo de la vida: de que las presiones económicas o tecnocráticas invadiesen las formas naturales de intimidad o sociabilidad, y las retorcieran hasta distorsionarlas. Pero la resistencia a dicha extralimitación tendía a surgir espontáneamente dentro del propio mundo de la vida, porque los movimientos sociales y las iniciativas ciudadanas –pacifistas, feministas, ecologistas o de otro tipo– protestaban contra tales incursiones. El campo en el que se libraban estas batallas era la esfera pública, intermedia entre las dos zonas constitutivas de la sociedad moderna. El mundo de la vida no podía esperar someter los sistemas a su propia lógica: históricamente, cualquier intento –la idea de democracia de los productores o de cualquier otro tipo de democracia directa– conduciría a una regresión nefasta. Pero sus impulsos eran capaces de influir indirectamente en el mundo del capital y en el gobierno, en forma de opinión pública que llevada al límite podría sitiar las fortalezas del dinero y del poder, aunque nunca lograse capturarlas.

Diez años después, revisando *Strukturwandel der Öffentlichkeit*, Habermas explicaba que si dicha obra había sido demasiado optimista acerca de las posibilidades de la democracia de masas, también había sido demasiado pesimista respecto a los medios, cuya función era mucho más compleja de lo que él había admitido, y a menudo podía ser claramente positiva. El autor se mostraba más confiado respecto a la vitalidad contemporánea de la esfera pública y menos desafiante de lo que había sido[3]. Lo que

---

[3] J. Habermas, «Further Reflections on the Public Sphere», en C. Calhoun (ed.), *Habermas and the Public Sphere*, Cambridge (MA), 1992, pp. 438 y 456-457.

quería decir con esto se comprende mejor en el libro publicado unos meses después, que sigue siendo la principal expresión de su filosofía política hasta la fecha. *Faktizität und Geltung [Facticidad y validez]* es un homenaje a la función del derecho como medio en el que la fuerza comunicativa se convierte en poder administrativo, liberando a los actores del mundo de la vida de las cargas de la integración social y transfiriéndolas a un sistema autodirigido. Las normas jurídicas, explica Habermas, poseen a un tiempo facticidad y validez. Basándose en la coerción y en la libertad, forman un conjunto de restricciones que debe obedecerse para evitar sanciones, pero cuya autoridad se basa en algo más que el temor a la retribución. Las fuentes del derecho radican en las solidaridades sociales del mundo de la vida, cuya comunicación no forzada confiere a sus normas una legitimidad mayor que la mera legalidad. Así potenciado, el derecho no sólo puede entonces reconstruir instituciones del propio mundo de la vida tales como la familia o la escuela, sino además –y esto es más importante– crear los decisivos sistemas de modernidad nuevos: mercados, empresas, burocracias.

¿Qué garantiza que dicha conversión de estos resortes del mundo de la vida en dictados de los sistemas sea de hecho legítima? La respuesta de Habermas es que esto se hace comprensible en cuanto entendemos correctamente la democracia como el flujo necesario de discurso libre hacia el consenso. Así concebido, hay una relación interna entre el imperio de la ley y la democracia: los derechos privados y las autonomías públicas –digamos, la libertad de expresión y el voto– son cooriginales, en lugar de estar ordenados por rango o secuenciados, como en otras teorías habituales. La validez, distinta de la facticidad, del derecho deriva de los procedimientos nacidos de esta conexión. No es posible ningún sujeto colectivo que autorice la legislación como Rousseau o Jefferson habían previsto en otro tiempo. Por el contrario, el proceso democrático que subyace al derecho moderno es un flujo de «comunicación sin sujetos» en una sociedad inevitablemente descentralizada. Pero como tal, está modelado de acuerdo con las reivindicaciones de verdad incluidas en las condiciones del propio discurso, que debe buscar un acuerdo ilimitado. Los ciudadanos que se comunican libremente alcanzarán un consenso capaz de generar leyes universalmente vinculantes.

Habermas es consciente de que dicha visión dista mucho de la tradición duradera y distinguida, desde Hobbes hasta Weber, Schmitt y otros, que, de manera realista, considera las leyes como codificación del poder, no como fraternidad, y que no encuentra su origen en la razón, sino en la voluntad, por usar los términos de *Strukturwandel der Öffentlichkeit*. Pero no se detiene más en la negación que ellos hacen de las suposiciones por él planteadas que en la teoría positivista del derecho producida por juristas tan grandes como Kelsen o Hart; y aún menos en el escepticismo de los estudios jurídicos críticos contemporáneos. Porque tales alternativas no captan que la legitimidad es inseparable de la verdadera legalidad, que no puede por lo tanto reducirse a las contingencias de una orden soberana o de una *Grundnorm* inapelable, o de las sentencias judiciales partidistas. En este aspecto, el Habermas de *Faktizität und Geltung*, como el Rawls de los últimos tiempos, habita un mundo mental en el que prácticamente los únicos interlocutores significativos son sus colegas o los alumnos suficientemente cercanos como para no trastornar ninguna de las premisas básicas del libro.

No mantiene la misma posición acerca de la democracia. A este respecto, a Habermas le interesa más contrastar su teoría con los dos rivales en la interpretación moderna de su estructura: el liberalismo, que considera las libertades negativas del individuo como el cimiento de cualquier orden democrático, y el republicanismo, que ve la participación activa en la vida pública del ciudadano como el criterio de cualquier democracia verdadera. *Faktizität und Geltung* se sitúa entre los dos. El análisis de la democracia desde el punto de vista de la teoría del discurso, explica Habermas, es más convincente que el modelo liberal de aquélla, dado que insiste en que las libertades positivas –el derecho a votar y sus concomitantes– no son elementos secundarios a las libertades negativas, sino que se mantienen en un plano equiprimordial con ellas. Pero es más débil que el modelo republicano de la democracia, porque no exige de sus ciudadanos la

175

virtù clásica, y ha abandonado la idea de que la voluntad deliberada de éstos podría modelar la vida de la ciudad.

La soberanía popular ya no puede concebirse como autodeterminación colectiva: su contenido se agota por competencia entre las partes en un sistema parlamentario, y la autonomía de las esferas públicas. ¿Dónde quedan éstas, cuya decadencia Habermas lamentaba en otro tiempo? Conforme al carácter afirmativo de su nuevo modo de ver la democracia occidental, al menos formalmente en mejor disposición de ánimo. La imagen que se ofrece en *Teoría de la acción comunicativa*, de los ciudadanos desplegados en la esfera pública sitiando la fortaleza de la Administración –saludablemente– inexpugnable, explica ahora Habermas, era demasiado derrotista. La democracia moderna debería, por el contrario, contemplarse como un complejo fundamental de instituciones parlamentarias, judiciales y burocráticas, y una periferia de solidaridades sociales en el mundo de la vida, cuyos impulsos fluyen hacia el centro a través de las «esclusas» situadas en la entrada de la esfera pública, irrigándola con normas o propuestas innovadoras, capaces de reformar –en cierta medida, quizá incluso democratizar– a la propia Administración. Por lo tanto, concluye Habermas, es equivocado pensar que, dado que debe concebirse como «comunicación sin sujeto» y no como agencia autogobernada, la soberanía popular pierde todo su potencial radical. Pero si el triunfo de Occidente en la Guerra Fría ha echado por tierra los peligrosos espejismos de un sujeto colectivo, los vencedores se han mostrado por el momento temerosos de ampliar el alcance del «nivel más elevado de intersubjetividad» en el que está anclado el sistema jurídico de las democracias. *Faktizität und Geltung* muestra por qué podrían tener más coraje.

¿Cómo debería entenderse esta extensa construcción teórica? El primer rasgo, y más obvio, que separa la consideración más reciente que Habermas otorga al derecho de su estudio original de la esfera pública es que utiliza un método completamente ahistórico. Mientras que *Strukturwandel der Öffentlichkeit* sigue cuidadosamente la aparición de los distintos elementos constitutivos de su objeto a través del tiempo y, en cierta medida, también a través del espacio –tocando sus trayectorias específicas en In glaterra, Francia y Alemania–, *Faktizität und Geltung* no sólo hace escasa referencia a la génesis real, y mucho menos a la variación, de los modernos sistemas jurídicos, sino que se construye sobre un postulado contradicho por cualquier mínima ojeada a la historia del derecho constitucional. En ningún país, fueron las libertades públicas y los derechos públicos cooriginales. Habermas es consciente de ello y, en cierto punto, señala brevemente el análisis que Marshall hace de la aparición sucesiva de los derechos civiles, políticos y sociales, tachándolo correctamente de excesivamente lineal, observando incluso que un Estado constitucional podía conceder los primeros y los terceros, y denegar los segundos[4]. Pero el reconocimiento es puramente parentético, sin incidencia en la estructura de su teoría, que avanza imperturbable para insistir en la indisolubilidad filosófica de lo que, indefectiblemente, la historia ha secuenciado y separado. Savigny o Dicey, Guizot o Bismarck, bien podrían no haber existido. «Desde el punto de vista normativo», se nos asegura de manera insulsa, «no existe un Estado constitucional sin democracia»[5]. Y éstos son todos los datos sobre el tema. La idea de «cooriginalidad» no pertenece ni a las ciencias políticas ni a la jurisprudencia, sino a una familia antropológica: el mito de los orígenes.

Si de la arquitectura de *Faktizität und Geltung* se elimina la historia, no se puede decir exactamente lo mismo, al menos del mismo modo, de la sociología, porque Habermas nos indica que «el contenido idealista de las teorías normativas» sobre la democracia y el derecho «se ha evaporado bajo el sol de las ciencias sociales»[6].

---

[4] La mejor explicación de las variaciones de la secuencia la ofrece M. Mann, «Ruling Class Strategies and Citizenship», en *States, War and Capitalism*, Oxford, 1988, pp. 188-209.

[5] «Normativ gesehen, gibt es keinen Rechtsstaat ohne Demokratie». Esta afirmación proviene de J. Habermas, *Die Einbeziehung des Anderen*, Fráncfort, 1996, p. 251; en inglés, *The Inclusión of the Other*, Cambridge (MA), 1998, p. 215 [ed. cast.: *La inclusión del otro. Estudios de teoría política*, Barcelona, Paidós, 1994].

[6] J. Habermas, *Faktizität und Geltung*, Fráncfort, 1992, p. 399; en inglés, *Between Facts and Norms*, Cambridge (MA), 1996, p. 329 [ed. cast.: *Facticidad y validez*, Madrid, Editorial Trotta, 1998]. El propio Habermas revisó y adaptó la traducción al inglés.

Esto, sin embargo, no es simple «resultado de la sobria evidencia», sino por el contrario del «folclore empírico» y de «estrategias conceptuales equivocadas». El objetivo de su intervención se dirige sobre todo contra «un falso realismo que subestima el impacto empírico de las presuposiciones normativas de las prácticas jurídicas existentes»[7]. Así, aunque decidido a repeler lo que él denomina el «debilitamiento sociológico» de la autoridad normativa del derecho, también desea demostrar que la sociología de las democracias realmente existentes, propiamente entendida, ilustra más que contradice sus reivindicaciones de dicha autoridad.

Para hacerlo, debe poder demostrar que, a su manera, los códigos jurídicos existentes transmiten a las regulaciones del Estado moderno el flujo de comunicación no distorsionado entre iguales en el mundo de la vida: en otras palabras, que no reflejan bien la distribución de intereses desiguales en la sociedad en general. Para alcanzar este resultado, Habermas necesitaría un análisis de las democracias contemporáneas superior incluso a su capacidad de idealización. Lo soluciona sublimando el problema. No es la división social entre clases, sino la división técnica del trabajo en la producción y difusión de conocimientos, y la selectividad (necesaria) de los medios de comunicación, lo que inevitablemente provoca «asimetrías en la disponibilidad de la información, es decir, oportunidades desiguales para acceder a la generación, la validación, el modelado y la presentación de mensajes». Pero éstos son «momentos de inercia *inevitables*», porque «incluso bajo condiciones favorables, ninguna sociedad compleja podría jamás corresponderse con el modelo de relaciones puramente comunicativas»[8].

¿Cómo emerge entonces, de hecho, la legislación que prescribe las normas aplicadas por los tribunales? Tras exponer de nuevo la visión de los flujos de comunicación ilimitados, conducidos

---

[7] J. Habermas, *Faktizität und Geltung*, cit., pp. 400 y 11 [*Between Facts and Norms*, cit., pp. 330 y xl]. El gesto despectivo de «a la luz del folclore empírico» no aparece en el alemán.

[8] *Ibidem*, p. 396 [pp. 325-326 en la versión inglesa]. En cursiva en el original.

sólo por la corriente del mejor argumento, que atraviesan las esclusas de la esfera pública para informar el conocimiento de los
legisladores, Habermas añade de pasada: «Con seguridad, la actividad normal de la política, al menos tal como se efectúa ordina-
riamente en las democracias occidentales, no puede satisfacer esas
duras condiciones»[9]. En la práctica, «las soluciones intermedias
componen el grueso de los procedimientos de decisión política»,
y son el resultado de la negociación entre intereses opuestos, no
del discurso intersubjetivo[10]. Habermas señala que dicha negociación «puede basarse en el poder y en las amenazas mutuas» –es
decir, la antítesis de todo aquello en lo que descansa su teoría de
la democracia–, pero no se deja amilanar. En situaciones «en las
que las relaciones sociales de poder no pueden neutralizarse del
modo que el discurso racional presupone», el principio del discurso puede, no obstante, «regular la negociación desde el punto
de vista de la equidad», garantizando que exista «una distribución
igual de la capacidad de negociación entre las partes»[11]. En otras
palabras, con independencia de lo desigual que pueda ser el equilibrio de poder entre –pongamos, por usar términos que casi nunca se encuentran en *Faktizität und Geltung*– capital y trabajo, el
resultado jurídico de un proceso de negociación entre ellos será
«justo», siempre que se les dé igual oportunidad de hablar entre
sí. Con este movimiento de la varita mágica, la desigualdad se
convierte después de todo en algo parecido a la igualdad.

Pero incluso con tal ejercicio de prestidigitación, ¿qué garantiza que las leyes surgidas de esas negociaciones particularistas
tengan una influencia normativa general? Habermas ofrece dos
respuestas, ambas igualmente contradictorias. Por una parte, son
producto del dominio de la mayoría, que «retiene una relación
interna con la verdad», porque las mayorías pueden cambiar, y
sus decisiones son revocables mediante un nuevo debate racional,
u otras coaliciones de interés[12]. Pero esto no resulta un obstáculo

---

[9] *Ibidem*, p. 432 [p. 356].
[10] *Ibidem*, p. 344 [p. 282].
[11] *Ibidem*, pp. 204-205 [p. 166].
[12] *Ibidem*, pp. 200-221 [pp. 179-180].

a la erosión que provocan en los principios de cualquier consenso representativo. «Las decisiones mayoritarias formalmente correctas», comenta Habermas en otra parte, «que meramente reflejan la situación de las ansiedades en cuanto al estatus y los reflejos de autoafirmación de una clase media amenazada por las perspectivas de decadencia social, debilitan la legitimidad de los procedimientos y de las instituciones del Estado democrático»[13].

El adverbio y el adjetivo del comienzo ponen inadvertidamente de manifiesto la vacuidad de una teoría del derecho puramente procedimental, como Habermas denomina a la suya. De hecho, en cierto momento, el autor se ve obligado a admitir, en *Faktizität und Geltung*, sin detenerse en ello, que «a menudo, la ley proporciona a un poder ilegítimo una mera apariencia de legitimidad»[14]. ¿Qué distingue entonces a la ley legítima de la ilegítima? La respuesta cambia por completo de registro. «Un orden jurídico sólo puede ser legítimo –escribe– si no contradice los principios morales básicos»[15]. ¿Cuáles son dichos principios? La respuesta de Habermas es radical. «Con las cuestiones morales, la humanidad o una presupuesta república mundial de ciudadanos constituye el sistema de referencia para justificar normativas que se basan en el interés igual de todos»[16]. Pero bajo inspección, el criterio moral para la legitimidad de la ley demuestra ser tan vacuo como el procedimental. Porque, ¿qué legislación se basa «en el interés igual» de todos los habitantes de un planeta inimaginablemente desigual? Si esta vara de medir se aplicara para juzgar los libros de derecho del mundo occidental, no quedaría nada de ellos.

La relación interna que *Faktizität und Geltung* intenta establecer entre el imperio de la ley y la democracia extiende lógicamente las fragilidades de su teoría de aquél a su modelo de ésta. Las sociedades modernas, insiste Habermas, están compuestas por el sistema del dinero, el sistema del poder, ambos autodirigi-

---

[13] J. Habermas, *Die Einbeziehung des Anderen*, cit., p. 149 [*The Inclusion of the Other*, p. 123].

[14] J. Habermas, *Faktizität und Geltung*, cit., p. 59 [*Between Facts and Norms*, p. 40].

[15] *Ibidem*, p. 137 [p. 106].

[16] *Ibidem*, p. 139 [p. 108].

dos, y la solidaridad social del mundo de la vida. ¿Cómo debería concebirse la relación entre los tres? En «Further Reflections on the Public Sphere», Habermas había advertido de nuevo sobre los peligros de una colonización del mundo de la vida por los sistemas, y hablaba de la necesidad de establecer un nuevo equilibrio entre ellos en el que «la fuerza de la solidaridad pueda prevalecer sobre la fuerza de los otros dos recursos de control, es decir, el dinero y el poder administrativo, y con ello asegurar con éxito las exigencias prácticas del mundo de la vida»[17]. Cuatro años después, esto se había convertido sencillamente en «un equilibrio aceptable entre el dinero, el poder y la solidaridad»; y, poco después, lo máximo que se podía concebir era que «la solidaridad social pueda adquirir suficiente fuerza como para defenderse de las otras dos fuerzas sociales: el dinero y el poder administrativo»[18]. A pesar de la vaguedad de todas estas formulaciones, la declinación de «prevalecer» al «equilibrio aceptable» y a «defenderse» traza una curva.

Faktizität und Geltung ha dejado de hablar de la colonización del mundo de la vida, de cuyos recursos se dice ahora que se reabastecen espontáneamente[19]. Y no usa metáforas de equilibrio para representar las relaciones entre el poder comunicativo y el instrumental. Los órdenes impersonales del dinero y del poder siguen siendo sistemas autodirigidos, el ámbito del discurso se sitúa a distancia de ellos. Pero ahora las relaciones entre ellos se representan en otras figuras, a un tiempo espaciales y temporales. Los sistemas constituyen el complejo central de la modernidad, del que el mundo de la vida se convierte en periferia. Entre ambos se sitúan las esclusas y los canales de la esfera pública. La jerarquía de importancia implicada en esta topografía apenas necesita señalarse. Dentro de la propia esfera pública, el papel de

---

[17] J. Habermas, «Further Reflections on the Public Sphere», cit., p. 444.
[18] J. Habermas, *Die Normalität einer Berliner Republik*, Fráncfort, 1995, p. 97 [ed. ingl.: *A Berlin Republic. Writings on Germany*, Lincoln, 1997, p. 92]; J. Habermas, *Die Einbeziehung des Anderen*, cit., p. 289 («behaupten können») [*The Inclusion of the Other*, cit., p. 249].
[19] J. Habermas, *Die Einbeziehung des Anderen*, cit., p. 292 [*The Inclusión of the Other*, cit., p. 252].

una ciudadanía activa ha caído precipitadamente desde su nacimiento en los primeros capítulos del retrato que Habermas hace de la Ilustración. Hoy, comenta él, las asociaciones y los movimientos espontáneos que componen la sociedad civil

> no representan el elemento más conspicuo de una esfera pública dominada por los medios de comunicación de masas y los grandes organismos, observados por la investigación del mercado y las encuestas de opinión, e inundados por el trabajo de las relaciones públicas, la propaganda política y la publicidad de partidos y grupos políticos[20].

¿Qué impacto puede tener sobre el funcionamiento del gobierno, y mucho menos del mercado, una zona de comunicación no distorsionada? Habermas la define en términos temporales. En el centro, la actividad normal de la política (no analiza la de la empresa propiamente dicha) se desarrolla en gran medida sin verse afectada por los remolinos de la periferia. Pero «*en ciertas circunstancias*, la sociedad civil puede adquirir influencia en la esfera pública, tener un efecto en el complejo parlamentario (y en los tribunales) a través de sus propias opiniones públicas, y animar al sistema político a cambiar la circulación oficial del poder»[21]; es decir, lo que se supone que es una representación democrática de la voluntad de la ciudadanía. La cursiva indica lo inusuales y precarios que son dichos episodios. Lo que los desencadena son las emergencias excepcionales. «En una situación considerada de crisis, los *actores de la sociedad civil* hasta entonces olvidados en nuestro escenario *pueden* asumir una función sorprendentemente activa y trascendental»[22].

---

[20] J. Habermas, *Faktizität und Geltung*, cit., p. 444 [Between Facts and Norms, cit., p. 367].

[21] *Ibidem*, p. 451 [p. 37]. Cursiva en el original.

[22] *Ibidem*, p. 460 [p. 380]. Cursiva en el original. Habermas cita la carrera de armamento nuclear, la ingeniería genética, las amenazas ecológicas, la pobreza en el Tercer Mundo, el feminismo y el multiculturalismo como temas que provocan una «conciencia de crisis» que ha permitido a la sociedad civil hacer oír su voz.

Dejando a un lado el grado de éxito empírico que los movimientos en torno a dichos asuntos han tenido en el cambio real de un orden de cosas dado, el argumento estructural está claro: los estallidos de solidaridad en el mundo de la vida son la excepción, no la norma. Son «un modo extraordinario de resolución de problemas» que, como los raptos espasmódicos de conciencia o temor de los que dependen, sólo puede ser esporádico y debe ceder si colisiona demasiado frontalmente con el sistema de toma de decisiones ordinario. «Cuando los conflictos se vuelven tan intensos, el legislador político tiene la última palabra», porque, confiesa Habermas, «los discursos no gobiernan»[23]. En la práctica, por lo tanto, la función de la razón comunicativa que se sostiene que subraya e informa todo el orden político-jurídico de las democracias contemporáneas es periférica y excepcional en ellas. Involuntariamente, el propio Habermas ofrece la imagen apropiada de cómo funciona en realidad el sistema. Antes, había hablado, usando el lenguaje de la vigilancia electrónica y de las empresas de seguridad privadas, de los «sensores» necesarios para proteger el mundo de la vida de las incursiones del dinero y de la Administración. *Faktizität und Geltung*, al explicar cómo pueden en ocasiones los esfuerzos conjuntos de los ciudadanos afectar a los cálculos de quienes los gobiernan, se basa en otra metáfora. «Los actores que están en el escenario deben su influencia a la aprobación de los que están en las gradas»[24]. Exactamente: estamos sentados en la política del espectáculo.

¿Cómo aprecia el propio Habermas la actuación? El propósito de su anterior modelo del asedio otorgado a la función de la razón comunicativa, ha explicado, era oponerse a la idea clásica de revolución: de que era posible conquistar el Estado, no bordearlo. Sólo es practicable y moral una senda de cambio gradual y reformista[25]. Pero el cambio es, de hecho, necesario: la inten-

---

[23] *Ibidem*, p. 433 [p. 357]; J. Habermas, «Further Reflections on the Public Sphere», cit., p. 452.

[24] J. Habermas, *Faktizität und Geltung*, cit., pp. 461-462 [*Between Facts and Norms*, cit., p. 382].

[25] J. Habermas, *Die Normalität einer Berliner Republik*, cit., p. 139 [*A Berlin Republik. Writings on Germany*, cit., p. 135], donde Habermas tam-

ción de su teoría procedimental del derecho es «domar al sistema capitalista»[26]. No cabe duda de la sinceridad de la afirmación de Habermas sobre la necesidad de poner las riendas al capitalismo, en cuanto ciudadano. Pero su filosofía no aporta prácticamente nada que le dé contenido. El resultado es la incoherencia. La conclusión de la teoría del discurso no es meramente formal, insiste él. Pero, al mismo tiempo, declara que «este paradigma del derecho, al contrario que los modelos liberal y del bienestar social, ya no favorece a un ideal de sociedad determinado, a una visión determinada de la buena vida, ni siquiera a una opción política determinada»[27]. Por lo tanto, no se aportan propuestas específicas y ello no se hace, en parte, porque *Faktizität und Geltung* insinúa que los cambios necesarios ya están en marcha[28]. Lo que la teoría de Habermas ofrece es «proporcionar una cierta coherencia a los esfuerzos de reforma que ya se están debatiendo o ya están en camino», porque en la práctica «la *realización* controvertida de los principios constitucionales universalistas se ha convertido en un proceso permanente que ya está en camino en la legislación ordinaria»[29].

Sin embargo, esta visión afirmativa, que, a todos los efectos, parece suscribir que las disposiciones establecidas son *en bloc* inherentemente automejorables, nunca llega a ser estabilizada por la teoría del discurso de la democracia. Siempre está ensombrecida y perturbada por observaciones más críticas, sin que las dos lleguen nunca a confrontarse. Habermas también puede escribir, invocando aun los mismos principios en registro antitético, que «las crecientes desigualdades de poder económico, riqueza y con-

---

bién explica por qué ahora rechaza el modelo de «sitio» a favor de un modelo «esclusa» del poder comunicativo; *Faktizität und Geltung*, cit., p. 79 [*Between Facts and Norms*, cit., p. 57].

[26] J. Habermas., *Faktizität und Geltung*, cit., p. 494 [*Between Facts and Norms*, cit., p. 410].

[27] *Ibidem*, p. 536 [p. 445].

[28] «La puesta en marcha de principios elevados exige imaginación institucional. Yo no me ocupo de eso», J. Habermas, *Die Normalität einer Berliner Republik*, cit., p. 81 [*A Berlin Republic. Writings on Germany*, cit., p. 76].

[29] J. Habermas, *Faktizität und Geltung*, cit., pp. 535 y 629 [*Between Facts und Norms*, cit., pp. 444 y 489]. Cursiva en el original.

diciones de vida han ido destruyendo cada vez más las precondiciones de hecho para disponer de una oportunidad igual de hacer uso efectivo de poderes legales desigualmente distribuidos»[30]. No es la reforma, sino la reacción la que establece el ritmo, anulando los derechos mismos en los que se basa la propia teoría procedimental del derecho. La incompatibilidad entre ambos polos de la retórica de Habermas se acentúa por la aguda divergencia en perspectivas de reforma tales como las que él cautelosamente menciona. Porque los sistemas autodirigidos no lo son en igual medida ante el mundo de la vida. Habermas puede concebir cierta racionalización de la Administración que la haría más democrática. Pero esto está excluido respecto al mercado. «El poder puede democratizarse; el dinero no»[31].

La sentencia dice mucho de sus referentes. Una de las anomalías más sorprendentes en la arquitectura de la teoría social de Habermas, establecida en *Teoría de la acción comunicativa* y transferida sin modificaciones a *Faktizität und Geltung*, es la eliminación tácita de las instituciones de representación política. En la tríada –poder: dinero: solidaridad–, el primero sólo denota a la Administración, es decir, la maquinaria burocrática del Estado. Tiene que hacerlo, porque describir a la maquinaria electiva del Estado como un sistema autodirigido destruiría las credenciales de la propia democracia que Habermas intenta defender e ilustrar. La soberanía popular, en la medida en que existe, se alberga primero y ante todo en estos mecanismos de representación. Pero un efecto paradójico de las abstracciones de Habermas es que las priva de poder, un término que él reserva para la autoridad impersonal de la Administración pública, ajena a cualquier ejercicio de la voluntad popular. Las concesiones ocasionales al efecto de que los organismos burocráticos pueden estar abiertos a cierta democratización «interna» podrían interpretarse como

---

[30] J. Habermas, *Die Einbeziehung des Anderen*, cit., p. 302 [*The Inclusion of the Other*, cit., p. 261].

[31] J. Habermas, *Die postnationale Konstellation*, Fráncfort, 1998, p. 119 [*The Postnational Constellation*, Cambridge (MA), 2001, p. 78]: la traducción omite un «beispielsweise» limitador de la primera frase [ed. cast.: *La constelación posnacional. Ensayos políticos*, Barcelona, 2000].

un signo de incomodidad con la lógica de su esquema; un sustituto para lo que dicho esquema omite. Las instituciones repre-
sentativas del gobierno moderno son un objeto de reforma política mucho más obvio, pero dado que no encajan en la dicotomía
entre los sistemas y el mundo de la vida, no se les concede ni siquiera esta módica posibilidad de alteración.

Más reveladora es aun, por supuesto, la inmunidad a la voluntad popular que el sistema de Habermas concede al mercado. El
dinero no puede democratizarse. Para bien o para mal –principalmente para bien–, una economía capitalista autodirigida es
una de las condiciones fundamentales de la modernidad, y no
puede ser reclamada por las fuerzas de la solidaridad social ni
siquiera en la medida en que pueda serlo la Administración pública. La democracia económica se descarta, de hecho, por considerarla una contradicción de términos. Pero, si el capital es
estructuralmente intocable, ¿qué remedio hay para las crecientes
desigualdades económicas que debilitan, en los momentos más
lúcidos de Habermas, incluso el ejercicio de los derechos jurídicos? El objetivo de su teoría del derecho era domar al capitalismo, pero poco después, él mismo escribía que «la fórmula este-
reotipada y curalotodo que exige la "doma" social y ecológica
del capitalismo la aceptan todos los bandos»[32]. Si es así, ¿valía la
pena dedicar quinientas páginas a una perogrullada incapaz de
controlar su vuelta al salvajismo?

Habermas considera que su teoría de la democracia contemporánea es más empírica y crítica que la de Rawls.

> Una evaluación escéptica de las actuales condiciones del mun-
> do es el telón de fondo de mis reflexiones. Por eso, mi camino
> puede distinguirse de concepciones puramente normativas como
> la teoría de la justicia de John Rawls, admirable como ésta es en sí
> misma[33].

---

[32] J. Habermas, *The Past as Future*, Lincoln, 1994, p. 158, cuyo epílogo
es una ampliación de *Vergangenheit als Zukunft*, Zúrich, 1990.

[33] J. Habermas, *Die normalität einer Berliner Republik*, cit., p. 136 [*A
Berlin Republic. Writings on Germany*, cit. p. 132].

En su opinión, *Political liberalism* no repara verdaderamente esta limitación, porque adolece de lo contrario. La idea de consenso superpuesto es una base demasiado débil y contingente para fundamentar la estructura normativa de la democracia constitucional, que descansa por el contrario en la lógica universal de la razón comunicativa inserta en el lenguaje. De igual modo, la excesiva atención de Rawls a la estabilización política de un orden constitucional olvida que «las ascuas de la democracia liberal» pueden reencenderse periódicamente para hacer avanzar como proyecto a dicho orden constitucional, en lugar de simplemente recibirlo como herencia[34]. El resultado es el de minimizar la autonomía pública a expensas de la privada dentro del complejo de libertades, de acuerdo con la prioridad dada a ésta sobre aquélla en el plan de principios de la justicia ofrecido por Rawls. En ese sentido, Habermas concluye que, en sus respectivas concepciones de la democracia, Rawls es un liberal, mientras que él es republicano, aunque kantiano.

Rawls, por el contrario, deja claro que considera la teoría de Habermas menos aguda que la suya. Jefferson se equivocaba al pensar que cada generación debería ser igualmente constituyente; una constitución justa no tenía necesidad de reinvención, sino simplemente de ejecución. Las libertades positivas y las negativas son de hecho interdependientes y de igual prestigio, pero es un espejismo pensar que por eso no puede haber conflicto entre ellas. La teoría procedimental del derecho planteada por Habermas es menos pura de lo que él la presentaba. Pero al tomar la legitimidad como su principio normativo, es sustancialmente más débil que la teoría de la justicia entendida como instrumento de crítica política, porque la legitimidad puede ser de todo tipo, tanto dinástica como democrática. En cualquier caso, no dice si un soberano gobierna bien, algo que sí puede hacer la justicia. Rawls recuerda «asuntos urgentes» en Estados Unidos tales como «el grave desequilibrio de las libertades políticas justas» causado por la financiación privada de las campañas electo-

---

[34] J. Habermas, *Die Einbeziehung des Anderen*, cit., p. 90 [*The Inclusión of the Other*, cit., pp. 69-70].

rales, las «amplias disparidades de renta y riqueza» que menoscaban la igualdad de oportunidades en educación y empleo, la falta de atención sanitaria universal, cuestiones que su teoría de la democracia puede, y de hecho consigue, tener en cuenta y la de Habermas no[35].

Los reproches mutuos son suaves, y se mantienen dentro de los límites de una discusión familiar, como dice Habermas. El parentesco entre los trabajos recientes de ambos pensadores deriva de una equivocación común, más marcada e insistente en *Faktizität und Geltung* que en *Political liberalism*. ¿En qué categoría se encuentra la teoría del discurso de Habermas? Ofrece, dice él al principio, una reconstrucción del derecho y la democracia que puede «proporcionar un criterio crítico con el cual pudieran contrastarse las prácticas reales, la realidad opaca y desconcertante del Estado constitucional»[36]. ¿Cómo lo consigue? Al tomar como premisa «la idea de que la autointerpretación contrafáctica de la democracia constitucional encuentra expresión en idealizaciones inevitables, pero eficaces de hecho que se presuponen por las prácticas pertinentes»[37]. Se deduce que no hay

oposición entre lo ideal y lo real, porque el contenido normativo que inicialmente expongo con fines reconstructivos se inscribe parcialmente en la facticidad social de los procesos políticos observables. Una sociología reconstructiva de la democracia debe, por lo tanto, escoger sus conceptos básicos de tal modo que pueda identificar partículas y fragmentos de una «razón existente» ya incorporada a las prácticas políticas, por muy distorsionadas que éstas puedan estar[38].

En tales declaraciones, radica la estrategia central de *Faktizität und Geltung*. Lo que analizan es el movimiento continuo de

---

[35] J. Rawls, «Reply to Habermas», en la edición rústica de *Political Liberalism*, Nueva York, 1996, pp. 408, 403, 419, 427-428 y 407.

[36] J. Habermas, *Faktizität und Geltung*, cit., p. 20 [*Between Facts and Norms*, cit., p. 5].

[37] J. Habermas, «Epílogo» (1994) a *Between Facts and Norms*, cit., p. 462.

[38] J. Habermas, *Faktizität und Geltung*, cit., p. 349 [*Between Facts and Norms*, cit., p. 287].

una pelota teórica, desde lo optativo a lo indicativo y vuelta al comienzo, que nunca cae a tierra en ninguno de los extremos. Si se acusa a la explicación de la ley y la democracia dada por Habermas de abstraerse fundamentalmente de las realidades empíricas de un orden político en el que la formación de una voluntad popular es en el mejor de los casos caprichosa o un vestigio, puede referirse a su vocación contrafáctica. Si se la acusa de no especificar en absoluto una alternativa deseable, puede referirse al valor de lo ya existente, en un lecho de comunicación que sólo necesita cumplirse. El resultado es una teoría que no responde ni a la responsabilidad de una descripción precisa del mundo real, ni a las propuestas críticas de uno mejor. Opera, por el contrario, en una tierra de nadie entre ambas, en una imitación involuntaria del título del libro en inglés: no el derecho como mediación, sino la filosofía como *passe-passe* entre hechos y normas. ¿Cuáles son las verdaderas críticas al asunto del orden social que ofrece desde el «criterio crítico»? ¿Dónde se debe buscar exactamente la «eficacia» de las idealizaciones que distingue en las prácticas existentes, y por qué son éstas «inevitables»? ¿Cuánto hay de «parcial» en la inscripción de las normas en conductas observables, y cuánto de «distorsionado»? ¿A qué proporción de realidad equivalen las «partículas y los fragmentos» de la razón? Tales cuestiones quedan fuera de la competencia de la teoría, que está diseñada para eludirlas. Su efecto es exculpatorio. Nuestras sociedades son mejores de lo que sabemos.

2004

CAPÍTULO VI

El trazado de valores: Norberto Bobbio

La intervención de Norberto Bobbio acerca de la derecha y la izquierda marca un momento significativo en la larga y distinguida carrera del autor como pensador político. Publicado durante la campaña electoral italiana de 1994, *Destra e sinistra* es uno de los escritos de más actualidad y más personales, cuyo éxito popular en Italia no resulta difícil de entender[1]. La aclamación a su claridad, elegancia y sentimiento está justificada. El texto, sin embargo, es más complejo y menos concluyente de lo que pudiera parecer. ¿Cuáles son sus tesis?

Bobbio parte de la creciente frecuencia con la que las ideas de «derecha» e «izquierda» se rechazan en el debate político de hoy, a pesar, señala, de su uso continuo e incluso acentuado en el enfrentamiento electoral. ¿Por qué, pregunta, ahora se repudia tan a menudo la oposición tradicional entre derecha e izquierda? Hay en la actualidad tres modos de contestar tal dicotomía, sugiere. El primero es relativizar el dúo, insistiendo en la existencia de un «tercero incluido»: a saber, un centro moderado, situado entre izquierda y derecha, que ocupa la mayoría del espacio real de los sistemas políticos democráticos. El segundo modo de rechazar la distinción es centrarse en las perspectivas de «un tercero incluyente», que integra y sustituye a izquierda y derecha en una especie de síntesis superior. El último es señalar el ascenso de un «tercero transversal», que penetra en los

---

[1] N. Bobbio, *Destra e sinistra. Ragioni e significati di una distinzione politica*, Roma, 1994; en 1995 se publicó una edición revisada y ampliada, a la que hacen referencia las páginas aquí indicadas. Traducida al inglés con el título de *Left and Right*, Cambridge 1996 [ed. cast.: *Derecha e izquierda*, Madrid, 1998].

campos de la izquierda y de la derecha, y les resta importancia: el papel, señala, que a menudo se le atribuye a la política verde. La respuesta de Bobbio a cada una de estas afirmaciones es un firme *fin de non recevoir*. La existencia de un centro, por muy dominante que sea, no altera el contraste entre las polaridades de izquierda y derecha a cada lado del mismo. Las nociones de síntesis entre la izquierda y la derecha ocultan en general las ambiciones que cada polo mantiene de absorber o neutralizar al otro. Por último, los movimientos de opinión que abarcan a izquierda y derecha tienden a redividirse, como los Verdes, en nuevas versiones de éstas. Y tampoco –observa además Bobbio– las similitudes entre los movimientos autoritarios de izquierda y derecha, o el paso individual de una a otra, afectan a la propia distinción política. Se refieren a otra oposición, que separa a extremistas y moderados en su actitud hacia la democracia, un contraste fundamental, pero ortogonal a la polaridad de izquierda y derecha, que no la cancela: de hecho, en situaciones de crisis tiende a rendirse a ella, como en Italia a comienzos de la década de 1920 o en la de 1940.

Si ninguna de estas razones para dudar de la validez de la dicotomía entre izquierda y derecha es válida, ¿cómo se explica entonces el rechazo intelectual que experimenta hoy? La verdadera base de la opinión actual, sugiere Bobbio, radica en otra parte. La distinción entre izquierda y derecha pierde su significado si una de las dos deja de existir. Sin decirlo directamente, Bobbio da a entender que históricamente esto nunca ha ocurrido, pero sí que ha habido situaciones en las que uno de los bandos ha sufrido una derrota tan profunda que sus supervivientes tienden a argumentar que la distinción en sí ha perdido todo significado en una estrategia de consolación diseñada para ocultar su debilidad. Tal fue la actitud de la derecha italiana en los años de la posguerra inmediata, después de que el hundimiento del fascismo hiciera a la izquierda parecer completamente victoriosa. Hoy la bota está en el otro pie. Tras la caída del comunismo, es sobre todo en la izquierda –o en antiguos pensadores de la izquierda– donde puede observarse la tentación a negar la diferencia. La verdadera razón para el reciente escepticismo es nuevamente una cierta autoprotección, compensar una experiencia de derrota con una retórica de reemplazo.

Una vez rechazadas las razones subjetivamente aducidas para descartar la dicotomía entre izquierda y derecha, y situada la razón objetiva de la tendencia a negar su validez, Bobbio debe aún fundamentar la oposición como marco político racional que no ha perdido hoy nada de fuerza. Tras considerar una serie de intentos insatisfactorios de hacerlo –codificar a derecha e izquierda como tradición frente a emancipación, sagrado frente a profano, etcétera–, Bobbio ofrece su propia definición. La división entre izquierda y derecha, sostiene, es una actitud hacia la igualdad. Dado que los seres humanos son manifiestamente al mismo tiempo –es decir, en diferentes aspectos– iguales y desiguales, «por una parte están quienes piensan que los hombres son más iguales que desiguales, mientras que por otra hay quienes piensan que son más desiguales que iguales»[2]. Éste es el permanente contraste subyacente entre izquierda y derecha. Y va acompañado de otro. La izquierda cree que la mayoría de las desigualdades son sociales y eliminables; la derecha, que la mayoría son naturales e inalterables. Para la primera, la igualdad es un ideal; para la segunda no.

Del mismo modo, añade Bobbio, la libertad no es una línea divisoria entre izquierda y derecha. Incomparable en todo caso con la igualdad, entendida como el estatus de una persona y no como una relación entre personas, son los valores los que apartan a los moderados de los extremistas de cada bando. Pero en la oposición entre izquierda y derecha, ocupa la posición de los medios, no de los fines. Característicamente, Bobbio no se permite ningún armónico infundado. La libertad no puede equipararse a la igualdad, y no hay razón para pensar que ambas sean siempre compatibles. Si algún tipo de igualdad no afecta a la libertad, otros –restricciones necesarias, como la educación pública universal– sí. Éstas son las cuestiones acerca de las cuales izquierda y derecha batallan esencialmente. Bobbio concluye su

---

[2] N. Bobbio, *Destra e sinistra. Ragioni e significati di una distinzione politica*, cit., p. 105 [*Left and Right*, cit., p. 66].

libro con una declaración personal. La igualdad siempre ha sido la «estrella polar» de su vida política. Las desigualdades de este mundo –desde los empobrecidos y excluidos dentro de las sociedades ricas de Occidente, hasta la enorme masa de miseria de los países más pobres– siguen siendo pasmosas. Basta, escribe, observar la «cuestión social en el plano internacional para darse cuenta de que la izquierda, lejos de haber llegado al final del camino, sólo ha empezado a recorrerlo». La tarea es enorme. Pero la aspiración a una igualdad humana cada vez mayor, de las que el ascenso de la liberación de la mujer es uno de los signos más seguros en la actualidad, es –como Tocqueville ya entendió hace un siglo– «irresistible». Bobbio termina su libro animándonos a mirar más allá de las escaramuzas diarias inmediatas, al largo plazo del «grandioso movimiento histórico» que la hace avanzar[3].

Es una conclusión convincente, que a pocos puede dejar impávidos. Le debemos el respeto intelectual que Bobbio siempre ha practicado: un análisis crítico desapasionado. *Destra e sinistra* suscita dos tipos de reflexión crítica. Una hace referencia a la lógica interna del argumento de Bobbio; la otra, a su contexto exterior. Fijémonos en la primera. La afirmación fundamental de Bobbio es que la distinción entre derecha e izquierda sigue perfectamente viva, dado que se basa en dos concepciones fundamentalmente distintas de la igualdad, que separan permanentemente a derecha e izquierda. En la exposición de esta diferencia, sin embargo, tiende a reunir una serie de propuestas que, desde el punto de vista lógico, son independientes entre sí. Distinguimos cuatro de ellas, que afectan a lo que podemos denominar las cuestiones de (1) la factualidad; (2) la alterabilidad; (3) la funcionalidad; y (4) la direccionalidad de la igualdad humana. En la caracterización de Bobbio, la izquierda mantiene la opinión de que la desigualdad natural de los seres humanos es menor a su igualdad, que la mayoría de las formas de desigualdad son socialmente alterables, que pocas o ninguna son verdaderamente funcionales, y que históricamente resultarán cada vez más

---

[3] *Ibidem*, pp. 128-132 [pp. 82-86].

efímeras. La derecha, por el contrario, mantiene la opinión de que la desigualdad natural de los seres humanos es mayor que su igualdad, que pocas formas de desigualdad son alterables, que en su mayoría son socialmente funcionales, y que no hay direccionalidad en su evolución.

Los dos conjuntos así presentados son, sin embargo, disociables. El primer elemento de cada uno plantea un problema inicial. Dado que los modos en los que los seres humanos son al mismo tiempo similares y disimilares, difieren tan radicalmente –la ilustración de Bobbio es el hecho común de la mortalidad, y las variables formas de la muerte– ¿cómo podrían agregarse en un solo cálculo para proporcionar un balance final? La solución de Bobbio es de hecho introducir una especificación: sólo aquellos aspectos de su naturaleza que ayudan a las personas a vivir juntas –*per attuare una buona convivenza*– se incluirán en la suma[4]. Un conservador podría responder que esto es introducir desde el comienzo en el cálculo una *petitio principi*. A este respecto, podemos eludir esa dificultad, para señalar otra mayor. No existe una conexión necesaria entre la primera y la segunda parte de cada conjunto. Es bastante posible creer que los seres humanos son por naturaleza más iguales que desiguales, y, sin embargo, que la mayoría de las formas de desigualdad son ineliminables; y no es menos posible creer que los seres humanos son por naturaleza más desiguales que iguales, y que, sin embargo, muchas desigualdades sociales pueden y deberían eliminarse.

Éstas no son meras paradojas formales. Existe hoy, después de todo, una considerable bibliografía que trata sobre los problemas que podrían representar. Por tomar sólo la segunda alternativa, un conjunto cada vez mayor de reflexiones ha analizado la posibilidad de que programas socialmente igualitarios pudieran en último término resultar contraproducentes, dado que al eliminar las formas artificiales de desigualdad basadas en el poder y en la cultura podrían finalmente resaltar y cristalizar, mucho más drásticamente que nunca antes, las formas de desigualdad naturales en un nuevo orden jerárquico basado en el

---

[4] *Ibidem*, p. 105 [p. 66].

195

código genético. Ésta era ya la visión conjurada por Michael Young en *Rise of the Meritocracy*, obra de un socialdemócrata moderado de la década de 1950[5]. Más recientemente, proyecciones similares las han realizado escritores liberales o neoconservadores de Estados Unidos como Mickey Kaus o Charles Murray. Común a todos estos autores –que abarcan todo el espectro, de izquierda a derecha– es el presentimiento de que una vez canceladas las divisiones de clase, las ocupaciones estarían determinadas por la dotación biológica –esencialmente grados de inteligencia innata– conduciendo a formas nuevas y más duras de estratificación, como estrategias endogámicas de selección matrimonial, ahora dotadas de un conocimiento genético preciso y de la elección de ADN comparable, que perpetuasen una elite mental hereditaria.

No tenemos por qué ocuparnos aquí de la validez o no de estas visiones. Lo que señalan es, sin embargo, algo que al argumento de Bobbio se le pasa por alto, dado que escribe como si las opiniones sobre la naturaleza humana –y, por lo tanto, sobre la igualdad y la desigualdad– fuesen en último término cuestión de elección filosófica inapelable, cuando, de hecho, están sometidas a una evidencia científica cuyo volumen ha ido creciendo de manera constante en años recientes. Aun así –podría replicar él–, por ahora, se han encontrado pocas pruebas concluyentes que afecten a su argumento. La perspectiva de nuevos avances, sin embargo, ensombrece la distinción que él hace. Ya, dentro de su esquema, no hay razón para que sean muy extensas las diferencias de punto de vista sobre la igualdad o la desigualdad social. En teoría, podríamos imaginar que la variación natural de la ventaja estimada de la desigualdad sobre la igualdad en los seres humanos, o viceversa, es demasiado pequeña para generar diferencias políticas sistemáticas, que podría de hecho haber superposición en la lista de pormenores de ambas (dado que no hay razón para que cada bando deba sopesar constantemente cada elemento mediante inversión con las evaluaciones del otro). En

---

[5] M. Young, *The Rise of the Meritocracy 1870-2033. An Essay on Education and Equality*, Londres, 1958.

otras palabras, basar la distinción entre izquierda y derecha en juicios ontológicos sobre el equilibrio entre la igualdad y la desigualdad humanas es hacerla descansar en un fundamento frágil, que el avance de la ciencia podría eliminar al imponer una convergencia ineludible en un punto de vista empírico común.

¿Qué decir entonces del tercer elemento en el conjunto de Bobbio? Aunque le presta menos atención, ¿podría proporcionar una línea divisoria más estable? En principio, todas las partes podrían coincidir en el equilibrio de hecho entre la igualdad y la desigualdad naturales, y en la alterabilidad o no de las desigualdades sociales, y, sin embargo, diferir fundamentalmente en la cuestión de si éstas deberían considerarse funcionales o disfuncionales para una sociedad próspera. A este respecto las cuestiones de evaluación normativa, no susceptibles de arbitraje científico, adquirirían toda su importancia. Podría esperarse que Bobbio se detuviese en ellas. De hecho, sólo toca este tercer elemento de su caracterización de derecha e izquierda muy por encima, señalando que a menudo la derecha no sólo considera las desigualdades inevitables, sino también positivas, sin referirse al punto de vista opuesto de la izquierda, que tal vez considere evidente en sí mismo.

Pero parecería que, en este aspecto, nos encontramos, desde cualquier punto de vista, en el terreno más seguro para diferenciar a derecha e izquierda. No obstante, surge una dificultad. ¿Se da el caso de que la izquierda existente hoy en Europa niegue toda funcionalidad a las desigualdades sociales? Basta observar el tributo universal prestado al mercado y a sus estructuras de incentivos para comprender que no es así. En muchos países, los índices reales de desigualdad económica han aumentado, de hecho, notoriamente bajo gobiernos de izquierda tanto como bajo los de derecha, o más. Tal ha sido la práctica en décadas recientes. La teoría de la desigualdad productiva, por supuesto, la ha desarrollado principalmente la derecha, sobre todo en la enérgica obra de Hayek. La izquierda en general se ha adaptado a ella, con advertencias suavizantes, pero no necesariamente efectivas. Es quizá significativo que Bobbio nunca se haya enfrentado directamente a Hayek. Se ha referido, por el contrario, favorablemente a Rawls, el pensador de la izquierda moderada que ha teorizado la justicia como «equidad», permitiendo las desigualdades económicas sólo en la medida en que mejoren la situación de los pobres. El formalismo del principio de la diferencia, sin embargo, deja esa extensión absolutamente indeterminada, justificando potencialmente casi cualquier desigualdad del orden capitalista existente basándose en la productividad históricamente insólita que ha liberado, y que beneficia a todos los ciudadanos más pobres. No sorprende que el propio Hayek pudiera declarar su coincidencia fundamental con Rawls, cuando por primera vez se publicó *Teoría de la justicia*.

El tercer componente del conjunto de Bobbio es, por lo tanto, más precario de lo que parece. El autor es consciente de la dificultad: que en la práctica las políticas económicas de izquierda y derecha en Occidente parecen mostrar cada vez menos diferencias. Intenta resolverla tachando las «concesiones» prácticas que la izquierda tal vez tenga que hacer de irrelevantes para los «ideales» que sigue representando, que son los únicos de los que su intervención se ocupa. Pero ambos no pueden separarse con tanta facilidad. El propio Bobbio, después de todo, apela al hecho empírico de que nunca como hoy ha estado la política de partido italiana tan estridente e insistentemente codificada en función de derecha e izquierda, para dar peso a su afirmación de que la distinción ideal aún se mantiene. Pero la campaña electoral italiana de 1994 presentó un rasgo aún más llamativo. Las diferencias programáticas entre los principales partidos nunca habían sido tan pequeñas como entonces, consecuencia, por supuesto, de la conversión del antiguo Partido Comunista a doctrinas económicas más o menos neoliberales, una conversión simbolizada por el peregrinaje de su líder para obtener el *placet* de la City londinense durante la campaña. En 1996, la convergencia programática de ambos bloques ha aumentado aún más, hasta el punto de que cada bando acusa ahora públicamente al otro de copiar su programa. Son datos contrarios a los tipos ideales de Bobbio, y de los que no puede aislarse constantemente.

Bobbio podría responder que si dicha convergencia se ha producido en los países ricos, no ha sido así en los países pobres del mundo, donde la abrumadora tarea que tiene la izquierda – insiste– permanece. Pero también allí –en América Latina, el África negra, el sur de Asia– la privatización y la liberalización, el triunfo del mercado, son las doctrinas del momento, aplicadas con tanta frecuencia por políticos y partidos antes de izquierda como por las fuerzas de la derecha. ¿Qué nos dice esto acerca de la cuarta propuesta de Bobbio: la tendencia direccional de la desigualdad mundial? A este respecto, se puede percibir que existe una asimetría en su explicación. Cuando toca el último elemento de su contraste entre izquierda y derecha, sólo se refiere a la izquierda, a la que hay que animar en su senda hacia una percepción más amplia del movimiento hacia la mayor igualdad en la historia humana. Bobbio no sugiere qué opinión podría tener la derecha de esta perspectiva. Pero podemos deducir que debe de resultarle inaceptable. Cualquier direccionalidad amplia, quizá, podría considerarse incompatible con la perspectiva tradicional de la derecha.

De hecho, sin embargo, tenemos ante nosotros el ejemplo reciente de una doctrina de la derecha moderada con una fuerte direccionalidad, lo cual influye directamente en la tesis de Bobbio. Como es bien sabido, Francis Fukuyama afirma que la historia mundial ha alcanzado una conclusión categórica, aunque no cronológica, dado que ya no hay una alternativa viable al capitalismo liberal, cuyas estructuras de incentivos exigen aproximadamente los niveles de desigualdad ahora vigente en los países avanzados, y cuya dinámica empieza visiblemente a atraer a los países pobres más o menos a la misma senda, hacia una prosperidad común, necesariamente competitiva y necesariamente desigual[6]. Fukuyama podría coincidir tranquilamente con Bobbio en que la historia avanza hacia una mayor igualdad, dado que esto es exactamente lo que describe su teoría hegeliana de la lucha por el reconocimiento. Meramente, señalaría que el movimiento debe parar en alguna parte, y que ya podemos ver su lugar de parada en el tipo de sociedades que tenemos, con algunas reformas menores en las que todos podemos coincidir. No está

---

[6] F. Fukuyama, *The End of History and the Last Man*, Londres, 1993.

claro cómo respondería Bobbio, al carecer de una teoría histórica comparable. Sus últimas páginas forman una declaración moral impactante. ¿Pero es accidental que se equivoquen en un punto crucial? La tendencia estructural hacia una igualdad humana cada vez mayor, repite Bobbio, es «irresistible», pero, a continuación, escribe que este movimiento civilizador «no es necesario», sino sólo «posible»[7]. No hace falta resaltar la contradicción entre ambas afirmaciones.

La defensa teórica que Bobbio hace de la distinción entre izquierda y derecha podría ser, a pesar de su elocuencia, más vulnerable de lo que parece. Si preguntamos por qué, la respuesta seguramente radique en la dificultad de construir una axiología de los valores políticos sin referencia coherente al mundo social empírico. A menudo, Bobbio escribe como si pudiera separar de la historia contemporánea su taxonomía ideal, pero por supuesto no es así. En la práctica, deja penetrar selectivamente en su análisis el escenario político del presente, a los efectos de su argumento. Pero, en ese presente, están las razones y los límites profundos de su intervención. Bobbio pasó desde la década de 1950 hasta la de 1980 argumentando contra las tradiciones del marxismo italiano, primero en su forma oficial y después en la heterodoxa. Desde el comienzo se mostró como un opositor civil al comunismo destacadamente valeroso y congruente, tanto en su propio país como en el extranjero, desde el punto de vista de lo que él deseaba que fuese un socialismo liberal. Cuando el comunismo se hundió en el bloque soviético, sin embargo, Bobbio no se regocijó. Su reacción fue la opuesta al triunfalismo. Aunque saludó el derrocamiento de los regímenes del Pacto de Varsovia como un gran episodio de la emancipación humana, el final de una utopía invertida, su temor inmediato fue que el capitalismo occidental careciese entonces de presión externa para reformarse en una dirección más humana, como la que la amenaza soviética había representando en otro tiempo, en un mundo en el que la mayor parte de la humanidad, fuera

---

[7] N. Bobbio, *Destra e sinistra. Ragioni e significati di una distinzione politica*, cit., p. 132 [*Left and Right*, cit., pp. 85-86].

de las zonas del privilegio occidental, seguía encontrándose entre los condenados de la tierra[8].

Su presentimiento pronto adoptó forma específica en Italia, a medida que un creciente coro de voces de la izquierda, o que habían sido de izquierda, declaraba anacrónica la distinción que, hasta entonces, se hacía entre derecha e izquierda. Éste era justamente el tipo de reacción a los acontecimientos de 1989-1991 contra la que Bobbio había advertido. Mejor que nadie, comprendió los brotes psicológicos de ella, como infaliblemente demuestra en *Destra e sinistra*. Frente a esta relajación de la tensión moral y política, intervino con una fuerza rotunda para reafirmar la perduración de la identidad de la izquierda. Pero, aunque esto dio fuerza a su polémica, también fijó su límite. Podríamos decir que la mirada de Bobbio seguía dirigiéndose demasiado hacia el este. Desde la Liberación en adelante, se enfrentó a una izquierda dominada por el movimiento comunista más poderoso de Occidente, que acaparó lo mejor de su energía intelectual. Su crítica a dicho movimiento siempre siguió siendo mucho más fuerte que la alternativa al mismo, tras la desaparición del Partito d'Azione y de las esperanzas de «socialismo liberal» que éste había representado para él. Le atraía lo que veía del laborismo británico, por una breve relación durante los años de Attlee. Pero en Italia no había equivalente. En la década de 1970, Bobbio se consideraba más o menos un socialdemócrata en un país sin socialdemocracia. Pero nunca prestó la misma atención a la versión de izquierda dominante en Occidente que a la oriental. La socialdemocracia siguió siendo una benigna neblina de fondo, no un fenómeno institucional agudamente enfocado por derecho propio.

Quizá, inconscientemente, Bobbio tal vez evitara incluso mirar demasiado por encima del hombro a lo que estaba adquiriendo forma detrás de él en el Reino Unido de Wilson o Callaghan, en la Francia de Mitterrand, en la España de González. De cual-

---

[8] N. Bobbio, «L'Utopia capovolta», *La Stampa*, 9 de junio de 1989, traducida al inglés con el título de «The Upturned Utopia», *New Left Review* I/177, septiembre-octubre de 1989; reeditado en el libro de Bobbio del mismo título, *L'Utopia capovolta*, Turín, 1990.

quier modo, es la represión de esta experiencia la que marca los límites de su intervención en *Destra e sinistra*. Porque quienes en 1994 manifestaban que las categorías de izquierda y derecha ya no eran válidas no sólo se vieron animados a hacerlo, por supuesto, por el hundimiento del comunismo en el Este, sino también por la desmoralizada eliminación de la socialdemocracia en Occidente. El abandono del pleno empleo, la reducción de la seguridad social y la universalidad de las doctrinas neoliberales de crecimiento económico ponían en cuestión el contraste tradicional entre izquierda y derecha de un modo más doloroso y agudo de lo que el formal estudio de Bobbio admite. Los términos de derecha e izquierda son en sí, por supuesto, como él admite, puramente relativos. En un sistema totalmente capitalista podía sobrevivir una izquierda –purgada de cualquier resistencia residual al mercado– que estuviese a la derecha de todo lo ahora situado en el centro. Eso sería incluso cierto hoy, si comparásemos –por ejemplo– el historial del reciente gobierno laborista neozelandés con el de los moderados suecos.

En la práctica, sin embargo, es dudoso cuánto persistiría el vocabulario de derecha e izquierda en tales condiciones. Europa, que inventó la distinción, se inclina a pensar que se ha vuelto universal. Pero no es así. En Estados Unidos, donde, desde hace tiempo, existe una estrecha aproximación a un sistema completamente capitalista, los términos izquierda y derecha sólo se mantienen en la bibliografía académica, pero prácticamente no se utilizan en el discurso público o popular. Éste no es un punto débil de la tradición cultural estadounidense, sino un reflejo preciso de la diferencia mínima, y la intercambiabilidad esporádica, entre los dos partidos del país. Basta señalar que las políticas internas del gobierno demócrata liderado por Clinton son mucho más conservadoras que las del gobierno republicano dirigido por Nixon. Ninguna línea drástica de principios, de ningún tipo, separa a los dos duopolistas. Una situación muy similar –potencialmente quizá incluso más pronunciada– se verifica ahora en Japón, con la liquidación del anterior Partido Socialdemócrata y la escisión de PDL. No hay ningún sentido en el que el gobierno y la oposición actuales de Tokio, esencialmente formados a partir del mismo magma, puedan clasificarse inteligiblemente de derecha o de izquierda. Dado que Estados Unidos y Japón forman juntos la parte mayor y más dinámica del mundo capitalista avanzado, hay razones para preguntarse si Europa no podría avanzar también hacia el mismo horizonte.

Esto no quiere decir que debieran abandonarse los conceptos de izquierda y derecha. El apasionado llamamiento que Bobbio hace a conservarlos merece toda nuestra simpatía, pero tales conceptos no se salvarán cerrando los ojos a que la tendencia de la política establecida actual los está vaciando de contenido. Una defensa puramente axiológica de la izquierda, privada de cualquier teoría histórica o de cualquier ataque institucional capaz de agitar la situación dada, no soportará la inspección. Bobbio acudió para dicho cuestionamiento al socialismo liberal. Hoy recalifica la socialdemocracia como socialismo liberal, en un notable descenso de expectativas, pero, al mismo tiempo, describe el socialismo liberal como una figura típica del tercero incluyente, cuyos intentos engañosos de escapar a la dicotomía entre izquierda y derecha critica en otras partes. La lección de este libro, sin embargo, es que la oposición entre izquierda y derecha no tiene garantía axiomática. Para sobrevivir como fuerza significativa, en un mundo abrumadoramente dominado por la derecha, la izquierda tendrá que luchar por ofrecer una verdadera alternativa.

Filosóficamente, la respuesta de Bobbio a la actual condición política de Occidente es la opuesta a la de Rawls y Habermas. Mientras que ellos han intentado borrar la diferencia entre *Sein y Sollen*, en un continuo deslizarse entre las idealizaciones del mundo existentes y las objetivaciones de las veleidades que hay tras él, él se ha aferrado a los principios del positivismo jurídico y del realismo político que lo formaron: valores y hechos son ámbitos categóricamente separados, que no deben confundirse. Ciertamente, ésta es una ventaja intelectual que tiene sobre ellos. Pero la disfruta a un precio: cortar cualquier conexión entre lo histórico y los riesgos deseables, que entregan el mundo a lo indeseable en nombre del mismo realismo.

1996-2005

CAPÍTULO VII

Armas y derechos: el centro ajustable

Durante la última década del siglo XX que acaba de finalizar, tres de los más distinguidos pensadores políticos de la época dirigieron su atención a la escena internacional. Después de publicar lo que se podía entender como culminación de sus reflexiones sobre la vida interna de las democracias liberales occidentales (Jürgen Habermas, *Faktizität und Geltung. Beiträge zur Diskurstheorie des Rechts und des demokratischen Rechtsstaates* en 1992; John Rawls, *Political Liberalism* en 1993; y Norberto Bobbio, *Destra e sinistra* en 1994), los tres parecieron volcarse en las relaciones entre Estados. Habermas dio a la imprenta «Kants Idee des ewigen Friedens – aus dem historischen Abstand von 200 Jahren» en 1995 y «Die postnationale Konstellation und die Zukunft der Demokratie» en 1998; Rawls, la *Law of Peoples* en 1999; y Bobbio, quien había comenzado a pensar sobre las relaciones internacionales mucho antes y había anticipado muchas de sus preocupaciones en «Democrazia e sistema internazionale», realizó muchas intervenciones puntuales en esos años, que suscitaron importantes debates intelectuales[1]. La ostensible alteración en el objeto de atención de Rawls

---

[1] El ensayo de Bobbio apareció por primera vez en *Il futuro della democrazia*, Turín, 1984 [ed. cast.: *El futuro de la democracia*, Barcelona, Plaza & Janes, 1985]; luego en la tercera edición revisada de *Il problema della guerra e le vie della pace*, Bolonia, 1989 [ed. cast.: *El problema de la guerra y las vías de la paz*, Barcelona, Ediciones Altaza, 1998], y en inglés en D. Archibugi y D. Held (eds.), *Cosmopolitan Democracy*, Cambridge (MA), 1995, pp. 17-41. Los de Habermas aparecieron en *Die Einbeziehung des Anderen. Studien zur politischen Theorie*, Fráncfort, 1996, pp. 192-236, y *Die postnationale Konstellation. Politische Essays*, Fráncfort, 1998, pp. 91-169 [ed. cast.: *La inclusión del otro. Estudios de teoría política* y *La constelación posnacional*, Barcelona, Paidós, 1999], y en inglés en *The Inclusion of the Other*, Cambridge

y Habermas, a quienes se había reprochado a menudo cierta falta de preocupación por las cuestiones globales, resultó en cambio llamativa. Como trasfondo de las nuevas preocupaciones de los tres pensadores se podía vislumbrar el inesperado giro de la historia mundial, ya que el final de la Guerra Fría no supuso la pacificación de las relaciones entre los Estados, sino enfrentamientos militares, con una frecuencia insólita desde la década de 1960, en el golfo Pérsico, en los Balcanes, en el Hindu Kush y en Mesopotamia. Los tres filósofos pretendían ofrecer respuestas adecuadas a esa situación.

De los tres, Rawls fue quien expuso el diseño más sistemático de un orden internacional deseable. *The Law of Peoples* extiende del plano nacional al global los dispositivos y modelos de *A Theory of Justice*. ¿Cómo se alcanzará la justicia internacional? Rawls argumenta que deberíamos imaginar para los distintos pueblos de la tierra una «situación original», como la de los ciudadanos de un Estado-nación. En ella, esos agentes colectivos eligen las condiciones ideales de justicia bajo un velo de ignorancia que oculta su propio tamaño, recursos o fuerza relativa en la sociedad de naciones. El resultado, afirma, sería una «ley de los pueblos» comparable al contrato entre ciudadanos en un Estado constitucional moderno. Pero mientras que este último constituye un diseño específico para las democracias liberales, el ámbito del primero se extiende más allá, englobando a sociedades a las que no se puede llamar liberales, pero son ordenadas y decentes, aunque más jerarquizadas. Los principios de la justicia global que deberían gobernar tanto a los pueblos democráticos como a los «decentes» corresponden en general a las reglas existentes del derecho internacional y a la Carta de las Naciones Unidas, con dos excepciones importantes.

Por un lado, la Ley de los Pueblos –deducida de la situación original– autoriza la intervención militar para proteger los derechos humanos frente a Estados que no sean decentes ni liberales, cuya conducta los sitúa fuera de la ley en la sociedad de naciones.

(MA), 1998, pp. 165-202, y *The Postnational Constellation*, Cambridge (MA), 2001, pp. 58-112, respectivamente.

A pesar de que la Carta de las Naciones Unidas diga lo contrario, pueden ser atacados en virtud de su política interna, aunque no supongan una amenaza para el bienestar de las naciones democráticas. Por otro lado, la Ley de los Pueblos no incluye ninguna obligación de redistribución económica entre países comparable a las exigencias de la justicia en el seno de las sociedades democráticas. El principio de la diferencia, explica Rawls, no se aplica entre pueblos, ya que la disparidad de riqueza entre ellos se debe, no a la desigualdad de recursos, sino principalmente a diferencias de cultura. Cada sociedad es esencialmente responsable de su propia suerte económica. Los pueblos con mejor fortuna tienen el deber de ayudar a los que se ven más lastrados históricamente por su cultura, pero eso no va más allá de ayudarles a alcanzar lo necesario para mantener un orden jerárquico decente. Un empíreo legal conforme a esas reglas podría, sin duda, extender la paz que ha reinado durante más de un siglo entre las democracias a todos los rincones de la tierra. La Ley de los Pueblos, inspirada en la larga experiencia de ese silencio de las armas entre las sociedades liberales, configura una «utopía realista».

Rawls explica al principio de *The Law of Peoples* que la finalidad básica de su obra era ofrecer una versión contemporánea de *Zum ewigen Frieden. Ein philosophischer Entwurf [Hacia la paz perpetua. Un proyecto filosófico]* de Immanuel Kant (1795). Habermas, a partir de esa misma inspiración, pretendía más explícitamente poner al día a Kant, revisando la suerte póstuma de su plan con ocasión del bicentenario de éste y ajustándolo, allí donde fuera necesario, a las condiciones actuales. Kant creía que se podía abolir la guerra mediante el surgimiento gradual de una federación de repúblicas en Europa, cuyos pueblos no sentirían ninguno de los impulsos mortíferos que llevaban continuamente a los monarcas absolutos a la batalla de unos contra otros a costa de sus súbditos: el ansia de gloria o de poder. Entrelazados, por el contrario, por el comercio e ilustrados por el ejercicio de la razón, proscribirían naturalmente una actividad tan destructiva para sus propias vidas y haciendas. Durante más de un siglo, observa Habermas, la historia había rechazado esa perspectiva. Los

207

pueblos democráticos habían mostrado que podían ser tan belicosos como los príncipes autocráticos. En lugar del comercio pacífico, llegaron la Revolución industrial y la lucha de clases, escindiendo a la sociedad en lugar de unirla. La esfera pública cayó presa de la distorsión y la manipulación con la difusión de los medios de comunicación modernos. Aun así, desde el final de la Segunda Guerra Mundial, el proyecto de Kant había cobrado nueva vida al cumplirse sus premisas, aunque en condiciones distintas. La investigación estadística confirma que las democracias no guerrean entre sí. Los países que forman parte de la OCDE se han hecho económicamente interdependientes. El Estado del bienestar ha pacificado los antagonismos de clase. Las organizaciones no gubernamentales y las cumbres globales sobre la población o el medio ambiente muestran que se está configurando una esfera pública internacional.

Pero si el diagnóstico de Kant se ha visto hoy día vindicado, su esquema institucional para una paz perpetua se ha demostrado defectuoso, ya que un mero *foedus pacificum* [federación de paz] –concebido por Kant a partir del modelo del tratado entre Estados, del que los socios pueden retirarse voluntariamente– resultaba un vínculo insuficiente. Un orden verdaderamente cosmopolita requería la fuerza de la ley, y no bastaba el consenso diplomático. La Carta de las Naciones Unidas, al proscribir las guerras de agresión y autorizar medidas de seguridad colectiva para proteger la paz, así como la Declaración de Derechos Humanos de la ONU, proporcionaban algunas bases legales, pero al seguir proclamando inviolable –de forma incoherente– la soberanía nacional, la Carta no había avanzado mucho más allá de la concepción original de Kant. El paso trasformador que tenía que dar una ley cosmopolita era superar el marco del Estado-nación y conferir derechos justiciables a los individuos, a los que éstos podrían apelar contra el Estado. Tal orden legal requería la fuerza: una capacidad armada de superar, cuando fuera necesario, las anticuadas prerrogativas de la soberanía nacional. El Consejo de Seguridad era un instrumento imperfecto de ese imperativo, ya que su composición era cuestionable, y sus decisiones no eran siempre ecuánimes. Sería mejor que se pareciera más al modelo del Consejo de Ministros de la Unión Europea, pero –a diferencia de este último– dotado de una fuerza militar. Sin embargo, la propia Guerra del Golfo de 1991 demostró que la ONU estaba avanzando en la dirección correcta. La época actual se debería entender como un periodo de transición entre el derecho internacional de tipo tradicional, que regula las relaciones entre Estados, y un derecho cosmopolita que confiera a los individuos derechos universalmente reconocidos y exigibles.

El punto de partida de Bobbio, en cambio, era Hobbes. Para los teóricos del derecho natural, el paso de un estado de naturaleza a una unión civil requería dos contratos distintos: el primero, un acuerdo entre individuos belicosos, enfrentados entre sí, para poner fin a las hostilidades y formar una asociación; el segundo, para someterse a las decisiones de una autoridad en caso de disputas entre ellos: un pacto de no agresión y otro para el arreglo pacífico de los conflictos. Para Hobbes, ni uno ni otro eran posibles en las relaciones entre Estados: para ellos, la paz no podía ser más que una suspensión temporal de la guerra, situación inevitable para poderes soberanos en competencia. Ésta era una descripción precisa, afirmaba Bobbio, del sistema clásico de relaciones internacionales vigente hasta el siglo XX. Pero con la creación de la Sociedad de Naciones, y luego de las Naciones Unidas, comenzó a configurarse por primera vez un *pactum societatis* entre Estados soberanos; lo que todavía faltaba era un *pactum subjectionis* para la resolución de los conflictos y la puesta en vigor de los derechos. Los ideales democráticos quedaban recogidos en la Declaración de Derechos Humanos de la ONU y en la igualdad de representación en su Asamblea General, pero la soberanía nacional seguía frustrando la aplicación de aquélla, y el carácter del Consejo de Seguridad malograba esta última. Las transacciones entre las grandes potencias seguían determinando todavía esencialmente el destino de la humanidad.

Ahora, sin embargo, ambos coexistían con otro marco, mejor que el anterior. Era un error idealizar a la ONU, pero el escepticismo acerca de ella también estaba fuera de lugar. El nuevo sistema de relaciones internacionales que había encarnado a medias no se había desembarazado del todo de otro mucho más viejo; pero este último tampoco había conseguido desplazar a su versión más reciente. Ambos competían y se enfrentaban entre sí: uno todavía eficaz, pero ya no legítimo, y el otro legítimo, pero todavía ineficaz, porque lo que todavía faltaba en el sistema interestatal contemporáneo era la figura jurídica del tercero –árbitro, mediador o juez– creado por un pacto de sumisión, del que el *Leviatán* de Hobbes, que gobernaba a quienes se habían convertido voluntariamente en sus súbditos, había ofrecido un modelo intraestatal convincente, por muy autocrático que fuera[2]. Hoy día, el diseño abstracto de tal tercero podría adquirir forma democrática como una soberanía cosmopolita basada en el consenso de los Estados, dotada de poder real para imponer la paz universal y determinado catálogo de derechos humanos. La primera condición para ese orden deseable había sido percibida ya por Kant. Era el principio de transparencia, que abolía los *arcana imperii* que habían caracterizado siempre a la política exterior, tanto de las democracias como de las tiranías, escudándose en el pretexto de que los asuntos de Estado eran demasiado complejos y delicados para el gran público y demasiado peligrosos para revelarlos al enemigo. Ese secretismo sólo podía erosionar la propia democracia, como testimoniaban innumerables acciones –en el propio país y en el extranjero– de los servicios de seguridad nacional de los Estados contemporáneos. Ahí se podía detectar un círculo vicioso. Los Estados no podían llegar a ser totalmente democráticos hasta que el sistema internacional se hiciera trasparente, pero el sistema global no podía hacerse totalmente transparente hasta que todos los Estados fueran democráticos. Aun así, había razones para la esperanza. El número de democracias iba creciendo, y se podía constatar cierta democratización de la diplomacia. Del mismo modo que Kant había visto en otro tiempo en el entusiasmo general por la Revolución francesa un «signo premonitorio» del progreso moral de la humanidad, la aceptación universal de los derechos humanos, por formal

---

[2] N. Bobbio, «Democracy and the International System», en D. Archibugi y D. Held (eds.), *Cosmopolitan Democracy*, cit., pp. 22-31.

que pudiera ser todavía, se podía entender actualmente como presagio de un futuro pacífico[3].

La semejanza entre estas tres construcciones, a las que sus autores llegaron independientemente, es tanto más notable dado los diferentes perfiles de éstos. Biográficamente, la experiencia formativa de cada uno de ellos se había desarrollado durante la Segunda Guerra Mundial, pero los tres vivieron esos años de forma muy diferente. Rawls (1921-2002), que provenía de una rica familia de Maryland y que, en un primer momento, pretendía convertirse en pastor protestante, luchó en la infantería, durante la Guerra del Pacífico, en Nueva Guinea y Filipinas. Al parecer, las crisis morales del campo de batalla le afectaron profundamente, cambiando su vocación religiosa en una filosófica. Al regresar al hogar inició una carrera académica y se convirtió en el pensador político más leído de su época con la publicación, a principios de la década de 1970, de *A Theory of Justice*. Aunque en un marco totalmente abstracto, la obra de Rawls era al mismo tiempo coherentemente descriptiva, por ambiguas que pudieran ser sus implicaciones prácticas. Su horizonte intelectual de referencia se podría calificar como muy estrecho: principalmente, la filosofía moral anglo-estadounidense producida desde los tiempos de la reina Victoria hasta la Guerra Fría, junto a cierta lectura de Kant. Políticamente, Rawls se consideraba a sí mismo un liberal de izquierdas y, sin duda, votaba por los Demócratas; pero uno de los rasgos más llamativos de un pensador descrito con frecuencia admirativamente por sus colegas como poco mundano, era una total abstención, durante toda su vida, de cualquier comentario sobre los asuntos públicos contemporáneos.

Habermas, ocho años más joven, creció en una pequeña ciudad renana en tiempos de Hitler. Su padre se incorporó al Partido Nazi en 1933, y el propio Habermas participó durante un corto periodo de tiempo en las Juventudes Hitlerianas, trabajando en las obras defensivas al final de la guerra. Tras descubrir la realidad del Tercer Reich y romper con Heidegger, quien había

---

[3] N. Bobbio, *Il terzo assente*, Milán, 1989, pp. 115 ss. [ed. cast.: *El tercero ausente*, Madrid, Ediciones Cátedra, 1997].

sido su principal influencia, Habermas se convirtió en el principal vástago filosófico de la Escuela de Fráncfort, absorbiendo sus peculiares transformaciones de Marx, para criticarlas luego a la luz del pragmatismo estadounidense y la teoría de sistemas. Heredero intelectual de las ambiciones totalizadoras del idealismo alemán, se interesó por casi todas las tradiciones filosóficas importantes, entre las que ocupaba un lugar central la sociología, clásica y contemporánea. Como pensador político, la pauta de los escritos de Habermas es opuesta a la de Rawls, al que criticó por sus intenciones inadecuadamente sustantivas. Su propia teoría política es puramente procedimental, absteniéndose de cualquier propuesta programática. Por otra parte, Habermas nunca vaciló en intervenir políticamente en temas de actualidad, adoptando posiciones públicas de izquierda en las principales disputas que se daban en Alemania. Sus *Kleine politische Schriften* llenan ya nueve volúmenes, rivalizando con las *Situations* de Sartre. Sin embargo, nunca se ha integrado en ninguna organización política, manteniendo distancias con el SPD y con los Verdes.

Bobbio (1907-2004), perteneciente a una generación anterior, nació en una familia bien relacionada de Turín que, como la mayoría de la burguesía italiana, saludó alborozada la marcha sobre Roma y la dictadura de Mussolini. Tras unos primeros trabajos sobre Husserl, se volcó en la filosofía del derecho. Próximo a los treinta años, su amistad con intelectuales de la resistencia antifascista motivó una breve detención en 1935, tras lo cual reanudó su carrera universitaria con una carta de adhesión a Mussolini y la intervención de un tío suyo, amigo de un importante jerarca del régimen. Al iniciarse la guerra, formaba parte de un círculo socialista liberal clandestino, y, en 1942, fue uno de los fundadores del Partito d'Azione, la fuerza principal de la izquierda independiente [no comunista] en la resistencia italiana. Permaneció activo en el Partito d'Azione hasta 1948, cuando éste desapareció de escena. Bobbio se convirtió en el interlocutor crítico más elocuente con el Partido Comunista Italiano durante la Guerra Fría. En 1976, cuando los socialistas italianos, tras una larga escisión, volvieron a unirse de nuevo, se incorporó al partido unificado, desempeñando un importante papel tanto en sus discusiones internas como en los debates públicos; a partir de 1978, se enfrentó porfiadamente a la dirección del PSI encabezada por Craxi. En 1984, tras jubilarse en la Universidad de Turín, fue nombrado senador vitalicio, y, en 1992, se hicieron encuestas sobre su nombre como eventual candidato para la presidencia de la República.

Pero si la carrera de Bobbio fue mucho más intensa en el plano político que la de Habermas, por no hablar de la de Rawls, como teórico fue menos sistemático u original que éstos, limitaciones que él era el primero en reconocer. Inmerso en la filosofía del derecho, materia que enseñó durante la mayor parte de su vida, e inspirándose sobre todo en el positivismo de Kelsen, desde principios de la década de 1970, ocupó también una cátedra de ciencia política. En ambos campos, mostró un sentido histórico notablemente más rico de sus disciplinas que Rawls o Habermas. Los más influyentes de sus abundantes escritos estaban relacionados con los orígenes, evolución y futuro de la democracia, y sus relaciones con el socialismo. En esos escritos se remitía ya fuera a Constant, Mill, Weber o Pareto, para afrontar el legado de Marx. Hay textos que reflejan vívidamente la energía y variedad de la cultura política italiana del periodo de posguerra, mostrando un fuerte contraste con el panorama monocromo de Estados Unidos o la República Federal alemana. En esa medida, el pensamiento de Bobbio era el producto de una experiencia nacional sin equivalente en otros países de Occidente; no obstante, había un aspecto crítico en el que difería notablemente del resto de pensadores políticos de su país. Desde principios de la década de 1960, se preocupó por los problemas globales de la guerra y la paz, que tenían poca resonancia, si es que alguna, en Italia, un Estado subordinado en el sistema de seguridad estadounidense, sin colonias en la posguerra y sin una política exterior de la que merezca la pena hablar; y cuya clase política y cuyo electorado, polarizados por los conflictos domésticos, se interesaban muy poco por los asuntos más allá de sus fronteras. Muy preocupado por los peligros de la guerra termonuclear entre Oriente y Occidente, Bobbio dedicó una serie de interesantes ensayos a la relaciones interestatales en la era atómica, recopilados como

Il problema della guerra e le vie della pace en 1979, mucho antes de que Rawls o Habermas hicieran alguna incursión en la política internacional.

Servicio militar en la guerra estadounidense para reconquistar el Pacífico; adolescencia en la Alemania nazi; resistencia clandestina contra el fascismo. Sería sorprendente que esas tres experiencias tan distintas no hubieran dejado una huella en la obras de quienes las vivieron. Rawls y Habermas ofrecen el contraste más agudo. Desde un principio, hubo críticos de *A Theory of Justice* –casi todos los cuales también la admiraban– desconcertados por su premisa tácita, aunque nunca explícitamente argumentada, de que la única unidad relevante para su «situación original» imaginaria, de la que se podría derivar un contrato social justo, era el Estado-nación. ¿Cómo podía dimanar de un constructivismo kantiano, que deducía su resultado de principios universales, el diseño de una comunidad particular? El imperativo categórico no reconocía fronteras territoriales. En aquel momento, esa restricción podía parecer anodina, ya que los dos principios de justicia de Rawls y su orden léxico –primero, igual derecho a la libertad política; y segundo, sólo aquellas desigualdades socioeconómicas que fueran beneficiosas para todos– presuponían condiciones compartidas por los países capitalistas ricos de Occidente, que eran los que realmente preocupaban a los comentaristas.

Con la publicación de *Political Liberalism*, no obstante, quedó meridianamente claro que las preocupaciones de Rawls se centraban sólo en un Estado-nación –muy atípico–, el suyo. Toda la problemática de su obra posterior, todavía planteada en términos generales, pero ahora refiriéndose cada vez con menos disimulo a cuestiones u obsesiones estrictamente estadounidenses, giraba en torno al papel admisible de la religión en la vida política: una cuestión de pequeña importancia en cualquier sociedad avanzada excepto en Estados Unidos. En el trasfondo, los habituales hitos patrióticos –la Declaración de Independencia, la Ley de Derechos, el Tribunal Supremo, los discursos de Lincoln, el *New Deal*– delimitan el espacio de reflexión. Al desplazarse a un terreno menos familiar, *The Law of Peoples* deja al descubierto la lógica de tal introversión. Dado que, en *A Theory of Justice*, era la opción racional de los individuos la que modelaba la «situación original», ¿por qué no vale el mismo procedimiento para la Ley de los Pueblos? El discípulo más aventajado de Rawls, Thomas Pogge, deplorando el matiz conservador de sus últimas obras, ha tratado de extender su punto de partida radical precisamente de la forma que Rawls rechazaba, ofreciendo una visión de la «justicia global» basada en la aplicación del principio de la diferencia a todos los seres humanos, y no sólo a los ciudadanos de ciertos países[4]. La razón por la que Rawls declinaba esa ampliación se remite al núcleo inefable de su teoría, ya que para que los individuos en la situación original alcanzaran un acuerdo unánime sobre los dos principios de justicia, Rawls tenía que proporcionarles una capacidad de información y un conjunto de actitudes derivadas de las mismas democracias liberales que se suponía que generaban la situación original: el velo de ignorancia que ocultaba la fortuna de cada individuo en el orden social que había que elegir, pero no la conciencia colectiva de sus instituciones típicas.

En *The Law of Peoples*, resurge este conocimiento circular como «cultura política» de una sociedad liberal, pero precisamente porque esa cultura varía inevitablemente de una nación a otra, queda bloqueada la vía a cualquier universalización simple de los principios de justicia. A escala global las partes contratantes tienen que ser los Estados y no los individuos, ya que no hay un terreno común entre las culturas políticas que inspiran a sus ciudadanos. Más aún: son precisamente las diferencias existentes entre culturas políticas las que explican las desigualdades socioeconómicas que los separan: «Las causas de la riqueza de un pueblo y las formas que adopta se deben a su cultura política y a las tradiciones religiosas, filosóficas y morales en que descansa la estructura básica de sus instituciones políticas»[5]. Las naciones prós-

---

[4] Véanse *Realizing Rawls*, Ithaca, 1989, pp. 9-12, y «Priorities of Global Justice», en T. Pogge (ed.), *Global Justice*, Oxford, 2001, pp. 6-23.

[5] J. Rawls, *The Law of Peoples*, Cambridge (MA), 1999, p. 108 [ed. cast.: *El derecho de gentes*, Barcelona, Paidós, 2001].

peras deben su éxito a la diligencia alentada por tradiciones hacendosas, a falta de las cuales los rezagados sólo pueden acusarse a sí mismos por ser menos prósperos. Así Rawls, aunque insiste en el derecho a la emigración desde las sociedades «lastradas», rechaza un derecho simétrico a la inmigración a sociedades liberales, ya que eso sólo premiaría a los holgazanes incapaces de preocuparse por mejorar su propia propiedad. Tales pueblos «no pueden enmascarar su irresponsabilidad en el cuidado de su tierra y sus recursos naturales –argumenta Rawls– emigrando al territorio de otro pueblo sin el consentimiento de éste»[6].

Adornando la cubierta de la obra que contiene esas reflexiones, se ve una representación borrosa, envuelta en un pálido nimbo dorado, de una estatua de Abraham Lincoln; ese icono nacionalista es muy apropiado, aunque a Rawls no parece que llegara a ocurrírsele nunca que Estados Unidos debe su propia existencia a la violenta desposesión de los pueblos nativos por las mismas razones –incapacidad para hacer un uso «responsable» de su tierra y sus recursos– que aduce para negar hoy la redistribución de oportunidades o de riquezas más allá de sus fronteras. Los fundadores que presidieron esos despojos y quienes les siguieron reciben el homenaje acostumbrado en sus últimos escritos, aunque Lincoln ocupa una posición especial en su panteón, como atestiguan sus colegas y deja claro *The Law of Peoples*, donde es alabado como ejemplo de la «sabiduría, fuerza y coraje» de los hombres de Estado que, a diferencia de Bismarck, «guían a su pueblo en tiempos turbulentos y peligrosos»[7]. La abolición de la esclavitud era una de las principales razones de la admiración que sentía por él Rawls. Maryland era uno de los Estados esclavistas que se unieron al Norte al estallar la Guerra Civil, y todavía predominaba en él la segregación en los años jóvenes de Rawls. Pero Lincoln, por supuesto, no emprendió la Guerra Civil para liberar a los esclavos, cuya emancipación fue una conse-

---

[6] *Ibidem*, p. 39.
[7] J. Rawls, *The Law of Peoples*, cit., p. 97. Sobre el culto de Rawls a Lincoln, véase *inter alia* T. Nagel, «Justice, Justice Thou Shalt Pursue», *New Republic*, 13 de enero de 2000.

cuencia colateral de aquélla; lo hizo para preservar la Unión, un objetivo nacionalista donde los haya. El coste en vidas para asegurar la integridad territorial del país –600.000 muertos– fue mucho más alto que el de todas las guerras de Bismarck juntas. Una generación después, la emancipación se logró en Brasil sin apenas derramamiento de sangre. Las historias oficiales, más que los filósofos, existen para proporcionar epopeyas míticas a los forjadores de la nación. El patriotismo de Rawls lo aleja claramente de Kant. La Ley de los Pueblos, como él mismo explicaba, no parte de una visión cosmopolita[8].

Habermas representa el caso opuesto. En la Alemania de posguerra, la reacción contra el culto de la nación era más fuerte entre los jóvenes de su generación, que recordaban personalmente el Tercer Reich, que en ningún otro lugar de Occidente, y la división del país durante la Guerra Fría complicó aún más ese asunto. En Alemania había pues pocas posibilidades de tomar el Estado-nación como dato tácito de reflexión política. Para Habermas, la pregunta que uno debía hacerse era más bien la contraria: ¿qué lugar se podía acordar a la nación como comunidad contingente, con fronteras delimitadas por armas y accidentes, dentro de la estructura necesaria de la democracia liberal? Dado que el *Rechtstaat* [Estado de derecho] se basa en principios universales, ¿cómo puede albergar un núcleo particularista? Habermas ofrece dos razones, una teórica y la otra empírica. En lo que se refiere a la primera, observa que «existe una brecha conceptual en la construcción legal del Estado constitucional, que es tentador cubrir con una concepción naturalista del pueblo», ya que «no se puede explicar en términos puramente normativos como debería estar compuesto el universo de aquellos que se unen para regular su vida en común por medio de la ley positiva»[9]. En cuanto al segundo, en la práctica histórica, los ideales de soberanía popular y derechos humanos eran demasiado abstractos para despertar las energías necesarias para materializar la demo-

---

[8] J. Rawls, *The Law of Peoples*, cit., pp. 119-120.
[9] J. Habermas, *Die Einbeziehung des Anderen*, cit., pp. 139-140; *The Inclusion of the Other*, p. 115.

cracia moderna. Los lazos de sangre y de lengua proporcionaban el impulso extra para la movilización requerida, en la que la nación se convertía en una fuerza emocional impulsora semejante a la religión, como «remanente de trascendencia en el Estado constitucional»[10]. El nacionalismo alentó el imperialismo hasta bien entrado el siglo XX, sublimando los conflictos de clase en guerras de conquista y expansión en ultramar.

Hoy en día, no obstante, dos importantes fuerzas están debilitando la vigencia política del Estado-nación. Por un lado, la globalización de los mercados financieros y de los artículos de consumo están socavando la capacidad del Estado para impulsar la vida socio-económica: ni las tarifas aduaneras ni los instrumentos de bienestar sirven de mucho frente a esa presión. Por otro, la creciente inmigración y el ascenso del multiculturalismo están disolviendo la homogeneidad étnica de la nación. Para Habermas, hay graves riesgos en este proceso doble que amenaza con la desintegración los modos de vida tradicionales, con sus propios códigos éticos y protecciones sociales. Para evitar esos peligros, argumentaba, se precisaba un equivalente actual a la respuesta social que Polanyi había trazado en *La gran transformación* al clásico *laissez-faire*, un segundo «cierre» curativo de lo que se había convertido en una nueva modernidad «liberalmente expandida»[11]. La Unión Europea ofrecía el modelo de lo que podría ser tal constelación posnacional, en la que los poderes y protecciones de diferentes Estados-nación se transmitían hacia arriba a una soberanía supranacional que ya no requería un sustrato étnico o lingüístico común, sino que derivaba su legitimidad únicamente de normas políticas universalistas y de la oferta de servicios sociales. La combinación de unas y otra define un conjunto de valores europeos, aprendidos de la dolorosa experiencia histórica, que pueden ofrecer una brújula moral a la Unión[12].

---

[10] J. Habermas, *Die Normalität einer Berliner Republik*, Fráncfort, 1995, pp. 177-179; *A Berlin Republic. Writings on Germany*, Lincoln (NE), 1997, pp. 170-172.

[11] J. Habermas, *Die Postnationale Konstellation*, cit., pp. 122-135; *The Postnational Constellation*, cit., pp. 80-88.

[12] *Ibidem*, pp. 155-156 y 103.

Tal federación europea, que supondría un avance histórico más allá del estrecho marco del Estado-nación, debería a su vez asumir su lugar en el seno de una comunidad mundial de riesgo compartido, ya que «la gran dinámica, históricamente crucial, de la abstracción de lo local a lo dinástico, lo nacional y por fin a la conciencia democrática» puede dar hoy un nuevo paso adelante[13]. El gobierno mundial sigue siendo imposible, pero una política doméstica mundial no. Dado que la participación política y la expresión de la voluntad popular, como dice Habermas, no son ya las bases predominantes de la legitimidad democrática, no hay razón para demandar un sufragio planetario o una asamblea representativa planetaria. La «accesibilidad general de un proceso deliberativo cuya estructura se basa en la expectativa de resultados racionales» es ahora más significativa, y, con formas tales como el papel desempeñado por las organizaciones no gubernamentales en las negociaciones internacionales, puede bastar en gran medida para el progreso necesario, ya que una democracia cosmopolita no puede reproducir a escala global la solidaridad cívica o la política de Estado del bienestar de la Unión Europea. Su «marco normativo» debe consistir simplemente en la protección de los derechos humanos, esto es, en «normas legales con un contenido exclusivamente moral»[14].

Más allá del obvio contraste en sus valoraciones de la nación, se puede constatar una diferencia más amplia de perspectiva entre Rawls y Habermas. La concepción de este último sobre las exigencias de la época cuenta con una base sociológica más amplia y ofrece un panorama general de los cambios objetivos acontecidos en el mundo contemporáneo. Rawls, a quien le faltaba esa imaginación sociológica, parece no haber percibido en absoluto –como señala Pogge– las implicaciones de los mercados de capital globalizados en su presentación de las cualidades morales que distinguen a los pueblos en el cuidado de sus activos naturales, pero no se puede decir lo mismo de Habermas. Sin embargo, éste, a diferencia de Rawls, elude cualquier propuesta específica

---

[13] *Ibidem*, pp. 89 y 56.
[14] *Ibidem*, pp. 162-166 y 108-111.

para las relaciones económicas entre zonas ricas y pobres del planeta, aún tan limitadas como las que Rawls presenta en *The Law of Peoples*. Lo único que implica la comunidad de riesgo compartido es la puesta en vigor a escala internacional de los derechos humanos; ahí, los dos pensadores se alimentan mutuamente. Para ambos, los derechos humanos son el trampolín global para saltar sobre las barreras de la soberanía nacional, en nombre de un futuro mejor.

¿De dónde provienen esos derechos en una y otra filosofía? En *A Theory of Justice*, se deducen sin problemas del dispositivo de la situación original, como derechos que hipotéticos individuos seleccionarían racionalmente, *inter alia*, bajo el velo de la ignorancia. Era una solución elegante, que evitaba la determinación del estatus de derechos reclamado en el mundo real. Cuando escribió *Political Liberalism*, preocupado por construir un consenso general a partir de las distintas posiciones ideológicas existentes –y que, por ello mismo, requería inevitablemente más referencias empíricas– eso ya no bastaba. Para mostrar que tal consenso incluiría sus principios de justicia, Rawls se vio obligado ahora a argumentar que todas las religiones importantes contenían códigos morales compatibles con ellos. En *The Law of Peoples*, las dos líneas de argumentación confluyen. Los derechos humanos universales son deducibles de la opción por la que distintos pueblos, provistos como están con diferentes creencias, se inclinarían si se hallaran situados en una posición original. Dado que forman un conjunto más restringido que la totalidad de los derechos liberales, tanto las sociedades democráticas como las simplemente decentes los seleccionarían; resulta sintomático que los ejemplos que da Rawls de estas últimas sean siempre musulmanas.

A falta de un artificio contrafáctico para deducirlos, Habermas se ve obligado a presentar una genealogía más clara de los derechos humanos que la que se suele ofrecer de hecho en el mundo político. Observando «cierto embarazo filosófico» en torno a ellos, admite que no se pueden considerar como derechos morales inherentes a cada ser humano, ya que son «jurídicos por su propia naturaleza», esto es, sólo pueden existir como determinaciones del derecho positivo; pero también son «supra-positivos», ya que su justificación –a diferencia de otras normas legales– puede ser exclusivamente moral, sin necesidad de argumentos adicionales en su favor[15]. ¿Cuál es entonces la moralidad que los legitima? Ahí, Habermas se remite directamente a Rawls:

> La pretensión de universalidad que nosotros asociamos con los derechos humanos, ¿oculta simplemente un instrumento particularmente sutil y engañoso de dominación occidental? ¿O bien *convergen* en ellos las religiones universalistas mundiales, en un catálogo básico de intuiciones morales?

No hay premio por adivinar la respuesta.

> Estoy convencido de que Rawls tiene razón, de que el contenido básico de los principios morales encarnado en el derecho internacional es acorde con la sustancia normativa de las grandes doctrinas proféticas y las concepciones metafísicas del mundo pergeñadas a lo largo de la historia[16].

La inclinación más sociológica de Habermas, que recuerda a Weber, no le permite, sin embargo, dejar el asunto ahí. Después de todo, ¿acaso no es la doctrina de los derechos humanos específicamente occidental en su origen en vez de una inspiración pan-confesional? Ajustando su visión, Habermas responde a esa objeción explicando que «los derechos humanos provienen menos del trasfondo cultural particular de la civilización occidental que del intento de responder a desafíos específicos planteados por una modernidad social que ha acabado por abarcar todo el globo»[17].

---

[15] J. Habermas, *Die Einbeziehung des Anderen*, cit., pp. 221-224; *The Inclusion of the Other*, cit., pp. 189-191.

[16] J. Habermas, *Vergangenheit als Zukunft*, Zúrich, 1991, p. 30; *The Past as Future*, Lincoln (NE), 1994, pp. 20-21. Rawls ha explicado que todas las principales religiones del mundo eran doctrinas «razonables» capaces de aceptar sus principios de justicia: *Political Justice*, Nueva York, 1993, p. 170.

[17] J. Habermas, *Die Postnationale Konstellation*, cit., p. 181; *The Postnational Constellation*, cit., p. 121.

¿Cómo es entonces que los desafíos sociales de la modernidad coinciden con las intuiciones morales de la antigüedad, mezclándose inesperadamente la era atómica con la era axial[18] en la elocuente prosa de las Naciones Unidas? Habermas cree contar con un instrumento para cuadrar ese círculo. Las creencias que se acomodan tan armoniosamente entre sí y con la sabiduría laica, no son «fundamentalistas», sino conscientes de que sus propias «verdades religiosas deben acomodarse al conocimiento secular públicamente reconocido», y así, «como el cristianismo desde la Reforma [...], se transforman en "doctrinas razonablemente integrales" bajo la presión reflexiva generada por las circunstancias de la vida moderna»[19].

Con esta glosa, queda al desnudo la vaciedad de la proclamación de que los derechos humanos son revalidados por todas las religiones mundiales. Basta un ligero conocimiento del Pentateuco, las Revelaciones, el Corán o el Bhagavadgita –repletos de todo tipo de llamamientos a la persecución y la matanza– para mostrar lo absurdo de una idea tan anacrónica. Lo que realmente postulan Rawls y Habermas es que, una vez que las creencias religiosas se hacen indistinguibles de la «razón pública» o el «conocimiento secular», se pueden emplear, como cualquier otra verdad de Perogrullo, como sostén de cualquier lugar común. El hecho de que, en el mundo real, las creencias trascendentes sigan representando imperativos éticos contradictorios, alentando la guerra ideológica o real de unas contra otras, se convierte en un residuo irrelevante: el dominio de un «fundamentalismo» que ya no es ni siquiera del todo religión, entendida ésta en sentido estricto.

En la construcción de Habermas, sucede algo similar con la democracia. Una vez que ésta se redefine como algo que tiene que ver principalmente con la «comunicación» y la «conciencia», la participación política y la voluntad popular se convierten

---

[18] Aproximadamente del año 800 al 200 antes de nuestra era. Cfr. K. Jaspers, *Vom Ursprung und Ziel der Geschichte (Darstellung der Achsenzeit)*, 1949. *[N. de la T.]*

[19] *Ibidem*, pp. 191-192 y 128. También aquí la referencia a las «doctrinas razonablemente integrales» se remite explícitamente a Rawls.

en residuos de los que se puede prescindir en el diseño de un orden legal cosmopolita. También aquí el concepto primordial asegura el resultado deseado: la teoría del discurso de Habermas sirve aquí para neutralizar la democracia como la razón pública de Rawls sirve para neutralizar la religión, ya que Habermas nos ofrece más una justificación metafísica construida en virtud del flujo saludablemente impersonal y descentrado de la razón comunicativa de la involución de los ideales democráticos clásicos en los sistemas representativos dispersos y despolitizados del Occidente actual, que una crítica de la misma. El resultado es una teoría política hecha a medida para una mayor disolución de la soberanía popular a escala europea y para su evaporación a una escala eventualmente global. Hay que reconocer a Habermas que al escribir sobre la Unión Europea que tiene ante sus ojos ha tratado de resistirse a su propia lógica del debilitamiento de cualquier idea de autodeterminación colectiva, pidiendo más poderes para el Parlamento europeo y la formación de partidos europeos. Pero cuando considera, sin verse frenado por una experiencia similar, el orden cosmopolita del futuro, la lógica de su proyecto conduce a un fantasma político: democracia sin democracia, desprovista incluso de elecciones o votantes.

El marco intelectual de la perspectiva de Bobbio es distinto de estos dos. La razón es que su punto de partida histórico es también muy diferente. Rawls y Habermas no comenzaron a reflexionar sobre el sistema interestatal hasta que finalizó la Guerra Fría. Sus teorías no son sino respuestas al nuevo orden mundial anunciado a raíz de la primera Guerra del Golfo. Las preocupaciones de Bobbio, en cambio, que las precedieron en tres décadas, fueron producto de la propia Guerra Fría. Los peligros de una guerra nuclear estaban completamente ausentes del análisis de Rawls o de Habermas, pero eran precisamente los que determinaba el acercamiento de Bobbio a la escena internacional. La lección de Carlo Cattaneo en la época del Risorgimento, y de su maestro Aldo Capitini en la resistencia antifascista, había sido que la eliminación de la violencia como medio para resolver los conflictos, mediante los procedimientos democráticos vigentes dentro de los Estados, requería un complemento estructural entre éstos. La libertad y la paz, fueran cuales fueran las brechas o torsiones empíricas entre ellas, estaban vinculadas lógicamente entre sí.

A finales del siglo XVIII y hasta mediados del XIX, muchos pensadores creían que la historia estaba a punto de conseguir esa unión. Kant y Mazzini confiaban en que la difusión de los gobiernos republicanos haría desaparecer la guerra. Saint-Simon, Comte y Spencer pensaban que la sociedad industrial convertiría en un anacronismo los conflictos militares. Cobden esperaba que el aumento del comercio garantizara la amistad entre las naciones. Bebel y Jaurès estaban seguros de que el socialismo aportaría una paz duradera entre los pueblos. Todas esas esperanzas, por plausibles que parecieran en su época, se frustraron en el siglo XX. Las barreras contra la carnicería mutua que se suponía que erigirían demostraron estar hechas de barro. Los comerciantes no sustituyeron a los guerreros; los pueblos resultaron ser tan feroces como los príncipes; los Estados comunistas se atacaron mutuamente[20]. Pero ahora que la aniquilación nuclear amenazaba a toda la humanidad, la paz era un imperativo universal más fuerte que nunca. Bobbio no tenía tiempo para la ortodoxia de la Guerra Fría. La teoría de la disuasión era contradictoria en sí misma, al tratar de evitar el riesgo de guerra atómica mediante las mismas armas que lo generaban. El equilibrio del terror era intrínsecamente inestable, destinado a la escalada más que al equilibrio[21]. Los tratados de desarme serían bienvenidos si se lograban, pero no constituían una alternativa radical ni fiable.

Las soluciones morales al problema de la guerra, por nobles que fueran, no eran más satisfactorias que las instrumentales, ya que requerían una transformación muy improbable de la humanidad. La vía más creíble para poner fin a la carrera nuclear era la institucional. Si las raíces de la guerra estaban en el sistema interestatal, desde un punto de vista lógico cabían dos tipos de reme-

---

[20] N. Bobbio, *Il problema della guerra e le vie della pace*, Bolonia, 1984, pp. 113-114 y 143-146; *Il terzo assente*, cit., pp. 34-38.

[21] N. Bobbio, *Il problema della guerra e le vie della pace*, cit., pp. 50-55; *Il terzo assente*, cit., pp. 60-68.

dios: si los conflictos eran generados por la estructura de las relaciones internacionales, lo indicado era una solución jurídica; si se debían al carácter interno de los Estados que constituían el sistema, la solución tendría que ser social. En el primer caso, la paz sólo se podría garantizar mediante la creación de un super-Estado, dotado de un monopolio global de la violencia y capaz de instituir un orden legal uniforme en todo el mundo. En el segundo, sólo podría llegar mediante una transición al socialismo que condujera a una desaparición progresiva del propio Estado. Una única soberanía hobbesiana, o un *Sprung in die Freiheit* [salto a la libertad] marxista: ésas eran las dos opciones[22]. Sin pretender que eso significara la eliminación de la coerción, ya que el Estado es siempre, por definición, una concentración de violencia, Bobbio mantenía que la única perspectiva realista para la paz global era la hobbesiana. La amenaza de una conflagración nuclear sólo se podía contrarrestar mediante un Estado universal. Estructuralmente se podría convertir en un superdespotismo como el que temía Kant[23], pero, a diferencia de Rawls o de Habermas, Bobbio estaba dispuesto a asumir ese riesgo, porque era menor que el de la destrucción planetaria que éstos ignoraban.

Cuando la Guerra Fría quedó atrás, Bobbio se preocupó más por dotar a su marco hobbesiano de unos cimientos lockeanos, insistiendo en la necesidad de una encarnación democrática, más que autoritaria, del tercero ausente, lo que si bien siempre era preferible, ahora que había desaparecido el bloque soviético, resultaba cada vez más posible. Sin embargo, el gobierno mundial que defendía seguía siendo una estructura mucho más centralizada que la ley de los pueblos de Rawls o la conciencia cosmopolita de Habermas, y suponía una menor idealización de sus premisas. Incluso ajustada a las circunstancias vigentes tras la Guerra Fría, el vínculo de tal autoridad con la democracia era más débil desde el punto de vista lógico, ya que su principal legitimación era la pacificación de las relaciones interestatales, más que una mímesis de las normas intraestatales. No postulaba dispositivos

---

[22] N. Bobbio, *Il problema della guerra e le vie della pace*, cit., pp. 83-86.
[23] *Ibidem*, p. 116; *Il terzo assente*, cit., pp. 49-50.

como la situación original o la teoría del discurso reproducidas a escala internacional, sino una lógica sobrevenida a esa misma escala, acorde con el pensamiento del propio Bobbio, impensable para los otros dos, de que «a nadie que contemple la historia sin ilusiones se le puede escapar que las relaciones entre gobernantes y gobernados están dominadas por la primacía de la política exterior sobre la doméstica»[24].

Así pues, también los derechos humanos, aunque a la postre desempeñaban en las prescripciones de Bobbio para un orden internacional pacífico un papel similar al que ocupaban en las agendas de Rawls y Habermas, se contemplaban siempre bajo una luz muy diferente. Bobbio no sugiere en ningún momento que fueran a armonizar mágicamente con las intuiciones morales de las grandes religiones del mundo, ni que pudieran entenderse como principios del derecho natural, ni como exigencias genéricas de la modernidad, aunque eso no los hiciera menos preciosos para él; pero una concepción realista de esos derechos resulta incompatible con sus descripciones habituales. No son derechos naturales «fundamentales», ya que lo que parece básico siempre depende de la época o la civilización. Desde que se proclamaron por primera vez, la lista de los derechos humanos ha sido siempre algo mal definido, variable y a menudo contradictorio. Tales derechos entran continuamente en conflicto mutuo: la propiedad privada con la igualdad civil, la libertad de opción con la educación universal, etc. Dado que los valores últimos son antinómicos, los derechos que apelan a ellos son inevitablemente incoherentes. Hasta ahora, por ejemplo, no se ha alcanzado una síntesis histórica entre las concepciones liberal y socialista. Así pues, los derechos humanos carecen de fundamento filosófico. Su única garantía es fáctica: hoy día, todos los gobiernos reconocen formalmente la Declaración de Derechos Humanos de las Naciones Unidas, y ese consenso empírico les da una universalidad contingente que constituye su base real[25].

---

[24] N. Bobbio, *Il terzo assente*, cit., p. 94.
[25] N. Bobbio, *Il problema della guerra e le vie della pace* (primera edición), Bolonia, 1970, pp. 119-157.

La presentación que hace Bobbio de los derechos humanos está pues muy alejada de las versiones deontológicas de Rawls o Habermas; es radicalmente histórica. Para Hobbes, sólo se tenía derecho a la propia vida: el individuo podía negarse a entregársela al Estado; pero, desde los tiempos de Hobbes, la lista de derechos reivindicados por los ciudadanos se ha ido ampliando progresivamente: al principio con libertades frente al Estado, luego con libertades en el Estado y, finalmente, con libertades mediante el Estado. El derecho a la autodeterminación de las naciones, rechazado con vehemencia por Habermas, es una de esas conquistas. Y la dinámica de esta «era de los derechos» no parece tener fin: hoy día están en la agenda el derecho a una información veraz y a la participación en el poder económico. Pero una cosa es la declamación teórica, y otra muy distinta, la observancia práctica. El nuevo *ethos* global de los derechos humanos sólo resplandece en solemnes declaraciones oficiales y comentarios instruidos; en la realidad, se constata:

> Su violación sistemática en prácticamente todos los países del mundo (quizá podríamos decir en *todos* los países del mundo, sin temor a equivocarnos), en las relaciones entre los poderosos y los débiles, los ricos y los pobres, los instruidos y los carentes de instrucción[26].

Tampoco se puede contemplar el derecho con el arrobamiento de Habermas o Rawls. Las guerras y revoluciones –el ejercicio de la violencia externa e interna– han sido a menudo fuente de códigos legales. La legitimidad proviene típicamente de la victoria, no ésta de aquélla. Una vez promulgadas, las leyes se pueden comparar a un muro de contención o una canalización de los poderes de los grupos sociales existentes. Cuando los diques se rompen, se nos viene encima un poder extraordinario de hacer leyes, creando una nueva legitimidad: *ex facto oritur jus*. «La ley no puede renunciar al uso de la fuerza y siempre se basa en últi-

---

[26] N. Bobbio, *Autobiografía*, Bari, 1999, p. 261 [ed. cast.: *Autobiografía*, Madrid, Taurus, 1998].

ma instancia en el derecho de los más fuertes, que sólo a veces, y de forma contingente, coincide con el de los más justos»[27]. Nos hallamos a mucha distancia de las premisas de una jurisprudencia habermasiana. Bobbio, aunque podía variar la distribución de sus énfasis, nunca renunció a una fidelidad básica a la máxima de Hobbes: *auctoritas sed non veritas facit legem*. La ONU debería contar con poderes para hacer respetar los derechos humanos que proclamó; pero la brecha entre sus promesas y la realización de éstas sigue siendo muy amplia. No ha garantizado la paz o la amistad entre las naciones que su Carta pregonaba. Su logro principal hasta la fecha fue algo nunca previsto por sus fundadores: el impulso que dio su Asamblea General en diciembre de 1960 a la descolonización, el mayor progreso de la emancipación política en la segunda mitad del siglo XX[28]. Al igual que Habermas, Bobbio no proponía ningún programa preciso para la reducción de las desigualdades sociales a escala global, pero la fuerza de sus sentimientos al respecto también lo singularizaban. El mayor problema de là época, que ninguno de los países ricos podía resolver debido a la carrera nuclear, era la muerte por hambre en los países pobres del Sur[29].

Si ésas eran las principales diferencias en cuanto a la perspectiva teórica, ¿qué se puede decir de las respuestas políticas de los tres pensadores con respecto al nuevo panorama de violencia desencadenada después de la Guerra Fría? Rawls, coherente con el silencio que había mantenido durante toda su vida, no hizo ningún comentario sobre las *guerres en chaîne* de la década de 1990, pero la lógica de su aprobación aparece cada dos páginas de *The Law of Peoples*. En ese libro, el filósofo de la justicia no sólo ofrece un cheque en blanco a las intervenciones militares para proteger los derechos humanos, sin especificar siquiera qué autoridad, aparte de la de los «pueblos democráticos» en general, tiene derecho a decidirlas; incluso superó la jerga del Depar-

---

[27] N. Bobbio, *Il problema della guerra e le vie della pace*, cit., p. 111; *Il terzo assente*, cit., p. 135.

[28] N. Bobbio, *Il terzo assente*, cit., pp. 108-109.

[29] *Ibidem*, p. 181.

tamento de Estado al hablar de Estados «forajidos», expresión que invitaba a los países respetuosos de las leyes a deshacerse de ellos aún más rápidamente que de los simplemente «delincuentes». Las premisas políticas de ese lenguaje se pueden encontrar en las ilustraciones históricas que ofrece el libro. Aunque Rawls no menciona acontecimientos políticos actuales en los que cita del pasado muestra una mente sorprendentemente acrítica. La carnicería de la Primera Guerra Mundial fue inevitable, porque «ningún pueblo liberal que se respetara a sí mismo» podría haber aceptado las exigencias alemanas a Francia en 1914[30]. El bombardeo de Hamburgo durante la Segunda Guerra Mundial estaba justificado, y quién sabe si también el del Dresde. Aunque la destrucción de las ciudades japonesas, que culminó en Hiroshima y Nagasaki, fue una gran equivocación, representó simplemente un «fallo como hombre de Estado» de Truman, quien por otra parte –como atestiguan presumiblemente los juramentos de lealtad y el soborno de la ONU– fue «en muchos sentidos un buen presidente, e incluso muy bueno a veces»[31]. Una guía excelente para las guerras justas es, a su juicio, una obra que explicaba por qué lo era el golpe preventivo de Israel en 1967[32]. Entre esas sociedades fuera de la ley, estaban la España de los Habsburgo y la Francia de los Borbones o la napoleónica, pero no la Inglaterra hanoveriana o victoriana, y menos los Estados Unidos de la Era Dorada[33]. Tales bellacos no son sino potencias «insatisfechas». Las armas nucleares son esenciales para mantener controlados a los eventuales antagonistas actuales[34]. Hasta la

---

[30] J. Rawls, *The Law of Peoples*, cit., p. 48.

[31] J. Rawls, *The Law of Peoples*, cit., pp. 99-102; *Collected Papers*, Cambridge (MA), 1999, p. 572.

[32] «Me remito aquí a *Just and Unjust Wars*, de Michael Walzer. Es una obra impresionante, y lo que digo no creo que se aleje de ella en ningún aspecto significativo»; J. Rawls, *The Law of Peoples*, cit., p. 95.

[33] *The Gilded Age:* expresión acuñada por el novelista Mark Twain para referirse a la aparentemente espectacular pero en realidad corrupta naturaleza de la sociedad estadounidense durante la intensa industrialización experimentada por la misma en las últimas décadas del siglo XIX. *[N. de la T.]*

[34] *Ibidem*, pp. 48-49.

acuñación por Rawls de la idea de pueblos «decentes», para distinguirlos de los democráticos, reproduce simplemente la geografía del sistema de seguridad estadounidense. La sociedad musulmana imaginaria de «Kazanistán» que Rawls evoca para ilustrar esa noción, puede leerse como una versión idealizada de Kuwait o Arabia Saudí, clientes fiables cuyos sistemas políticos, nada liberales, deben ser respetados, mientras que los forajidos de su entorno son destruidos. La operación Tormenta del Desierto, equipada con tales credenciales, podría entenderse como la Ley de los Pueblos en tiempo real.

Habermas era más explícito. La campaña aliada para castigar la descarada violación por parte de Iraq del derecho internacional al apoderarse de Kuwait fue un paso importante hacia la creación de una esfera pública global. Aunque no se combatió bajo el mandato de la ONU y no había que rendir cuentas ante el Consejo de Seguridad, invocaba a la ONU y eso era mejor que nada: «Por primera vez Estados Unidos y sus aliados tuvieron la posibilidad objetiva de asumir temporalmente el papel (supuestamente neutral) de fuerza de policía para las Naciones Unidas.» Cabe reconocer el resultado como una acción híbrida, ya que los cálculos políticos y de poder no estaban ausentes de su ejecución; pero ahora quedaba ahora claro que «el respeto al derecho internacional tiene que quedar a cargo de una cooperación organizada de la comunidad internacional, y no de algún utópico (en el peor sentido de la palabra) gobierno mundial». Además, y quizá esto sea más importante, la primera Guerra del Golfo estaba justificada no sólo por la anexión iraquí de Kuwait, sino por la amenaza que suponía para Israel: «El escenario de pesadilla de un Israel rodeado por el conjunto del mundo árabe y amenazado con las armas más horribles»[35]. Dado que las violaciones del derecho internacional no habían preocupado hasta entonces a Habermas –cuando Turquía invadió Chipre, o Indonesia se anexionó Timor oriental, o Israel se apoderó de Jerusalén este y ocupó Cisjordania, no se le oyó decir nada– parece claro que la presión

---

[35] J. Habermas, *Vergangenheit als Zukunft*, cit., pp. 19, 18 y 23; *The Past as Future*, cit., pp. 12, 11, 15.

principal para el apoyo de Habermas a la operación Tormenta del Desierto eran sentimientos políticos más que argumentos legales. Por un lado, estaba su declarada postura desde antiguo de lealtad a Occidente. Durante cuarenta años, había mantenido que Alemania sólo se podía purgar de su maligno pasado y dejar atrás todas las ideas sospechosas de *Sonderweg* [trayectoria especial], mediante una «orientación incondicional» hacia Occidente. Ése había sido el gran logro de Adenauer, que de joven no había conseguido entender, y que debe seguir siendo la estrella polar de la República Federal Alemana. Después de 1945 fue esa orientación la que había dado a los alemanes y «una postura honrada»[36]. Pero también contaba, tras la Solución Final, y decisivamente, la responsabilidad especial de Alemania con respecto a Israel, una democracia vulnerable «obligada a actuar como puesto avanzado del mundo occidental» en Oriente Próximo. Desde la fundación de la República Federal –señalaba aprobadoramente Habermas–, la «solidaridad con Israel ha sido una ley no escrita de la política exterior alemana»; sólo los antisemitas podían cuestionarla[37]. En la mezcla de motivaciones para el apoyo de Habermas a la Guerra del Golfo, ésta era probablemente la más poderosa.

No pocos admiradores de Habermas, en Alemania o en otros lugares, se vieron sorprendidos por esa teorización filosófica de una guerra que, como admitía la propia Administración estadounidense, tenía como finalidad esencial el control de los pozos de petróleo. En el propio Habermas, se podían detectar signos de una conciencia incómoda, y pronto expresó reservas sobre las tácticas militares empleadas para ganar la guerra, e incluso reconoció que la pretensión de legitimación por parte de la ONU «servía en gran medida como pretexto»[38]. Pero esos matices, calcu-

---

[36] J. Habermas, *Vergangenheit als Zukunft*, cit., p. 64; *The Past as Future*, cit., p. 48; *Die Normalität einer Berliner Republik*, cit., pp. 93-94 y 108; *A Berlin Republic. Writings on Germany*, cit., pp. 88-89, 102.

[37] J. Habermas, *Vergangenheit als Zukunft*, cit., p. 28; *The Past as Future*, cit., p. 18; «Letter to America», *The Nation*, 16 de diciembre de 2002.

[38] J. Habermas, *Vergangenheit als Zukunft*, cit., p. 20; *The Past as Future*, cit., p. 12.

lados para desarmar a los críticos, sólo subrayan la crudeza de su conclusión subsiguiente, que barría los principios en nombre de los hechos. Descartando la objeción de que las negociaciones para una solución pacífica del conflicto no se habían agotado en absoluto, Habermas declaró, con el espíritu de *Realpolitik* de un *saloon* del Oeste: «Resulta un tanto académico someter un acontecimiento de tal brutalidad a una pedante evaluación normativa después de los hechos»[39].

La modificación retórica de la respuesta de Bobbio a la Guerra del Golfo fue extrañamente similar. La operación Tormenta del Desierto, según explicaba cuando se inició, era una guerra justa de legítima defensa contra la agresión. Saddam Hussein, que pretendía convertirse en emperador del islam, constituía un gran peligro internacional: un dictador sanguinario en su propio país y un señor de la guerra expansionista en el exterior, que multiplicaría las agresiones hasta el fin de sus días si no se le ponía freno ahora. Al igual que Hitler, intentaba extender cada vez más el teatro del conflicto, como mostraba su lanzamiento de cohetes contra Israel[40]. La declaración de Bobbio provocó más alboroto que la de Habermas, en parte porque todavía quedaba una izquierda mucho más fuerte en Italia que en Alemania, pero también porque él mismo se había pronunciado de forma tan elocuente contra la belicosidad de la Guerra Fría. Las críticas de sus amigos y alumnos, desconcertados por su aparente *volteface*, fueron abundantes y rápidas, por lo que también Bobbio, tras aprobar el inicio de la guerra, se distanció de su práctica. «Admito, y no me duelen prendas, que en el curso de la guerra las relaciones entre el organismo internacional y la dirección militar se han hecho más evanescentes, con la consecuencia de que el actual conflicto se parece cada vez más a una guerra tradicional, excepto en lo que hace a la desproporción de fuerza entre ambos combatientes. ¿Se ha perdido una gran oportunidad histórica?», se preguntaba tras cinco semanas de bombardeo estadounidense ininterrumpido. Mirando a su alrededor, confesaba que «nuestra

---

[39] *Ibidem*, p. 22 y 14.
[40] N. Bobbio, *Una guerra giusta?*, Venecia, 1991, pp. 39, 22, 48 y 60.

conciencia se siente trastornada». La guerra era justa, pero –y esto era diferente– ¿era necesaria? Y en tal caso, ¿tenía que desarrollarse de esa forma? La respuesta de Bobbio era tajante: como decía Habermas, no servía para nada mostrarse escrupuloso *ex post facto*.

Cualquier respuesta a tales cuestiones llega demasiado tarde para cambiar el curso de los acontecimientos. No solo sería irrelevante –«lo que se ha hecho está hecho»–, sino que podría parecer ingenuo, porque nadie estaba en condiciones de saber lo que habría sucedido si se hubiera elegido otra vía para alcanzar el mismo objetivo[41].

Puede que la guerra no fuera necesaria, o que podría haber sido menos sangrienta, pero ahora era un *fait accompli*. ¿De qué servía discutir sobre ella?

Ocho años después, Habermas saludó la operación Fuerza Aliada con un aplauso más decidido. El ataque de la OTAN contra Yugoslavia era necesario para poner fin a los crímenes contra la humanidad del régimen de Milošević, «300.000 personas sometidas al terror, amenazadas con el asesinato o la expulsión» antes de que comenzara su rescate por los bombardeos aéreos estadounidenses. No había ninguna base para sospechar de los motivos de su intervención, de la que Estados Unidos no podía ganar nada. Se trataba de una guerra humanitaria, que aunque careciera de un mandato de la ONU, contaba con la «autorización tácita de la comunidad internacional». La participación de la Bundeswehr en el ataque fue decidida por una coalición rojiverde que era el primer gobierno alemán comprometido con un orden legal cosmopolita en el espíritu de Kant y Kelsen. Expresaba un estado de ánimo de la opinión pública alemana tranquilizadoramente similar al del resto de Europa occidental. Podía haber algunos desacuerdos entre los europeos continentales y los anglosajones sobre la importancia de consultar al secretario general de la ONU o de acordar los planes con Rusia, pero, «tras

---

[41] *Ibidem*, pp. 23 y 90.

el fracaso de las negociaciones de Rambouillet», Estados Unidos y los Estados pertenecientes a la Unión Europea compartían una misma posición[42].

Cierto es, por supuesto, que como los derechos humanos sólo están débilmente institucionalizados a escala internacional, «la frontera entre ley y moralidad puede ser borrosa, como en el presente caso». Una vez denegada la autorización del Consejo de Seguridad, la OTAN «sólo podía apelar a la validez moral del derecho internacional», pero eso no avalaba la crítica de Carl Schmitt a la moralización de las relaciones interestatales como algo que radicalizaba fatalmente los conflictos entre los Estados, sino que las intervenciones humanitarias como el bombardeo de Yugoslavia debían anticiparse al futuro orden cosmopolita que trataban de crear. Ahí había una distinción entre Washington y la mayoría de las capitales europeas: para Estados Unidos, la puesta en vigor a escala global de los derechos humanos suponía una brújula moral para los objetivos nacionales. Los alemanes debían su propia liberación a esa fructífera unión entre idealismo y pragmatismo que se remontaba a Wilson y Roosevelt, y que seguía siendo tan vital como siempre. «Estados Unidos ha asumido la tarea de mantener el orden como corresponde a una superpotencia en un mundo de Estados regulado sólo débilmente por la ONU»[43], aunque los imperativos morales por los que actuaba debían institucionalizarse como normas legales con fuerza vinculante a escala internacional. Felizmente, la ONU estaba en vías de cerrar la brecha entre unos y otras, aunque la transición entre la política de gran potencia y un orden cosmopolita emergente requiriera todavía un proceso de aprendizaje común.

Tanto en los Balcanes como en el Golfo, Habermas cuidó de sazonar su posicionamiento a favor de la guerra con cláusulas

---

[42] J. Habermas, «Bestialität und Humanität. Ein Krieg an der Grenze zwischen Recht und Moral», *Die Zeit*, 29 de abril de 1999; publicado en inglés como «Bestiality and Humanity. A War on the Border between Law and Morality», en W. Buckley (ed.), *Kosovo. Contending Voices on the Balkan Intervention*, Grand Rapids (MI), 2000, pp. 307-308 y 312.

[43] J. Habermas, «Bestiality and Humanity», cit., pp. 313-316.

de conciencia. Por un lado, los daños colaterales a la población civil yugoslava creaban una sensación de intranquilidad: ¿eran siempre proporcionados los brutales medios militares empleados para salvar a los kosovares? Había razones para dudarlo. Por otro lado, ¿qué sucedería si la operación Fuerza Aliada supusiera el modelo para todas las intervenciones humanitarias a partir de entonces? Occidente se había visto obligado a esquivar a la ONU en aquel caso, pero eso debía ser una excepción. «La autoautorización de la OTAN no puede convertirse en rutinaria»[44]. Con esto –en un ensayo cuyo título estaba tomado de la lapidaria sentencia de Schmitt «humanidad, bestialidad», y dedicado a refutarlo–, Habermas acababa ilustrando paradójica e inocentemente la propia teoría del derecho que deseaba rebatir, resumida en el famoso aforismo inaugural de *Teología política:* «Soberano es aquel que decide la excepción.» La base de cualquier orden legal, según Schmitt, no eran las normas, sino las decisiones. «Las reglas no prueban nada, la excepción lo prueba todo. Confirma no sólo la regla, sino también su existencia, que proviene precisamente de la excepción»[45]. Kant o Kelsen, invocados por Habermas en el preámbulo de su texto, no ofrecían coartadas para la intervención estadounidense en los Balcanes. Para justificarla, se vio inconscientemente obligado a recurrir a Schmitt, ya que soberana, en efecto, era la superpotencia que lanzó el ultimátum de Rambouillet destinado a proporcionar la excusa para la guerra, y difundió el mito de cien mil muertos para motivarla; y soberano era el filósofo que ahora explicaba que la excepción anticipaba la regla del futuro.

A diferencia de Habermas, Bobbio había admirado a Schmitt y había mantenido correspondencia con él; pero al justificar la guerra de los Balcanes tenía en mente a una autoridad más alta. Milošević era un tirano como Saddam, al que había que borrar de la faz de la tierra: el ataque de la OTAN contra él debía considerarse como una acción de policía más que una guerra internacional, y sus medios debían ser proporcionales a sus fines. No

---

[44] *Ibidem*, pp. 309 y 316.
[45] C. Schmitt, *Politische Theologie*, Múnich y Leipzig, 1922, p. 15.

tenía sentido seguir hablando de guerras justas o injustas: todo lo que se podía preguntar era si una guerra era legal o no y si era eficaz o no. Pero ahora existía otro tipo de garantía, ya que Estados Unidos, como superpotencia, había adquirido una especie de «derecho absoluto que lo sitúa totalmente fuera del orden internacional constituido». En la práctica, Estados Unidos no necesitaba justificación legal para sus guerras, ya que su historial en defensa de la democracia en las tres batallas decisivas del siglo XX –la Primera Guerra Mundial, la Segunda Guerra Mundial y la Guerra Fría– le daba legitimidad ética a su preeminencia *de facto*. Los europeos debían su libertad a Estados Unidos, y con ella una gratitud incondicional. Wilson, Roosevelt y Reagan habían luchado por la buena causa, derrotando a las potencias centrales, al fascismo y al comunismo, haciendo así posible el mundo democrático normal en el que vivimos ahora. La *Filosofía del Derecho* de Hegel habría entendido ese papel. En cada periodo de la historia hay una nación dominante, que posee un «derecho absoluto, como impulsora del desarrollo del espíritu mundial en la correspondiente fase», dejando a las demás naciones sin derechos frente a eso[46].

Este panegírico de largo alcance tuvo que hacer frente, una vez más, a ciertos reparos, de nuevo silenciados con una nueva reflexión tranquilizadora. Tras siete semanas de bombardeos, a Bobbio le pareció que la operación Fuerza Aliada había sido ejecutada de modo incompetente y había producido un desbarajuste. Ahora, expresando sus dudas de que la limpieza étnica en Kosovo hubiera comenzado antes de la guerra, y no hubiera sido provocada por ésta, temía que la campaña para proteger los derechos humanos los estuviera violando; pero eso no alteraba el carácter general de la guerra, como ejercicio de la fuerza lícita contra la ilícita. Habermas tenía razón al mantener que se estaba institucionalizando –aunque de forma imperfecta– el derecho internacional como conjunto de reglas exigibles, en uno de los acontecimientos más extraordinarios e innovadores de su histo-

---

[46] N. Bobbio, «Perché questa guerra ricorda una crociata», *L'Unità*, 25 de abril de 1999.

ria. La humanidad estaba a punto de cruzar la frontera de lo moral a lo jurídico, como había entendido su colega alemán[47].

En el momento de la siguiente expedición militar occidental, Bobbio había renunciado a comentar los asuntos públicos; pero en la guerra de Afganistán Habermas se sintió vindicado por su juicio sobre la tendencia fundamental de la época. Aunque la nueva Administración republicana era deplorablemente unilateral –aun si los gobiernos europeos eran en cierta medida responsables por no proporcionar consejos más sabios a Washington–, la coalición contra el terrorismo era inteligente y había actuado con buenas razones para derrocar el régimen talibán. Cierto es que la tremenda asimetría en armamento entre la aviación estadounidense en los cielos y las tribus de barbudos combatiendo en tierra, en un país víctima durante mucho tiempo de ambiciones colonialistas rivales, era una «visión moralmente obscena», pero había concluido rápidamente y no valía la pena volver sobre ello, ya que «en cualquier caso, al régimen talibán ya pertenece a la historia». La ONU era todavía demasiado débil para cumplir con su deber, y, por eso, Estados Unidos había tomado la iniciativa, como en los Balcanes; pero con la conferencia de Bonn para establecer un nuevo gobierno en el Kabul liberado, el resultado había sido un paso feliz en la transición, iniciada con el establecimiento de zonas de exclusión aérea en Iraq, del derecho internacional al cosmopolita[48].

Un año después, Habermas se sentía menos sereno. La nueva estrategia de seguridad nacional de la Administración republicana era provocadoramente unilateralista. Estados Unidos no debía invadir Iraq sin autorización de las Naciones Unidas, aunque el gobierno alemán también se equivocaba al rechazar por adelantado tal invasión, en lugar de declarar su respeto sin reservas por cualquier decisión que pudiera adoptar el Consejo de Seguridad.

---

[47] N. Bobbio, «La guerra dei diritti umani sta fallendo», *L'Unità*, 16 de mayo de 1999.
[48] J. Habermas, «Fundamentalism and Terror», en G. Borradori, *Philosophy in a Time of Terror. Dialogues with Jürgen Habermas and Jacques Derrida*, Chicago, 2003, pp. 27-28.

Podría surgir algo cuya posibilidad Habermas no había imaginado nunca, «unas comunicaciones sistemáticamente distorsionadas entre Estados Unidos y Europa», enfrentando al nacionalismo liberal de uno contra el cosmopolitismo de la otra[49]. Una vez iniciada, la operación Libertad Iraquí confirmó esa premonición. Por un lado, la liberación de una población brutalmente oprimida por un régimen bárbaro era «el mayor de todos los bienes políticos». Por otro, al actuar sin un mandato de las Naciones Unidas, Estados Unidos había violado el derecho internacional, dejando en ruinas su autoridad moral y sentando un precedente calamitoso para el futuro. Durante medio siglo, Estados Unidos había sido el líder del progreso hacia un orden cosmopolita investido de poderes legales, por encima de la soberanía nacional, para evitar las agresiones y proteger los derechos humanos. Pero ahora los ideólogos conservadores de Washington habían roto con el reformismo de la política de derechos humanos, en favor de un programa revolucionario para ponerlos en vigor en todo el mundo. Ese unilateralismo hegemónico corría el riesgo, no sólo de tensar los recursos estadounidenses y de enfrentar a Estados Unidos con sus aliados, sino también de generar efectos colaterales que «hacían peligrar la misión de mejorar el mundo de acuerdo con la concepción liberal». Afortunadamente, la ONU no había sufrido ningún daño realmente significativo en ese episodio; su reputación sólo se vería perjudicada «si intentaba, mediante compromisos, "remediar" lo irremediable»[50].

Esas dudas no duraron mucho. Seis meses después, cuando el Consejo de Seguridad de la ONU aprobó unánimemente una resolución que respaldaba la ocupación estadounidense de Iraq y el régimen cliente que había establecido en Bagdad, Habermas no pronunció ni una palabra de crítica. Aunque entristecido por

---

[49] J. Habermas, «Letter to America», *The Nation*, 16 de diciembre de 2002.

[50] J. Habermas, «Verschliessen wir nicht die Augen vor der Revolution der Weltordnung: Die normative Autorität Amerikas liegt in Trümmern», *Fráncforter Allgemeine Zeitung*, 17 de abril de 2003; publicado en inglés como «Interpreting the Fall of a Monument», *Constellations* X, 3, 2003, pp. 364-370.

el cambio de escena política en Estados Unidos –«nunca habría imaginado que un país tan ejemplarmente liberal como Estados Unidos podría verse adoctrinado así por su gobierno»–, ahora no tenía duda de que la Autoridad Provisional de la coalición merecía apoyo: «No tenemos otra opción que esperar que Estados Unidos tenga éxito en Iraq»[51].

Las respuestas de los dos filósofos a las guerras sucesivas emprendidas por Occidente tras el colapso del bloque soviético muestran así una pauta coherente. En primer lugar, la acción militar de Washington y sus aliados se justifica por razones normativas, invocando el derecho internacional (el Golfo), los derechos humanos (Kosovo, Afganistán) o la liberación de la tiranía (Iraq); luego se expresan dudas y reparos, con un gesto humanitario puramente nominal, por la forma real en que la parte justiciera descarga su violencia (el Golfo, Kosovo, Afganistán, Iraq); y, finalmente, también eso se ve minimizado u olvidado invocando el *fait accompli*. La fórmula «en cualquier caso», que ratifica perentoriamente los hechos una vez llevados a cabo, lo dice todo. La complexión política de tales posiciones es bastante clara. Lo más sorprendente, no obstante, es su incoherencia intelectual. Nadie podía sospechar en Bobbio o Habermas una fundamentación lógica tan inadecuada ni la incapacidad para razonar con rigor, pero aquí la filosofía da paso a un revoltijo tan poco convincente de afirmaciones y excusas mutuamente incoherentes que parece que sólo la mala conciencia o la mala fe pueden explicarlas.

Tras los pasos de danza de este oportunismo –meciéndose adelante y atrás entre principios imparciales, tiernos escrúpulos y hechos brutales–, puede detectarse un impulso más simple que configura las construcciones teóricas de los tres pensadores. Rawls describe su Ley de los Pueblos como una «utopía realista», esto es, un diseño ideal que brota de la trayectoria del mundo y, al mismo, tiempo la refleja. La democracia cosmopolita de Habermas, proyección global de su teoría procedimental del dere-

---

[51] J. Habermas, «Ojalá Estados Unidos tenga éxito en Iraq», *La Vanguardia*, 4 de noviembre de 2003.

cho, tiene la misma estructura. Hasta Bobbio, que se resistía en el pasado a esa confusión entre hechos y valores, ha acabado sucumbiendo a ella, con visiones de un nuevo *signum rememorativum* del desarrollo histórico como mejora de la humanidad. En cada caso, el deseo subyacente es una versión filosófica de una banal inclinación cotidiana: quedarse con el pan y con las tortas. Contra las críticas que señalan la desgraciada realidad de las relaciones interestatales, se puede enarbolar el ideal como estándar normativo no manchado por esos defectos empíricos. Frente a las acusaciones de que es una utopía vacía, el devenir del mundo se puede presentar como un peregrinaje cada vez más esperanzado hacia ella. En ese vaivén entre justificaciones aparentes por la moralidad universal y llamamientos subrepticios a una historia providencialista, el resultado nunca está en duda: la licencia al imperio estadounidense como depositario del progreso humano.

También está claro que ése no fue el impulso original de ninguno de los tres pensadores y que hay algo trágico en el declive que los ha llevado a esa claudicación. ¿Cómo se puede explicar? Parte de la respuesta descansa en el *déphasage* de pensadores cuya perspectiva quedó configurada por la Segunda Guerra Mundial y sus secuelas, en el nuevo panorama del poder tras el final de la Guerra Fría. Su edad avanzada mitiga el juicio sobre las concepciones finales de Rawls o Bobbio. Cuando publicó *The Law of Peoples*, el primero ya había sido víctima de un ataque al corazón y escribía contra reloj. En cuanto al segundo, cuando se pronunció sobre la guerra de los Balcanes tenía más de noventa años, y ningún contemporáneo suyo ha escrito tan emotivamente sobre los achaques que conlleva una edad avanzada, en uno de sus mejores textos, *De senectute*.

Pero también había, ciertamente, una larga ceguera hacia la potencia hegemónica global. En el caso de Rawls, la veneración hacia tótems como Washington y Lincoln descartaba cualquier posibilidad de una visión clara del papel de su país, ya fuera en la propia Norteamérica o en el conjunto del mundo. Lamentando el papel de Estados Unidos en el derrocamiento de Allende, Arbenz y Mossadegh —«y algunos añadirían a los sandinistas *[sic]* en Nicaragua» (en ese caso, presumiblemente, era incapaz de formarse su propia opinión)– la mejor explicación que podía dar Rawls era que aunque «los pueblos democráticos no son expansionistas», sí pretenden «defender sus intereses de seguridad» y, al hacerlo, se pueden ver extraviados por sus gobiernos[52]. Lo mismo cabía decir acerca de las guerras mexicana o hispano-estadounidense, de las innumerables intervenciones en el Caribe, repetidos conflictos en el Lejano Oriente, o las actuales bases militares en ciento veinte países. «Varios países europeos pretendieron construir su propio imperio durante los siglos XVIII y XIX», pero –al parecer– Estados Unidos, felizmente, nunca había hecho algo parecido[53].

El juicio de Habermas sobre Estados Unidos es igualmente benévolo: aunque indudablemente cometió errores en Vietnam o en Panamá, el historial general de Washington como campeón de la libertad y la ley es inigualable: durante medio siglo ha ido abriendo camino hacia un orden cosmopolita desinteresado. En sus escritos políticos ninguna exhortación aparece más repetida que el llamamiento a sus compatriotas a mantener una lealtad incondicional hacia Occidente. El hecho de que se piense habitualmente que la propia Alemania pertenece a Occidente indica una identificación tácita más concreta en el pensamiento de Habermas: apunta a los aliados anglo-estadounidenses que diseñaron la República Federal. Si Estados Unidos ocupa un lugar mucho más preeminente que Reino Unido en la contabilidad de la gratitud y la lealtad, no es simplemente por la desproporción de poder entre ambas potencias; para Habermas, Estados Unidos es también una tierra de despertar intelectual hasta un punto que nunca ha alcanzado Gran Bretaña. A la deuda política con el general Clay y el comisionado McCloy se añade la educación filosófica recibida de Peirce y Dewey y la ilustración sociológica de Mead y Parsons. Fue Occidente el que permitió a los alemanes de la generación de Habermas volver a ponerse en pie.

Con tales antecedentes, el respaldo a las intervenciones militares estadounidenses en el Golfo, los Balcanes y Afganistán re-

---

[52] J. Rawls, *The Law of Peoples*, cit., p. 53.
[53] *Ibidem*, pp. 53-54.

sulta natural. Sin embargo, ante la invasión de Iraq Habermas vaciló. La razón que ofreció es reveladora. En su marcha hacia Bagdad, Estados Unidos actuó sin autorización del Consejo de Seguridad. Ahora bien, lo mismo sucedió cuando bombardeó Belgrado. Dado que la violación de los derechos humanos era, según todos, mucho peor en Iraq que en Yugoslavia, ¿por qué estaba totalmente justificada la expedición punitiva contra esta última, y no la más reciente? La diferencia, explica Habermas, es que la Guerra de los Balcanes quedó legitimada «ex post facto», no sólo por la necesidad de poner freno a la limpieza étnica y de aportar ayuda de emergencia a los kosovares, sino sobre todo por «el indiscutible carácter democrático y respetuoso hacia la ley de todos los miembros de la coalición militar creada al efecto», aunque Estados Unidos y Reino Unido hubieran planteado esa tarea necesaria con un espíritu menos puro que Alemania, Francia, Italia u otros miembros europeos de la OTAN. Con respecto a Iraq, en cambio, la «comunidad internacional» se había escindido. Esa expresión, eufemismo repetido por todas las emisiones y comunicados oficiales mendaces de las cancillerías atlánticas, habla por sí misma, y los confines políticos de la comunidad que dice representar al mundo entero no se ponen nunca en duda: «Ahora, el disenso normativo ha dividido al propio Occidente»[54].

Pero si, según las propias palabras de Habermas, no puede haber mayor bien que liberar a un pueblo de una tiranía brutal, ¿por qué la prevención de la limpieza étnica o el suministro de ayuda –objetivos presumiblemente menores– proporcionan al general Clark unas credenciales filosóficas que se niegan al general Franks? Está claro que la distinción crucial está en otro sitio: en las respuestas europeas frente a las iniciativas estadounidenses. Mientras ambas orillas del Atlántico estén de acuerdo, la «comunidad internacional» permanece íntegra, y se puede ignorar a la ONU; pero si Europa pone objeciones, la ONU es sacrosanta. Una suposición tan ingenuamente autocomplaciente, suscita, en cierto sentido, sólo sonrisa; pero apunta a la desinte-

---

[54] J. Habermas, «Interpreting the Fall of a Monument», cit., p. 366.

gración de una premisa mayor. El respaldo a Occidente en el credo de Habermas fue siempre una figura ideológica, un *topos* no cuestionado de la Guerra Fría, basado en la suposición de que Estados Unidos y Europa podrían ser tratados, a todos los efectos prácticos, como una sola *ecumene* democrática bajo el benevolente liderazgo estadounidense. La negativa de Berlín y París a unirse a Washington en el ataque a Iraq desmanteló esa vetusta construcción, privando de significado a la orientación incondicional hacia Occidente. En esa situación, Habermas recurrió a los valores europeos, ahora distintos de los estadounidenses –un poco menos encomiables–, como reserva espiritual para los asuntos internacionales. Pero aun dejando a un lado el trabajo de limpieza necesario para extraer un *ethos* común edificante del sangriento pasado de Europa, o incluso de su presente satisfecho, la nueva construcción es tan incoherente como la anterior. Europa, tal como la entiende habitualmente Habermas, no sólo tiene que excluir a Gran Bretaña por su adhesión incondicional a la perspectiva estadounidense, sino que ni siquiera puede abarcar a todos los Estados continentales de la Unión Europea, de los que una mayoría apoyaron, más que criticaron, las libertades que se tomó Estados Unidos con respecto a la Carta de la ONU. Así pues, en una nueva contracción geopolítica, Habermas se ha visto obligado a defender un «núcleo» franco-alemán como último refugio del que puede surgir algún día una Unión Europea mejor, más consciente de sus responsabilidades sociales e internacionales, y precursora de un orden cosmopolita más amplio[55].

Pero eso no es sino *reculer pour mieux sauter* [«retroceder para saltar mejor»], sin ofrecer la menor autocrítica. Habermas parece creer todavía, pese a las abundantes pruebas en contra, que el ataque de la OTAN a Yugoslavia –para él, el último momento precioso de unidad euroestadounidense– venía exigido por la

---

[55] «Unsere Erneuerung – Nach dem Krieg. Die Wiedergeburt Europas» (con Jacques Derrida), *Fráncforter Allgemeine Zeitung*, 31 de mayo de 2003; publicado en inglés como «February 15, or What Binds Europeans Together: A Plea for a Common Foreign Policy, Beginning in the Core of Europe», *Constellations*, septiembre de 2003, pp. 291-297.

negativa de Belgrado a pactar y su decisión de exterminar a los kosovares. Que el ultimátum de Rambouillet estuviera redactado deliberadamente para ser inaceptable, proporcionando un pretexto para la guerra como la nota austríaca a Serbia en 1914; que se haya demostrado que la Operación Herradura, el plan de limpieza étnica masiva de Kosovo aducido por su ministro de Asuntos Exteriores, Joschka Fischer, para justificar la guerra, era una falsificación de los servicios secretos búlgaros[56]; que el número de albaneses de la región muertos por las fuerzas serbias se acercara más a cinco que a los cientos de miles proclamados por los portavoces occidentales, etc., son detalles que se pueden esconder bajo la alfombra ética con tanta indiferencia como antes, ya que también Yugoslavia, como los talibanes, «pertenecen ya a la historia». Incluso con respecto a Iraq, Habermas –como la mayoría de los alemanes o franceses– sólo pone objeciones a la invasión estadounidense, no a la ocupación del país. El hecho, una vez consumado, se convierte en otro *fait accompli*, que Habermas desea que salga bien, aunque espera que no se repita.

La adhesión de Bobbio a la hegemonía estadounidense fue muy distinta en su origen. A diferencia de Habermas, nunca mostró una simpatía especial por Estados Unidos después de 1945 y, ni siquiera, se interesó mucho por ese país. ¿Llegó siquiera a visitarlo? Ninguna referencia de importancia intelectual para él parece haber sido estadounidense. Sus simpatías tras la guerra apuntaban a Gran Bretaña, donde inspeccionó el experimento laborista y escribió calurosamente sobre él, aunque no sin críticas. En el momento álgido de la Guerra Fría trató enérgicamente de resistirse a la polarización entre Oriente y Occidente, y cuando participó activamente en los movimientos pacifistas de las décadas de 1970 y 1980 nunca puso a Estados Unidos en un plano moral o político más alto que en la Unión Soviética, haciendo a ambas potencias nucleares igualmente responsables de los peligros de una carrera de armamentos que amenazaba a toda la humanidad. Estados Unidos, no obstante, era «el más poderoso de los dos amos de nuestra vida y nuestra muerte», y, por eso,

---

[56] http://www.zmag.org/crisescurevts/germandocsmore.htm *[N. de la T.]*

era tanto más desalentador oír a Reagan frases que sólo se podían comparar con la divisa que Luis XIV había hecho grabar en sus cañones: *Ultima ratio regis*[57].

Pero, cuando sucedió lo inesperado y Gorbachov arrió la bandera soviética, poniendo fin a la Guerra Fría con la victoria total de Estados Unidos, en la perspectiva de Bobbio permanecía una idea tenaz que le permitió plantear un ajuste radical al nuevo orden mundial. Siempre había mantenido que la solución más viable al problema de la violencia endémica entre Estados era la creación de un super-Estado con un monopolio de la coerción sobre todos los demás, como garante de la paz universal. Durante la Guerra Fría, pensó que ese tercero hasta entonces ausente se materializaría finalmente como un gobierno mundial, que representaría una unión *de jure* basada en una multiplicidad de Estados; pero cuando, en lugar de eso, uno de los Estados existentes consiguió un predominio *de facto* sobre todos los demás nunca visto hasta entonces, Bobbio pudo adaptarse a él –sin grandes incoherencias– como la forma impredecible en que la historia había materializado su perspectiva. Estados Unidos se había convertido en el Leviatán planetario que él había reivindicado, y sólo cabía decir amén. El realismo hobbesiano que siempre le había distinguido de Rawls o de Habermas le permitió, paradójicamente, a él que había sido mucho más crítico hacia el orden internacional mientras duró la Guerra Fría, una apología mucho más coherente del imperio estadounidense ahora que ésta había finalizado. Hobbes podía explicar mucho mejor por qué la *Pax Americana* requería con tanta frecuencia el recurso a las armas, para poder crear finalmente un orden jurídico protegido por un monopolio global de la fuerza. «La ley sin espada no es más que papel.»

El realismo de Bobbio, que se puede considerar el aspecto conservador de su pensamiento, siempre había coexistido, no obstante, con las tendencias liberal y socialista por las que es más conocido, y que constituían su principal fuerza moral. El equilibrio entre ellas nunca era del todo estable, y difícilmente podía

---

[57] N. Bobbio, *Il terzo assente*, cit., p. 208; escrito el 28 de agosto de 1983.

alcanzar una síntesis, pero en sus últimos años, cuando ya era muy anciano, no podía controlar sus tensiones. Por eso, en lugar de registrar simplemente o dar la bienvenida a las hazañas hobbesianas del poder imperial estadounidense, trató también de embellecerlas como materialización de los valores democráticos, de una forma que –quizá por primera vez en su carrera– sonaba falsa e incoherente con todo lo que había escrito antes. Los tres antecedentes liberadores invocados como justificación histórico-mundial de la guerra de los Balcanes son tan forzados que prácticamente se refutan a sí mismos. La victoria de un conjunto de potencias imperialistas sobre otra en 1918, con la contribución estadounidense a la masacre mutua como coronación, ¿fue realmente un glorioso capítulo en la historia de la libertad? El desembarco en Normandía en 1944, frente a menos de la sexta parte de los ejércitos de Hitler, ya machacados en el Este, ¿fue «totalmente responsable de la salvación de Europa»?[58]. La apoteosis de Reagan por su triunfo en la Guerra Fría: ¿quién la habría imaginado a partir de las descripciones de *Il terzo assente*? Había algo desesperado en ese estribillo del último minuto, como si Bobbio estuviera tratando de acallar su propia inteligencia.

Sería un error deducir de forma simple las últimas conclusiones de estos tres pensadores del cuerpo principal de su obra, como se puede constatar en la congoja de sus discípulos y seguidores, firmes en su admiración, pero también leales a lo que entendían como inspiración original de una gran *œuvre*. La decepción de Pogge con *The Law of Peoples*, la incomodidad de Matuštik frente a *Faktizität und Geltung* o su consternación ante los aplausos de Habermas a la Guerra de los Balcanes, los reproches de los alumnos de Bobbio a sus afirmaciones en *Una guerra giusta?*, forman un conjunto de reacciones similares entre generaciones menos desorientadas en la nueva coyuntura internacional[59]. Tam-

---

[58] N. Bobbio, «Perché questa guerra ricorda una crociata», cit.

[59] Véanse T. Pogge, *Global Justice*, pp. 15-17; M. Beck Matuštik, *Jürgen Habermas. A Philosophical Political Profile*, Lanham (MD), 2001, pp. 247-251 y 269-274; E. Missana, M. Novarino, E. Passini, S. Roggero, D. Steila, M. G. Terzi y S. Terzi, «Guerra giusta, guerra ingiusta. Un gruppo di studenti torinesi risponde a Norberto Bobbio», *Il Manifesto*, 29 de enero de 1991.

poco sería acertado pensar que la involución de estas mentes filosóficas fue completa. Al final, pueden encontrarse destellos de un tenor más radical, como evocaciones de un yo pasado. Pese a su ostensible aceptación del capital como condición inapelable de la modernidad, ratificada por el irresponsable experimento del comunismo, Habermas todavía podía escribir, menos tranquilizadoramente para sus gobernantes, acerca de un sistema que fomenta el desempleo, la falta de vivienda y la desigualdad: «Todavía está escrita en las estrellas la fecha en que –algún día– se producirá el naufragio de otro régimen, provocado anónimamente mediante el mercado mundial»[60]. Bobbio, pese a su aprobación de las Guerras del Golfo y de los Balcanes, denunció en el intervalo entre ambas los «odiosos bombardeos de Bagdad» ordenados por Clinton y la connivencia «vil y servil» de otros gobiernos occidentales, que juzgaba «moralmente inicua». Pocos intelectuales hablaron entonces con tanta fuerza[61]. Rawls ofrece quizá el caso más llamativo y extraño de todos. En el último año de su vida, cuando ya no podía trabajar, publicó lecciones que había dado más de diez años antes, bajo el título *Justice as Fairness*. Bajo ese pleonasmo familiar y aburrido presentaba una serie de proposiciones llamativamente distintas a las de *Political Liberalism*, por no hablar de *The Law of Peoples*.

En *A Theory of Justice*, explicaba, había cometido el error de insinuar que un Estado del bienestar capitalista podía promover un orden social justo. El Principio de la Diferencia sólo era compatible con dos modelos generales de sociedad: una democracia de propietarios o un socialismo liberal. Ninguno de los dos suponía el derecho a la propiedad privada de los medios de producción (algo distinto a las propiedades personales), y ambos debían entenderse como «alternativas al capitalismo». De los dos, la democracia de propietarios –Rawls indicaba que ésa sería la forma más aceptable en Estados Unidos, y el socialismo liberal en Europa– estaba sujeta a la crítica de Marx de que con el

---

[60] J. Habermas, *Die Normalität einer Berliner Republik*, cit., p. 17; *A Berlin Republic. Writings on Germany*, cit., pp. 12-13.
[61] N. Bobbio, «Questa volta dico no», *La Stampa*, 1 de julio de 1993.

tiempo recrearía desigualdades inaceptables y no fomentaría la democracia en el lugar de trabajo. Sólo la experiencia podría decir si esas objeciones se podían superar, o si el socialismo liberal daba mejores resultados. De la resolución de esas cuestiones dependía nada menos que «las perspectivas a largo plazo de un régimen constitucional justo»[62]. Tales pensamientos son ajenos a *Political Liberalism*. Sólo delimitan, desde luego, el ámbito de las configuraciones ideales que podría asumir una sociedad justa. ¿Pero qué decir de las realmente existentes? La respuesta de Rawls es sorprendente: tras observar que unas circunstancias materiales favorables no son suficientes para asegurar la existencia de un régimen constitucional, que también requiere la voluntad política de mantenerlo, de repente –en total divergencia con cuanto había escrito hasta entonces– observa:

> Alemania, entre 1870 y 1945, es un ejemplo de un país en el que existían condiciones razonablemente favorables –económicas, tecnológicas, de abundancia de recursos, con una ciudadanía instruida y otras–, pero donde faltaba la voluntad política de mantener un régimen democrático. Se podría decir lo mismo de los Estados Unidos hoy día, si se piensa que nuestro régimen constitucional sólo es formalmente democrático[63].

El condicional forzado –como si la naturaleza del sistema político estadounidense dependiera de lo que se piensa de él y no de la verdad del mismo– apenas oculta la amargura del juicio. Ésta es la sociedad que Rawls presentaba en otro tiempo como «casi justa», calificando a sus instituciones como «orgullo de un pueblo democrático». En una lacónica nota a pie de página, zozobra todo el tranquilizador universo de un consenso generalizado.

Es poco probable que tales relámpagos de franqueza fueran sólo momentos pasajeros de descontento. Lo que sugieren es más bien una aguda tensión enterrada bajo la serena superficie

---

[62] J. Rawls, *Justice as Fairness*, Cambridge (MA), 2001, pp. 178-179 [ed. cast.: *La justicia como equidad*, Madrid, Editorial Tecnos, 2002].

[63] *Ibidem*, p. 101.

de la teoría de la justicia de Rawls. Quizá la prueba más significativa se encuentre en la inesperada entrada de Hegel en sus últimos escritos publicados. *Lectures on the History of Moral Philosophy* concluye con un respetuoso y casi admirativo retrato de Hegel como filósofo liberal de la libertad. ¿Qué es lo que llevó a Rawls, contra toda probabilidad y a pesar de la diferencia de temperamento, hasta el filósofo del Espíritu Absoluto? Su reconstrucción de *La Filosofía del Derecho* reconoce la perspicacia institucional de Hegel al señalar que «el *primer* tema de la justicia» es «la estructura básica de la sociedad», más que el individuo singular, y destaca con simpatía histórica la teoría hegeliana de la sociedad civil y el Estado[64]. También aquí una corta digresión dice más que todas las melifluas páginas de *Political Liberalism*. El esquema constitucional de Hegel, observa Rawls, puede chocarnos, con sus tres estados y la falta de sufragio universal, como un pintoresco anacronismo. «¿Pero funciona mejor una sociedad constitucional moderna? Ciertamente no los Estados Unidos, donde la compra de leyes por "intereses especiales" está a la orden del día»[65]. Los Estados Unidos de Clinton no suponen una mejora con respecto a la Prusia de Federico Guillermo III: es difícil imaginar un veredicto más condenatorio.

Pero el interés principal de Hegel está en otra parte. Para Rawls, su contribución más importante al pensamiento político, enarbolada al inicio de las *Lectures* y reiterada en *Justice as Fairness*, era su afirmación de que la tarea de la filosofía consistía en reconciliarnos con nuestro mundo social. Rawls insiste en que reconciliación no es lo mismo que resignación. Hegel veía más bien su *Versöhnung* [reconciliación] como la forma en que llegamos a aceptar positivamente nuestras instituciones políticas y sociales como un resultado racional de su desarrollo a lo largo del tiempo[66]. La idea de la justicia como equidad corresponde a esa

---

[64] J. Rawls, *Lectures on the History of Moral Philosophy*, Cambridge (MA), 2000, p. 366 [ed. cast.: *Lecciones sobre la historia de la filosofía moral*, Barcelona, Paidós, 2001].

[65] *Ibidem*, p. 357.

[66] *Ibidem*, pp. 331-332.

concepción de la filosofía política como reconciliación, según explicaba Rawls, porque «aunque estemos inmersos en una sociedad corrupta», a la luz de su razón pública todavía podemos concluir que «el mundo no es por sí mismo inhóspito para la justicia política y el bien. Nuestro mundo social podría haber sido diferente, y hay esperanzas de que lo sea en otra época y lugar»[67].

En estas frases conmovedoramente incoherentes, la filosofía de Rawls se viene abajo. Nuestra sociedad puede ser corrupta, pero el mundo no lo es. ¿Qué mundo? No el nuestro, que sólo podemos desear que hubiera sido diferente, sino otro que es todavía invisible, para otras generaciones o en otros continentes. Esa observación melancólica se halla muy alejada de Hegel. Lo que expresa el tema de la reconciliación en Rawls es otra cosa: no la revelación de que lo real es racional, sino la necesidad de un puente sobre el profundo abismo existente entre uno y otro, el ideal de una sociedad justa y la realidad de una sociedad no marginal, sino radicalmente injusta. Que el propio Rawls no pudiera soportar siempre la distancia entre ellas puede deducirse de una sola frase. Al cumplir su tarea de reconciliación, «la filosofía política puede tratar de calmar nuestra frustración y cólera contra nuestra sociedad y su historia»[68]. Cólera: ¿quién habría pensado que Rawls fuera capaz de sentirla, contra su sociedad o su historia? ¿Y por qué debía calmarla?

Rawls recurrió a Hegel en sus reflexiones internas sobre un Estado constitucional, pero, en el plano de las relaciones interestatales, Kant seguía siendo su filósofo de referencia, como teórico de las condiciones para una paz perpetua, y lo mismo se puede decir de Habermas. Pero como Kant no llegó a imaginar el marco legal necesario para un orden cosmopolita, tal como comenzó a configurarse bajo las instituciones permanentes de las Naciones Unidas, cuando Habermas se puso a revisar los progresos realizados desde 1945, también atendió al filósofo del idealismo objetivo. Confrontado al sombrío trasfondo de los desastres de la primera mitad del siglo XX, decidió que «el Espíritu

---

[67] J. Rawls, *Justice as Fairness*, cit., pp. 37-38.
[68] *Ibidem*, p. 3.

del Mundo, como habría dicho Hegel, ha vuelto a dar un paso hacia adelante»[69]. Como hemos visto, Bobbio fue el que más apeló a Hegel de los tres y, en cierto sentido, era el más capacitado para hacerlo. Rawls, al dar la bienvenida a la idea de reconciliación de Hegel como algo similar a su propio empeño de razón pública, también asumió su visión de las relaciones internacionales como un dominio de violencia y anarquía, en el que el enfrentamiento entre Estados soberanos acababa regulándose mediante la guerra. Habermas situaba a Hegel, por el contrario, como patrón de la paz cosmopolita. El primero no podía conciliar su Ley de los Pueblos con la alegalidad de los Estados de Hegel, y el segundo sólo podía invocar a Hegel para el progreso pacífico volviéndolo filosóficamente del revés. Bobbio, en cambio, podía asumir como propia la concepción hegeliana de la historia mundial como una marcha despiadada de grandes potencias que se suceden como líderes dando lugar a un derecho que las sobrepasa a todas ellas, e invocarla con toda lógica para justificar su aprobación de la violencia imperial estadounidense. La ley nace de la fuerza, y la máxima del conquistador –*prior in tempore, potior in jure* [el primero en el tiempo es el más poderoso en el derecho]– sigue cumpliéndose. «Por difícil que sea para mí compartir el principio hegeliano de que "lo que es real es racional", no puede negarse que a veces la historia ha vindicado a Hegel»[70]. Al finalizar el siglo XX, la razón ha demostrado una vez más ser la rosa en la cruz del presente.

Pero difícilmente cabría imaginar tres pensadores menos hegelianos. El faro que guiaba todas sus esperanzas en los asuntos internacionales seguía siendo Kant. Al esforzarse por huir de sus antítesis, cada uno de ellos, de forma diferente, se veía atrapado en una paradoja que destruía sus propias concepciones de lo que podía ser un orden justo. Bobbio, que tenía más conocimiento de Hegel, era consciente de ello y trató de corregirse: no había pretendido justificar, sino sólo interpretar la trayectoria del mundo

---

[69] J. Habermas, *Die Einbeziehung des Anderen*, cit., p. 207; *The Inclusion of the Other*, cit., p. 178.

[70] N. Bobbio, «Perché questa guerra ricorda una crociata», cit.

en el registro de la *Rechtsphilosophie*. Hay construcciones hegelia-
nas coherentes en nuestra época, pero provienen de mentes con
las que esos pensadores tienen poco en común. Quizás habrían
hecho mejor en evitar la ilusión de que lo que se desea es verdad,
atendiendo de nuevo al propio Kant, más realista que su posteridad al imaginar una historia universal para una raza de diablos.

2004

TERCERA PARTE

Historia

CAPÍTULO VIII

In memoriam: Edward Thompson

Al llegar a casa una noche de las últimas semanas de 1962, encontré en la habitación vacía una botella de vino con una nota debajo. Edward Thompson había estado terminando *La formación de la clase obrera en Inglaterra.* Vivía en Halifax, y necesitaba pasar dos semanas más en el Museo Británico. Por aquellos días yo vivía en Talbot Road, recién casado con Juliet Mitchell. Ella daba clase en Leeds, mientras que yo trabajaba para *New Left Review* en Londres. Después del trabajo, Edward y yo intercambiábamos notas sobre nuestra jornada y discutíamos amistosamente de historia y sociología. «¿Realmente piensas que Weber es más importante que Bloch?» me preguntaba con un aire de asombro malicioso. Si nos mostrábamos más circunspectos en política se debía en parte a una cuestión de tacto: él no quería influir demasiado en mí, director novel de la revista de la que él era fundador y ansioso de independencia. Pero yo también era víctima de un error de percepción.

Edward no parecía sólo una, sino prácticamente dos generaciones mayor, dado que entre nosotros se encontraban aquellos –la cohorte de Stuart Hall o Raphael Samuel– que habían cofundado la nueva izquierda, desde los comienzos en la década de 1950 más que en la de 1940. Su aspecto ayudaba a la falsa ilusión, los rasgos atractivos, a un tiempo melodramáticamente móviles y profundamente asentados, un paisaje de salvajes escarpados y barrancos. Era el momento, por supuesto, lo que lo agudizaba; nunca las diferencias de edad, por ligeras que fuesen, influirían tanto como en aquellos años particulares. Larkin captó la época bastante bien, aunque se saltara a los Stones. Pero, por entonces, el bibliotecario de Hull probablemente no fuera más sabio que el historiador de Halifax, que veía con impaciencia las conversaciones sobre las diferencias generacionales como un modo de evitar los debates difíciles. El resultado era el mismo, aunque a mí me parecía más una inhibición que una evasión. Mantuvimos pocas discusiones políticas. Yo iba en el tren de Leeds mientras él llegaba desde Londres, con el trabajo acabado, dejando atrás lo que parecía una tranquila vida de confusa buena voluntad. Hasta la década de 1970 no me di cuenta, para mi asombro, de que entonces Thompson tenía treinta y siete años.

Al año siguiente, las relaciones entre los fundadores de *NLR* y sus nuevos editores se deterioraron. La revista se había varado en los bajíos de la CND [Campaña para el Desarme Nuclear] y luchaba sin mucho éxito por encontrar una nueva dirección. Había habido desacuerdos sobre cuál era el mejor modo de encauzarla en la buena dirección durante un tiempo, con las primeras dimisiones apasionadas, evidente *sine qua non* de la vida de la pequeña revista, como yo acabaría viendo. Las disensiones prácticas y las diferencias intelectuales hicieron que Edward se alejara cada vez más del personal de Carlisle Street. Consideraba, de manera justificada, que la revista se alejaba amorfamente a la deriva de su pasado sin haber saldado cuentas con él y no tenía confianza política en su futuro. Se produjeron explosiones ocasionales. Pero su actitud con los jóvenes fue fundamentalmente generosa y, cuando llegó el momento, les garantizó una clara entrega del antiguo consejo directivo, sin rencor. Fuesen cuales fuesen sus presentimientos, no era posesivo.

Cuando la revista hizo pie, en la forma que, más o menos, tiene hoy, la postura de Edward cambió. A finales de 1964, *NLR* había desarrollado el tipo de perspectiva política que él nos había dicho que faltaba y un conjunto de tesis históricas acerca de la relación del pasado nacional con la crisis británica del momento, desde nuestro punto de vista. A Edward no le gustaba ninguna de las partes. Pero, al fin, era posible un enfrentamiento real. ¿Estaría la revista, me escribió, dispuesta a publicar una crítica completa escrita por él, «presumiblemente a mi modo polémico y malintencionado»? La recibiríamos de buen grado, respondí con nerviosismo, aunque no deseaba un intercambio de insultos. De manera sensata, Edward se explayó sin embargo en

The Socialist Register. El resultado fue uno de sus artículos más celebrados, «The Peculiarities of the English» [«Las peculiaridades de lo inglés»][1]. Aguijoneado por su ferocidad, respondí en tono similar. El intercambio tuvo una especie de simetría irónica. Edward nos atacaba por interpretar inadecuadamente las pruebas históricas; yo lo atacaba por manejar de manera imprecisa las pruebas textuales[2]. Lo que me había dejado atónito eran los atajos que tomaba al representar los argumentos que quería refutar, que yo no podía igualar con nada que él tolerase como historiador. Fue un error genérico por mi parte. No entendí las reglas de la polémica. Es ésta una forma literaria cuya historia aún no se ha escrito. Un día, los críticos se darán cuenta y leerán a san Jerónimo y a sus sucesores con nuevos ojos. La polémica es un discurso del conflicto cuyo efecto depende de un delicado equilibrio entre las exigencias de la verdad y las tentaciones de la ira, el deber de debatir y el celo por inflamar. Su retórica permite, hace aplicar incluso, una cierta licencia figurativa. Como los epitafios del adagio de Johnson, no está bajo juramento.

No fui el único que no lo vio. Unos años antes, Edward había publicado en *NLR* una reseña sobre *The Long Revolution* de Raymond Williams, con un tono más atemperado que el que utilizó contra Tom Nairn y contra mí, pero –aquí calculó mal– de consecuencias más hirientes. Una de sus acusaciones era que Raymond se había dejado absorber a medias, en modales y preocupación, por los académicos de la clase dominante. «¡Oh, el cuadrángulo iluminado por el sol, los tintineantes vasos de oporto, la tranquila conversación de hombres ilustrados!»[3]. No sorprende que el hijo de un guardavías se lo tomara a mal. Pero, quizá sin darse cuenta, Edward había explicado admirablemente su alocución. Hablando de la «comunicación genuina», Raymond

[1] Posteriormente incluido, sin cambios, en *The Poverty of Theory*, Londres, 1978, pp. 35-91 [ed. cast.: *Miseria de la teoría*, Barcelona, Editorial Crítica, 2002].

[2] P. Anderson, «Socialism and Pseudo-Empiricism», *New Left Review* I/35, enero-febrero de 1966, pp. 2-42.

[3] E. Thompson, «The Long Revolution», *New Left Review* I/9, mayo-junio de 1961, p. 27.

había dicho: «Se puede sentir la pausa y el esfuerzo: la apertura y la honradez necesarias de un hombre que escucha a otro, de buena fe, y después responde.» Invocando contra él a los ancestros de *Culture and Society*, Edward respondía:

> Burke insultaba; Cobbett imprecaba, Arnold era capaz de insinuaciones maliciosas; Carlyle, Ruskin y Lawrence, en la mediana edad, no escuchaban a nadie. Tal vez sea lamentable: pero no veo que la comunicación de la ira, la indignación o incluso la malicia sea menos *genuina*[4].

He aquí, *en toutes lettres*, el certificado del polemista. Las propias indignaciones de Edward en este periodo eran carmañolas literarias, sin ánimo personal. Unos meses después de mi contraataque, me lo encontré en un pub de Tottenham Court Road. No recuerdo cómo acabé allí, porque detesto los pubs; quizá simplemente para usar su única función cívica. Era mi última noche en Inglaterra, antes de salir a la mañana siguiente para una estancia de seis meses en Brasil. Edward, al que no veía desde hacía tres años, fue la buena naturaleza en persona.

Pasó otra década antes de que volviese a verlo. En el invierno de 1979, en una gélida iglesia de Oxford, se levantó como un dios airado para advertir nuevamente a la congregación contra los peligros del dogma galicano. Para entonces, su ataque a Althusser en *La pobreza de la teoría*, publicado el año anterior, había suscitado mucha controversia. El debate tuvo lugar ante una audiencia absorta y temblorosa. Uno de los contendientes era Stuart Hall. Observé desde los bancos de la iglesia. Mi propia reacción a *La pobreza de la teoría* había sido un tanto distinta. Me parecía más importante estudiar a Thompson que a Althusser. Un intento de hacerlo se produjo unos meses después[5].

Exactamente en ese momento, Edward cambió el objeto de sus energías. El segundo brote de Guerra Fría intensa había estallado y él se arrojó sin reservas a una campaña para despertar la

---

[4] *Ibidem*, p. 25.
[5] P. Anderson, *Arguments within English marxism*, Londres, 1980.

resistencia al mismo. Acabé lo que escribía sobre él diciendo que sería bueno dejar atrás viejas rencillas y explorar juntos nuevos temas. Él respondió publicando en *New Left Review* el manifiesto de sus temores, «Notes on the Exterminism, the Last Stage of Civilization?» [«Notas sobre el exterminismo, ¿la última fase de la civilización?»], en la primavera de 1980, convertido de hecho en el texto fundador del movimiento pacifista del periodo[6]. La revista organizó un debate internacional, con contribuciones de Estados Unidos y la URSS, Japón y Alemania, Francia e Italia, así como de sus propios redactores, en torno a dicho movimiento. Se publicó un libro con la conclusión de Edward[7]. La pelea había terminado.

En 1986 nos encontramos en Nueva York. Christopher Hill, Eric Hobsbawm, él y yo habíamos sido convocados para analizar los programas de historia radical en la New School. Para entonces, él era famoso en otra escala; un «personaje público» para buena parte del mundo, como a veces se quejaba. Explicando cómo afectaba su nuevo papel al trabajo histórico, mencionó los libros que esperaban conclusión y la necesidad de que todo radical desconfiase de «la asimilación por la sociedad anfitriona»[8]. En el atestado auditorio, aferrado a sus palabras, era la imagen del orador romántico: con brotes de discurso apasionado puntualizados por ese gesto típico, un movimiento rápido de la palma de la mano hacia la cabeza –¿golpeándose la frente o atusándose el mechón de pelo gris?– cuyo efecto siempre rondaba entre lo histriónico y lo inquieto. Después, cuando salimos hacia una cena oficial, un cuarteto un tanto incongruente, resurgió más o menos el mismo error de percepción que cuando lo conocí. Siendo el más joven de los tres *decanos*, parecía misteriosamente mayor; me pregunté si sencillamente se debía a que era más gran-

---

[6] E. Thompson, «Notes on the Exterminism, the Last Stage of Civilization?», *New Left Review* I/121, mayo-junio de 1980, pp. 3-31.

[7] *Exterminism and Cold Ward*, editado por *New Left Review*, Londres, 1982.

[8] E. Thompson, «Agendas», *Radical History Review* 36, septiembre de 1986, p. 42. Reeditado como último texto del recopilatorio *Persons and Polemics*, Londres, 1994, que terminó de editar poco antes de su muerte.

de. Ahora, en todo caso, su aspecto había cambiado. Capté por primera vez el toque de dandi, con el estilizado chaleco y el puro, que insinuaba una silueta más clásica. Nuestra conversación giró en torno a la literatura inglesa de comienzos del siglo XVIII. Me irritó con su impudor respecto a Swift, al decir que estaba escribiendo una novela concebida como un análogo contemporáneo de *Los viajes de Gulliver*, crítica suprema a «las razones del poder».

Necesitaré tiempo para hacerme una idea más asentada sobre la distinción entre el Thompson historiador y el Thompson escritor. Su obra abarca demasiadas formas como para someterla a un juicio fácil, y el aura de dicha obra puede ser tentación para los atajos. Pero una tensión entre lo que podría denominarse su sensibilidad hacia los siglos XVIII y XIX estaba ciertamente en el centro de ella. Aunque el comienzo de *La formación de la clase obrera en Inglaterra* traza un puente entre ambas épocas, nadie ha dudado nunca de dónde se encuentra el peso de su análisis. ¿Hacia dónde apuntaba el logro de Thompson? Había una respuesta obvia: hacia delante, hacia qué fue la clase obrera inglesa, ya formada, en la época victoriana. Sin embargo, él avanzó en la dirección opuesta: todo un siglo atrás, hacia la década de 1720. ¿Qué motivó esta alteración de campo, un salto inusual –él hablaba de un paracaídas– para un historiador? El cartismo del siglo XIX era el terreno de su compañera Dorothy, comentaba él. Además, se podría sospechar, el mundo conformista del sindicalismo mediovictoriano, por no hablar del laborismo posterior, no le atraía: una degradación después de Morris. Pero si en su decisión había un elemento político, cierta renuencia a iniciar algo que pudiera parecer el epílogo de *Guerra y paz*, los elementos personales debieron de tener más importancia.

Coincidiendo con el cambio de periodo se produjo un notable cambio de ambientación. En Yorkshire, Thompson vivía en una vicaría llena de corrientes, encaramada sobre las desoladas calles de color rojo ennegrecido de Halifax, entre la escoria más sombría de la Revolución industrial. En Worcestershire, su casa era una mansión georgiana en medio de un paisaje rural ondulado, en otro tiempo residencia de un obispo. El traslado permitió a Williams, que recordaba el apóstrofe de Thompson, un ligero chiste acerca del «marxismo de casa de campo». De hecho, ésta sería la sede central del trabajo político más arduo de su vida. Pero se produjo, no obstante, una modulación en sus escritos. *Whigs and Hunters* es un libro distinto a *La formación de la clase obrera en Inglaterra*, no sólo en alcance, sino también en estilo. En un gesto de mimesis, la abundancia romántica cede terreno a una elegancia más sobria, cuya expresión apasionada es más a menudo irónica que filípica. A partir de entonces su distribución varió. Pero en diferentes disposiciones, las cadencias de ambos periodos se contraponen en su prosa hasta el final. La combinación idiomática era el secreto del alcance de dicha prosa. Thompson fue el mayor retórico de la época. Se trata de un arte ajeno al momento y la resistencia de la forma se ve en la tensión que Thompson muestra en su propia relación con ella. El toque era menos certero cuando su dicción era más contemporánea. Por lo general, los lapsos de su escritura procedían de los intentos de utilizar una demótica del siglo XX que confundía las claves. El resultado puede ser asombroso. Los obituarios apenas han mencionado la poesía o los relatos de Thompson. A él, con razón, no le parecían marginales. Sus dos poemas largos, *The Place Called Choice* (1950) y *Powers and Names* (1986), comparables en forma y tema (la guerra atómica, el despotismo), son casos claros de esta irregularidad: pasajes de la belleza más tersa junto a otros de chabacanería popular. La novela *The Sykaos Papers* es la declaración más completa de su pensamiento, dando forma imaginativa a ideas que no encuentran expresión comparable en ninguna otra parte de su obra. Ni qué decir tiene que, dado el estado del sector, es el único de sus grandes libros que está descatalogado. En él, la mirada ajena de una razón incorpórea se dirige –demasiado tarde– hacia un mundo de propiedad, autoridad y guerra, que avanza hacia la destrucción nuclear. El argumento metafísico está encajado en las narraciones terrestres más entusiastas, encontrando todas las máximas para avanzar, instruir y deleitar. Pero aun así se da un contraste asombroso entre los capítulos menores que inician la novela, burla pesada sobre la prensa popular y el escenario urbano de la década de 1980, cuyo humor puede provocar sobresaltos, y el gran desarrollo argumental que sigue, lleno de energía e ingenio. Su clímax, antes de que la tierra se extinga, es el idilio en el que la razón se encarna sexualmente, cuando la protagonista toma en los brazos a la estrella cautiva, en un parque bucólico «diseñado en la década de 1740», y «transformado a comienzos del siglo XIX».

El libro de Thompson sobre Blake, *Witness to the Beast*, parece, de algún modo, una guía erudita a su novela. Los mismos temas aparecen en él con disfraz crítico. La inspiración original de la obra radica en gran medida en la relación del autor con Christopher Hill. En la New School, le explicó al público que había descubierto la historia marxista leyendo a Hill en los dos últimos años de secundaria, y, ya cuando se publicó *La formación de la clase obrera en Inglaterra*, decía que esperaba un día localizar el túnel subterráneo que conectara las ideas de Blake con el mundo de la Guerra Civil, relacionando directamente las dos épocas revolucionarias que él y Hill habían hecho suyas. *Witness to the Beast* encuentra la filiación en la secta fundada por John Reeve y Ludowick Muggleton en 1652. La madre de Blake, sugiere Thompson, tal vez fuera muggletoniana y muchas de sus ideas tal vez derivasen de su rama de antinomismo. El respeto y el afecto que muestra por este grupo apacible y diminuto –unas doscientas almas a mediados del siglo XVIII– es decisivo. No olvida ninguna sutileza teológica, mientras ahonda en su complicada doctrina. Los lectores que recuerden la crítica atronadora contra la oscuridad del marxismo parisino mientras forcejean con los misterios del influjo divino y las dos simientes, y la dispersión frente a la unidad de la divinidad, expuestos aquí pormenorizadamente, tal vez esbozaran una sonrisa ante la que cabe mostrarse indulgente.

El propósito más general del libro, sin embargo, no depende de la exactitud de la resucitación muggletoniana. Su función es sugerir una nueva interpretación de Blake. Thompson sostiene que el poeta heredó una larga tradición «antihegemónica», arraigada entre los artesanos, que rechazaba el racionalismo amable del siglo a favor de una religión de amor igualitario, hostil tanto a la nueva ciencia materialista como a la ley moral de la Iglesia establecida y del Estado. Pero Blake transformó esta perspectiva antinómica en una constelación mucho más radical y original, bajo el impacto del jacobinismo y el deísmo. Desde el medio painista, desarrolló una visión política sobre los males de la propiedad y de la pobreza, el clero y el ejército, la monarquía y el matrimonio; mientras que de Volney llegó a una nueva crítica de la fe alienada, y de los poderes mundanos a los que servía. En cada caso, sin embargo, alcanzó una perspectiva mayor que sus contemporáneos ilustrados: sin reducir la miseria humana a pura opresión o explotación social, ni el sentimiento religioso a una deformación sacerdotal. No la razón de la ciencia o del interés propio sino sólo la llamada del amor podía curar la maldición de Caín. Una naturaleza humana alternativa, en consonancia con el Evangelio Eterno, esperaba ser realizada. «La intensidad de esta visión –escribe Thompson– impidió a Blake caer en las acusaciones de apostasía» cuando los fuegos revolucionarios ardían sin llama, después de 1801, mientras que «los ocupados perfeccionistas y los racionalistas benévolos» de la época «acabaron casi todos convertidos en hombres desencantados»[9].

Witness against the Beast es un luminoso *envoi* a la obra de una vida excepcional. ¿Cómo honrar mejor su impulso antinómico? No, ciertamente, mediante un nuevo tipo de devoción. Leyendo los obituarios a Edward –de derecha, izquierda y centro–, no sé cuántas veces he contado la cita de su deseo de rescatar «de la enorme condescendencia de la posteridad hasta al seguidor más iluso de Joanna Southcott». Se trata, por supuesto, de una de sus frases más conmovedoras y programáticas. Pero, a base de repetición, corre el riesgo de convertirse en una frase hecha. Edward, la persona políticamente más incorrecta del mundo, no habría hecho nada de esto. Disfrutaba con la irreverencia y mejor haríamos en imitarlo, siempre que podamos. Un comienzo podría ser señalar que el propio Blake fue el primero en expresar condescendencia hacia Joanna Southcott, sobre cuya virginidad escribió en un poemilla desdeñoso: «No sabe nada de lo que le hacen, / y

---

[9] E. Thompson, *Witness against the Beast. William Blake and the Moral Law*, Cambridge (MA), 1993, pp. 228-229.

si le preguntas jurará que, / ya sea bueno o malo, de nadie es la culpa; / nadie puede enorgullecerse, a nadie puede culparse.»

Pero hay a este respecto una alegación más amplia, relacionada con el argumento de su último libro. Un escritor que nunca había atraído mucho la atención de Thompson fue el mayor historiador de su siglo, el XVIII. En *Witness to the Beast*, sin embargo, sí aparece Gibbon. Aquí figura como complemento ideal, el deísta cuya descripción del poder de Constantino ha atraído a un antinómico, pero cuya opinión escéptica sobre el cristianismo despertó comprensiblemente la ira poética de Blake («Gibbon se levantó con su látigo de acero, / y Voltaire con una rueda de tortura», etc.). Thompson contempla su reacción, que sobresale en el encabezamiento del tercer capítulo de *Jerusalem*, con simpatía. Pero el poema es de hecho una muestra de las debilidades de Blake, y exactamente en los dos puntos que *Witness to the Beast* presenta como fuertes. En él, un fraile lastimero es torturado por Gibbon y Voltaire por no haber brindado por la guerra: como si ésta fuese la principal crítica lanzada por ambos contra la fe. La acusación es suficientemente disparatada como para sugerir una mente incapaz de afrontar nada que la perturbe. *The History of The Decline and Fall of the Roman Empire* de Gibbon fue de hecho perturbadora, y no sólo para Blake. Pero si preguntamos por qué su medicina resultaba tan fuerte, podemos invertir el dicho de Thompson. La emancipación intelectual causada por esta obra está en lo que bien podría calificarse de su «enorme condescendencia» –¿cuál si no es el inimitable tono de esos seis famosos volúmenes?– hacia el pasado cristiano, incluso hacia el clásico. Thompson elogia las anotaciones indignadas que Blake dirigió a Paine contra *Apology for the Bible* del obispo Watson. Pero Blake no lo manifestó en público. Fue Paine quien respondió a Watson, como Gibbon había hecho antes que él.

El origen del poema de Blake estaba en el juicio al que le sometieron en Chichester, por una oscura refriega con un soldado en su jardín, del que salió absuelto[10]. Asustado por el episodio, se

---

[10] Véase D. Erdman, *Blake. Prophet Against Empire*, Princeton, 1969, pp. 403-415.

imaginó convertido en uno de los cinco frailes grises en cuyo antiguo coro se celebró el juicio (el duque de Richmond, que lo presidió, se habría sorprendido al saber que era el agente torturador de Voltaire), roto pero triunfal: «¡El amargo quejido de dolor de un mártir / es una flecha del arco del Todopoderoso!». Dos años después del juicio, todavía rumiando «toda la historia de mis sufrimientos espirituales», le dedicó grabados a la Reina. En la versión manuscrita de *Jerusalem*, el fraile es «sedicioso»; pero se lo pensó mejor, y en la edición impresa lo cambió a «perezoso». No hay razones para reprochar nada de esto. Blake tenía su lado timorato; era presa de temores de persecución; estaba muy mal económicamente. Corrían tiempos peligrosos para cualquier radical. Sin embargo, es un error presentarlo como políticamente más intransigente que los opositores menos místicos al régimen bélico *tory*. Persiguió con saña a Robert y a Leigh, por haber tachado sus retratos de Nelson y Pitt de iconos de la reacción (un error, si lo fue, –el propio Blake nunca lo dijo– compartido por bastantes historiadores del arte), representándolos como encarnación del mal, responsables de una guerra sobre la que eran más sinceros que él. Procesados tres veces, los hermanos acabaron en la cárcel por insultar al Regente, ante los vítores de Blake. «No consigo concebir cómo puede un fraile ser un hipócrita», advertía a los deístas. Después de todo, la Ilustración tal vez tuviera algo que enseñarle.

Estas alegaciones no pretenden disminuir la fuerza del alegato positivo de Thompson a favor de Blake, al que consideraba un iconoclasta cercano a la genialidad. Es para situarlo más críticamente en la tradición hacia la que Thompson atrae nuestra atención. Los muggletonianos eran una compañía atractiva, como él demuestra. Pero eran también reservados y retraídos, evitando el culto público o el proselitismo; su fe se volvió quietista. Que Blake estuviese ausente de cualquier forma de política radical, en un tiempo de fermento, es muy asombroso. Su única experiencia con una multitud parece haber sido una inmersión en las Revueltas de Gordon cuando era niño. Su renuncia a asumir riesgos que otros aceptaban debió de ser en parte temperamental: el nerviosismo de un artista. ¿Pero no reflejaba eso también la mentalidad discreta del medio del que probablemente procedía? La noción de Evangelio Eterno concedía una línea de retirada fácil de cualquier alboroto temporal. Pero el descenso desde la Tercera Comisión, por transfigurado que fuese, tuvo sus costes. No fueron sólo los límites de la experiencia política, sino también del arte literario. Los fallos nómicos de las últimas obras de Blake se debieron a un autoaislamiento. Más significativa que su distanciamiento de los círculos jacobinos es la falta de respuesta de los románticos a su obra, a pesar de todos los valerosos esfuerzos de Crabb Robinson para interesar a Wordsworth, Hazlitt u otros. Es un buen antídoto contra el posterior bramido patriótico de «la tierra verde y hermosa de Inglaterra» recordar que, en vida, el único estudio significativo sobre la obra de Blake se publicó en alemán.

El último artículo de Thompson trató sobre el patriotismo en aquella época. En una reseña amistosa, pero crítica a *Britons. Forging the Nation*, de Linda Colley, cuestionaba la congruencia de la lealtad popular durante las guerras francesas, aunque sin negar su existencia, y no mostró paciencia con ningún tratamiento demasiado respetuoso que se le diese, que pasara por alto la marea de «paparruchas chovinistas» en los cantos y los desfiles de los voluntarios[11]. Aunque podía dejarse irritar hasta el punto de mostrar él también gestos de inglesismo, sus convicciones más profundas eran inequívocamente internacionalistas. Dedicó una década a la causa del desarme nuclear europeo. Su imaginativa respuesta de escritor llegó a China, India, América Latina, Estados Unidos. La unidad de estos compromisos radicaba en su deseo de disolver la Guerra Fría.

Acabó convirtiéndose en profeta del fin de la misma. Eso es muy notable. En qué medida el movimiento pacifista contribuyó a su final es otro tema, el principal debate que él dejó atrás. En eso diferíamos. Entre los ideales del European Nuclear Disarmament (END) y las realidades del hundimiento soviético, hay

---

[11] E. Thompson, «The Making of a Ruling Class», *Dissent*, verano de 1993, pp. 377-382, ahora incluido en *Persons and Polemics* con el título «Which Britons?».

un gran abismo. No es menospreciar a los partidarios del fin de la Guerra Fría distinguirlos de sus agentes. La Primera Guerra Mundial no la terminó la izquierda de Zimmerwald, ni el Llamamiento de Estocolmo, aunque tuvieron consecuencias históricas, sino la victoria de la Entente. No por eso los honramos menos. ¿Fue la conclusión de la Guerra Fría muy distinta? Edward sostenía con pasión que sí. Ciertamente nadie tenía más derecho a hacerlo. Su sentencia provisional, «Ends and Histories», terminada en la primavera de 1990, y publicada en *Europe from Below* de Mary Kaldor[12], es en parte una respuesta a Francis Fukuyama, sobre el que ambos manteníamos opiniones opuestas. Es una de sus declaraciones más atractivas, a un tiempo biográfica y visionaria. La gente volverá a ella después de que se olviden otros veredictos más convencionales.

Redactó el borrador, explica Thompson, inmediatamente antes de que el antiguo orden fuese barrido de Praga, y él estuviese a punto de morir en un hospital de Nueva York. Sus últimos años estuvieron plagados de enfermedades repetidas. Los lectores de *LRB* tal vez recuerden un artículo sobre el NHS (el Servicio Nacional de Salud británico)[13]. Murió joven, desde el punto de vista actual. Hemos perdido mucho. Christopher Hill, en los doce años transcurridos desde que superó la misma edad, ha publicado siete libros. ¿Qué podría haber escrito Edward a continuación? En la cumbre del movimiento pacifista, tendió a dejar aparte otras políticas, tan divisivas de una causa común. Terminada la Guerra Fría, podría haber ayudado a renovar otra vez a la izquierda. Hay indicios de ello en «Ends and Histories». Independientemente de la forma que hubiesen adoptado sus ideas, el libro sobre Blake hace pensar que ello hubiera sido probable. No habrían estado sometidas a un contrato. No estaba de humor para concesiones. *A Life of Dissent*, recientemente repuesta, es la afectuosa película que Tariq Ali hizo de Edward y Dorothy Thompson a comienzos de este año. Mientras la rodaban, hablaron de amistades mutuas. «¿En qué anda Perry ahora?», pregun-

---

[12] M. Kaldor (ed.), *Europe from Below*, Londres, 1991, pp. 7-25.
[13] E. Thompson, «Diary», *London Review of Books*, 7 de mayo de 1987.

tó. Tariq mencionó algo que yo había escrito sobre el conservadurismo. «Sí, ya sé», respondió Edward. «Oakeshott era un sinvergüenza. Dile que endurezca el tono.»

1993

CAPÍTULO IX

Un filólogo extraordinario: Sebastiano Timpanaro

La filología tiene mala fama –peor que la de la ciencia lúgubre, que al menos puede afirmar que influye en la producción– por considerarse una disciplina que fomenta la pedantería estéril. En la asociación pública se ha conservado la sombra del *Casaubon* de Eliot. Ni siquiera sus eminencias han escapado a ella: la aridez de los trabajos de Housman sobre Manilio contrastada regularmente (o conectada envidiosamente) con la exhuberancia de su poesía, la autoridad de Wilamowitz burlada por el triunfo póstumo de Nietzsche. Hoy, pocos sabrían citar a un especialista contemporáneo. Pero la disciplina ha tenido al menos una notable vida póstuma, contradiciendo todos los prejuicios contra ella, en la extraña trayectoria profesional de Sebastiano Timpanaro, el erudito y pensador italiano fallecido en noviembre de 2000, una de las mentes más puras y originales de la segunda mitad del siglo.

Nació en Parma en 1923; su padre era un intelectual siciliano del mismo nombre que, cuando él era niño, dio clases de ciencias en un instituto de enseñanza media florentino, para después convertirse en director de la Domus Galileana de Pisa. El padre, afiliado al Partido Socialista Italiano después de la guerra, coleccionaba dibujos y fomentaba la ciencia humanística en la tradición de Leonardo y Galileo. La madre editó a Proclo y a Pitágoras. Cuando, tras una larga enfermedad, murió su padre en 1949, el joven Timpanaro reunió una recopilación póstuma de sus ensayos sobre historia de la ciencia[1]. El parecido físico entre ellos debía de ser asombroso. En el oscuro vestíbulo del piso familiar en Florencia, colgaba en la década de 1980 un retrato adusto y

---

[1] S. Timpanaro (padre), *Scritti di storia e critica della scienza*, Florencia, 1952.

atractivo que a primera vista parecía –a pesar de las vestimentas de época– el suyo: un error que su esposa, dedicada a la historia del siglo XVIII, había tenido que corregir en más de una ocasión. Aunque trabajaban en ámbitos distintos, la filiación era claramente espiritual además de visual.

Sebastiano Timpanaro Jr., como él firmó su primer prefacio, estudió filología clásica durante la guerra en la Universidad de Florencia con el reconocido maestro de la disciplina en Italia, Giorgio Pasquali. Más tarde, fue uno de los colaboradores jóvenes favoritos del famoso exiliado alemán Eduard Fraenkel, que a menudo daba clases en Italia para atemperar sus tareas en Oxford. Hacia los veinticinco, publicaba reconstrucciones del poeta latino antiguo Ennio, y Fraenkel le pidió que realizase una nueva edición crítica de Virgilio. Pero en esto se vio decepcionado. Timpanaro carecía, como decía tranquilamente, de la paciencia necesaria para esa tarea inmensa. Sus dotes sobresalientes para la crítica de textos asumieron la forma de *adversaria*, anotaciones puntuales, que al final alcanzaron más de mil páginas de disección meticulosa de pasajes de Lucrecio, Marcial, Virgilio, Frontón, Ovidio, Séneca, Lucano, Servio, Salustio, la *Historia Augusta*: «Los escritos menores de un filólogo sin grandes escritos en su haber», como él decía[2]. Una vez describió esta práctica tradicional como la del microhistoriador dentro de su disciplina. Su primer libro, escrito cuando acababa de cumplir los treinta años, fue un redescubrimiento de los hallazgos textuales de Leopardi, cuya fama como poeta había oscurecido durante mucho tiempo la seriedad de su filología clásica[3]. El segundo fue un estudio, inmediatamente reconocido como revisión fundamental, sobre la aparición durante la Restauración de los procedimientos textuales asociados con el erudito alemán Karl Lachmann, en general considerado el principal arquitecto de las modernas técnicas de recensión –frente a las de enmienda– de los textos antiguos, famosamente aplicada por él a Lucrecio, el *Nibelungenlied* y San

---

[2] S. Timpanaro, *Contributi di filologia e di storia della lingua latina*, Roma, 1978, p. 7.

[3] S. Timpanaro, *La filologia di Giacomo Leopardi*, Florencia, 1955.

Lucas por igual[4]. *La genesi del metodo del Lachmann* concedió a Timpanaro fama internacional en su especialidad, ampliada por el continuo flujo de correcciones y conjeturas que siguieron al libro. A su debido tiempo, fue elegido miembro de la Academia dei Lincei y la British Academy.

Pero siempre hubo una anomalía. Este distinguido experto en una disciplina muy técnica, espacio por excelencia de la erudición académica, nunca ocupó un cargo en la universidad, ni siquiera en cualquier otra institución de enseñanza. Y tampoco poseía recursos propios que garantizasen su independencia económica. Para vivir, Timpanaro trabajaba de lector de pruebas –un trabajo nunca muy considerado, y por supuesto, nunca bien pagado, que a menudo hacía que experimentase dificultades económicas– para una pequeña editorial florentina, *La Nuova Italia*, propiedad de la familia Codignola. Las noticias de estas circunstancias parecieron llegar a George Steiner, cuya novela corta *Proofs* cuenta con un protagonista que los italianos identifican a menudo con Timpanaro. La asociación descansa en un *qui pro quo* más revelador de sus artífices que de su objeto. El lector de pruebas de Steiner es un comunista sumido en la ignorancia, que lucha contra la destrucción de sus ilusiones en diálogos melodramáticos con un camarada sacerdote católico, igualmente hostil al consumismo capitalista, pero más perspicaz respecto al estalinismo, en cuyo clímax el infeliz protagonista exclama «somos los hijos de Agar» –«no puede haber un verdadero comunista que no sea, en el fondo, judío»[5]– antes de caer en una lastimosa rendición al Partido ahora completamente ajustado al capitalismo, que ya no lo quiere. Con todo lo que pueda decirse de este escaparate de *Granta*, a su autor difícilmente se le puede acusar de imprecisión en una fábula que habla de preocupaciones tan peculiarmente suyas.

Timpanaro pertenecía a otro mundo. Como su padre, se afilió al Partido Socialista Italiano en 1945, y se mantuvo activo en el ala izquierda de éste durante casi veinte años. En las elecciones de 1948 –el punto de inflexión de la historia de posguerra en

---

[4] S. Timpanaro, *La genesi del metodo del Lachmann*, Florencia, 1963.
[5] G. Steiner, *Proofs and Three Parables*, Londres, 1992, p. 35.

el país–, el PSI optó por una lista de socialistas y comunistas común con el PCI, en contra del Partido Demócrata Cristiano apoyado por el Vaticano y la CIA. Timpanaro se encontraba entre los jóvenes socialistas que se opusieron con dureza a esta decisión, considerando que los líderes del PCI poco mejores eran que una versión laica del Santo Oficio, y desesperado escribió una salvaje parodia del Congreso del PSI que se vio empujado a dicha alianza, imitando las formas de una tragedia griega[6]. Pero la hostilidad al estalinismo nunca lo inclinó a ser indulgente con la socialdemocracia, en todas sus manifestaciones. Mientras el PSI mantuvo su oposición a Democracia Cristiana, siguió en él; pero cuando en un último giro drástico el partido formó coalición con la DC en 1964 –el primer gobierno de centro-izquierda después de la guerra– el ala más radical, prediciendo con razón que la experiencia transformaría más al PSI que a la sociedad italiana, abandonó el partido para crear su propia formación. Timpanaro siguió siendo militante de esta organización y su continuación hasta mediados de la década de 1970. Su compromiso con el socialismo revolucionario no era un mero apego sentimental. Más tarde, rechazando las descripciones que lo consideraban un intelectual aislado, escribió:

> He pasado más horas participando en discusiones y manifestaciones políticas, asumiendo las tareas del denominado «cuadro intermedio» (bastante más cerca de la base que de la cumbre) que estudiando: con esto me refiero a un cálculo literal del tiempo, sin exhibicionismo populista, como mucho con una cierta autoironía retrospectiva[7].

Su política era marxista y antiestalinista; también crítica –esto era mucho más raro en la extrema izquierda italiana– con el maoísmo.

---

[6] S. Timpanaro, «Il Congresso del partito. Scherzo filologico-politico», *Il Ponte*, enero de 1981, pp. 65-80; el texto se escribió, como explica Timpanaro, en 1949.

[7] S. Timpanaro, *Antileopardiani e neomoderati*, Pisa, 1982, p. 12.

En ciertos temperamentos, poca o ninguna conexión tienen entre sí las destrezas intelectuales y las simpatías políticas. El antisemitismo de Frege o el filoestalinismo de Wittgenstein carecían de conexiones significativas con la filosofía de ambos. Tales casos son bastante frecuentes. Timpanaro no era uno de ellos. Sus compromisos políticos no eran una debilidad personal ni un *point d'honneur* aleatorio del filólogo. Informaban su obra y la transformaban. El punto de partida enormemente técnico en Leopardi demostró no ser accidental. Formalmente hablando, lo que ocurrió fue que Timpanaro amplió su campo de operaciones desde la crítica de textos a la historia intelectual. Sustantivamente, lo que provocó la ampliación del enfoque fue su compromiso político. Leopardi hizo de puente entre ambos: el filólogo clásico que fue también el adversario más implacable de la cultura de la Restauración, el poeta visionario y materialista. Cada una de las dos obras fundamentales escritas por Timpanaro en la fase intermedia de su vida profesional se construye en torno a esta herencia. *Classicismo e illuminismo nell'ottocento italiano* (1965) y *Sul materialismo* (1970) ofrecen los paisajes intelectuales de los siglos XIX y XX –el primero a escala italiana, y el segundo a escala occidental– vistos a través del prisma de figuras y movimientos selectos, cuyas trayectorias pudiera decirse que definieron la época.

El primer libro gira en torno a la posición peculiar ocupada por Leopardi, flanqueado a cierta distancia por su amigo Pietro Giordani, en la cultura italiana del periodo posnapoleónico, y termina con una consideración de la línea que va del patriota liberal Carlo Cattaneo –héroe del levantamiento contra el dominio austriaco en Milán en 1848– al lingüista comparativo Graziadio Ascoli después del Risorgimento. El segundo desarrolla una crítica sistemática contra el marxismo occidental por renunciar al legado materialista de Engels y, al mismo tiempo, contra el estructuralismo por distorsionar la herencia lingüística de Saussure. Timpanaro podía intervenir en ambos terrenos con especial autoridad. Pocos eruditos habían dominado con tanta profundidad como él la obra de Leopardi o Ascoli; y en la enorme bibliografía sobre el (o del) estructuralismo ninguna obra rivalizaba con su comprensión de la historia comparativa de la lingüística europea. La agudeza con la que podía manejar las edificantes intenciones de Manzoni, o despachar las sentencias de notables tan venerados como Lévi-Strauss o Chomsky, procedía del conocimiento profesional.

Tres temas rigieron la producción de Timpanaro en ese periodo. El primero fue específicamente cultural. Él sostenía que el Romanticismo europeo había conseguido imponerse en el tablero ideológico y estético de la Restauración gracias a la combinación específica de dos rasgos. Por una parte, como punto de vista posrevolucionario, se benefició de la descomposición del lado aristocrático de la Ilustración, desplazando la etiqueta de la galantería superficial con un nuevo sentimiento de seriedad y pasión interior. Pudo recurrir a elementos válidos de la lucha continental contra el expansionismo napoleónico: el derecho de los pueblos a la independencia, el ansia de paz, el rechazo al culto a la gloria militar. Por último, desde luego, podía afirmar haber liberado al arte de la tiranía de la imitación clásica: las unidades aristotélicas convencionales, una dicción demasiado marmórea. Por otra parte, el Romanticismo cubrió al mismo tiempo la necesidad de las nuevas clases burguesas de afirmarse como la fuerza social emergente del momento, sin correr el riesgo de una radicalización plebeya en la batalla contra el Absolutismo, como la marcada por el jacobinismo. Con este fin, la ideología más flexible era el cristianismo posrevolucionario, mezclando las dosis oportunas de tradición y progreso. Políticamente, el Romanticismo de este periodo no fue siempre conservador, ni mucho menos; por cada Chateaubriand o Novalis hubo un Hugo o un Mazzini. No obstante, dos límites característicos definieron prácticamente todas sus variedades: una religiosidad difusa que exhalaba en buena parte de sus formas idiosincrásicas, y un lacrimoso populismo de inclinación más nativista que democrática.

Contra este patrón dominante, sostenía Timpanaro, se alineó una contracultura: la tradición clasicista cuya mayor voz fue Leopardi. Dentro de este clasicismo, había corrientes pura o mayoritariamente nostálgicas, fijas en formas muertas. Pero su expresión más intransigente y coherente cuestionaba las verdades sentimentales de la época. Rechazando el culto romántico a la Edad Media, retomó las virtudes republicanas de Atenas y Roma, y burlándose de cada rama de espiritualismo, reivindicaba a los pensadores más osadamente materialistas de la Ilustración: La Mettrie, Helvétius, Holbach. Fue éste un clasicismo aislado del sentimiento popular en una época de estancamiento contrarrevolucionario, con unas formas estéticas a menudo deliberadamente arcaizantes, vehículos de un desdén polémico por los ritmos condescendientes que los rodeaban, como las de Lucrecio habían sido antes que ellas. Pero su perspectiva intelectual y política –la negativa a acomodarse al mundo paralítico de las monarquías restauradas– se adelantó a las típicas posturas románticas, a medias cómoda con ellas.

En la obra de Leopardi, este clasicismo tardío llamó de manera excepcional la atención sobre una tensión todavía en su mayor parte latente en la propia Ilustración. Éste era el segundo tema fundamental de Timpanaro. Porque una vez apartado de su formación, Leopardi combinó los impulsos sociales y políticos progresistas de la Ilustración radical con un tenaz pesimismo acerca de las perspectivas de felicidad humana, incluso en la mejor de las sociedades, algo que distanció agudamente su trabajo de la principal línea de la Era de la Razón. La naturaleza, a la que muchos pensadores del siglo XVIII habían apelado como la fuerza beneficiosa por la que juzgar la tiranía del prejuicio y el artificio de la costumbre, cambió gradualmente de forma en su visión, convirtiéndose en la madrastra maligna cuyas crueldades –enfermedad, padecimiento, senectud y muerte– acababan condenando a los seres humanos a la tristeza indefensa. Un materialismo coherente no permitía comodidades intelectuales. Pero el ánimo del pesimismo de Leopardi no era estoico: recomendaba no renunciar a las pasiones, mantenerse leal a cuantos placeres pudieran hallarse en el mundo. Y sus conclusiones no tienen nada en común con la posterior metafísica de la resignación misantrópica de Schopenhauer. La respuesta de Leopardi a la debilidad y a la insignificancia de la vida humana en el cosmos fue la contraria: un «titanismo» que llamaba a la solidaridad universal en la batalla contra la naturaleza, que toda vida ha de perder.

Timpanaro, principal autoridad en Leopardi –cuyos descendientes le negaron el derecho a editar los primeros escritos filosóficos del poeta por razones políticas, aunque técnicamente eran de dominio público–, no fue en absoluto inusual en su admiración al genio. Y no fue el primero en sugerir su importancia para la izquierda moderna. Otros habían presentado esta alegación, a menudo con un grado de exageración y anacronismo. Las apropiaciones habituales de Leopardi se basaban en la hostilidad del autor al clericalismo o al republicanismo igualitario –su protopolítica– o su materialismo. Timpanaro, sin embargo, resaltó el pesimismo como la contribución más original e importante de Leopardi a la cultura contemporánea de la izquierda. Es un planteamiento mucho más desconcertante. Gramsci, otro jorobado, había recomendado –la fórmula procedía de Romain Rolland– «optimismo de la voluntad, pesimismo de la inteligencia». Pero éste era un pesimismo de cálculo táctico, la precaución de cualquier estratega lúcido de no subestimar al enemigo. En la cárcel, Gramsci no vio a Leopardi como un espíritu afín, y lo criticó por concebir la naturaleza como algo fundamentalmente hostil al hombre. De hecho, en un error revelador, Gramsci consideró que esto era una expresión de «turbio romanticismo», ciego al progreso histórico[8]. Invirtiendo el juicio de Gramsci, Timpanaro sostenía que exactamente esta visión no sólo era compatible con un marxismo revolucionario, sino su complemento necesario.

Era un mensaje inoportuno en Italia, donde las insurgencias de finales de la década de 1960 duraron hasta finales de la de 1970. Porque Timpanaro advertía a la extrema izquierda a la que pertenecía que cualquier exaltación parcial de la «praxis» olvidaba para su propio perjuicio el ineliminable elemento de la pasividad en la experiencia humana, todo lo que inevitablemente se sufre, pero no se hace. A todo verdadero materialismo, insistía, le incumbía reconocerlo. En un tiempo de activismo jubiloso, difícilmente podía imaginarse un mensaje más desconcertante e impopular. Timpanaro hizo todo lo posible por señalar que el desprecio psicologista al pesimismo de Leopardi por considerar-

---

[8] A. Gramsci, *Quaderni del carcere*, vol. II, Turín, 1974, p. 1187.

lo la desesperación de un inválido deformado –una especialidad tradicional de sus críticos– era vano. Ciertamente, la escoliosis hizo al poeta centrar su atención en la relación entre los seres humanos y la naturaleza; pero

> la experiencia de la deformidad y de la enfermedad siempre se registra en la obra de Leopardi en un nivel que trasciende al lamento individual por un hecho puramente íntimo y biográfico; ni siquiera se debe explicar en función de una introspección puramente poética, sino que se convierte en un formidable instrumento de conocimiento[9].

De hecho, recordaba Timpanaro a sus reacios lectores, el pesimismo cósmico más amplio de Leopardi, su absoluta convicción del inminente aniquilamiento del mundo –«una refutación de todo mito sobre la inmortalidad de las obras humanas»– era compartido por el más optimista de los marxistas, Friedrich Engels, física y temperamentalmente su opuesto. Fue el coautor del *Manifiesto comunista* quien escribió:

> Puede que transcurran millones de años, que nazcan y mueran cientos de miles de generaciones, pero inexorablemente llegará la hora en la que el mermado calor del sol ya no baste para detener el avance del hielo desde los Polos; en la que la especie humana, cada vez más apiñada junto al Ecuador, ya no pueda por fin encontrar siquiera allí calor para la vida; en la que gradualmente hasta el último vestigio de vida orgánica se desvanezca; y en la que la Tierra, un planeta congelado y extinto como la luna, circule en la oscuridad más profunda y en una órbita cada vez más pequeña alrededor del igualmente extinto sol, y al final se precipite sobre él[10].

Éste era el destino último –el final de la especie humana, del que sucesivos militantes desde Blanqui a Lyotard soñarían con la huida interplanetaria– que ponía en proporción todo el voluntarismo.

---

    [9] S. Timpanaro, *Clasicismo e illuminismo nell'ottocento italiano*, Pisa, 1965, p. 158.
    [10] F. Engels, *Dialectics of Nature*, Nueva York, 1942, p. 20.

Culturalmente, sin embargo, el momento del último Engels estaba separado del tiempo de Leopardi por una mutación significativa. En el último cuarto del siglo XIX, el Romanticismo era una fuerza gastada y las reacciones clasicistas contra él se habían desvanecido; Leopardi ha sido el último gran escritor europeo interlocutor directo de la Antigüedad. Ahora, tras los avances científicos crecientes, la perspectiva dominante del periodo era la positivista. Un siglo después, ninguna ideología tenía peor prensa en la izquierda. Todas las variedades del marxismo occidental se unieron para denunciar su legado funesto. A este respecto, de nuevo Timpanaro se opuso drásticamente al consenso de su propio partido (en el sentido en que Marx hubiese usado el término). Fuesen cuales fuesen los límites o las eventuales simplificaciones, sostenía, la cultura positivista de finales del siglo XIX representaba una ruptura con el mito religioso y la superstición folclórica, en una época en la que la verdad científica aún podía parecer una condición del progreso burgués, una cultura elevada que aún no había roto toda su conexión con las aspiraciones populares[11]. Filosóficamente tal vez fuese mediocre, pero sus logros en otros campos –desde las ciencias naturales hasta la historia, desde la lingüística hasta la narrativa– fueron considerables. El propio Clausius, que predijo el enfriamiento del sol, por no hablar de Darwin, Bernard, Helmholz, Delbruck, Zola se encontraba entre los faros de esta cultura.

Con el cambio de siglo, sin embargo –y Timpanaro no fue, por supuesto, el primero en darse cuenta– se produjo un acusado cambio. A partir de la era del imperialismo, se impuso otra perspectiva de mentalidad idealista, subjetivista y vitalista en medida variable. El avance científico y tecnológico se mantuvo constante, de hecho se aceleró incluso. Pero se enmarcaba cada vez más en epistemologías y demarcaciones antiobjetivistas –convencionalismo, empiro-criticismo, contingentismo: Poincaré, Mach, Boutroux– que tomaban por blanco cualquier visión coherentemente materialista del mundo, que podía ahora tacharse de ilusiones de un «sentido común» vulgar, refutado por el desarrollo

---

[11] S. Timpanaro, *Clasicismo e illuminismo*, cit., pp. 2-5 y ss.

de las propias ciencias. En las artes, el informe naturalista claudicó ante el experimento simbolista, las cargas de profundidad de la interioridad obstinada, los anhelos místicos o las muestras de conmoción. El resultado fue una cultura de gran brillantez, pero mucho más apartada de la vida popular que su predecesora. En adelante, se daría una profunda división entre las formas elevadas de la elite culta y el billete de segunda clase destinado a las masas: una semicultura populista que por lo general «inculcaba los ideales pequeño-burgueses de moralismo y sensiblería»[12]. Se abandonaron las tareas de unificación cultural que, en otro tiempo, el positivismo se había impuesto. Esta estructura en niveles escindidos, sostenía Timpanaro, había persistido durante el nuevo siglo y permanecía aún básicamente intacta. El estilo de la cultura de masas tal vez hubiera cambiado, pero la disposición de la cultura de la elite no. En estas altitudes, el idealismo en una u otra variante –la mayoría subjetivistas– siguió siendo la norma.

Un famoso ejemplo de la evolución que se produjo en el cambio de siglo llamó en especial la atención de Timpanaro. Freud había empezado como producto típico de la cultura positivista de la profesión médica victoriana. Sus premisas originales eran firmemente materialistas; pero, a medida que la desarrollaba, su teoría del psicoanálisis empezó a alejarse de las hipótesis neurofisiológicas que inicialmente la apuntalaban, acabando en un sistema especulativo que se había apartado efectivamente de los controles científicos. «Las doctrinas que empezaron siendo "metafísica" más o menos imaginativa, y posteriormente se convirtieron en ciencias serias son muy comunes (baste citar la teoría evolutiva en biología)», escribió Timpanaro. «El psicoanálisis ha seguido la senda opuesta: aunque nació con aspiraciones seriamente científicas, desde el principio contenía una mezcla de tendencias especulativas y después retrocedió cada vez más al mito.» Por otra parte, si bien era cierto que «el psicoanálisis como terapia registra cada vez más fracasos, mientras que el psicoanálisis como teoría encuentra sus defensores más ardientes entre los críticos literarios y

---

[12] S. Timpanaro, *Sul materialismo*, Pisa, 1970, pp. 113-118 [*On Materialism*, Londres, 1975, pp. 122-127].

los filósofos»[13], esto no significaba que fuese intelectualmente nimio. No cabía duda de que Freud había enriquecido enormemente el conocimiento de nosotros mismos, pero lo había hecho en el sentido de Musil o Joyce, no en el de Darwin o Einstein.

Para demostrar la diferencia, Timpanaro tomó por objeto un texto que el propio Freud no sólo declaró parte indispensable de toda su teoría, sino que además afirmó que había encontrado más aceptación general que cualquier otro: *Psicopatología de la vida cotidiana*. El trabajo que Timpanaro dedicó a esta piedra de toque es un *tour de force* técnico y además su escrito más entretenido. *Il lapsus freudiano* pone en relación las destrezas del filólogo con las afirmaciones del psicoanalista, usando los procedimientos de la crítica de textos para poner en duda la explicación freudiana de las parapraxis [actos fallidos o deslices freudianos]. Examinando uno a uno los ejemplos que Freud da en *Psicopatología de la vida cotidiana*, Timpanaro demuestra que a menudo los errores de memoria o deslices que Freud había atribuido a materiales sexuales reprimidos debían explicarse más convincentemente a partir de un conjunto estándar de desviaciones de la norma léxica, «corrupciones», de las que los filólogos habían desarrollado su propia clasificación tamizada. Las explicaciones de Freud, por contraste, eran típicamente capciosas y arbitrarias, basándose en cadenas de asociación que podían alterarse o alambicarse más o menos a voluntad; Timpanaro se divirtió generando sus propias variantes, a partir de los mismos materiales y con la misma lógica, alcanzando conclusiones aún más inverosímiles. Indudablemente, existían verdaderos casos de deslices «freudianos», sostenía él, pero la gran mayoría de los analizados por Freud –*a fortiori* en la vida cotidiana– se acercaban más a los errores de los copistas antiguos o medievales: diptografía, *lectio facilior*, haplografía, *saut du même au même*, metátesis, *faute critique*, desliz polar, etcétera. El material psíquicamente reprimido podía encontrar su camino hacia la superficie a través de las parapraxis, pero la insistencia de Freud en que la aparición de éstas debía ser de origen sexual era otro

<hr>

[13] S. Timpanaro, *Il lapsus freudiano*, Florencia, 1974, p. 201 [*The Freudian Slip*, Londres, 1976, pp. 223-224].

punto débil en la explicación que daba de ellas, ya que bien podía ser igualmente social o existencial, aprehensión de los órdenes inferiores o temor a la muerte que hubieran escapado al censor.

Il lapsus freudiano es un sobresaliente despliegue de erudición, que alterna los trazadores de aprendizaje divertido y polémico que entrecruzan la noche analítica. En este libro, la combinación de destrezas recónditas y ocupación anómala de Timpanaro encuentra su objetivo perfecto. Leyó los ejemplos de *Psicopatología de la vida cotidiana* con el ojo de un corrector de pruebas y la mente de un erudito clásico. El que Freud eligiera para el más amplio de sus ejercicios sobre la interpretación de una parapraxis el falso recuerdo de un «joven judío austriaco» sobre la petición de un vengador por parte de Dido moribunda en la Envida –*Exoriare aliquis nostris ex ossibus ultor*– difícilmente podría haber sido seleccionado de manera más punzante para la retribución póstuma. No hace falta saber mucho latín para disfrutar de la explicación que Timpanaro da de la peculiaridad de la construcción de Virgilio, y por qué cualquiera podría olvidar *aliquis*, independientemente de las ansiedades eróticas. «Que alguien se levante de mis huesos a modo de vengador»: podría ser el propio poeta, apelando a través de los siglos al filólogo contra el uso inadecuado.

Tras el ingenio y la energía de *Il lapsus freudiano*, se encuentra el secreto de la ocupación de Timpanaro. No era lector de pruebas por elección o circunstancia, sino bajo la presión de una intensa ansiedad neurótica. En una conversación dijo: «Mi rencor contra Freud procede de la incapacidad del psicoanálisis para curarme». Dos temores lo paralizaban. El primero, a hablar en público. Era eso, explicaba, lo que le impedía ocupar un cargo académico. La idea de enseñar en una universidad lo llenaba del terror a quedarse mudo en la tarima. La única vez en su vida, me contó, que perdió todo temor, y de repente descubrió que podía dirigirse a un público con bastante fluidez, fue a finales de la década de 1960. «En aquella atmósfera, mis inhibiciones se desvanecieron y para mi sorpresa no tenía dificultades para salir a la palestra en mítines masivos.» Comunicó la excepción que la agitación política había provocado sin asomo de complacencia sectaria, con un toque de ironía. En tales momentos, sus rasgos expresivos esbozaban una mueca. En su juventud, la apariencia de Timpanaro debió de ser llamativa: un rostro fuerte y delicado, algo aquilino, de boca firme y recta y penetrantes ojos negros. Cuando lo conocí, se percibían las desventajas, que él no intentaba ocultar. De estatura inferior a la media, su voz era áspera y su andar débilmente rígido y mecánico, con una ligera pesadez de pies. Los ojos, de luminosa belleza e inteligencia, dominaban todos los demás rasgos.

La rigidez de su andar podría tener algo que ver con su otro temor. Sufría de grave agorafobia, que le hacía temer cualquier tipo de viaje. Si no recuerdo mal un pesaroso comentario de su esposa, sólo una vez en la vida había salido de Italia, en un breve viaje a Yugoslavia. Me dio la impresión de que, con el tiempo, se había vuelto cada vez más prisionero de la propia Florencia, una ciudad de la que hablaba sin admiración, arruinada por la peste del turismo. Una ojeada a lo que podría suponer mudarse incluso dentro de Florencia quizá la podamos deducir de un pasaje de un texto escrito años después de *Il lapsus freudiano*.

Cualquiera con un cierto conocimiento de la neurosis, que no necesita ser el del psiquiatra, sino que puede ser el de la «víctima», sabe que la agorafobia puede «vencerse» de diversos modos. Uno puede conseguir cruzar una plaza pública, pero sólo a costa de palpitaciones, temblores, desorientación, terror a ser incapaz de «aferrarse» al otro extremo,

escribió. Pero en tales casos,

la «victoria» es en verdad una derrota, porque el precio pagado es demasiado alto y desalentará nuevos intentos: cierto que la fobia podría haber conducido a cosas peores (una sensación de vértigo que provocase a su víctima un colapso en la mitad del recorrido, un impulso irresistible de volverse después de los primeros pasos titubeantes), pero se ha exacerbado[14].

---

[14] S. Timpanaro, «Freud's "Roman Phobia"», *New Left Review* I/147, septiembre-octubre de 1984, p. 25.

Estas palabras se incluyen en un maravilloso artículo sobre «la fobia de Freud a Roma», escrito en 1984. Su tema era el deseo agudo de Freud, pero durante muchos años también su incapacidad interior, de viajar a Roma. ¿De dónde surgió ese temor a la Ciudad Eterna? Timpanaro revisaba las explicaciones ofrecidas por subsiguientes analistas o psicohistoriadores –Ernest Jones, Marthe Robert, Carl Schorske, Cesare Musatti– que habían interpretado la fobia bien como expresión de una ambivalencia hacia la Roma cristiana, destructora de la Roma Antigua que él amaba, o bien como enmascaramiento de un deseo incestuoso de poseer a su madre, y rechazaba ambos. Paradójicamente, señalaba él, todos habían rechazado la explicación que Freud daba a su aversión, que era mucho más atractiva: a saber, que identificaba Roma con la Iglesia católica cuyo fanatismo y antisemitismo había soportado de pequeño, llevándolo a identificarse apasionadamente con Aníbal, el héroe semítico de triunfos militares sobre Roma, que al final nunca llegó a ella. Si al principio el culto de Freud a Aníbal no era, como decía Timpanaro, más que «el típico afecto de un escolar por los héroes derrotados, como el que nos ha inclinado a todos a preferir a Héctor sobre Aquiles (yo mismo me dejé llevar por un «anibalismo» de este tipo, que duró hasta mi adolescencia, a consumir cantidades indigeribles de la más variada bibliografía sobre la Segunda Guerra Púnica)»[15], se convirtió en algo mucho más mordaz. En palabras de Freud: «Para mi joven mente, Aníbal y Roma simbolizaban la tenacidad del judaísmo y la organización de la Iglesia católica», donde el propio eufemismo «organización» sigue atestiguando el poder intimidatorio y la amenaza del Vaticano.

El que Timpanaro justificase la explicación política que Freud da de su fobia era característico de su modo de ser, en su equidad con una figura a la que por lo demás tan duramente había criticado, y en su sentido del contexto histórico. Pero había también tras este artículo un propósito contemporáneo. En él expresaba con los términos más duros su rechazo a la persecución católica

---

[15] *Ibidem*, p. 8.

contra los judíos, y la simpatía con la naturaleza de la identificación de Freud con su pueblo.

Toda su vida, Freud estuvo convencido de que el descubrimiento de una teoría tan inconformista y «revolucionaria» como el psicoanálisis le había resultado más fácil por el hecho de ser judío, que lo involucró en una batalla contra la conformista «mayoría compacta», llena de prejuicios y hostil a cualquiera que decidiese diferir de ella. En 1926, cuando se afilió a la asociación B'nai B'rith, declaró bastante abiertamente que no era judío practicante ni «nacionalista judío»; se sentía ligado a la comunidad judía, y orgulloso de ser judío, sólo porque esto lo liberaba de «muchos prejuicios que restringen en otros el uso del intelecto»[16].

Timpanaro no oculta la admiración por este espíritu libre, de desapego leal. Sin embargo, acaba su artículo recordando que las cosas han cambiado.

Aceptar el psicoanálisis o ser judío ya no es distinguirse por ser un solitario y valiente inconformista, en lucha contra la notoria «mayoría compacta». Ciertamente sigue habiendo brotes de antisemitismo nazi y clerical, ataques «de la derecha» contra la «inmoralidad» del psicoanálisis, y siempre necesitaremos mantenernos en guardia contra estas tendencia. En conjunto, sin embargo, el psicoanálisis se ha integrado en la cultura burguesa conformista, convertido en un sustituto más complejo de las antiguas religiones tradicionales. Hoy, a menudo, los inconformistas solitarios son aquellos dispuestos (sin rechazarlo de plano) a someterlo a análisis crítico.

Y esto no era todo.

Además, existe ahora una «mayoría compacta» judía, el Estado de Israel, que no solo reclama (con absoluta justicia) su derecho a existir, sino que niega ese derecho a otro pueblo cuya reivindicación es igualmente justa, sometiendo a éste a asesinos abusos de poder

---

[16] *Ibidem*, p. 9.

dignos del colonialismo europeo que ayudó a establecerlo. Este Estado no podría llevar a la práctica sus políticas malignas sin el respaldo de una «mayoría compacta» mucho mayor: el denominado mundo democrático occidental. Hoy, hasta el término «antisemita» ha perdido todo significado, porque la mayoría de las víctimas de la arrogancia israelí son de ascendencia semita, mientras que los israelíes están apoyados en sus crímenes, financiados y provistos de armas por cristianos devotos.

Los miembros de la diáspora que mantuvieron vivas las tradiciones tolerantes de los judíos cosmopolitas, rechazando lo que Tel Aviv hacía en su nombre, seguían siendo demasiado pocos. Hoy no son los israelíes, ni los judíos apologistas de Israel, los que deben identificarse con Aníbal, el aislado héroe semítico, sino los «palestinos que defienden las reivindicaciones del pueblo palestino»[17].

La política de Timpanaro no vaciló con la edad. Encuentra su más plena expresión en un libro singular del mismo periodo, *Il socialismo di Edmondo de Amicis* (1983), una obra de transparente defensa que ocupa un lugar especial entre sus escritos. Se centra en una de las carreras literarias más extrañas de la Europa del siglo XIX. En la historia de la literatura italiana, Edmondo de Amicis (1846-1908) se recuerda principalmente por las dos obras dispares que originalmente le dieron fama. La primera, *Vita militare* (1868), era una obra de edificación patriótica basada en la experiencia de Amicis como oficial piamontés en la última fase del Risorgimento, cuando sirvió contra los austriacos en Custoza. La segunda, *Cuore* (1886), es un empalagoso relato infantil que se convirtió en un enorme éxito de ventas –cuando se publicó la traducción al inglés y a otras lenguas europeas, una década después, llevaba más de 200 ediciones– y sigue siendo un texto habitual en las escuelas de primaria italianas. Franco Moretti lo ha ensartado en un brillante artículo sobre las funciones de la obra lacrimógena (tomando *Misunderstood* como su homólogo en inglés). Para entonces, de Amicis se había conver-

---

[17] *Ibidem*, pp. 30-31.

285

tido en sinónimo de las lecciones cívicas *bien-pensant* y del moralismo sentencioso.

A comienzos de la década de 1970, sin embargo, Italo Calvino «redescubrió» una de sus últimas novelas, *Amore e ginnastica*, elogiando su mordacidad erótica. Después, en 1980, se publicó el manuscrito de una novela que de Amicis había escrito casi cien años antes y abandonado en un cajón. Se titulaba *Primo Maggio*, una novela sobre el socialismo. Era bien sabido que, en sus últimos años, De Amicis había predicado lo que en general se consideraba una doctrina sentimental de conmiseración social y armonía entre las clases. La reacción prácticamente unánime de los críticos –de hecho de los propios editores del texto– a *Primo Maggio* fue la de tacharla de producto chapucero de estas banalidades emocionales, de escaso interés político o estético. El libro de Timpanaro es una cáustica polémica contra esta recepción de la novela. En una lectura atenta pudo demostrar que lejos de ser un inane tratado de reformismo sin carácter, que hace seguir a figuras de cartón movimientos predecibles, *Primo Maggio* no sólo despliega una considerable habilidad y matiz de caracterización, sino que personifica una crítica revolucionaria al orden social burgués de la época, de tal intransigencia que bien es posible que De Amicis dejase la novela inédita por temor a que lo incriminasen si se publicaba. Analizando los principales temas de la novela –el trato que De Amicis da al ejército, la escuela, la religión y la familia; la descripción de las relaciones entre el capital y los trabajadores; el imaginario sobre las mujeres y la defensa de la libertad sexual; la concepción de la revolución, y de cómo no debería ser un Estado socialista; la simpatía con el anarquismo por su misma oposición al socialismo– el comentario de Timpanaro tiene un toque de ataque intelectual que sugiere una composición rápida y apasionada. *Primo Maggio* no era un panfleto narrativo; en él De Amicis daba voz convincente a quienes critican cualquier idea de revolución de la clase trabajadora, y representaba gráficamente los costes que podía tener una manifestación mal calculada contra el orden establecido. Sin duda, la novela tenía sus puntos débiles: era más ambiciosa y también menos lograda que *Amore e ginnastica*. Nadie la consideraría una obra maestra, pero ¿y qué? Timpanaro acababa el libro con unas palabras alegremente provocativas:

> ¿Y ahora queréis decirme que Alberto Bianchini [el personaje principal de *Primo Maggio*] no es Julian Sorel, ni Giulia [su esposa] Madame de Renal o Anna Karenina? ¿Que hasta un socialista tiene más que aprender de *A la recherche* o *The Consciente of Zeno*, o incluso de *Germinal*, a la que no apreciáis, que de *Primo Maggio*? ¿Que un gran escritor reaccionario es, contra sus propias intenciones, más revolucionario que un socialista de segunda fila? Estas cosas son tan obvias que hasta yo las sé. Pero la vida proporciona pocas alegrías; y si instruirme en todo esto os da el más mínimo placer, ¿por qué iba a privaros de él?[18].

Si la figura transformada de Edmondo de Amicis que emerge de las páginas de Timpanaro parece una broma de la cultura, una especie de cruce entre William Morris y Erich Kästner, dichas posibilidades pertenecían a su tiempo. *Primo Maggio* es contemporánea de *News from Nowhere*, con la que mejor podría compararse. Estamos en el confiado comienzo de los cien años de socialismo de Donald Sassoon. Timpanaro escribía al final de esos cien años, y en retrospectiva *Il socialismo di Edmondo de Amicis* parece el conmovedor final de una tradición clásica, que, por última vez, hace recobrar vida con todo su frescor a un mundo de pensamiento y movimiento revolucionario a punto de extinguirse. Era consciente de lo que probablemente depararía el porvenir. Localmente, había previsto la completa destrucción del socialismo en el que él se había educado, en una época en la que algunos de sus antiguos compañeros aún ponían sus esperanzas en Craxi. Un poco más tarde –1982– comentó más en general que quizá «la del *Homo sapiens* resultaría ser una especie zoológica con capacidad lingüística, de pensamiento, artística y otras tantas cosas excelentes, pero incapaz de alcanzar la igualdad o un autogobier-

---

[18] S. Timpanaro, *Il socialismo di Edmondo de Amicis. Lettura del «Primo Maggio»*, Verona, 1983, p. 192.

no colectivo»[19]. A mediados de la década de 1990, escribía que *Sul materialismo* parecía ahora «un fósil, y seguirá siéndolo durante mucho tiempo, o para siempre»[20]. Pero la derrota de sus esperanzas políticas no significaba un retiro filosófico. En sus últimos años, realizó nuevas traducciones de *Bon sens* de Holbach y *De divinatione* de Cicerón, cada una con un largo ensayo introductorio, de erudición y propósito agudos. Aunque todavía no se había ganado la batalla contra la superstición religiosa, había más posibilidades de blandir contra ella veteranos martillos como éstos que de descabalgar el dominio del capital.

En medio de todo esto, nunca dejó de trabajar como un filólogo muy técnico. Uno de sus últimos libros está dedicado a la tradición de erudición virgiliana en la Antigüedad. Le interesaba rescatar una línea de comentario de textos del mundo romano a menudo considerada indigna de la atención moderna. La figura central del estudio de Timpanaro es un ahora oscuro gramático del siglo I d.C., Valerio Probo de Beirut, un filólogo, sostenía él en detalle, perfectamente merecedor del respeto contemporáneo: cuyos méritos no deben ser exagerados, como hicieron sus discípulos, ni minimizados, como ha hecho la posteridad[21]. Aquí reposa uno de los secretos íntimos, uno de los motivos más profundos de toda la obra de Timpanaro. Puede considerarse inextricable de su propio impulso filológico, lo que era su vocación. La recuperación de la fama para talentos o escritores olvidados pertenecía a la misma empresa que devolver la integridad a los textos antiguos. Timpanaro empezó su carrera con una reevaluación de los conocimientos clásicos de Leopardi, introducidos en las sombras de su poesía. Cuando escribió el libro sobre la génesis del método Lanchmann, hizo falta poner citas a cada frase, dado que su descubrimiento fundamental era que la clasificación genealógica de las versiones manuscritas no se originaba

---

[19] S. Timpanaro, *Antileopardiani e neomoderati nella sinistra italiana*, cit., p. 327.

[20] S. Timpanaro, *Nuovi studi sul nostro ottocento*, Pisa, 1995, p. xi.

[21] S. Timpanaro, *Per la storia della filologia virgiliana antica*, Roma, 1986, pp. 18 y 127.

de hecho en Lachmann, sino en estudiosos menos conocidos del momento –Madvig, Zumpt, Bernays– cuya obra, siendo más erudita, no había alcanzado la misma canonización que la de Lachmann, «un gran simplificador, con las virtudes y los defectos que eso implica»[22]. Escribiendo sobre el clasicismo italiano, dio a Pietro Giordani un relieve no acostumbrado, junto a Leopardi; respecto al materialismo, puso en duda la opinión recibida de la izquierda, dando preferencia a Engels sobre Marx.

Después de escribir su libro sobre Freud, un amigo le habló de un artículo publicado en 1923 por Rudolf Meringer, un lingüista alemán, criticando *Psicopatología de la vida cotidiana* con argumentos que anticipaban los suyos. Inmediatamente lo tradujo y lo editó, con un largo epílogo, para asegurarse de que se otorgaba el mérito a un pionero cuando era debido, e insistió en que cualquier reimpresión de *Il lapsus freudiano* contuviera un reconocimiento del antecedente[23]. De todos sus actos de justicia retrospectiva, el más sostenido fue la recuperación de *Primo Maggio*, doblemente despreciado, la obra suprimida de un autor desacreditado por otras razones. Pero quizá el más conmovedor sea su retrato del librepensador Carlo Bini de Livorno, un *carbonaro* menor que tradujo a Byron y ayudó a Mazzini, autor de textos espléndidamente corrosivos desde la cárcel de Elba, antes de caer en el silencio, la enfermedad y la prematura muerte bohemia, para escándalo de sus socios bienpensantes[24]. El largo ensayo sobre Bini es uno de los más personales de Timpanaro. Siendo él mismo un hombre modesto, que resaltaba sus propias limitaciones, quizá hubiera un cierto sentimiento de camaradería en su simpatía por los inmerecidamente oscuros o derrotados. Pero tras ello había algo más: un igualitarismo instintivo e inusualmente fuerte. En la conversación, raramente usaba el *lei*

---

[22] S. Timpanaro, *La genesi del metodo del Lachmann*, cit., pp. 69-72.

[23] R. Meringer, «Die täglichen Fehler im Sprechen, Lesen und Handeln», y S. Timpanaro, «Postcriptum a Meringer», *Critica Storica* 3 (1982), pp. 393-485.

[24] S. Timpanaro, «Alcuni chiarimenti su Carlo Bini», *Antileopardiani e neomoderati*, cit., pp. 199-285; véase también «Due cospiratori che negarano di aver cospirato», en *Nuovi studi sul nostro ottocento*, cit., pp. 103-125.

formal con nadie. En cuestiones de estilo, despreciaba cualquier asomo de exhibición o pretensión, detestando sobre todo lo que denominaba «presunción» *(civetteria)*. En cuanto a las cuestiones de carácter, sus categorías conservaban un tono dieciochesco: su término de desprecio más frecuente era el de *mascalzone* («sinvergüenza»).

¿Y sus preocupaciones? El contraste político y filosófico que trazó entre Romanticismo y clasicismo en la época de la Restauración se plantea como un fenómeno continental. Pero su demostración sigue siendo nacional, examinada en Italia. Allí la evidencia es asombrosa, pero Timpanaro no exploró en exceso sus condiciones de posibilidad. Históricamente, sin embargo, está muy claro que fue el propio atraso de Italia –su atrofia cultural y política, bajo dominio extranjero y censura clerical– el que produjo la paradoja de un clasicismo de vanguardia/retaguardia tan tardío. Allí la Ilustración, en gran medida más que en cualquier otra parte, tenía aún un impulso no gastado, capaz de llevarla incluso más allá que las avanzadillas naturalistas más intrépidas de los *philosophes*, y al mismo tiempo confinándola al aislamiento. Al comentar que la gran figura de la Europa de la Restauración que debía fidelidad al Romanticismo, pero permaneció fiel al legado de Helvétius y Destutt de Tracy fue Stendhal, Timpanaro pasaba por alto la paradoja opuesta, que fue en Italia donde Beyle encontró la vida de las emociones y de los sentidos que él identificaba con todo lo romántico, en contraste con los convencionalismos áridos de su racionalista tierra natal. Este tipo de cuestión no preocupaba a Timpanaro. Hostil a cualquier tipo de nacionalismo –crítico cáustico de los usos contemporáneos dados al concepto gramsciano de lo «nacional-popular»– no tendía a comparar países. Y tampoco había nada historicista en su formación. Tenía más aversión a la influencia de Croce que la mayoría de los intelectuales de izquierda. Pero lo que más le reprochaba a Croce era el que hubiera ayudado a «cerrar puertas y ventanas» contra la cultura no italiana durante el fascismo, infligiendo así un doble daño. Como explicó en un artículo sobre Giorgio Pasquali, que se había resistido al ejemplo de Croce, «primero experimentamos el encierro provinciano; ahora, a modo de reacción, tenemos un entusiasmo no menos provinciano –acrítico– por la cultura europea, y en especial la francesa»[25].

¿Cuál fue la posición de Timpanaro dentro de su propia cultura? En un sentido, su existencia apartada no fue tan atípica. El sistema universitario italiano –en muchos aspectos arcaico y un tanto burocrático– ha llevado a muchas de las mejores mentes del país a un exasperado refugio en el extranjero. Arnaldo Momigliano, originalmente exiliado en Inglaterra, prefirió no volver a Italia después de la guerra, aunque en su caso las razones estaban relacionadas con el recuerdo de su propia emigración forzosa. Luca Cavalli-Sforza, Carlo Cipolla, Franco Modigliani y Giovanni Sartori ocuparon cátedras en Estados Unidos. En la siguiente leva, Carlo Ginzburg, Franco Moretti y Giovanni Arrighi abandonaron, más o menos desesperados, los cargos que ocupaban en su país para cruzar el Atlántico. No se ha tratado de una verdadera emigración intelectual, porque figuras como éstas han seguido en general participando activamente en la vida cultural de Italia, pasando temporadas en su país o desde el extranjero. Pero ha reducido la importancia de las instituciones académicas autóctonas para la circulación de ideas en general. Si Timpanaro estuvo aislado en su propio país no se debió a su trabajo como lector de pruebas, sino a que sus temas eran inaceptables para la cultura circundante. La medida de su soledad no debería exagerarse. Mantuvo correspondencia a una escala dieciochesca, y no sólo con otros filólogos. En Florencia, colaboró habitualmente, durante más de treinta años, con la más distinguida e inconformista «revista de diversas humanidades» del país, *Belfagor*, fundada por Luigi Russo, director en la posguerra de la Scuola Normale, que dio a su revista el nombre del diablo libertino de Maquiavelo contra la advertencia expresa de Croce («*un titolo troppo chiassoso*» [«un título demasiado estridente»]), que le dijo que no mezclase la literatura con la política. Es difícil imaginar la productividad de Timpanaro sin la ayuda de la revista. En el ex-

---

[25] S. Timpanaro, «Pasquali, la metrica e la cultura di Roma arcaica», introducción a G. Pasquali, *Preistoria della poesia romana* (reed.), Florencia, 1971, pp. 48-49.

tranjero, las respuestas más serias a su obra parecen haber procedido de Inglaterra, donde Raymond Williams escribió una crítica admirativa sobre su concepción de la naturaleza, proponiendo una sensibilidad materialista alternativa, y Charles Rycroft, desde el interior del psicoanálisis, respaldó en gran medida su explicación del desliz freudiano. *New Left Review*, que publicó textos de él y sobre él, fue un punto de referencia externo, aun siendo una revista en la que periódicamente sufría las peores indignidades tipográficas para alguien de su temperamento y formación, una corriente de errores que fluían a través de su propio diagnóstico de tales errores («judío australiano» en la primera página de una crítica demoledora de *Psicopatología de la vida cotidiana*, etc.). A él le preocupaba ese descuido.

Aunque el ángulo en el que Timpanaro se situó respecto al mundo académico de Italia nunca fue el mismo que el de sus compatriotas en el extranjero –económicamente estaba mucho menos seguro, y no disfrutaba de amistades en el extranjero que pudieran compensar el poco apoyo que recibía en su país– hay un elemento común en el estilo de este distanciamiento de los pensadores que es el anverso a la atmósfera de intriga lóbrega y enmohecimiento que aún perdura en muchas universidades locales. Exactamente porque la educación superior nunca se ha modernizado de verdad en Italia, permaneciendo buena parte de ella en una especie de deterioro suspenso, la profesionalización académica en el sentido de posguerra nunca se ha asentado por completo. A menudo se han señalado los inconvenientes de esto. También ha supuesto, sin embargo, un subdesarrollo relativo de efectos perniciosos conocidos en otras partes: fijación por el grupo de iguales, manía por el índice de citas, aparatos gratuitos, jergas pretenciosas, engreimiento gremial; todo lo que se interpone entre la mente y el pensamiento en nuestra cultura. Ausente mucho de esto, las condiciones italianas pueden producir una relación con las ideas no mediada por protocolos institucionales y de una pureza y una franqueza *sui generis*. Este efecto –podría denominarse ventaja del semirretraso– no se limita a un punto de vista o localización determinados. Derecha, centro e izquierda están representados por igual entre los especialistas en el extranjero; Norberto Bobbio, que siempre ha trabajado dentro de la universidad italiana, o Giovanni Arrighi, que abandonó el sistema, suponen una idéntica ilustración de tal efecto. Al mismo tiempo, la cualidad asombrosa de la cultura de masas italiana –programas televisivos capaces de disuadir al seguidor más dedicado de la moda popular– ha constituido una salvaguarda contra las afectaciones populistas, que, en otras partes, se han convertido en compensación típica de la involución profesoral.

Sin la MLA o la BBC, por así decirlo, ha sobrevivido el espacio para una imaginación más antigua. Dos rasgos lo caracterizan. El primero es la capacidad para dejarse atraer por las ideas del pasado –próximo o remoto– como si fueran tan inmediatas como las del presente, sin ninguna tensión de referencia o exhibición de aprendizaje. Rousseau o Mill en Sartori, Bodin o Vico en las páginas de Bobbio, San Agustín o Voltarie en Ginzburg, Hegel o Rilke en Moretti, Weber o Hicks en Arrighi nos hablan con una vívida franqueza, como por magia de la desintermediación intelectual. Esto se debe en parte al segundo regalo de este modo italianizado, su claridad específica y su economía de expresión. Sartre comentó en una ocasión que la lengua italiana de posguerra era *trop pompeuse pour être maniable* [«demasiado pomposa como para ser manejable»], como un palacio decadente en el que los escritores vagaran perdidos, sin saber ya cómo tomar residencia. Una sintaxis demasiado espaciosa, que permite prácticamente cualquier forma o falta de forma de la frase, ha formado parte de los *décombres* [escombros] suntuosos. Cualquiera que haya oído un discurso político, mirado un documento administrativo u ojeado un periódico en Italia lo entenderá. El modo de escribir de lo que pudiera denominarse –con una cierta variación de significado, pero no completa– la contracultura ilustrada de este periodo se ha formado en reacción contra la dejadez artificial de tantos discursos públicos en Italia. Lo que tienen en común quienes lo practican es una tersura y una transparencia desvastadas. Más obviamente que cualquier variante contemporánea del francés, podría calificarse de prosa clásica.

Timpanaro pertenecía a este conjunto nacional, aunque con rasgos que lo apartaban un poco de él. Suspicaz ante cualquier efecto literario deliberado, escribía de manera directa y enérgica, si hacía falta a costa del acabado formal. Lucano y Bopp aparecen con más distancia contextual, en consonancia con la formación de Timpanaro, pero con suficiente rotundidad y fuerza como para sacudir las expectativas convencionales. Eran matices. Donde verdaderamente difería era en la completa indiferencia a la moda intelectual, en el rechazo meditado a cualquier escuela de pensamiento consagrada en su tiempo. Juzgando la abrumadora propensión de los intelectuales occidentales a ser antimaterialistas, bajo uno u otro disfraz engañoso, él asumió su terreno fuera de cualquier consenso, conservador o progresista. La afirmación de que, al menos desde la *belle epoque*, la alta cultura siempre ha sido predominantemente de tendencia idealista es radical. ¿Se equivocaba? Llegó a esta conclusión mucho antes de la marea alta del posestructuralismo en las artes y el convencionalismo en las ciencias: ni Kuhn ni Derrida, y mucho menos Geertz o Rorty, merecen una mención en su veredicto sobre la tendencia epistemológica de la época. Bien podría pensarse que, como denunció, todo lo que él describía no había alcanzado aún su paroxismo.

Pero el equilibrio general de las fuerzas intelectuales es otro asunto. Había muchos signos, a medida que el siglo se aproximaba a su fin, de que las tornas estaban cambiando. Más visiblemente, la nueva genética ha empezado a tener el mismo impacto cultural que la vieja en tiempos de Darwin. Los modelos evolutivos tomados de la biología más reciente se extienden por todas partes: en la economía, la psicología, la literatura, la sociología y las relaciones internacionales, siempre se habla de adaptación, exaptación, mutación, duplicación. Popularizadores como Gould o Dawkins rivalizan en fama con Spencer o Huxley en su tiempo, naturalmente a un nivel superior. Hasta en la filosofía, guardería tradicional de todo refinamiento del idealismo, la neurofisiología tiene ahora defensores beligerantes. Confiado tras los espectaculares éxitos de las ciencias naturales en los pasados veinticinco años, que abarcan desde la astrofísica al genoma, el positivismo –no el nombre, aún levemente desagradable, sino el fenómeno– vuelve con fuerza. Es imponderable en qué medida su retorno, tal como se está produciendo, hubiera sido fuente de satisfacción para Timpanaro. Ciertamente, no ha ido acompañado de un desplazamiento del mundo político hacia la izquierda; como se sabe, ha sucedido lo contrario. Pero, después de todo, él nunca había equiparado el progreso intelectual con el progreso social. Históricamente, incluso en las más grandes mentes de la Ilustración, podían ser variables. Rousseau, el pensador político más avanzado de su generación, era emocionalmente un pietista; Voltaire, políticamente cómodo con un absolutismo benévolo, se burlaba de los consuelos del cristianismo savoyano. Para Timpanaro, Leopardi había representado la posibilidad de síntesis entre ambos: firme republicanismo, ateísmo inquebrantable. Una generación después, Georg Büchner –parece extraño que Timpanaro nunca se interesara por él– haría una unión propia, más feroz. Ambos murieron antes de que la lógica política de su materialismo pesimista pudiera realmente ponerse a prueba. En el caso de Leopardi, Timpanaro admitió que sus convicciones republicanas habían retrocedido a medida que su desesperación cósmica –«la existencia es una marca de nacimiento que desfigura el rostro de la nada»– se profundizaba, provocando expresiones esporádicas de indiferentismo político. Pero al final, sostenía, Leopardi había alcanzado un difícil equilibrio entre ambos. Aunque ciertamente su comprensión de la sociedad siempre fue limitada; era absurdo presentarlo como protosocialista. Aún más absurdo era el intento de convertirlo en ecologista *ante diem*. Una de sus últimas grandes polémicas la mantuvo Timpanaro con su amigo Adriano Sofri, en otro tiempo líder de *Lotta Continua*, ahora en prisión provisional en Pisa gracias a las pruebas fraudulentas urdidas por un *pentito* [arrepentido]. En aquel momento, Sofri era teórico de la política verde, que había intentando anexionar a Leopardi a lo que Timpanaro consideraba un ecologismo emoliente, que se elevaba por encima de los conflictos de clase en una misión de rescate para salvar a la Madre Naturaleza, a la que todos podían unirse imparcialmente[26]. El concepto que Leopardi tenía de la naturaleza, el de una madrastra maligna, que transmi-

---

[26] S. Timpanaro, «Il "Leopardi verde"», *Belfagor*, noviembre de 1987, pp. 613-637.

tía enfermedades «infinitas e inmedicables» a los seres humanos, era la antítesis de dicha concepción. Su pesimismo no se podía poner al servicio de ninguna hipótesis gaiana. ¿Y el de Timpanaro? Él no ocultaba las fuentes biográficas del mismo. No era expresión de la retirada política ni de la influencia libresca, sino producto «de la reflexión personal y directa sobre toda la enorme parte de infelicidad humana que no está relacionada con el ser social del hombre, sino con su ser biológico»[27]. A partir de una serie de pasajes dispersos, queda claro que la larga y dolorosa enfermedad del padre, y su muerte, fueron profundamente traumáticas para Timpanaro, y lo llevaron al borde del colapso nervioso. Sus propias discapacidades psíquicas, aunque relacionadas con esta experiencia, deben de haber reforzado las consecuencias intelectuales de ésta, y lo habrían atraído en cualquier caso a Leopardi. Padeciendo otro tipo de deformidad, llegó a un pesimismo paralelo, igualmente impersonal, igualmente razonado. No era igual, porque Timpanaro tenía un sentido mucho mayor de la opresión social y de la injusticia, por encima de la caducidad natural y más allá de ella. A veces, en la escala de la desgracia, la sociedad le parecía a Leopardi de poca importancia: emperador y mendigo acababan por igual en la tumba. Así concebido, el pesimismo filosófico siempre corría el riesgo de convertirse en derrotismo político. Timpanaro no se sometió a esta tentación. Era intensamente –incluso en ocasiones, admitía, con demasiada vehemencia– político. Pero también estaba muy libre de la monomanía de cualquier «panpoliticismo», como en una ocasión lo denominó. Las ideas de progreso histórico y catástrofe natural no le eran ajenas. Pero quizá, de todos modos, el tiempo le gastó una broma. Había empezado creyendo que la revolución igualitaria era posible y la enmienda de nuestra condición natural imposible. Irónicamente, hoy, la que predomina es la opinión opuesta: el capitalismo no puede abolirse, pero la enfermedad tal vez. En el siglo XVII, Descartes estaba seguro de que la ciencia permitiría a los humanos vivir eternamente. Su confianza muestra signos de volver.

---

[27] S. Timpanaro, *Antileopardiani e neomoderati*, cit., p. 11.

Cuando Timpanaro murió, otro filólogo lo denominó enemigo del siglo XX. En tales condiciones, ¿cómo podría seguir siendo actual en el nuevo siglo? No habría querido saber nada del tema. «La "actualidad" –escribió en una ocasión– es un criterio de juicio reduccionista, antihistórico e ignorante»[28].

2001

---

28 S. Timpanaro, «Pasquali, la metrica e la cultura di Roma antica», cit., p. 76.

CAPÍTULO X
Memoria tropical: Gabriel García Márquez

En cuanto modos de escribir sobre el pasado, y aunque en la práctica puedan superponerse a menudo, memorias y autobiografías son empresas distintas. En el límite, las memorias pueden recrear un mundo espléndidamente poblado por otros, y decir muy poco del propio autor. Una autobiografía, por el contrario, puede adoptar la forma de puro retrato de la persona; el mundo y los otros representan sólo una puesta en escena para la aventura interior del narrador. Al recordar su vida, los novelistas han obtenido resultados brillantes en su género. Entre los escritores modernos, *To Keep the Ball Rolling* –cuatro volúmenes pausados, aunque lacónicos– de Anthony Powell ofrece una obra maestra de la primera forma. La breve *Les mots [Las palabras]* de Sartre quizá sea el mayor ejemplo de la segunda. La editorial cataloga *Vivir para contarla* de Gabriel García Márquez como memorias, y no cabe duda de que en conjunto entra en esa parte de la línea divisoria[1]. García Márquez es, por supuesto, un narrador extraordinario. Pero también posee una inteligencia agudamente reflexiva, como demuestra un vistazo a *El olor de la guayaba*, sus conversaciones biográficas con Plinio Apuleyo Mendoza, publicadas hace veinte años[2].

En *Vivir para contarla*, Márquez ejerce con mucha moderación este aspecto de sus dones. Por decisión artística tal vez haya construido, por el contrario, las memorias más próximas a la forma de una novela jamás escrita. El libro empieza con la llegada de la madre del autor –que entonces tenía veintitrés años– a Barranquilla, para llevárselo a vender la casa familiar en Aracataca,

---

[1] G. García Márquez, *Vivir para contarla*, Madrid, 2002.
[2] G. García Márquez, *El olor de la guayaba*, Bogotá, 1982.

en el viaje que lo convirtió en el novelista que acabó siendo; y acaba con el ultimátum que escribió cinco años después en un avión con destino a Ginebra, el cual convirtió a la esquiva amada de la adolescencia en su futura esposa. Entre estos dos *coups de théâtre* paralelos, García Márquez recuerda su vida hasta el momento en que salió de Colombia en 1955, en una narración que no obedece a los patrones descuidados de la experiencia o la memoria, con todas sus irregularidades, sino a normas de composición perfectamente simétricas. El libro se divide en ocho capítulos prácticamente de igual longitud, una disposición que, ni mucho menos, se corresponde con cualquier vida que de hecho pueda vivirse, como para subrayar que estamos en presencia de otro artificio supremo.

Desde el comienzo, Márquez ha practicado dos estilos de escritura relativamente distintos: la prosa cargada de figuras narrativas ya en brillante despliegue en su primera novela, *La hojarasca*, rechazada en su momento para la publicación, aunque admitiendo que era «poética»; y la concisión objetiva de relatos tales como *El coronel no tiene quien le escriba* o reportajes como *Noticia de un secuestro*. Si desde el punto de vista técnico *Vivir para contarla* se sitúa entre ambos, el tono y el efecto del conjunto –esto se deduce de la concepción de las memorias– ofrece la grandeza precisa y suntuosa de sus grandes novelas. Estamos en el mundo de *Cien años de soledad* o *El general en su laberinto*, con su densidad metafórica y un diálogo característico: ascéticas frases de una línea que prácticamente constituyen epigramas, de inimitable mordacidad y con una ironía llena de humor.

Desde el punto de vista formal, se nos dice que es el relato de la juventud de García Márquez en Colombia. Los vívidos retratos de sus abuelos y padres establecen el ámbito familiar más extraño. Después nos habla de la niñez, hasta los ocho años, con su abuelo en la zona bananera de la costa caribeña; los primeros días de colegio en la pobreza de Barranquilla, y las vacaciones en un medio remoto y más edénico. La subida por el río Magdalena para entrar en un liceo andino, a las afueras de la capital; la entrada en la universidad en Bogotá; una descripción visual de las revueltas apocalípticas que vivió la capital tras el asesinato del principal político populista del país, Jorge Eliécer Gaitán; la huida de la conflagración para volver a la costa; los comienzos periodísticos en Cartagena; el entusiasmo literario y la disipación bohemia de nuevo en Barranquilla; por último, un trabajo regular de periodista en Bogotá, y el envío al extranjero para cubrir la Conferencia de Ginebra en 1955. Todo ello con una abundancia de incidentes asombrosos, detalles intrigantes y llamativas casualidades que pocas obras de ficción podrían igualar.

Pero la suma no es una *Bildungsroman* del autor, cuya personalidad rara vez aparece iluminada de frente, sino la recreación de un universo asombroso, la costa del Caribe colombiano en la primera mitad del siglo pasado. Cualquiera que creyese que un homólogo real de las novelas de García Márquez sólo podría, en el mejor de los casos, ser una pálida copia de sus novelas puede tranquilizarse. Una notable escena tras otra, un personaje atrayente tras otro, cascadas de gestos fuera de toda lógica y coincidencias fuera de toda razón, hacen de *Vivir para contarla* un pariente de las grandes novelas. El primer volumen de la empresa final de García Márquez es un meditado edificio de imaginación literaria. Es tentador, por lo tanto, interpretarlo sin más como una obra de arte, con independencia de su categoría como documento biográfico.

Eso le restaría interés, sin embargo. Una forma de entenderlo es considerar su relación con las memorias del escritor latinoamericano que, más a menudo, se asocia con García Márquez, y al que sólo éste precede en fama. *El pez en el agua*, de Mario Vargas Llosa, publicado hace más de una década, tiene una estructura menos convencional[3]. Escrita tras la derrota de su candidatura a la presidencia de Perú en 1991, consta de capítulos que alternan entre la niñez y la juventud del escritor en su país natal, y su campaña para convertirse en gobernante de dicho país cuando ya tiene más de cincuenta años, un recurso de alternancia que ha usado más de una vez en sus novelas, desde *La tía Julia y el escribidor* hasta la reciente *El paraíso en la otra esquina*. Dentro de esta forma, los tres años de su campaña presidencial

---

[3] M. Vargas Llosa, *El pez en el agua*, Barcelona, 1994.

ocupan más espacio que los veintidós de tránsito a la edad adulta. Ya eso solo las convierte en unas memorias muy distintas a las de García Márquez. Más llamativos, por lo tanto, son los parecidos entre sus primeras experiencias, en muchos aspectos misteriosamente cercanas.

Ambos escritores pasaron los cruciales primeros años de niñez bajo el techo de un abuelo que los adoraba, el patriarca de la familia (un veterano de la guerra civil en Colombia, un hacendado y prefecto en Bolivia/Perú). Sus padres, que tenían trabajos similares (telegrafista, operador de radio), y que efectuaron matrimonios similares (contra la resistencia de la familia política, por encima de sus posibilidades) estuvieron ausentes: posiciones nulas en las estructuras emocionales de la niñez, en la que incluso las madres desempeñaron una función secundaria. La iniciación sexual fue temprana, en burdeles sobre los que ambos escriben con irónico afecto. Más tarde, ambos se casaron con una muchacha de su pueblo. De adolescentes, el padre los envió a un internado contra su voluntad. Los dos se formaron felizmente en provincias, y experimentaron la llegada a la capital como una desgracia.

En la universidad, ambos se sumergieron en una vida paralela de periodismo y juerga nocturna. Los dos probaron con las radionovelas, inspirándose incluso en la misma obra lacrimógena (*El derecho de nacer* de Félix B. Caignet [sin anacrónicas connotaciones antiabortistas]). En ambos casos, el gran descubrimiento literario de su juventud fue Faulkner, cuyas novelas afirman que los marcaron más profundamente que cualquier otra. Los dos acaban sus memorias de esos años en el mismo punto fatídico, cuando el escritor –que acaba de aprender algo del desconocido interior de su país (El Chocó; Amazonas)– parte hacia Europa para no volver a fijar su residencia en el país natal.

Una serie de paralelos como éstos es una invitación para cualquier Plutarco de las letras latinoamericanas. Pero en último término sirve para poner finalmente de relieve los contrastes entre ambos novelistas, y sus memorias. A pesar de todas las similitudes en sus constelaciones familiares, Vargas Llosa procedía –por parte materna– de un entorno social privilegiado, un clan de la elite arequipeña del que salió el primer presidente de Perú después de la Segunda Guerra Mundial, Bustamante y Rivero. La clase y el color lo situaban en la escala social superior, en lo que era también una sociedad más rígidamente racista, a la de un muchacho mestizo en Colombia. La enseñanza formal también los separó. García Márquez explica lo profundamente desafecto que fue hacia sus estudios en la universidad, donde su padre había insistido en que estudiase derecho, y acabó dejándolos. Vargas Llosa, por el contrario, tuvo un brillante *cursus* de estudiante, convirtiéndose en asistente de un importante historiador limeño antes incluso de graduarse. La universidad fue para él una experiencia fundamental, mientras que para Márquez no significó nada. Esa diferencia explica por qué llegó a Europa siendo mucho más joven con una beca para Madrid. También, una vez en Europa, nunca ha abandonado el continente realmente, viviendo en esencia en París, Londres, Madrid, con viajes a Lima; mientras que, como periodista, García Márquez pronto volvió a América Latina y ha acabado por asentarse en México.

Estas trayectorias divergentes tienen sus correlatos atmosféricos en la obra de ambos. A lo largo de su vida, la historia de sus dos países –medida en función de los asesinatos, la represión, la frustración, la corrupción– difícilmente podía haber sido más sombría, y esto, por supuesto, encuentra expresión en sus novelas. Pero las descripciones que García Márquez hace de su país natal, incluso las peores, están imbuidas de calor lírico y de un amor inmutable que no tienen homólogo en el mundo de Vargas Llosa, en el que la relación del escritor con su país de origen siempre es tensa y ambigua.

Parte de la razón de esta diferencia puede encontrarse en sus situaciones individuales. Porque si la configuración de las familias de las que proceden es asombrosamente similar, su voltaje emocional era prácticamente el opuesto. La madre de Márquez, de quien él traza un retrato cariñoso, era claramente una mujer con gran fuerza de carácter, capaz de manejar a su animoso, aunque díscolo, esposo y a sus once hijos, tanto en la penuria como en la prosperidad precaria. El padre de Vargas Llosa, que abandonó a su esposa sin una palabra cuando estaba embarazada de cinco meses y apareció de la nada diez años después para volver a apoderarse de ella y secuestrarlo a él, fue por el contrario una pesadilla traumática: temido por la esposa y odiado por el hijo. Nada apegado a su país natal, acabó emigrando a Estados Unidos y murió siendo conserje en Pasadena.

Hasta los melodramas de la precoz experiencia sexual de ambos escritores, piezas obligatorias del honor y la ira latinos, reflejan este contraste. Cuando Vargas Llosa se casó con su tía política –en esta familia semidesarraigada no era casual que fuese boliviana–, el padre, tras blandir un revólver, lo denunció a la policía de Lima, y amenazó con matarlo de cinco balazos, como a un perro rabioso. García Márquez, atrapado *in fraganti* con la esposa negra de un oficial de orden público en el extrarradio, también se enfrentó a una pistola, y a las palabras «las vainas de cama se arreglan con plomo»[4]. Pero el sargento afrentado permitió que el aterrorizado chico escapase con una simple humillación, en agradecimiento a un servicio médico de su padre, y cuando sale por última vez están bebiendo juntos. Las dos escenas, piezas obligatorias ambas de un machismo teatral, hablan a su modo de la diferencia entre sociedades. La poesía y la humanidad del episodio colombiano captan el espíritu general de *Vivir para contarla*, y los lazos de su autor con la comunidad en la que creció, mientras que el título de *El pez en el agua* invierte el relato que de hecho cuenta. Éste lo transmite con más precisión el primer borrador, publicado como «El pez fuera del agua», una inversión que no constituye la menor rareza de las memorias de Vargas Llosa[5]. Escrito en un momento de aguda decepción política, e inevitablemente un tanto descolorido por ello, el libro

---

[4] M. Vargas Llosa, *El pez en el agua*, cit., pp. 333-334; G. García Márquez, *Vivir para contarla*, cit., p. 255.
[5] Véase «A Fish out of Water», *Granta* 36, junio de 1991, pp. 15-75, un número que contiene también un relato sobre su campaña presidencial escrito por el asesor británico Mark Mallock Brown, antes asesor en la misma calidad de Gonzalo Sánchez Losada –presidente boliviano después obligado a huir de la población a Miami– y hoy mano derecha de Kofi Annan en la Secretaría de Naciones Unidas.

está, no obstante, plagado de una aversión hacia buena parte de la vida peruana –social y cultural, así como política– que claramente expresa sentimientos muy duraderos.

Las consecuencias literarias de esta diferencia no son las que pudieran esperarse. La –ahora desgastada– etiqueta de «realismo mágico» se aplica en general a las novelas de García Márquez. Nunca ha encajado con Vargas Llosa, que rechaza el adjetivo. «Tengo una debilidad invencible por el denominado realismo», comenta en *El pez en el agua*[6]. Uno de los contrastes más significativos entre sus novelas deriva de estas opciones distintas, o quizá las dicta. El grueso de la obra de Vargas Llosa está ambientado en el presente peruano, contemporáneo a la propia experiencia del autor. Las principales excepciones no son sólo desplazamientos en el tiempo, sino también en el espacio: el Brasil de *La guerra del fin del mundo*, o la Francia y los mares del sur de *El paraíso en la otra esquina*. Dentro de su propio país, ha estado firmemente *á la page*. Ninguna de las grandes novelas de García Márquez, por el contrario, representa la época en la que él se convirtió en escritor. Macondo desaparece en la Gran Depresión. El patriarca pertenece al mundo rústico de Juan Vicente Gómez (*fl.* 1908-1935). Los tiempos del cólera son victorianos. El general expira cuando acaba la Restauración. La contemporaneidad es alérgica a la magia. Los poderes de Márquez siempre han necesitado una regresión hacia el pasado para poder ser ejercidos con plena libertad.

En la mente pública, sin embargo, lo que con probabilidad más distinga a ambos escritores son las imágenes convencionales de sus tendencias políticas: García Márquez amigo de Fidel, Vargas Llosa devoto de Thatcher, figuras respectivamente de una izquierda ecuménica y una derecha liberal. Dicha polaridad existe, por supuesto. Pero si se observan sus obras, y no sus afiliaciones, surge otro contraste más llamativo. Vargas Llosa fue desde el comienzo, y lo sigue siendo, un animal político. De estudiante en Lima, durante la dictadura de Odría, fue militante comunista activo, introducido en el partido por Héctor Béjar, que

---

[6] M. Vargas Llosa, *El pez en el agua*, cit., p. 469.

acabó dirigiendo la primera guerrilla peruana en la década de 1960; y, al llegar a Europa, se empapó de teoría marxista por el entusiasmo que le producía la Revolución cubana. Cuando rompió con la izquierda a causa de Cuba, a principios de la década de 1970, no se retiró sin más a la literatura, como hicieron otros, sino que se convirtió en apasionado admirador de Hayek y Friedman, y en uno de los principales defensores del capitalismo de libre mercado en América Latina. Su candidatura a la presidencia de Perú, con el apoyo de la derecha tradicional, no fue un capricho repentino, sino resultado de una década de actividad pública constante. Lógicamente, sus novelas –desde la primera descripción de la academia militar en *La ciudad y los perros*, hasta las conspiraciones revolucionarias de *Conversación en la Catedral*, *La historia de Mayta* y *La fiesta del Chivo*– toman directamente los conflictos políticos contemporáneos como tema organizador.

Ése nunca ha sido el caso de García Márquez, y *Vivir para contarla* ayuda a explicar por qué, aunque los parches de misterio permanecen. En él describe a un joven que en la adolescencia se traslada de la costa a la montaña, tan absorbido por los asuntos literarios –al principio, principalmente poesía– como para no interesarse prácticamente por los asuntos públicos. Colombia ya se encontraba en un fuerte estado de tensión política en sus últimos años de colegio, y, cuando él llegaba a la universidad, el país caía en la guerra civil. *Vivir para contarla* contiene –su capítulo más impactante– un panorama goyesco del terremoto social que sacudió a Bogotá cuando Gaitán, su político más popular, fue asesinado en 1948. Desde su pensión, situada a tres manzanas, García Márquez acudió corriendo a la escena, llegando a tiempo para presenciar el linchamiento del asesino y el estallido de una marea de revueltas y saqueos que barrió la ciudad. Pero su reacción, tal como él la narra, fue sencillamente la de volver a la pensión para acabar de almorzar. Al encontrarlo en la calle, un pariente de más edad –que se convirtió en uno de los líderes de la junta revolucionaria que intentó convertir el tumulto en un levantamiento contra el gobierno conservador– lo animó a participar en las manifestaciones estudiantiles contra el asesinato, pero en vano. Aterrorizado por las enormes destrucciones y los asesinatos de los días siguientes, cuando el ejército entró en la ciudad para restaurar el orden, su único deseo era escapar.

La violencia que asoló Colombia en la siguiente década, que enfrentó a los liberales contra los conservadores dominantes, costó 200.000 vidas, una catástrofe peor que cualquiera de las soportadas por Perú. Éste fue el escenario en el que se desarrollaron los primeros años de periodista y escritor de García Márquez. Pero él parece haberse mantenido misteriosamente ajeno. Aun siendo colaborador regular de un diario de Cartagena, escribe que «en mi ofuscación política de esos días, ni me enteré siquiera de que el estado de sitio se había implantado de nuevo en el país»[7]. En Barranquilla, un poco después, «la verdad de mi alma era que el drama de Colombia me llegaba como un eco remoto y sólo me conmovía cuando se desbordaba en ríos de sangre»[8]. La confesión es apabullante, pero la distinción insostenible: el drama de Colombia *era* el derramamiento de ríos de sangre. La realidad parece haber sido que el joven literato, envuelto por completo en descubrimientos y experimentos imaginativos, pasó de hecho por alto en esos años el destino de su país.

Esto era más fácil en las ciudades costeras, ya que el litoral del Caribe, aunque no inmune a los asesinatos sectarios, se libró de lo peor de la Violencia desatada en las fronteras cafeteras de las montañas. La identificación de García Márquez con esta región —«el único lugar donde me siento verdaderamente a gusto»— ha dotado a su escritura de luminosa intensidad, pero también parece haberlo protegido, o cegado, ante los patrones y fuerzas nacionales en general.

Colombia —escribe— siempre fue un país de identidad caribe abierto al mundo por el cordón umbilical de Panamá. La amputación forzosa nos condenó a ser lo que hoy somos: un país de men-

---

[7] G. García Márquez, *Vivir para contarla*, cit., p. 405.
[8] *Ibidem*, p. 431.

talidad andina con las condiciones propicias para que el canal entre los dos océanos no fuera nuestro, sino de los Estados Unidos[9].

El lamento es palpable, y trascendental. No sería muy exagerado decir que las montañas andinas que componen el corazón de la sociedad colombiana han sido una especie de libro cerrado para García Márquez. De ahí en parte, sin duda, el vacío acerca de la guerra civil dentro de la cual se desarrolla buena parte de *Vivir para contarla*. La otra inmersión del novelista en la historia contemporánea, *Noticia de un secuestro*, a pesar de ser humana y absorbente por constituir el relato de uno de los últimos episodios en la carrera de Pablo Escobar, confirma cierto mal de altura intelectual, porque carece de mucha percepción del contexto social en el que se desarrollan las guerras del narcotráfico en Colombia o de visión crítica hacia la oligarquía que las preside. Leyéndolo, uno podría estar tentado de pensar que en el fondo García Márquez sigue siendo tan apolítico como al principio.

Lo cual sería un error, como la continuación de *Vivir para contarla* demostrará. Pero tanto sus memorias como sus novelas sugieren una mente con una maravillosa sensibilidad intuitiva para el carácter, el color y los detalles del mundo en el que creció, y que no presta mucha atención a la definición de las relaciones ni a las estructuras de dicho mundo. A partir de este relato, sería difícil situar con precisión a la familia de García Márquez dentro de la escala social. El abuelo, aunque presentado como un patriarca de cierta importancia, parece haber sido en origen poco más que un artesano, aunque orfebre: la base económica de la legendaria casa de Aracataca –se dice que su padre busca la mano de «una hija de familia rica»– se mantiene en la oscuridad. Los altibajos de la fortuna de su padre, desde la extrema pobreza a la comodidad modesta –aparentemente no relacionados con la proliferación de once hijos– son sólo un poco menos elusivos. A su debido tiempo, se revelan las conexiones de clan: un tío en la policía de Cartagena, capaz de con-

[9] *Ibidem*, p. 532.

ceder puestos de trabajo, un profesor en Bogotá, propietario de una importante librería. Cómo encajaba todo esto al joven Gabito en una complicada jerarquía de clase y color es algo que se deja a nuestra interpretación.

¿Cuál es, por último, el autorretrato que emerge de estas memorias? Es curiosamente oblicuo. García Márquez nos proporciona un exhaustivo relato del desarrollo de su vocación literaria, desde sus días de escolar hasta mediada la veintena, y muchos incidentes cautivadores o encuentros apasionantes en su camino hacia la madurez. No está tan claro, sin embargo, cómo era de niño o de joven. La confianza en sí mismo que el abuelo le proporcionó de niño no parece haberle fallado nunca, excepto durante la más breve de las turbulencias adolescentes. Pero no hay muchas señales de ambición deliberada. Se demora en su timidez, mas obviamente era una compañía animada, porque nunca andaba escaso de amigos sin revelar en qué medida los buscaba o si ellos lo veían como algo distinto de un bohemio alocado. En sus relaciones con el otro sexo, las seducciones procedían más de las mujeres que de él. Aunque dice que cuando volvió a Barranquilla «era de una timidez de codorniz, que trataba de contrarrestar con un altanería insoportable y una franqueza brutal»[10], parece haber mantenido en general buenas relaciones con sus mayores y sus iguales, en un escenario tras otro. Aparte del conflicto con su padre respecto a la elección de carrera, ninguna gran disputa marca este avance. Sólo ocasionalmente alude a otros aspectos más volcánicos de su personalidad –«hacía berrinches por cualquier motivo», «berrinches pueriles»[11]–, pero no se alarga en estas insinuaciones.

Más que un autoanálisis sostenido, García Márquez presenta a sus contemporáneos un generoso espejo. *Vivir para contarla* contiene una amplia galería de parientes, amantes, compañeros de clase, mentores y cómplices, captados en un párrafo o en una o dos páginas. Esto basta para impacientar a los lectores anglosajones, pero es una atractiva lealtad, que también lo aparta de

---

[10] *Ibidem*, p. 430.
[11] *Ibidem*, pp. 404 y 459.

las memorias de Vargas Llosa. *El pez en el agua*, destinado desde el comienzo a un público internacional, es más escaso a este respecto. Las memorias de García Márquez están destinadas ante todo a los lectores colombianos.

Anuncian desde el comienzo su principio de construcción, en el manifiesto dispuesto como epígrafe al inicio del libro: «La vida no es la que uno vivió, sino la que uno recuerda y cómo la recuerda para contarla». Tomada literalmente, es una invitación al recuerdo selectivo, con todas las facilidades de una amnesia cómoda. No hay razón para suponer que García Márquez haya abusado de su máxima, pero siempre sigue siendo legítimo preguntar en qué medida las memorias se corresponden con los hechos. Por mucha licencia que estemos dispuestos a conceder a un artista al reconstruir el pasado, no valoraríamos el resultado del mismo modo si todo resultase ser imaginario.

En este caso, el relato permite ciertas preguntas al margen. Sexo, política, literatura: todos ellos dejan una penumbra de incertidumbre en los extremos. Al comentar las «costumbres de cazador furtivo» de su padre, García Márquez menciona que hubo un periodo en el que estuvo tentado de imitarlo, pero pronto descubrió que era «la forma más árida de la soledad»[12]. Nada en el relato hace referencia a esta breve confesión. En *El olor de la guayaba*, cuenta que, cuando estuvo en la universidad, perteneció a una célula del Partido Comunista de Colombia[13]. Nada se dice a este respecto en *Vivir para contarla*. De los autores que influyeron en él destaca a Faulkner. Pero su norma de que «cada palabra debería responder por toda la estructura»[14], y el uso celestial del adjetivo (habla de su aversión a los adverbios de modo terminados en *mente*) que constituye el sello de su prosa, derivan de Borges, a quien apenas menciona. El abandono del grupo de Barranquilla que producía la revista literaria *Crónica*, crisol de su primer florecimiento como escritor, se presenta como una partida amistosa, sin problemas ni resentimiento. Pero se

---

[12] *Ibidem*, p. 60.
[13] G. García Márquez, *El olor de la guayaba*, cit., p. 102.
[14] G. García Márquez, *Vivir para contarla*, cit., pp. 436 y 310.

desliza de la manga que un tiempo antes había dimitido como director por un enfado del que no especifica razones. La ruptura tal vez fuese más dolorosa de lo que sugiere. ¿Importan esas discrepancias? El epígrafe las absuelve. Pero una vida y un relato nunca son lo mismo, y los intersticios –más o menos estrechos– entre ellos forman parte ineludible del interés de cada uno. En la luz resplandeciente de estas memorias, se percibe un ligero temblor en la distancia, propio de la latitud.

2005

CAPÍTULO XI

El atlas de la familia: Göran Therborn

Pocos temas de importancia fundamental han generado, a primera vista, tanta bibliografía soporífera como la familia. Esto puede parecer injusto, pero no es incomprensible. Porque la discrepancia entre el vívido drama existencial en el que prácticamente todos los seres humanos se sumergen al nacer y el generalizado aburrimiento estadístico de las encuestas demográficas y los estudios sobre la familia parece a menudo irremediable: como si la experiencia subjetiva y la calibración objetiva no tuvieran punto de encuentro. Los estudios antropológicos del parentesco siguen siendo el área más técnica de la disciplina. Las popularizaciones del pasado han aliviado las imágenes de sopor aplastante, aunque sin alterarlas en exceso: libros como *El mundo que hemos perdido, explorado de nuevo*, escrito por el decano de la reconstrucción de la familia en Cambridge, Peter Laslett, cariñosos álbumes de un tiempo en el que «toda la vida avanzaba en la familia, en un círculo de rostros queridos y conocidos», dentro de «una sociedad de una sola clase»[1]. La única síntesis contemporánea que sobresale, *World, Revolution and Family Patterns* de William Goode, que sostenía a comienzos de la década de 1960 que el modelo de familia conyugal occidental probablemente acabase universalizándose, ya que cubría mejor las necesidades de la industrialización, nunca ha alcanzado el prestigio que su generosidad de alcance y de espíritu me-

---

[1] P. Laslett, *The World We Have Lost Further Explored*, Londres, 1965, pp. 22-23 ss. [ed. cast.: *El mundo que hemos perdido, explorado de nuevo*, Madrid, 1989]. Una obra sometida a una de las reseñas más devastadoras de E. P. Thompson: «The Book of Numbers», *Times Literary Supplement*, 9 de diciembre de 1965.

recían[2]. Ciertamente, los estudios sobre la familia no son un desierto. Están densamente poblados, pero buena parte del terreno forma una deforme llanura de funciones y números, extendida hasta el horizonte, y rota sólo por aglomeraciones de sentimiento. Ante este paisaje, *Between Sex and Power* de Göran Therborn se eleva como un majestuoso volcán. Arrojando hacia arriba una ondulada columna de ideas y argumentos, mientras la lava de las pruebas fluye por sus laderas, ésta es una gran obra de intelecto e imaginación históricos, consecuencia de una rara combinación de dones. Formado como sociólogo, Therborn es un pensador altamente conceptual, que combina el rigor formal de la disciplina en su mejor práctica con el dominio de una enorme gama de datos empíricos[3]. El resultado es una estructura teórica convincente, respaldada con un fascinante conjunto de pruebas. Pero también es un grupo de macrorrelatos que componen quizá el primer ejemplo verdadero que poseemos de una obra sobre la historia mundial de la familia. La mayoría de los libros que aspiran a esta calificación, sean cuales sean los méritos que desplieguen, sólo se aventuran más allá de ciertas zonas de atención de manera selectiva y dispareja. En el caso de las historias generales del mundo, de las que ahora hay bastantes, los meros problemas de tamaño han dictado límites estrictos hasta a las empresas más selectas.

Por contraste, Therborn, al centrarse sólo en una dimensión de la existencia, desarrolla de un modo muy novedoso un mapa

---

[2] A partir del poco prometedor funcionalismo de la teoría de la modernización, Goode efectuó un estudio equilibrado e inteligente de los sistemas familiares de todo el mundo, que trataba a la URSS –en 1963– como parte de un patrón occidental y sólo omitía a América Latina y el Caribe.

[3] Sus primeras obras –*Science, Class and Society* [1976] [ed. cast.: *Ciencia, clase y sociedad*, Madrid, Siglo XXI de España, 1980], *What does the Ruling Class Do When it Rules?* (1978) [ed. cast.: *¿Cómo domina la clase dominante?*, Madrid, Siglo XXI de España, 1979], *The Ideology of Power and the Power of Ideology* [1980] [ed. cast.: *La ideología del poder y el poder de la ideología*, Madrid, Siglo XXI de España, 1987]– son más conceptuales; a partir de *Why Some Peoples Are More Unemployed than Others* (1986) [ed. cast.: *Por qué en algunos países hay más paro que en otros*, Valencia, 1989], se combinan ambos registros, llegando hasta su gran estudio, *European Modernity and Beyond* [1995], ahora referencia habitual.

314

de los cambios humanos a lo largo del tiempo, fiel a la complejidad y a la diversidad del mundo, sin omitir ningún rincón del planeta. En esta historia, no sólo se incluyen todos los continentes, sino también diferencias entre naciones o regiones dentro de ellos –desde China y Japón a Uruguay y Colombia, India del norte y del sur a Gabón y Burkina Faso, pasando por Turquía, Persia, Noruega y Portugal– se escrutan con ojo preciso. Tal curiosidad ecuménica, antítesis de la convicción sostenida por Barrington Moore de que, en la historia comparativa, sólo importan los países grandes, es el atractivo producto de un país pequeño. La sensibilidad de Therborn pertenece a su nacionalidad. En tiempos modernos, Suecia, situada en los márgenes nórdicos de Europa, con una población aproximadamente similar a la de Nueva Jersey, ha sido en su mayor parte un espectador discreto de la política mundial. Pero en los asuntos de la familia ha marcado el ritmo más de una vez. Es especialmente lógico que el *tour de force* comparativo sobre ellos sea sueco.

Analizando el mundo, Therborn distingue cinco sistemas familiares: europeo (incluido el Nuevo Mundo y los asentamientos en el Pacífico), asiático oriental, africano subsahariano, asiático occidental/norteafricano, y subcontinental, con otros dos «intersticiales», asiático del sureste y criollo americano. Aunque cada uno de los grandes sistemas es seno de un código religioso o ético específico –cristiano, confuciano, animista, musulmán, hindú– y los intersticiales son zonas de códigos superpuestos, los sistemas en sí forman otras tantas «geoculturas» en las que los sedimentos de una historia común pueden suprimir los contrastes de creencias entre ellos. Este telón de fondo cultural da color y textura a *Between Sex and Power*. El tono del libro recuerda aspectos de Eric Hobsbawm, en sus juicios precisos y en su seco ingenio. Aunque Therborn tiene un estilo necesariamente más estadístico, parte de la vivacidad literaria y anecdótica está también presente. En medio de una abundancia de absorbente aritmética, novelas y juegos, memorias y anuncios de matrimonio encuentran su lugar en el relato. Lo más sorprendente de todo, en un campo tan dominado por los registros sociales o meramente técnicos, es la interpretación política que Therborn da a la historia de la familia en el siglo XX.

¿Cuáles son las proposiciones fundamentales del libro? Todos los sistemas familiares tradicionales, sostiene Therborn, comprendían tres regímenes: de patriarcado, de matrimonio y de fecundidad. Resumido burdamente: quién lleva los pantalones en la familia, cómo se junta la gente, y los niños que resultan. *Between Sex and Power* se propone trazar la historia contemporánea de los tres. Para Therborn, el patriarcado es el poder familiar masculino, típicamente investido en padres y maridos, no la subordinación o la discriminación de las mujeres en general (la desigualdad entre sexos es un fenómeno más amplio). Al comienzo de su historia, en torno al 1900, el patriarcado en este sentido clásico era un patrón universal, si bien con gradaciones dispares. En Europa, la Revolución francesa no había conseguido cuestionarlo, introduciendo los feroces artículos sobre la familia del Código de Napoleón, mientras que el capitalismo industrial posterior –tanto en Norteamérica como en Europa– dependía en igual medida de las normas patriarcales como ancla de salvación de la estabilidad moral. El código confuciano y el musulmán eran aún más draconianos, aunque las «reglamentaciones pormenorizadas» del primero ponen más límites al potencial «cheque en blanco» del que el poder masculino dispone en el segundo[4]. Los sistemas eran mucho más laxos en buena parte del África subsahariana, la América criolla y el Asia del sureste. El más duro de todos era el sistema hindú del norte de la India, que ocupa un lugar único en lo que a represión se refiere. Como señala Therborn, ésta es una de las pocas partes del mundo en la que los hombres viven más que las mujeres, incluso hoy.

En 2000, sin embargo, el patriarcado se había convertido en «el gran perdedor del siglo XX», como afirma Therborn, cediendo mucho más terreno que la religión o la tiranía. «Probablemente ninguna otra institución social haya sido obligada a reti-

---

[4] G. Therborn, *Between Sex and Power. Family in the World, 1900-2000*, Londres, 2004, p. 63.

rarse tanto»[5]. Este repliegue no sólo fue resultado de los procesos graduales. Se debió principalmente a tres mazazos políticos. El primero, demuestra Therborn, se produjo con las angustias de la Primera Guerra Mundial, cuando por primera vez se promulgó en Suecia la plena igualdad jurídica entre marido y esposa, y después, cuando mediante una serie de medidas más radicales, la Revolución de Octubre desmanteló todo el aparato jurídico del patriarcado en Rusia, incidiendo de modo explícito en la propia igualdad sexual. La conducta, por supuesto, nunca fue lo mismo que la legislación. «La revolución jurídica de los bolcheviques iba muy por delante del tiempo social ruso, y las prácticas familiares soviéticas no danzaron de inmediato al ritmo de la música política, por ruidosa y poderosa que ésta fuera»[6]. Pero la onda sísmica del ejemplo ruso en el mundo en general, resalta con razón Therborn, fue enorme.

La Segunda Guerra Mundial propinó el segundo gran golpe en el otro lado del mundo, de nuevo en formas vecinas comparadas. En el Japón ocupado, el personal de MacArthur impuso una constitución que proclamaba «la igualdad esencial entre sexos» –una idea, por supuesto, que aún no ha encontrado lugar en la constitución estadounidense– y un código civil basado en la simetría conyugal. En la China liberada, la victoria del comunismo supuso «un asalto a gran escala contra el patriarcado más antiguo y elaborado del mundo», eliminando todos los vestigios jurídicos del orden confuciano[7]. Por último, la tercera oleada de emancipación la desataron las rebeliones juveniles de finales de la década de 1960 –cuando la revuelta de Mayo de 1968 estalló en Francia, el Tribunal Supremo del país aún sostenía el derecho del marido francés a prohibir a su esposa dejar el hogar, aunque él mantuviese públicamente una amante– que dio lugar al feminismo contemporáneo. A este respecto, la inauguración por parte de Naciones Unidas de la Década Internacional de las Mujeres en 1975 (también resultado en último extremo de una iniciativa comunis-

---

[5] *Ibidem*, p. 73.
[6] *Ibidem*, p. 85.
[7] *Ibidem*, p. 93.

ta, en la persona de la hija finlandesa de uno de los veteranos del Politburó de Jruschov) es considerada por Therborn como un punto de inflexión en el descrédito mundial del patriarcado, cuyo último reducto jurídico en Estados Unidos –en Louisiana– no fue eliminado por el Tribunal Supremo hasta 1981.

El dominio del padre no ha desaparecido. En el mundo en general, Asia Occidental, África y Asia del Sur siguen siendo sus principales reductos. Tal vez el islam en sí, sugiere Therborn, no sea tan culpable de la resistencia del patriarcado árabe como la corrupción de las fuerzas laicas que en otro tiempo se opusieron a él, inducida por Estados Unidos e Israel. En India, por el contrario, no cabe duda del grado de misoginia en la casta y en la religión, aunque la mediación de la autoridad patriarcal por los mecanismos del mercado tiene sus ambigüedades posmodernas. Analizando el «patente instrumentalismo» de las páginas matrimoniales de la prensa india de clase media, en las que «más del 99 por 100 de los anuncios presentan con descaro ofertas y deseos socioeconómicos» se pregunta: «¿En qué medida los padres son los "agentes" de los jóvenes, en el mismo sentido en que cualquier atleta, músico o escritor que desee obtener dinero tiene un agente?»[8]. En el extremo opuesto se encuentra el pospatriarcado euroamericano, en el que hombres y mujeres poseen igualdad de derechos, pero aún distan mucho de disfrutar de una igualdad de recursos: las mujeres no disfrutan de mucho más que la mitad (55-60 por 100) de la renta y de la riqueza de los hombres.

Entre estos polos, se encuentran las tierras natales de las revoluciones comunistas, que no llegaron a transformar el paisaje del patriarcado en el pasado siglo. El hundimiento del bloque soviético no se ha visto como una restauración a este respecto, independientemente de las demás regresiones que pueda implicar («el poder de los padres y los esposos no parece haber aumentado», aunque «el de los proxenetas ciertamente sí»)[9]. Therborn aventura la opinión de que, tanto en Rusia como en Europa Oriental, el legado revolucionario original en este aspecto tal vez resul-

---

[8] *Ibidem*, p. 109.
[9] *Ibidem*, p. 127.

te el más duradero del comunismo. En China, por otra parte, hay mucho que avanzar, en medio de más señales de impulsos recidivistas en la sociedad civil. Aun así, señala, no sólo es la desigualdad de salarios y sueldos entre los sexos mucho menor en la RPCh que en Taiwán –en una proporción de tres a uno–, sino que el patriarcado propiamente dicho, como indica la residencia conyugal y la división del trabajo, sigue siendo más débil.

La primera parte de la historia de Therborn es, por lo tanto, eminentemente política. Cómo él comenta, es lógico, ya que el patriarcado hace referencia al poder. La segunda parte se traslada al sexo. En cuestiones de matrimonio, Europa divergió del resto del mundo mucho antes que en asuntos de patriarcado, o más precisamente, Europa Occidental y aquellas de sus zonas limítrofes afectadas por la colonización alemana en la Edad Media. En esta zona, se desarrolló ya en tiempos preindustriales un régimen matrimonial único, que combinaba una monogamia tardía, números significativos de solteros, y normas cristianas de deber conyugal, contradictoriamente rodeados por una cierta penumbra de sexo informal. El resultado clave era la «neolocalidad», o la salida de las parejas casadas del hogar paterno. En el resto del mundo, Therborn sostiene que la norma era el matrimonio universal, en general a edades más tempranas, como entrada necesaria en la edad adulta. (No aclara si piensa que esto es aplicable a todas las sociedades todavía no divididas en clases, en las que podría dudarse de una norma así).

Paradójicamente, sin embargo, aunque podría pensarse que los patrones de matrimonio han variado más ampliamente en todo el mundo que las formas de patriarcado, Therborn los trata con más brevedad. No menciona la poliandria, no explora el mapa de la monogamia, y no ofrece ninguna taxonomía de la poligamia, aparte de una distinción tácita entre variantes de la elite y de las masas (éstas más características de la zona subsahariana). El punto de partida de este relato sobre el matrimonio lo establece contrastando dos áreas desviadas de la norma con todas las demás soluciones. La primera de ellas es la anomalía de Europa Occidental, con sus subsiguientes proyecciones ultramarinas en Norteamérica y el Pacífico. La segunda es la criolla, nacida en las zonas de plantación y mineras del Caribe y América Latina, con una sustancial población negra, mulata o mestiza, donde se desarrolló un régimen sexual especialmente desreglamentado.

De la comparación que de ellas hace Therborn emergen cifras asombrosas. Si las costumbres sexuales de Europa empezaron primero a relajarse ampliamente en los círculos aristocráticos del siglo XVIII, el desacato abierto a las normas convencionales alcanzó proporciones epidémicas entre las clases más bajas de muchas ciudades en el XIX, si bien sólo debido a los costes del matrimonio. En diversos momentos de la última parte del siglo, un tercio de los nacimientos en París, la mitad en Viena, y más de dos tercios en Klagenfurt, fueron extramatrimoniales. En 1900, dichas cifras habían caído, y las medias nacionales de ilegitimidad se volvieron bastante modestas (aunque los austriacos seguían superando a los negros estadounidenses, sin embargo). Las cosas eran mucho más salvajes en el sistema criollo, como a los lectores de García Márquez no les sorprenderá saber. «La Iberoamérica colonial y las Indias Occidentales fueron escenario del mayor asalto a gran escala de la historia contra el matrimonio»[10]. A mediados del siglo XIX, entre un tercio y la mitad de la población de Bahía nunca pensaba casarse; en la región del Río de la Plata, los nacimientos extramatrimoniales eran cuatro o cinco veces superiores a los niveles de España o Italia; en torno a 1900, hasta cuatro quintas partes de las uniones sexuales de Ciudad de México debieron de darse fuera del beneficio del clero.

Eran excepciones coloridas. En toda Asia, África, Rusia y la mayor parte de Europa Oriental, el matrimonio de uno u otro tipo era ineludible. Un siglo después, sugiere la explicación de Therborn, ha cambiado mucho menos que en el orden del patriarcado. La América criolla se ha vuelto más conyugal, al menos en periodos de prosperidad relativa, pero sigue siendo la que menos en serio se toma la institución. En Asia, ahora mayoritariamente monógama, y el África subsahariana, todavía en gran medida polígama, el matrimonio sigue siendo la norma universal, con bolsas de desliz sólo en las grandes ciudades de

---

[10] *Ibidem*, p. 157.

Japón, el sureste asiático y el sur de África; pero la edad a la que se contrae ha aumentado. Si el divorcio de uno u otro tipo se ha vuelto una posibilidad jurídica casi universal, su práctica está mucho más restringida: en el cinturón acérrimamente hindú apenas existe. En el extremo superior de la escala, en el renacido Estados Unidos y en la Rusia poscomunista, cualquier invitado de boda tiene derecho a mostrarse burlón: la mitad de los matrimonios se disuelven. Pero con los sucesivos intentos de bendición conyugal, la tasa bruta de matrimonio no ha bajado en Estados Unidos. Globalmente, parecería que la nota predominante es la estabilidad.

En una zona, sin embargo, Therborn observa un gran cambio. Tras casarse como nunca antes en las décadas intermedias del siglo XX, los habitantes de Europa Occidental han empezado a apartarse en número creciente del altar y del registro. Suecia ha sido de nuevo el país en vanguardia, y sigue muy por delante de sus vecinos escandinavos, y no digamos de los territorios más al sur. La innovación de la que ha sido precursora, a partir de la década de 1960, es la cohabitación informal masiva. Treinta años después, la gran mayoría de las suecas que tenían su primer hijo –casi el 70 por 100– estaban aún cohabitando o eran madres solas. La cohabitación podía acabar en matrimonio, o no. Lo que entonces se convirtió en una opción minoritaria, en un país tras otro –Reino Unido, Francia, Alemania– fue el matrimonio previo. Tanto en la Francia católica como en la Inglaterra protestante, los nacimientos extramatrimoniales saltaron del 6-8 por 100 al 40-42 por 100 en el transcurso de cuatro décadas.

Manifiestamente, la revolución sexual de las décadas de 1960 y 1970 influyó en esta transformación espectacular. Therborn señala la llegada de la píldora anticonceptiva y del DIU como fenómenos que la facilitaron, pero le interesan más las consecuencias. ¿A qué ha equivalido todo esto? De hecho, a una doble liberación: más parejas y –en especial para las mujeres– más placer. En Finlandia, a mediados de la década de 1970, las mujeres se habían acostado con una media de tres hombres, a comienzos de la de 1990, con seis; para entonces, la diferencia de satisfacción erótica entre los sexos había desaparecido. En Suecia, la media de amantes se había triplicado, un aumento mucho mayor que en el caso de los hombres.

Más que nada –concluye Therborn– he aquí lo que la revolución sexual ha provocado: un largo periodo de sexo prematrimonial, y que la pluralidad de parejas sexuales a lo largo de la vida se convirtiera en un fenómeno «normal» tanto en el sentido estadístico como en el moral[11].

¿En qué medida se adapta Estados Unidos al patrón emergente en Europa? Sólo en parte, como su diferente complexión religiosa y política haría pensar. A los europeos les asombrará saber que, en 2000, aproximadamente un quinto de los estadounidenses entre dieciocho y veinticuatro años afirmaban ser vírgenes al casarse. Sólo el 6 por 100 de las parejas estadounidenses cohabitaban. Más del 70 por 100 de las madres estaban casadas cuando tenían su primer hijo. Por otra parte, Estados Unidos presenta casi el doble de los embarazos de adolescentes por cohorte que el país con porcentaje más elevado de la UE y una tasa de nacimientos extramatrimoniales superior a la de Holanda. Sin fijarse mucho en la raza o en la región, Therborn califica el sistema estadounidense de «dualista». Pero a partir de las pruebas que proporciona, podría pensarse que las divisiones electorales se reflejan en los contrastes sexuales, azul y rojo también en el tocador.

En la última parte del libro, Therborn habla de la fecundidad. El enigma a este respecto es la «transición demográfica» (término establecido para el cambio de un régimen de bajo crecimiento, que combinaba muchos hijos y una muerte mucho más precoz, a uno de alto crecimiento, que combinaba muchos hijos y menos muertes, y de nuevo a una de bajo crecimiento, esta vez con muchos menos fallecimientos y menos hijos). No hay misterio en el modo en que los avances médicos y la mejora de la dieta condujeron a una caída de las tasas de mortalidad en la Europa del siglo XIX, y finalmente alcanzó a la mayor parte del

---

[11] *Ibidem*, p. 210.

mundo, con consecuencias similares, en la segunda mitad del siglo XX. La gran cuestión es por qué cayeron los nacimientos, primero en Europa y Norteamérica entre las décadas de 1880 y 1930, y después a la mayoría de la especie humana a partir de mediados de la década de 1970, en dos oleadas misteriosamente similares. En ambos casos, «un proceso que rápidamente superó fronteras estatales, niveles de industrialización, urbanización y niveles de renta, religiones, ideologías y sistemas familiares»[12] hizo bajar las tasas de fecundidad un 30-40 por 100 en tres décadas. Hoy, la familia media no tiene más de dos o tres hijos en la mayor parte del antiguo Tercer Mundo.

¿Cómo explicar estos cambios gigantescos? Los primeros países que experimentaron una caída significativa de la fecundidad fueron Francia y Estados Unidos, hacia 1830 (generaciones por delante de todos los demás). Lo que ambos tenían en común, sugiere Therborn, eran sus revoluciones populares, que habían dado a la gente común una sensación de autodominio. En cuanto las ventajas de las familias más pequeñas, quedaron claras en estas sociedades, la neolocalidad permitió a las parejas tomar sus propias decisiones para mejorar su vida antes de que se dispusiera de ningún medio anticonceptivo moderno. Cincuenta años después, quizá provocado inicialmente por el comienzo de una recesión mundial, el control masivo de los nacimientos empezó a extenderse por Europa, barriendo al final desde Portugal a Rusia. Esta vez, sostiene la hipótesis de Therborn, fue una combinación de movimientos socialistas radicales y laicos la que popularizó la idea de la planificación familiar, junto con la expansión de la alfabetización, que introdujo el descenso de la fecundidad como parte de una cultura de modernidad cada vez más consciente de sí misma. Fue un control de la natalidad desde abajo.

En el Tercer Mundo, por contraste, la contracepción –para entonces una tecnología fácil– se propagó o se impuso en general desde arriba, por orden política del Estado. La política china de un solo hijo ha sido el ejemplo más dramático, aunque extremo. Una vez que las tasas de natalidad bajas se convirtieron en

---

[12] *Ibidem*, p. 236.

un objetivo general de gobiernos empeñados en alcanzar la modernización, fueron los sistemas familiares los que determinaron el orden en el que las sociedades entraban en el nuevo régimen: el este asiático a la cabeza, el norte de India y el África negra muy en la retaguardia. También a este respecto, fue una sensación de dominio, de capacidad humana para gobernar a la naturaleza –no siempre de origen burocrático, ya que las sociedades más ricas de América Latina avanzaron espontáneamente en la misma dirección– la que potenció el cambio. Sus consecuencias, de las cuales sólo podemos ver el comienzo, son enormes. Sin ellas, la Tierra tendría unos dos mil millones de habitantes más.

En Europa y Japón, por su parte, la fecundidad ha avanzado de manera igualmente drástica en la dirección opuesta, cayendo por debajo de las tasas de reproducción netas. Esta caída en la tasa de natalidad, de la que Estados Unidos se salva esencialmente por la inmigración, promete un rápido envejecimiento poblacional en estos países a corto plazo y, si no se controla, la práctica extinción de los mismos a largo plazo. Hay ahora una creciente bibliografía de alarma pública sobre esta perspectiva, lo que el historiador francés Pierre Chaunu denuncia como una «muerte blanca» que amenaza al Viejo Mundo. Therborn la elude. Las tasas de reproducción negativas en estas sociedades ricas y socialmente avanzadas no se corresponden con una huelga de vientre de las mujeres, sugiere, sino con su deseo de tener dos o tres hijos y carreras profesionales iguales a las de los hombres, algo que el orden social existente aún no les permite hacer. Al negarse la prole que desean, los padres europeos «van en contra de sí mismos»[13], no a favor de un cambio cultural más profundo.

Between Sex and Power acaba sus análisis con cuatro conclusiones principales. Los diferentes sistemas familiares del mundo revelan poca dinámica interna de cambio. Han sido remodelados desde el exterior, y la historia de sus transformaciones no ha sido ni unilineal ni evolutiva, sino que ha estado determinada por una serie de coyunturas internacionales desigualmente distribuidas en el tiempo y de marcado carácter político. El resulta-

---

[13] *Ibidem*, pp. 284 ss.

do no ha sido una convergencia, salvo en la decadencia general del patriarcado, debido más a las guerras y a las revoluciones que a un «espíritu feminista mundial». En el Sur, el diferente ritmo de cambios en la fecundidad sigue trasladando la distribución de la población mundial hacia el subcontinente indio y África, y alejándola de Europa, Japón y Rusia. En el Norte, el matrimonio europeo ha cambiado de forma, pero ha demostrado ser flexible y creativo en la adaptación a una nueva gama de deseos: a pesar de las quejas convencionales, está en buena forma. ¿Predicciones? Declinadas con serenidad. «La mejor apuesta de futuro es la inextinguible capacidad innovadora de la humanidad, que al final supera a cualquier ciencia social»[14].

A su debido tiempo, un ejército de especialistas se reunirá en torno a *Between Sex and Power*, como otros tantos expertos aficionados al deporte, para estudiar minuciosamente el multitudinario argumento del libro. ¿Qué puede decir un lego, aparte de la magnitud de su logro? Tentativamente, quizá sólo esto. En la arquitectura del libro, hay un cierto vacío entre la noción de sistema familiar y la tríada de patriarcado, matrimonio y fecundidad que la sigue. En efecto, en el tratamiento separado dado a cada uno de ellos no se declara de qué modo se interconectan los tres para formar la *estructura* de cualquier sistema familiar. Pero si consideramos el trío como un combinatorio abstracto, parecería que por lógica –como sugiere el propio orden en el que Therborn los aborda– el patriarcado debe mandar sobre los otros dos, como el «dominante», ya que establece por lo general las reglas del matrimonio y las normas de la reproducción. Hay, en otras palabras, una jerarquía de determinaciones incorporada a cualquier sistema familiar.

Esto influye en las conclusiones de Therborn. Su máximo hincapié se sitúa, sin duda, en la divergencia entre los principales sistemas familiares de hoy. Tras resaltar las continuas disimilitudes mundiales entre los regímenes de fecundidad y conyugales, admite que «el resultado patriarcal es un poco diferente»[15]. Las

---

[14] *Ibidem*, p. 315.
[15] *Ibidem*, p. 306.

propias pruebas que él aporta sugieren que éste es un juicio modesto. Porque lo que muestra es un fuerte proceso de convergencia, que dista mucho de ser completo en cuanto a dimensión, pero es inequívoco en cuanto a dirección. Pero si las distintas formas de patriarcado son lo que históricamente determinaba los principales parámetros de matrimonio y reproducción, ¿acaso una decadencia continuada de dichas formas en todos los sistemas familiares hacia un común punto cero jurídico supondrá que las tasas de natalidad y las costumbres matrimoniales acaben por converger, en medida significativa, también a su propio ritmo? Ésa parece, en todo caso, una posible deducción soslayada por Therborn, pero que su historia de la fecundidad parece confirmar. Porque lo que su análisis deja claro es que la asombrosa caída de la tasa de natalidad en la mayoría de los países subdesarrollados ha sido producto precisamente del hundimiento de la autoridad patriarcal, a media que sus competencias de vida y muerte se trasladaban al Estado, que ahora determina cuántos nacen y cuántos sobreviven.

¿Y en cuanto al matrimonio? Ciertamente, los contrastes siguen siendo mayores. Al hablar del «núcleo de libertad romántica y de compromiso en el moderno sistema familiar europeo (y del Nuevo Mundo)», Therborn da a entender que sigue siendo específico de Occidente. Pero aunque el sistema de castas o la sharia prohíben claramente el amor improvisado, ¿no muestra éste señales de extenderse, como ideal o realización, en las grandes ciudades del Este de Asia o de América Latina? La imaginación del Japón urbano, muestra él, ya está a medias capturada por dicho amor. No es, por supuesto, que la aireación del matrimonio en Europa Occidental, con la llegada de la cohabitación masiva, se haya reproducido mucho en otras partes. Pero a este respecto se podría plantear otra pregunta. ¿Es realmente cierto que las tasas de reproducción negativas que han acompañado a este patrón sean tan indeseadas como Therborn sugiere? Él se basa en la discrepancia entre las encuestas en las que las mujeres explican cuántos hijos desean, y los que realmente tienen. Pero esto podría significar sólo que, en la práctica, su deseo de tener hijos ha resultado menor que el de un trabajo bien pagado, una carrera profesional satisfactoria, o más de un amante a la vez. Los votantes occidentales dicen habitualmente que quieren mejores colegios y atención sanitaria, y en principio esperan pagar por ellos, y a menudo los comentaristas de izquierda ponen grandes esperanzas en estas declaraciones. Pero en cuanto esos ciudadanos llegan a una urna de votación tienden a preferir que se bajen los impuestos. Tal vez, el mismo tipo de autoengaño sea aplicable a los hijos. En tal caso, sería difícil decir que el matrimonio europeo esté en tan buena forma, ya que no habría parada a la vista para la inmersión de la sociedad en un abismo actuario.

Therborn se resiste a esas ideas. Aunque *Between Sex and Power* presta un buen homenaje al papel del comunismo en el desmantelamiento del patriarcado en el siglo XX, no despliega una actitud especialmente marxista hacia la familia. Engels no habría compartido la satisfacción del autor por el hecho de que el matrimonio se mantuviese floreciente, por muy dúctiles que sean las formas que ha adoptado. No obstante, al expresar su apego a ellas, Therborn habla con la voz humana de un reformismo sueco sensato, al que comprensiblemente admira, aunque nunca coincidiese por completo con él. Al mirar el lado positivo del régimen conyugal de la UE, es congruente con las alegaciones que ha presentado en el pasado a favor de sus Estados del bienestar, que sobreviven en condiciones mucho mejores de lo que sus críticos o sus dolientes creen[16]. Con el mismo espíritu, se podría decir, insiste él en la divergencia persistente entre los sistemas familiares de todo el mundo. La uniformidad es la única condición que todas las partes del espectro político deploran. Los neoliberales más resueltos explican invariablemente que los mercados libres y universales son los mejores de todos los guardianes de la diversidad. Los social-demócratas tranquili-

---

[16] G. Therborn, «The Prospects of Labour and the Transformation of Advanced Capitalism», *New Left Review* I/145, mayo-junio de 1984, pp. 5-38, sigue siendo un texto básico; respecto a una asombrosa visión política del mundo dos décadas después, véase «Into the Twenty-First Century», *New Left Review* II/10, julio-agosto de 2001 [ed. cast.: «Los nuevos parámetros de la política mundial», *New Left Review* II/10, septiembre-octubre de 2001, pp. 69-91].

zan a sus seguidores diciéndoles que el capitalismo al que deben ajustarse es cada vez más variado. Los conservadores tradicionales se explayan acerca de la irreducible multiplicidad de confesiones y civilizaciones. La homogeneidad no tiene amigos, al menos desde Alexandre Kojève. Pero cuando cualquier afirmación se vuelve demasiado coral, está indicada una chispa de duda. Apenas afecta a la magnificencia de este libro. En él se pueden encontrar los mayores cambios acaecidos en las relaciones humanas en tiempos modernos.

2005

CAPÍTULO XII
Guerra civil, desorden mundial: Robert Brenner

La Guerra Civil inglesa ocupa un extraño nicho en la memoria contemporánea. En todos los aspectos oficiales, ningún otro episodio del pasado moderno del país es tan parentético. Sin dejar un vestigio acreditado en las tradiciones comunes o en las instituciones públicas, parece en la retrospectiva establecida una especie de apagón en el crecimiento de la psique colectiva. Nuestra única república permanece bajo proscripción, un monstruo histórico. Rosebery pudo levantar una estatua a Cromwell delante del Parlamento: ochenta años después, Benn ni siquiera consiguió ponerlo en un sello, en una época en la que Rosa Luxemburg adornaba el correo ordinario alemán.

Podría decirse que ese trato no es completamente injusto. Porque en una perspectiva comparativa, ¿acaso la Guerra Civil inglesa –aun siendo traumática en su momento– no ha resultado al final el menos significativo de los levantamientos políticos que acompañaron al nacimiento de los principales Estados-nación del mundo capitalista? Comparado con la Revuelta de los Países Bajos, la Guerra de Independencia estadounidense, la Revolución francesa, el Risorgimento italiano, la unificación de Alemania, y no hablemos de la Restauración Meiji en Japón, el derrocamiento de la monarquía inglesa parece de un orden distinto: no un moderno punto de partida del desarrollo institucional, sino un interludio exótico. Si es así, sin embargo, hay una paradoja que se mantiene, porque la que sería la convulsión más estéril ha producido la bibliografía más fértil. El volumen de estudios contemporáneos sobre la Revolución francesa –la única rival posible– es mayor que el de la inglesa, pero intelectualmente más pobre. La diferencia en este extremo está muy relacionada con las respectivas situaciones del revisionismo que ha dominado en cada orilla del Canal en años recientes. Mientras que la variante francesa, personificada por François Furet, se ha presentado a modo de polémica contra lo que se ha considerado una única tradición historiográfica, el continuo jacobino-leninista que va desde Mathiez a Soboul pasando por Lefebvre, la escuela inglesa se ha desarrollado a modo de debate con dos tradiciones opuestas: la concepción *whig* descendiente de Notestein hasta Hexter, y la interpretación social, que ha llegado desde Tawney hasta Hill. Ideológicamente, las consecuencias pueden parecer marcadas. A menudo el revisionismo inglés se parece más inequívocamente a una derecha historiográfica, encerrada en la lucha contra el centro liberal y la izquierda socialista, mientras que el revisionismo francés tiende a ocupar posiciones tanto de derecha como de centro en su polémica contra la izquierda local, pasando del acento liberal-conservador al conservador-liberal dependiendo de lo que la ocasión exija. Tal vez parezca una postura políticamente más cómoda. Desde el punto de vista intelectual, sin embargo, el contraste topográfico entre los dos países ha beneficiado a los historiadores ingleses, ya que al intentar desplazar no sólo a uno, sino a los dos paradigmas explicativos preexistentes han tenido que desplegar un mayor ingenio. El resultado ha sido más tenaz y original.

También ha sido más variado, como puede comprobarse a partir de las obras de conjunto recientemente publicadas por tres historiadores de primera fila, cuya obra ha marcado la agenda del debate sobre la Revolución inglesa desde la década de 1970. *Personal Rule of Charles I* de Kevin Sharpe, *Fall of the British Monarchies* de Conrad Russell, y *Nature of the English Revolution* de John Morrill representan distintos puntos de vista, de los cuales el último, y hasta ahora el que ha pasado más desapercibido, es el más interesante[1]. Pero a pesar de todas las divergencias entre ellos, siguen destacando ciertos rasgos comunes. Rechazando tanto las explicaciones constitucionales de la crisis carolina como las inter-

---

[1] K. Sharpe, *Personal Rule of Charles I*, Londres, 1992; C. Russell, *Fall of the British Monarchies*, Oxford, 1991; J. Morrill, *Nature of the English Revolution*, Londres, 1991.

pretaciones clasistas de la Guerra Civil, estas historias se centran en la política de las finanzas reales y las facciones de corte, en la administración clerical y las maniobras diplomáticas en la cima del Estado, y en las presiones provincianas y los agravios entre creencias en las instancias inferiores. Si los nuevos costes de la guerra provocaron tensiones desconocidas sobre el compacto tradicional entre la monarquía y la nobleza a mediados del siglo XVII, la ruptura de una política fundamentalmente consensuada fue fortuita, resultado de una secuencia de contratiempos derivados de la gestión del patrimonio de los Estuardo en Escocia e Irlanda, y no una división incurable dentro de la propia Inglaterra. Blanco de la crítica siguen siendo la concepción *whig* o la concepción marxista de la Guerra Civil como lucha basada en antiguas oposiciones de principio jurídico o interés social.

Tachando dichas explicaciones de anacrónicas, los revisionistas insisten en que los embrollos de palacio y los agravios teológicos, así como las torpes colisiones adjuntas, constituyen el material político en la era de Buckingham y Pym. No es que la nueva ortodoxia se abstenga por completo de mezclar pasado y presente para sus propios fines. De hecho, los revisionistas disfrutan con gestos de una actualidad osada. Sharpe describe a Henrietta Maria como una animada gemela de la princesa Diana, e incluso trasviste a Carlos I en una Margaret Thatcher barroca, cerrando 700 páginas sobre el rey con las palabras: «Creía que a algunos principios valía la pena adherirse fuesen cuales fuesen las repercusiones; y bien, tal vez incluso tuviera razón»[2]. Russell compara el Impuesto Naval *[Ship Money]* con el Impuesto de Capitación *[Poll Tax]*, y describe la llegada de Jacobo I a Londres como un antecedente del Acta Única Europea. Tales son las alegres florituras de una supremacía intelectual. Blair Worden incluso ha aventurado la opinión de que la «hegemonía» de Russell en lo referente a los estudios sobre la Guerra Civil ha «empujado la controversia a los márgenes»[3]. Allí sin

---

[2] K. Sharpe, *Personal Rule of Charles I*, cit., p. 934.
[3] B. Worden, «Conrad Russell's Civil War», *London Review of Books*, 29 de agosto de 1991.

duda permanecen bolsas de resistencia *whig* (a los lectores de la correspondencia entre Lawrence Stone y Russell en el *TLS* tal vez les sorprendiera saber que el campo se ha vuelto tan pacífico). Pero incluso Stone ha admitido la segunda parte de la victoria que los revisionistas reivindican, porque también él opina que la interpretación marxista de la Guerra Civil está muerta[4].

Merchants and Revolution, dedicado a Stone, hace zozobrar en gran medida esa opinión. Su autor, Robert Brenner, pertenece a ese raro grupo de historiadores que han dado nombre a una bibliografía completa: el «debate Brenner» sobre los orígenes del capitalismo agrario en Europa recuerda a la antigua «tesis de Pirenne». Su nuevo libro, en el que no se menciona el nombre de Marx aunque su espíritu es omnipresente, transforma el paisaje de la Revolución inglesa. *Merchants and Revolution* se distingue por tres logros, cada uno impresionante por sí mismo. Juntos, la combinación es un hazaña extraordinaria. El primero es simplemente la magnitud de la investigación que el libro personifica. La investigación de archivo efectuada por Brenner sobre las actividades de las principales redes mercantiles en la Inglaterra de los Estuardo –una búsqueda que a menudo parece un enorme e intrincado relato de detectives– no tiene parangón en la bibliografía reciente. Moviéndose por debajo del nivel de la elite terrateniente, Brenner ha hecho más descubrimientos importantes sobre el periodo que cualquiera de sus contemporáneos. Leer *Merchants and Revolution* es darse cuenta de en qué medida las historias revisionistas –a pesar de toda la agudeza de sus aportaciones negativas– tendían a hacer pequeños ajustes en los extremos de las reservas existentes de conocimiento positivo, ahondando más en los documentos oficiales o hurgando en los fondos de archivo de los condados. El libro de Brenner abre otro mundo.

No es menos llamativo otro rasgo del libro. *Merchants and Revolution* devuelve el análisis a la crisis del siglo XVII, a escala grandiosa. También a este respecto, el contraste con las obras re-

---

[4] L. Stone, «The Century of Revolution», *New York Review of Books*, 26 de febrero de 1987.

visionistas es marcado, y nuevamente tiene su faceta irónica. Por-que, en principio, los revisionistas se han comprometido con una variante de visión inglesa del pasado basada en un suceso tras otro, que resalta la aceptación de la contingencia de los aconte-cimientos históricos como condición para entenderlos, lo cual debería haber generado una escuela narrativa. De hecho, se ha producido lo contrario. *Fall of the British Monarchies [La caída de las monarquías británicas]* de Russell, como ha señalado Worden, es un mosaico selectivo de temas, que no intenta volver a contar el proceso real de descomposición al que alude el título. Irónica-mente, Russell a su vez ha presentado la misma objeción contra Sharpe, quejándose de que el estudio de éste, *The Personal Rule [El gobierno personal]*, a pesar de su amplitud, carece de un relato coherente[5]. Por su parte, *Nature of the English Revolution [Natu-raleza de la Revolución inglesa]* de Morrill es una espléndida reco-pilación de artículos, a partir de la cual descubrimos que, por el momento, el autor ha desistido de escribir una historia de las guerras de religión inglesas que tenía proyectada. Una obra an-terior, *Outbreak of the Civil War [El estallido de la Guerra Civil]* de Anthony Fletcher, ofrece una cronología genuina, pero tan in-sulsa y sin aliento que a menudo incumple su propósito: árboles impenetrables y poca madera. Para encontrar relatos más fieles tenemos que avanzar en el tiempo, hasta historiadores –Under-down, Woolrych, Worden, Gentles– que simpatizaban más con la propia experiencia revolucionaria, que han efectuado los aná-lisis modernos de la purga de Pride, los debates de Putney, el Parlamento Residual *[Rump Parliament]*, o el Nuevo Ejército Mo-delo. Pero, con la excepción del último, éstos siguen cubriendo episodios relativamente breves. La obra de Brenner es de un tipo completamente distinto. Su subtítulo indica un periodo de un siglo, pero aunque hay un preámbulo necesario que empieza en los tiempos de Isabel, lo que el libro ofrece de hecho es un análisis sustentado de su tema desde la subida de Jacobo I al nombramiento de Cromwell como Protector, con un crucial sal-

---

[5] C. Russell, «Training the Whig Bathwater», *London Review of Books*, 10 de junio de 1993.

to adelante hasta el derrocamiento de Jacobo II. Esta escala temporal introduce la Revolución inglesa en una dinámica más amplia que cualquier otro estudio de detalle comparable.

El relato aquí es analítico. En lugar de trazar los movimientos de actores individuales, o la evolución de las facciones políticas, el estudio de Brenner reconstruye la trayectoria de las fuerzas sociales que condujo a la Guerra Civil y a sus consecuencias. Lo hace a través del prisma de un actor particular que hasta ahora había pasado en gran medida desapercibido en el drama, pero que fue crucial para éste: el sector de la comunidad de comerciantes londinenses que hizo su fortuna en América, y no en el comercio con Europa o Asia, bajo el reinado de los primeros Estuardo. Al centrarse en este grupo fundamental, y en su desarrollo dentro de la constelación más amplia de poder y propiedad en la primera mitad del siglo, Brenner renueva toda la apariencia de la época. El resultado es la explicación social más convincente que ahora poseemos acerca de la descomposición de la monarquía carolina. *Merchants and Revolution* conecta estructuras y acontecimientos en un continuo relato de fino significado histórico.

¿Cuál es la esencia de este análisis? Brenner demuestra que, en contra de la opinión recibida, la expansión del comercio inglés después de una aguda crisis comercial a mediados del siglo XVI no estuvo guiada por la búsqueda de nuevos mercados para sostener las exportaciones de productos textiles, sino que estuvo sostenida esencialmente por la importación. Los *Merchant Adventurers [Mercaderes aventureros]* que monopolizaban el comercio de productos textiles con Europa del Norte siguieron dominando la clase dirigente de la City en tiempos de Jacobo, pero ese dominio fue cada vez más puesto en entredicho por las compañías de Levante y de las Indias Orientales, controladas por un grupo muy distinto de comerciantes, dedicados a la importación de delicadezas y objetos de lujo mediterráneos y orientales (vinos, pasas de corinto, sedas, especias). A finales de la década de 1630, los líderes de este combinado eran por lo general más ricos que los comerciantes de paños, y los habían desplazado en la hegemonía del sistema de poder municipal londinense. Los dos grupos, sin embargo, aun compartían un interés común por una rígida reglamentación política de sus respectivas actividades: excluir por ley de dichas actividades a los independientes, y establecer precios monopolísticos dentro de ellos. Por contraste, en América surgió un tipo de comerciante muy distinto, que acumuló capital en una zona de libre competencia, abierta a nuevos participantes. En esta zona, las mercancías valiosas eran el tabaco, el azúcar o las pieles. El crecimiento de estos comercios occidentales generó un tercer interés comercial, de cuyo ascenso se ocupa especialmente Brenner. Formando una red intrincada, unidos por lazos de parentesco y alianza entrecruzados, los comerciantes del Nuevo Mundo eran, en cuanto emprendedores e innovadores, un grupo aparte. Brenner escoge como figura central entre ellos a un tal Maurice Thomson. Su evolución compone una historia asombrosa.

Nacido en uno de los condados que circundan Londres hacia 1600, el mayor de cinco hermanos varones, Thomson emigró en la adolescencia a Virginia, donde pronto se convirtió en capitán de barco, adquirió tierras, y se introdujo en el comercio del tabaco. Volviendo a Londres mediada la veintena, fue uno de los primeros hacendados esclavistas del Caribe, y una década después se había convertido en el principal comerciante de tabaco del Atlántico, con negocios suplementarios en el aprovisionamiento de Nueva Inglaterra y la pesca. Siguieron la firma de contratos para emprender aventuras coloniales frente a la costa de Honduras, las prospecciones de plata en Panamá, y los ataques a Venezuela. En la década de 1640, Thomson y sus asociados estaban plantando azúcar en Barbados, a la que proveían de esclavos de África Occidental. Al hacerlo, se embarcaron en otro enorme arco de operaciones, irrumpiendo en las *chasses gardées* del Viejo Mundo, con viajes a la costa de Guinea y después planes para instalar bases en Madagascar y las Célebes. En vísperas de la Guerra Civil, la riqueza de estos intérlopes sólo era superada por el combinado de Levante y las Indias Orientales[6].

¿En qué parte del tablero político del momento encajan estos complejos de capital mercantil rivales? Entre las compañías do-

---

[6] R. Brenner, *Merchants and Revolution*, Princeton, 1993, pp. 118-184.

tadas de carta de concesión fundacional y la monarquía, se daba en circunstancias normales una simbiosis natural: tanto los Mercaderes Aventureros como los comerciantes de Oriente necesitaban el poder real para hacer respetar sus monopolios, y el rey necesitaba los impuestos sobre el comercio exterior y los préstamos de los gremios de comerciantes para cubrir los gastos del Estado. La lógica del acuerdo –una especie de intercambio de cartas de marca– era tan fuerte que incluso cuando las primeras exacciones bélicas de Carlos I, en 1627-1629, llevaron a la elite de la City a establecer una alianza indignada con la oposición parlamentaria, provocando una huelga naval contra el gobierno, el conflicto se absorbió con rapidez. Los años de Gobierno Personal, en los que el Rey prescindió completamente del Parlamento, pronto restauraron las relaciones de trabajo arraigadas en la dependencia mutua. Por el contrario, sugiere Brenner, no se daba entre la *gentry* [«la clase terrateniente»] inglesa y la monarquía de los Estuardo un nexo comparable, porque los terratenientes obtenían normalmente sus ingresos de una agricultura capitalista que no necesitaba formas de coerción extraeconómicas, lo cual, por lo tanto no daba motivo para consentir imposiciones arbitrarias, que incluso, cuando se dirigían sobre el comercio y no sobre la tierra, amenazaban el principio de los derechos incondicionales sobre la propiedad. De ahí la paradoja de que los parlamentarios que no estaban directamente afectados por los aranceles aduaneros se resistieran ferozmente a ellos, mientras que los comerciantes sobre los que recaían los aceptasen en general[7].

Recubriendo esta discordia económica básica entre la monarquía y la *gentry* se encontraba otra divergencia ideológica. El Estado Tudor, sostiene Brenner, había prestado un valiosísimo servicio a la clase terrateniente inglesa al aplastar a los magnates rebeldes y apagar el descontento campesino, generalizado en el feudalismo tardío. En cuanto se alcanzaron esas condiciones de orden interno, sin embargo, el interés de la *gentry* por el Estado se centró cada vez más en influir en el papel exterior de éste.

---

[7] *Ibidem*, pp. 670-673.

Formalmente, la Iglesia isabelina había solucionado el problema religioso, pero la rama nacional de la Reforma que dicha Iglesia representaba en el país todavía dejaba a Inglaterra en una posición diplomática relativamente indeterminada. Esto abrió un potencial terreno de conflicto, porque el sentido de la dignidad dinástica tiraba hacia un lado, y los impulsos de la solidaridad doctrinal hacia otro. Las únicas monarquías occidentales de categoría similar para establecer alianzas matrimoniales eran católicas, la única república con poder estratégico era protestante. La guerra se encarecía, e Inglaterra no disponía de un ejército destacado. Por razones de prestigio y de prudencia, el monarca tenía miedo de permitir que el sentimiento religioso predominase en sus maniobras diplomáticas, mientras que el Parlamento, menos preocupado por cuestiones de precedencia o cálculo de riesgos, tendía a contemplar la política exterior a través de una lente más teológica. Las dissensiones eran, por lo tanto, prácticamente inevitables. Brenner no comparte la mala opinión que Russel tiene de la oposición parlamentaria a la actitud europea de la monarquía, a la que éste tacha de mal informada e irresponsable. Resalta, por el contrario, la coherencia de una política osada contra España, librada mediante campañas navales baratas en el Caribe, que se convirtió en el caballo de batalla de los puritanos militantes en la Cámara de los Comunes[8].

Ésta no era una convicción generalizada en la clase terrateniente. Era el objetivo fijo de una determinada camarilla dentro de ella, los «aristócratas colonizadores» que rodeaban al conde de Warwick y sus clientes, entre los cuales destacaba Pym, que financió y organizó una serie de asentamientos puritanos en el Nuevo Mundo. En el transcurso de tales empresas, este grupo había empezado discretamente a aprovechar los recursos de la red de «intérlopes». Entre ellos, en el extremo opuesto del espectro comercial, encontraron aliados cuya posición objetiva –al contrario que la del comercio reglamentado– no les daba razón económica para profesar lealtad a la monarquía, y mucho menos para establecer un lazo político con ella, como el que la repre-

---

[8] *Ibidem*, pp. 244, 318 y 676.

sentación parlamentaria confería incluso al más descontento de los terratenientes. Lo que sí poseían, por otra parte, los nuevos comerciantes eran fuertes lazos con los estratos populares de Londres: comerciantes nacionales, capitanes de barco, tenderos, de cuyas filas a menudo habían salido, y con quienes compartían la exclusión del poder municipal. La colaboración informal entre los nobles colonizadores y los intérlopes tenía, por lo tanto, una potencial corriente de fondo más fuerte. Bajo el caparazón del gobierno personal, se estaba cocinando una mezcla dotada de un alto potencial.

Cuando la rebelión escocesa rompió la paz del rey, demuestra Brenner, fue esta alianza la que se hizo con la iniciativa de cuestionar el régimen de Carlos, y después marcó el ritmo en el deslizamiento hacia la Guerra Civil. En septiembre de 1640, el grupo de Warwick presentó la primera exigencia planteada por la elite, sincronizada con una petición masiva de Londres, de que se volviese a convocar al Parlamento, la cual Thomson entregó al Rey en York. En noviembre, tres de los cuatro parlamentarios elegidos por Londres para el Parlamento Largo estaban vinculados con la conexión de los intérlopes. En diciembre, los radicales de la City ya estaban lanzando una campaña para suprimir a los obispos. Como los escoceses aún ocupaban la frontera, y el Parlamento Largo se enfrentaba a un rey recalcitrante, los nuevos comerciantes ocuparon una posición cada vez más estratégica. Al regular el flujo de préstamos de la City al Parlamento, para después pagar a los escoceses, y orquestar la marea de manifestaciones populares contra la corte, ejercieron una presión crítica que influyó en el curso de la política de la *gentry* en la Cámara de los Comunes. Dos resultados fueron decisivos. En la primavera de 1641, se aprobó la proscripción de Strafford, por encima de la vacilación de Pym y la resistencia de los lores, y Carlos fue privado de la potestad de disolver el Parlamento sin el consentimiento de éste, una medida motivada amablemente como una seguridad para sus acreedores.

En el verano de 1641, el aparato del gobierno personal había sido desmantelado, con la satisfacción casi unánime de la clase terrateniente. ¿Por qué estalló entonces la Guerra Civil un año después? La respuesta revisionista señala la religión como razón principal. Los terratenientes ingleses –argumenta– estaban en general unidos en la perspectiva constitucional, pero estaban divididos por sus concepciones sobre la Iglesia. Mientras que la gran mayoría deseaba volver a lo que imaginaba que había sido un feliz término medio isabelino, una minoría vehemente presionaba ahora para obtener una reforma más radical, con una intransigencia que dividió las filas de la *gentry*. Para Russell, fue el apoyo escocés lo que introdujo el celo puritano en la agenda de un Parlamento inglés dependiente del seguro militar presbiteriano contra Carlos, pero que en sí contenía muy pocos presbiterianos convencidos[9]. Para Morrill, la dinámica de un nuevo fanatismo calvinista en la propia Inglaterra bastó para la tarea. En cualquier caso, fue la cuestión religiosa –que primero cristalizó en la disputa sobre los obispos, y después precipitó la rebelión en Irlanda bajo la amenaza de un protestantismo aún más punitivo– la que empujó a la clase terrateniente a la lucha fratricida que acabó derrocando a la propia monarquía[10].

El análisis de Brenner cuestiona esta explicación ortodoxa, sugiriendo que la fuerza polarizante que dividió a la aristocracia terrateniente fue el malestar reinante en la capital y no las disputas sobre la Iglesia. La oposición parlamentaria al Rey, sostiene, estuvo desde el comienzo estructuralmente entremezclada con la insurgencia municipal en la City. Fue la coordinación entre el liderazgo de Pym en la Cámara de los Comunes y los nuevos comerciantes radicales de Londres, que controlaban la oferta de dinero y movilizaban la intimidación callejera, lo que acorraló a la monarquía en el primer periodo de sesiones del Parlamento Largo. Esa victoria, sin embargo, seguía siendo insegura mientras la Cámara de los Comunes estuviera desarmada y Carlos inclinado a la venganza. El único contrapeso efectivo a las reservas coercitivas de la monarquía era la ciudadanía de la capital, fuese turba o milicia. Pero para muchos parlamentarios, la esca-

---

[9] C. Russell, *The Causes of the English Civil War*, Oxford, 1990, pp. 15-16; *The Fall of the British Monarchies 1637-1642*, cit., pp. 203-205 y 523-524.
[10] J. Morrill, *The Nature of the English Revolution*, cit., pp. 42-44 ss.

lada del activismo popular en Londres se estaba volviendo cada vez más alarmante. En la explicación de Brenner, fue la ineludible opción entre dos males políticos la que acabó dividiendo a los que dominaban el país. ¿A quién había que temer más, a un rey vengativo o a un pueblo turbulento? ¿A la amenaza a un orden tradicional desde arriba o desde abajo?

La nueva prominencia de la religión en el otoño de 1641, sostiene Brenner, fue consecuencia de este dilema. Porque mientras que el fermento espiritual en Londres se mezclaba con la insubordinación popular, en un clima de creciente hostilidad a la Iglesia establecida, muchos terratenientes que antes habían considerado al episcopado como un vivero de clericalismo opresivo empezaron a verlo, después de todo, como un elemento necesario de la jerarquía social. Con ese cambio de mentalidad se preparó la ruta hacia el posterior monarquismo. El que Pym y su bando avanzaran en la dirección opuesta, hacia un puritanismo radical, no sólo se debe a que estuviesen más expuestos a la venganza en caso de retorno del rey, sino también, y sobre todo, a que confiaban más en su capacidad para manejar un movimiento de masas en Londres, dadas sus relaciones duraderas con los nuevos comerciantes que lo propugnaban.

Cuando la rebelión católica en Irlanda llevó la situación política en Inglaterra al punto crítico del invierno de 1641, al tiempo que los seguidores de Pym exigían el control sobre los ministros y el ejército del rey, mientras éste intentaba recuperar el poder en la capital asegurando la Torre, fue el movimiento radical en Londres el que decidió el resultado. Se produjeron peticiones masivas contra las medidas reales, los aprendices amenazaron con un contragolpe, las tiendas cerraron, y las calles se erizaron de armas. Al timón de la resistencia, emergió un Comité de Seguridad, visiblemente dominado por el interés de los comerciantes americanos. Enfrentado a esta demostración de fuerza, Carlos evacuó la capital. A continuación, se produjo la revolución municipal. El combinado Levante-Indias Orientales, que había permanecido leal a la monarquía durante toda la crisis, cayó del poder al abrirse la constitución oligárquica de la City y ser sustituido el alcalde. Londres había salvado al Parlamento, y el Parlamento que quedó –la mitad de sus miembros salieron para unirse al Rey– aceptó el remodelamiento de Londres.

A los comerciantes intérlopes les faltó tiempo para demostrar su nueva posición de fuerza, acometiendo dos empresas espectaculares antes del comienzo de la Guerra Civil, en agosto de 1642: una gran expedición por tierra y mar para saquear Irlanda, bajo la dirección de Maurice Thomson y asociados de fama posterior como Thomas Rainsborough y Hugh Peter; y ataques navales a las posesiones españolas en el Caribe, desde Maracaibo hasta Jamaica y Guatemala, en confabulación con Warwick. Cuando estalló la contienda en Inglaterra, el mismo grupo se hizo con el control de la maquinaria económica y naval del esfuerzo bélico parlamentario, capturando en el proceso las aduanas. Aunque las fuerzas monárquicas obtuvieron una ventaja inicial, los nuevos comerciantes y sus aliados radicales de la City presionaron para que se adoptara una actitud más resuelta hacia la guerra y se formase un ejército voluntario. En el verano de 1643, cuando la fortuna parlamentaria se encontraba en su nadir, la Cámara de los Comunes fue acorralada y obligada a aceptar una petición masiva que exigía la creación de un Comité para un Levantamiento General, o un nuevo ejército popular bajo mando militar, diseñado para dividir a las fuerzas principales del conde de Essex. Brenner describe este movimiento, calculado para arrancar todo el poder militar al propio liderazgo de Pym, como el clímax del impulso radical en Londres, pero al hacerlo, el frente político que rodeaba al combinado americano se excedió. El Levantamiento General no se materializó, el Parlamento reunió el Nuevo Ejército Modelo y, a medida que sus victorias volvían la marea contra el Rey, los moderados recuperaban influencia en la City.

En un cuidadoso análisis, Brenner demuestra que el poder en Londres pasó entonces de los grandes comerciantes ultramarinos a empresas comerciales nacionales de menor tamaño, con cierta representación de los antiguos exportadores de paños. Como resultado se invirtió la relación entre el liderazgo parlamentario y la City, porque si los oligarcas municipales de mediados de la década de 1640 compartían con los principales parlamentarios la prioridad política de ganar la guerra, su objetivo religioso –un asentamiento presbiteriano al estilo escocés– era más conservador que el centro de gravedad parlamentario. Brenner explica esta opción como síntoma de inseguridad social. Los terratenientes, que disfrutaban de autoridad tradicional en sus localidades, no necesitaban entrometidos clericales para vigilar sus feligresías; los minoristas *parvenu* de la gran ciudad, por otra parte, observando con consternación el fermento religioso que los rodeaba, buscaron la disciplina de los mayores para controlar los riesgos de la anarquía popular. En este marco mental, los presbiterianos de la City acabaron viendo naturalmente al Nuevo Ejército Modelo, con su inaudita libertad de expresión religiosa, con mayor aprensión aún que los parlamentarios civiles moderados, una vez que la victoria en el campo de batalla estuvo asegurada. El resultado fueron los esfuerzos repetidos de un bloque entre la mayoría de los Comunes y los padres de la City para firmar una paz con el Rey a expensas del Ejército en 1646-1648, en la que se produjo un deslizamiento más rápido hacia el monarquismo explícito en Londres que en Westminster.

Con el estallido de la Segunda Guerra Civil, el centro del relato de Brenner vuelve a los nuevos comerciantes. La radicalización del Nuevo Ejército Modelo les dio su oportunidad. En la emergencia de 1647, cuando las fuerzas monárquicas se encontraban a las puertas de Londres, Maurice Thomson protegió el Támesis y trajo barcos desde Holanda, su hermano George –para entonces coronel del Ejército y parlamentario por Southwark– controlaba el perímetro de la Orilla Sur; uno de sus socios fue nombrado secretario de Cromwell un año después, otro figuraría en el planeamiento del golpe, junto con los Niveladores, para poner fin a un Parlamento no regenerado. Una vez realizada la Purga de Pride, los intérlopes recuperaron de inmediato el poder en la City y, tras la ejecución del Rey, se convirtieron en pilares fundamentales del nuevo régimen republicano.

La Commonwealth, sostiene Brenner, demostró ser un marco casi perfecto para la realización de los objetivos de los nuevos comerciantes. Thomson y sus amigos se encargaron de la armada y las aduanas, de los impuestos sobre el consumo y tasaciones, de la City y las milicias suburbanas. Las colonias de Norteamérica y del Caribe fueron rápidamente arrebatadas a los colonos monárquicos; la Compañía de las Indias Orientales se abrió por la fuerza; al comercio con Levante se le concedió escolta gubernamental. Más trascendental fue la declaración de guerra contra los holandeses, cuando se negaron a abandonar la competencia comercial y aceptar la unión política con Inglaterra. La propia estrechez de la base social de la Commonwealth favoreció a los intérlopes. Para entonces, la *gentry* se había separado; los soldados estaban fuera, en las campañas de Irlanda o Escocia; los Niveladores, dispersos. Por ello el poder en el centro cayó en manos de un pequeño grupo de republicanos convencidos en lo que quedaba de la Cámara de los Comunes, cuyos objetivos imperialistas los convertían en interlocutores ideales de los nuevos comerciantes. Tan íntima se hizo la cohabitación de ambos que cuando los oficiales volvieron a la capital y, descontentos con la falta de reforma electoral, disolvieron el Parlamento Residual, la conexión americana expresó de inmediato su solidaridad con él; aunque, una precisión que Brenner no hace, no tenía una especial preferencia por el conservadurismo interno del Parlamento en contra de la actitud más radical del Ejército en cuestiones constitucionales. Su protesta colectiva ante Cromwell, sin embargo, garantizó su exclusión de los consejos del Protectorado. El gobierno personal de Cromwell acabó por contemplar una vuelta a un régimen un poco más obsequioso con la *gentry*, en el que los grupos de presión comerciantes tenían menos influencia directa. Pero esto no estaba en las cartas en 1653. Brenner se contenta con basar su argumento en la caída de la Commonwealth.

Lo que ocurrió con sus principales actores en años posteriores no se nos cuenta, excepto en un seductor vistazo a Maurice Thomson y a uno de sus hermanos bajo la Restauración, quizá para entonces convertidos en agentes secretos de los holandeses. Pero aunque el final del relato de Brenner es frustrantemente abrupto, lo sigue un atractivo colofón, porque inevitablemente su narración plantea la duda de si el nexo entre «comerciantes y revolución» fue en último término estéril, a largo plazo un punto muerto en el desarrollo del país en buena parte oculto de la atención contemporánea debido a su poca trascendencia posterior. La respuesta de Brenner es muy precisa. Las secuelas de la alianza de 1640-1642 deben encontrarse en la Crisis de la Exclusión de 1679-1681 y en la Revolución Gloriosa de 1688-1689. El proyecto de un absolutismo inglés no desapareció con Carlos I, cuando sus hijos lo renovaron se encontraron con el mismo frente opositor que el padre. En ambas ocasiones, los terratenientes aristocráticos del Parlamento se unieron de nuevo con los comerciantes no reglamentados de la City. La campaña *whig* bajo Carlos II fracasó, porque la *gentry* recordó las lecciones de la Guerra Civil: el verde también había sido el color de los Niveladores. Pero a Jacobo II pudieron eliminarlo con tranquilidad, en cuanto el ejército holandés –en palabras de Brenner– obró «el verdadero milagro» de controlarle la monarquía a la *gentry*, que esta vez no tuvo que recurrir al pueblo[11]. El régimen de grandes y comerciantes que dirigió la guerra contra Francia en la década de 1690 descendía del compacto de colonizadores de la de 1630. El libro de Brenner concluye con las siguientes palabras:

> La Revolución de 1688 y sus consecuencias no sólo realizaron el proyecto que la aristocracia capitalista parlamentaria había mantenido en 1640-1641, sino que al hacerlo también realizó, de un modo políticamente subordinado, el proyecto que sus principales aliados fuera de las clases terratenientes, los líderes de los comerciantes intérlopes en las colonias americanas y en las Indias Orientales, mantenían en 1649-1653[12].

Formidable tanto en volumen de pruebas como en concentración de argumentos, *Merchants and Revolution* cambiará los parámetros de cualquier debate futuro sobre la Guerra Civil. Para captar la escena radicalmente nueva que ofrece, basta señalar que la figura central del relato de Brenner, que aparece página tras página, se menciona sólo una vez en *Fall of the British Monarchies* de Russell, y en *Rump Parliament* de Morrill, y no figura en abso-

---

[11] R. Brenner, *Merchants and Revolution*, cit., p. 713.
[12] *Ibidem*, p. 716.

luto en *Nature of the English Revolution* de Morrill. De hecho, no parece haber sobrevivido retrato alguno de los hermanos Thomson, aunque la mirada caída de su socio Thomas Andrewes, primer alcalde de Londres durante la Commonwealth, cuyo agradable retrato adorna la portada del libro de Brenner, proyecta la adecuada sensación de poder colectivo. Hará falta tiempo para asimilar las implicaciones de la explicación que Brenner da a los aspectos de la Guerra Civil que no analiza. Dicha explicación suscita, sin embargo, una serie de cuestiones obvias.

La Revolución inglesa, al contrario que la francesa, fue un conflicto en último extremo librado en las zonas rurales. No se decidió mediante *journées* insurreccionales en las plazas urbanas, sino en batallas organizadas en campo abierto. Pero la capital tuvo un peso estructural mucho mayor en Inglaterra que en Francia. En 1640, Londres debía de tener unos 450.000 habitantes frente a un población total de 4,5 millones, y era diez veces mayor que cualquier otra ciudad del país, mientras que, en 1789, París sólo tenía 650.000 de los 25 millones de habitantes, y su magnitud era cualitativamente inferior. La disparidad económica entre ambos centros era aun mayor, al ser Londres tanto un gran puerto como un centro manufacturero. Aunque desde el trabajo pionero de Valerie Pearl, los historiadores conocían el esbozo de la importancia de la City en la Guerra Civil, la obra de Brenner deja claro que no se había registrado su contribución a la Revolución inglesa. Ciertamente, las operaciones de los comerciantes han escapado casi por completo a la problemática revisionista, con su sesgo nobiliario.

Al mismo tiempo, la luz resplandeciente con la que emergen del tratamiento que les da Brenner no hace, sino profundizar la oscuridad en la que permanecen los demás niveles de la vida londinense. En especial, la trayectoria de la política popular en la capital se vuelve un enigma aún mayor. Si, como sostiene Brenner, los comerciantes con base en América poseían una ventaja especial por sus lazos con tenderos y pequeños comerciantes, lo cual les permitió movilizar la presión de las masas a favor de las causas radicales en 1640-1642, ¿por qué consiguieron sus oponentes presbiterianos invertir tan fácilmente la situación después de finales de 1643, y dominar las calles durante el resto de la Guerra Civil, de hecho incluso durante el levantamiento de la agitación de los Niveladores en 1647? Ian Gentles ha sugerido que la fuerza presbiteriana se basaba en una combinación de los comerciantes más ricos y las capas más pobres de porteadores, aguadores y marineros, en las que los aprendices de los gremios más sustanciales actuaron de fuerza de choque, contra un electorado independiente –después Nivelador– de artesanos y pequeños comerciantes[13].

Si ésa era la correlación de fuerzas, ¿cuál era su lógica social y durante cuánto tiempo se mantuvo? Los drásticos cambios en el estado de ánimo y los abruptos giros ideológicos salpican la historia de las multitudes londinenses en el siglo XVII. Las dos últimas crisis estuardo que Brenner incluye en su argumento general ilustran el tema. El fervor masivo despertado por Shaftesbury para la Exclusión superó a cualquier movilización observada por Pym, conduciendo a una atmósfera prácticamente insurgente en Londres en 1681. Pero cuando Jacobo huyó, en 1688, dejando un vacío de poder en la capital, el pueblo apenas se movió. En la década de 1690, de hecho, la geografía de la política londinense de la década de 1640 había experimentado casi un completo trastrocamiento. Durante la Guerra Civil, una City interior relativamente moderada estaba rodeada por suburbios más radicales. Cuando se produjo la revolución financiera, el centro de Londres se había convertido en baluarte *whig*, mientras que los distritos exteriores eran semilleros del conservadurismo[14]. Un patrón de tanta volatilidad entre el *menu peuple* exige el tipo de observación cercana, por sector y coyuntura, que Brenner ha aportado para las elites municipales, aunque es improbable que la pruebas sean tan definidas.

Otra área de estudio debe ser la religión. Brenner plantea que posiblemente, a partir del acuerdo isabelino, se diera entre la mo-

---

[13] I. Gentles, «The Struggle for London in the Second Civil War», *Historical Journal* 26, 2 de junio de 1983, pp. 282-283.

[14] G. De Krey, *A Fractured Society. The Politics of London in the First Age of Party*, Oxford, 1985, pp. 171-176.

narquía y la aristocracia una fuerte disensión acerca de la Iglesia: el grueso de la clase terrateniente atraído por una conciencia calvinista más rígida, mientras que los gobernantes reales preferían formas de culto más hieráticas, con mayor hincapié en la ceremonia. La tensión entre doctrina y disciplina era, de hecho, una línea de fractura original en la Iglesia anglicana, pero durante mucho tiempo fue contenible. ¿Por qué se amplió tan drásticamente a partir de la década de 1620? La respuesta próxima es el giro arminiano de la monarquía, que, desde el principio, causó indignación en el Parlamento. En el marco de Brenner, con su hincapié en la lógica estructural de larga duración de los conflictos, es tentador concluir que esta opción religiosa –sospechosa de criptocatolicismo para muchos nobles– fue la trampa clerical apropiada para las ambiciones más absolutistas de Carlos I, al igual que entre quienes más decididamente se oponían a la voluntad del rey podía predecirse un calvinismo radicalizado, que gravitaba hacia una segunda Reforma, en simpatía con el puritanismo urbano.

Dichas asociaciones teológicas, sin embargo, carecían de necesidad apremiante. El absolutismo podía perfectamente convivir con el calvinismo, como demostró el gran elector de Prusia, mucho más autocrático que Carlos I. El arminianismo, por su parte, fue en su país de invención el credo de un patriciado mercantil holandés en conflicto con una dinastía de Orange que patrocinaba la ortodoxia calvinista, el opuesto exacto a la configuración inglesa. Tales rarezas no ofrecen dificultad al nominalismo de los revisionistas, convencidos del principio de los relatos sin más, pero sí plantean un problema para Brenner, crítico de éstos. En una perspectiva europea, las políticas religiosas de Carlos I parecen poco determinadas. Es más verosímil no considerar la Iglesia laudiana como una señal de cierta afinidad optativa entre la ceremonia real y la clerical, sino como una señal de desorden en la razón de Estado, una monarquía que estuviese perdiendo su importancia funcional en la sociedad terrateniente, deslizándose hacia la contingencia. El autoritarismo político no requería de provocación teológica.

Una vez desatada la dinámica de las pasiones religiosas ¿cómo debería sopesarse su contribución a la Guerra Civil? El argumento planteado por Brenner de que, una vez desechado el Gobierno Personal, fue la erupción popular en la política, y no la campaña puritana contra los obispos, lo que dividió a la clase terrateniente deja una serie de cuestiones por resolver. La versión más firme de la afirmación exigiría que significativos números de parlamentarios hubiesen dejado de lado la parcialidad por los obispos para poder atraer al pueblo, y que los monárquicos hubiesen endurecido la aversión hacia ellos por un mayor temor al pueblo. Pero aunque podemos encontrar unos cuantos de los segundos, ¿dónde están los primeros? Tácitamente, la alegación de Brenner debe apelar al funcionamiento de una «coincidencia» entre la militancia política y el celo religioso en el ala de los Comunes que seguía a Pym, que sus términos no explican. Como él mismo dice, además, la confianza en una capacidad para controlar la agitación de las masas en la capital sólo podía compartirla el círculo relativamente reducido de pares y parlamentarios que compartían lazos con los nuevos líderes comerciantes: apenas la mitad de la clase terrateniente, cuya mayoría abrumadora no tenía influencia alguna en la política londinense.

El proceso que convirtió a una pequeña mayoría de los Comunes en un grupo determinante de los condados parlamentarios debe de haber supuesto otros determinantes. Morrill se ha pronunciado convincentemente a favor del efecto asimétrico de la religión en la génesis de la Guerra Civil, basándose en que el puritanismo reunía mayor intensidad de celo que el anglicanismo. Para la mayoría de los terratenientes parlamentarios, es probable que la confianza en Dios fuera más importante que la confianza en el pueblo, aun cuando una creencia común pudiera permitir a una imaginar una medida de la otra. En mayor sentido, además, no cabe la menor duda de que la religión fue el detonador decisivo de la Guerra Civil, ya que fue la rebelión escocesa contra el Libro de Oración carolino la que puso al rey a merced del Parlamento, y una revuelta católica en Irlanda la que desenvainó las espadas entre los dos en Inglaterra. Brenner no menciona la matriz británica de la Guerra Civil: es una cuestión intrigante cómo podría ampliarse su línea de análisis para abarcarla.

En su marco inglés, sin embargo, la división del país plantea otro problema. ¿Qué determinó la configuración territorial de los dos campos al comienzo de la lucha? ¿Por qué la mayor parte de las zonas rurales del norte y del oeste se pusieron del lado del Rey, y el sur y el este optaron por el Parlamento? ¿Pueden la convicción religiosa o la confianza política considerarse marcadores verosímiles de la distribución? Aunque lo fuesen, seguiría quedándonos la pregunta de por qué adoptaron este patrón geográfico. No se encuentra respuesta alguna ni en la bibliografía revisionista ni en la respuesta que Brenner da a ésta. Tradicionalmente, ha habido dos explicaciones disponibles. La primera sugiere que la división diagonal que se daba en el país en el verano de 1642 estaba esencialmente en función del control original del Parlamento sobre Londres, y la presencia física del rey en York, convirtiéndose cada uno de ellos en imán fortuito para las zonas circundantes, posteriormente consolidadas de acuerdo con líneas estratégicas, no sociales ni ideológicas. ¿En qué medida es esa opinión verosímil?

No cabe duda de que la mayoría de las guerras civiles suponen cierto reparto aleatorio de las cartas, en el que el control militar puede corresponder más a casualidades de territorio o de logística que a la fuerza política. El mapa de las regiones republicanas y nacionales en la Guerra Civil española puede superponerse a la actual geografía electoral del Partido Popular y el Partido Socialista con un alto grado de coincidencia, excepto Andalucía y Extremadura, ahora bastiones de la izquierda, pero cuya proximidad a Marruecos las entregó a la derecha en 1936, después de que la Legión fuese trasladada en avión a través del Estrecho. En China, Yenan estaba muy lejos de ser el espacio natural del PCCh, cuyas principales áreas de fuerza se habían situado en el sureste, hasta que fue atraído allí por tratarse de un refugio más inaccesible al KMT. Incluso en la Guerra Civil americana, en la que, en principio, las fronteras regionales y políticas coincidían más completamente, Maryland y Kentucky se encontraron en el lado equivocado de la línea Mason-Dixon. No obstante, los accidentes de la guerra rara vez, o nunca, han borrado radicalmente la ecología de clase o de creencia cuando un país se ve inmerso en una contienda civil. Hasta las interpretaciones más aleatorias de la división de Inglaterra en la década de 1642 admiten la lógica de un Londres parlamentario.

El segundo tipo de explicación busca diferencias sistemáticas tras la separación territorial. En un riquísimo análisis, David Underdown sostiene que, en las tierras bajas de ovejas y maíz y en las tierras montañosas de bosques y pastos, existían dos culturas rurales antagónicas –muy cerca de las imágenes populares de Caballeros y Cabezas Redondas [*roundheads*, defensores del Parlamento]– basadas en patrones de aldea y señoriales específicos, y que fue eso lo que modeló la geografía de la opción política en la Guerra Civil, si bien le interesan más las fidelidades populares que las de la elite, y sus pruebas, obtenidas de tres condados occidentales, son intrarregionales, no interregionales[15]. A escala nacional, el gran contraste entre East Anglia y Gales no confirma la dicotomía de Underdown, sino que la invierte. La antigua hipótesis avanzada por Christopher Hill era menos precisa. Simplemente, señalaba que la agricultura capitalista se había desarrollado más en el sur y el este de Inglaterra que en el norte y el oeste menos avanzados, y sugería que éste era el escenario de las opciones dominantes de la *gentry* en cada zona. El argumento de Hill se incluía en una interpretación social de la Guerra Civil que consideraba la monarquía de los Estuardo un absolutismo naciente, capaz de apelar a las costumbres feudales en las regiones externas del país.

¿Cuál es la postura de Brenner? En consonancia con el famoso análisis efectuado en *The Brenner Debate* sobre el desarrollo económico precoz en Inglaterra, basado en rentas competitivas y arrendamientos inseguros, *Merchants and Revolution* insiste en que cuando se produjo la Guerra Civil toda la clase terrateniente era capitalista, no «dividida en sectores avanzados y atrasados», sino «extraordinariamente homogénea» en sus formas de explotación[16].

---

[15] D. Underdown, *Revel, Riot and Rebellion. Popular Politics and Cultural in England 1603-1660*, Oxford, 1985. Los condados estudiados por Underdown son Dorset, Somerset y Wiltshire.

[16] R. Brenner, *Merchants and Revolution*, cit., p. 642.

La polarización entre monárquicos y parlamentaristas, por lo tanto, carecía de base socioeconómica. «En una clase terrateniente tan homogénea como la de Inglaterra en la década de 1640, ¿de dónde podían haber surgido tales diferencias?»[17]. Parece muy categórico pero, observadas un poco más de cerca, a veces las formulaciones de Brenner fluctúan. Resulta que la clase terrateniente, sólo era «en conjunto», «en su mayoría», «por supuesto, no uniformemente» capitalista, y haría falta «más consolidación» avanzado el siglo[18]. ¿Sugiere esta nota de duda que la cuestión subyacente dista de estar resuelta? Desde luego, el mundo agrario de los tribunales señoriales [manorial courts] y las tenencias consuetudinarias [copyholds], tutelas y pagos al señor por cambio de tenencia, derechos de nombramiento de prelados, apropiación de beneficios eclesiásticos [impropriation], distaba aún mucho del de Charles Townshend.

El alegato fundamental de Brenner para hablar del carácter capitalista de la agricultura inglesa bajo los primeros Estuardo es que la propiedad agraria ya no estaba «políticamente constituida», es decir, los propietarios ya no dependían de poderes de coerción extraeconómicos para extraer un excedente a los cultivadores, como ocurría en la Edad Media[19]. Lo que este contraste centrado esencialmente en el «ejercicio directo de la fuerza», como Brenner lo llama, quizá no tenga suficientemente en cuenta es en qué medida la propiedad territorial seguía estando «ideológicamente constituida», es decir, seguía encajonada en relaciones de justificación precapitalistas. El poder de tal «legitimación extraeconómica», como podríamos denominarla, estaba sometido a la erosión provocada por la lógica del mercado. Pero si observamos el patrón regional de la divisoria dentro de la clase terrateniente en la década de 1640, tal vez podamos encontrar en él parte de la respuesta. Está claro que monárquicos y defensores del Parlamento no pueden sencillamente decantarse en dos categorías diferentes de gestión de fincas, dado que en el

---

[17] *Ibidem*, p. 643.
[18] *Ibidem*, pp. 641-642 y 711.
[19] *Ibidem*, pp. 650-652.

bando del Rey había muchos de los terratenientes más modernizados. Pero no es necesaria dicha simetría para que la división tenga una lógica social.

Al igual que la religión operaba asimétricamente dentro de una perspectiva protestante en gran medida común para polarizar el bando parlamentario, también –podríamos resumir– la tradición operaba de modo asimétrico dentro de una clase agraria ampliamente mejorada para polarizar el bando monárquico. En otras palabras, la adhesión de muchos terratenientes «progresistas» al rey no significa que igual número de terratenientes «conservadores» se pusieran del lado del Parlamento. El magnetismo de Londres garantizaba que las fuerzas del mercado penetrasen en el sureste de manera más profunda que en el norte o en el oeste; y cuanto menos moderno era el escenario, más eficaces los vínculos de lealtad y de dependencia que unían propiedad y autoridad, en una jerarquía tradicional. Podemos percibir este contraste incluso dentro de las zonas más fieles a los defensores del Parlamento, en las que la Asociación Oriental –Norfolk, Cambridge y Huntingdon– se quedó perceptiblemente por detrás de Essex, Suffolk y Herts en cuanto a ardor por la causa parlamentaria[20].

La capacidad del Rey para obtener exacciones feudales durante el Gobierno Personal es una especie de testimonio de que las formas de propiedad de constitución ideológica conservaban su fuerza. Las promesas de fidelidad recibidas por el Rey cuando la guerra parecía inevitable eran otras y más decisivas: las concepciones feudales del orden y del honor no estaban muertas en las áreas remotas del reino, ni siquiera más cerca del centro. Al final, en la segunda parte de la Guerra Civil, incluso Kent y Surrey experimentaron revueltas monárquicas. En Denbigh o Cumberland, por otra parte, no llegó a saltar ninguna chispa parlamentaria. El espectáculo del desorden popular en Londres, por divisivo que fuera, no basta para explicar la hendidura de 1642; de hecho, podría haberse pensado que la *gentry* de las localida-

---

[20] Véase C. Holmes, *The Eastern Association in the English Civil War*, Cambridge (MA), 1974, pp. 25-68.

des más cercanas al epicentro serían las más alarmadas, y aquellas más alejadas las menos conmovidas por él. En buena parte del país parece probable que los códigos rurales de fidelidad al rey influyesen más en la fidelidad al monarquismo que el temor a la turba urbana.

El papel ideológico de la monarquía como piedra angular de un orden aristocrático, que mantenía erguido el arco de rangos, lo han resaltado otros historiadores marxistas del periodo, principalmente Brian Manning[21]. Brenner tiende a pasarlo por alto. La calificación de «patrimonial» que da a la monarquía inglesa es un islote weberiano dentro de sus categorías, cuya congruencia con ellas no explica[22]. El patrimonialismo era una de las nociones más vagas y polimorfas de Weber, y, desde entonces, su uso ha sido a menudo indiscriminado. En el contexto del análisis de Brenner, sin embargo, la fuerza del término «patrimonial» está muy clara: está diseñado para sugerir la distancia entre la monarquía Estuardo, concebida como grupo familiar independiente, con la clase terrateniente situada fuera de ella; en otras palabras, su falta de raíces en el terreno social en general. El antónimo no mencionado es feudal. Esta imagen del Estado no es una rareza, sino un requisito lógico de la afirmación de que la aristocracia era homogéneamente capitalista. ¿Porque dónde podía dejar eso a la monarquía, sino en un aislamiento estructural?

La descripción que de la clase terrateniente inglesa hace *Merchants and Revolution* es coherente con la explicación de su evolución en *The Brenner Debate*, que sitúa la primera transformación de la *gentry*, ahora presentada como algo prácticamente completo, en la última fase del medievo. No obstante, se da en el conjunto de la continuación de Brenner una profunda paradoja, ya que el gran tema iconoclasta de su original teoría del desarrollo económico europeo era la relativa carencia de importancia de las ciudades o del comercio para la transición del feudalismo al capitalismo. Todo, en esa visión, giraba en torno a la agricultura, y

---

[21] B. Manning, *The English People and the English Revolution*, Londres, 1991, pp. 319-325.
[22] R. Brenner, *Merchants and Revolution*, cit., pp. 653-657.

la agricultura, afirmaba, sólo cambió en Inglaterra. Históricamente, fue la incomparable transformación de los propietarios rurales ingleses la que marcó el comienzo del mundo del capital, y sólo ella.

Si una parte de la polémica de Brenner estaba dirigida contra las ortodoxias neumalthusianas, que resaltaban la primacía de la demografía en los comienzos de la historia económica moderna, la otra se dirigía contra las explicaciones neosmithianas que daban prioridad a las ciudades y al comercio, imprudentemente adoptadas, en opinión de Brenner, por demasiados marxistas. En trabajos posteriores, concluía que la idea de «revolución burguesa», grabada en la tradición marxista, estaba equivocada: no hacía falta que la burguesía derrocara a la aristocracia, porque ésta se había cambiado a sí misma y de todos modos había entrado primero en el capitalismo. La ruptura con el feudalismo no procedió de una acumulación comercial ni del asalto a la monarquía absoluta, sino de una catarsis agraria. Aparte de la autoconversión de los terratenientes ingleses, todas las demás ramas en la aparición del capitalismo fueron marginales.

A pesar de toda la fuerza de sus argumentos, el contexto general siempre ha planteado dificultades. La idea de capitalismo en un solo país, tomada literalmente, no es mucho más verosímil que la idea de socialismo en un solo país. Para Marx, los distintos momentos de la biografía moderna del capital se distribuyeron en una secuencia acumulativa, desde las ciudades italianas a las de Flandes y Holanda, a los imperios de Portugal y España y los puertos de Francia, antes de ser «sistemáticamente combinados en Inglaterra a finales del siglo XVII»[23]. Desde el punto de vista histórico, tiene más sentido considerar como sigue la aparición del capitalismo: como proceso de valor añadido que aumentó en complejidad a medida que avanzaba por una cadena de emplazamientos interrelacionados. En esta versión, el papel de las ciudades siempre fue fundamental. Los terratenientes ingleses nunca podrían haber empezado su conversión a la agricultura comer-

---

[23] C. Marx, *Capital*, vol. 1, Londres, 1976, p. 915 [ed. cast.: *El capital*, Madrid, Ediciones Akal, 2000].

cial sin el mercado de la lana en las ciudades flamencas, al igual que la agricultura holandesa era en tiempos de los Estuardo más avanzada que la inglesa, en buena parte porque estaba unida a una sociedad urbana más rica. Incluso así podría sostenerse que, aun admitiendo la contribución «burguesa» a la génesis económica del capitalismo, esto no significa que hiciese falta una «revolución» política para allanarle el camino. Ésa sería una posible interpretación de la propuesta de Brenner, con su hincapié en el inmanente dinamismo de la producción competitiva para el mercado. ¿Cómo afecta el nuevo libro a la cuestión?

Merchants and Revolution no sostiene que la Guerra Civil fuese inevitable, sino que era inherentemente probable una colisión política entre la monarquía y la clase terrateniente. Lo que convirtió una revuelta parlamentaria en una revolución armada fue, de acuerdo con lo expuesto por Brenner, la función catalizadora de los nuevos comerciantes londinenses. Éstos fueron los verdaderos burgueses revolucionarios, sí alguna vez los hubo. La especie declarada una ficción en Francia era *bel et bien* una realidad en Inglaterra ciento cincuenta años antes de la Convención. Resulta un tanto irónico que fuesen las pruebas históricas masivas, dirigidas en contra –no a favor– de la convicción teórica, las que llevasen a un estudioso marxista a esta conclusión. El detractor de la importancia del capital mercantil por principio ha sido el primero en establecer, con fascinante detalle, la función demiúrgica de dicho capital mercantil en la práctica. Cuando los revisionistas deducen las lecciones que la Guerra Civil transmite a la «Ukania» de hoy, lord Russell –recordando la necesidad de manejar con prudencia los asuntos escoceses y el desprecio de pasiones ideales– se concentra en los peligros de un espacio desunido. La explicación que Brenner da de la época del Comité de Seguridad nos recuerda esa otra cuestión, las condiciones de una república duradera.

La inteligencia histórica que ha generado la lógica comparativa de *The Brenner Debate* y la profundidad narrativa de *Merchants and Revolution* carece de parangón. Son dos obras centradas en el mundo medieval y en los inicios del mundo moderno. Es una idea abrumadora que su autor esté ahora trabajando en el enigma central de nuestro propio tiempo, que hasta ahora ha derrotado a todos los analistas. ¿Por qué se ha hundido la economía mundial en la indómita recesión de los pasados veinte años, cuyas innumerables consecuencias sociales encontramos a nuestro alrededor? Vale la pena esperar por la respuesta.

II

La entrada de Brenner en la historia contemporánea está ya ante nosotros, con la publicación de dos obras sobre la economía mundial, *The Economics of Global Turbulence* y *The Boom and Bubble*, que unidas adquieren un tamaño comparable al de *Merchants and Revolution*[24]. Su publicación nos permite considerar la relación entre los tres grandes bloques de la obra de Brenner: el estudio sobre las economías feudales de la Europa Medieval, sobre las raíces de la revolución en los comienzos de la Inglaterra moderna, y sobre la dinámica del capitalismo mundial en tiempos modernos y posmodernos. La riqueza empírica de cada uno de estos ámbitos de escritura y la relativa discontinuidad entre ellos –hablando en general, se centran en los siglos XIII-XV, mediados del XVII y finales del XX– fomenta, muy adecuadamente, el análisis especializado de ellos por periodos o tema, para el que no hay sustituto. Pero para captar la empresa de Brenner en su totalidad hace falta asimismo cierta reflexión sobre la estructura general de su pensamiento histórico. Sus recientes libros proporcionan un punto de partida.

Al menos desde la década de 1970, está claro que, causalmente, la capacidad de la economía mundial para determinar el destino de la población del planeta ha sido mucho mayor que la de cualquier otra fuerza. Pero, analíticamente, ha seguido sien-

---

[24] R. Brenner, *The Economics of Global Turbulence*, Londres, 2005 [ed. cast.: *La economía de la turbulencia global*, Madrid, Akal, 2009]; *The Boom and Bubble*, Nueva York, 2002 [ed. cast.: *La expansión económica y la burbuja bursátil*, Madrid, Ediciones Akal, 2003]. La primera se publicó originalmente como número especial de *New Left Review* I/229, mayo-junio de 1998, pero ahora se ha actualizado, con una nueva introducción.

do inextricable. Desde hace años, la ciencia económica se ha alejado constantemente de una explicación del mundo real para acercarse a los axiomas formalizados y a los modelos matemáticos que sólo mantienen una precaria relación con la realidad. Es bien sabido que Kenneth Arrow, arquitecto de la teoría del equilibrio general, ha comentado célebremente que la profesión «tiende a alejarse de los temas más grandiosos. Las cuestiones fundamentales del cambio económico, tema de la obra de Schumpeter, no se abordan»[25]. Los comentaristas semanales cubren el vacío lo mejor que pueden, pero en ausencia de una verdadera especialización subyacente, el periodismo –incluso el intuitivamente más agudo– es vulnerable a las miopías de la inmediatez o la moda. Los enigmas más profundos del desarrollo de posguerra permanecen en cualquier caso intactos.

Sobre este telón de fondo, la actual obra de Brenner adquiere relieve. En ella se aborda directamente el «tema grandioso» de Arrow –los cimientos del cambio económico en la posguerra– y el resultado es la consiguiente escala grandiosa. *The Economics of Global Turbulence* y *The Boom and the Bubble* presentan un análisis detallado de la trayectoria de las tres economías capitalistas fundamentales –Estados Unidos, Japón y Alemania– en el pasado medio siglo, y no tienen parangón en la bibliografía. Brenner escribe como historiador que sigue la tradición de Marx, y ninguna otra obra reciente ofrece un uso tan atractivo de su legado para abordar los grandes problemas que han desconcertado a otros enfoques. Pero éste es un marxismo original que poco tiene en común con lo que a menudo se han considerado deducciones ortodoxas a partir de *El capital*. En él no se encontrará ningún axioma de crisis basado en una creciente composición orgánica del capital, y con ella el rendimiento decreciente de la inversión. Brenner tacha de falacias esas ecuaciones apriorísticas que se encuentran en la izquierda, al igual que critica muchas de las ideas convencionales sostenidas por el centro y la derecha por

---

[25] «Los economistas» insinuaba, despliegan «una fuerte aversión al riesgo en su elección de temas de investigación»: K. Arrow y S. Hokapohja (eds.), *Frontiers of Economics*, Oxford, 1985, p. 19.

considerar que no se hallan suficientemente probadas. Lo que distingue su propia explicación de la senda de la economía mundial a largo plazo es una capacidad inigualada para reunir ambos lados de cualquier explicación satisfactoria: un modelo analítico preciso sobre cómo el desarrollo capitalista puede generar crisis, y un relato histórico detallado de su acaecimiento empírico, poniendo a prueba y controlando el punto de partida teórico. La mente del economista y la del historiador normalmente funcionan de modo tan antitético que la verdadera combinación de los puntos fuertes de ambos –rigor formal articulado y un meticuloso cuidado con los datos– es muy infrecuente. En este caso, están excepcionalmente unidas.

Brenner inicia *The Economics of Global Turbulence* planteando la cuestión fundamental de por qué la economía capitalista mundial, tras una larga tendencia ascendente de extraordinario dinamismo después de 1945, cayó en una tendencia descendente igualmente prolongada a comienzos de la década de 1970 cuando, década tras década, los resultados macroeconómicos combinados de las economías avanzadas han ido descendiendo. Desde hace treinta años, este problema ha frustrado a una legión de analistas y comentaristas. Durante mucho tiempo, la explicación más popular –desarrollada de distintos modos tanto por la izquierda como por la derecha– fue que los mecanismos del crecimiento capitalista se vieron debilitados por el propio éxito del pleno empleo de posguerra, que al final permitió a los sindicatos aprovechar los rígidos mercados laborales para obligar a subir los salarios y frenar las innovaciones. El resultado, decía la interpretación, fue una disminución acumulada de beneficios que rompió las fuentes de inversión, enviando al mundo a una prolongada recesión. Brenner sostiene con gran capacidad de convicción que ésta no puede haber sido la causa. En teoría, sostiene, no es concebible que ninguna presión sistémica que los trabajadores puedan ejercer sobre el capital sea capaz de conseguir una disminución universal y a largo plazo de las tasas de beneficio en todo el mundo. El factor de la movilidad internacional es sencillamente demasiado asimétrico para ello, ya que el capital siempre puede aventajar a los trabajadores cambiando de ubicación[26]. Empíricamente, además, la evidencia estadística confirma lo que los primeros principios indicarían: que las presiones salariales no podían haber determinado el comienzo de la recesión.

¿Cómo se explica, entonces, el enorme cambio que derrotó a las economías avanzadas en la década de 1970? La respuesta de Brenner es testimonio de su apertura de mente como historiador. Contra todas las opiniones entonces recibidas, su obra sobre la transición del feudalismo al capitalismo situaba sus mecanismos clave en el equilibrio de fuerzas entre los productores campesinos y los propietarios señoriales de la tierra. Allí se situaba el resultado variable del conflicto entre clases que, en esencia, determinó la senda del desarrollo agrario. Sin embargo, en el actual mundo de capitalismo industrial plenamente consolidado, Brenner alcanza la conclusión opuesta. En este caso, no es la relación vertical entre capital y trabajo la que, en último recurso, decide el destino de las economías modernas, sino la relación horizontal entre capital y capital. Es la lógica de la competencia, no la lucha de clases, la que rige los ritmos más profundos de crecimiento o recesión.

Para sus defensores, por supuesto, la competencia siempre ha sido la virtud fundamental del capitalismo; la disciplina que lo hace inherentemente innovador, y que le dio una victoria fácil sobre las economías dirigidas en la Guerra Fría. Brenner acepta el sistema como es, y demuestra que su mecanismo más fuerte para aumentar la productividad también provoca sin remedio una pérdida de impulso y crisis recurrentes. En general, sugiere, una competencia adecuada en el sector manufacturero exige invertir recursos enormes en complejos de capital fijo. Estos complejos, sin embargo, tienden a verse desfasados por otros tecnológicamente más nuevos, inicialmente erigidos en espacios situados fuera de la represalia inmediata de las empresas originales. La presión competitiva de los recién llegados deprime inevitablemente el índice de rentabilidad de las empresas más antiguas. Pero éstas no pueden liquidar de inmediato el capital invertido en inmovili-

---

[26] R. Brenner, *The Economics of Global Turbulence*, cit., pp. 20-26.

zado material que aún no ha agotado su periodo de amortización, para introducirse con facilidad en otras líneas de producción. Por el contrario, su respuesta racional será reducir los márgenes para asumir el reto que plantean los recién llegados más eficientes[27]. El resultado es un patrón de sobrecompetencia que fuerza a la tasa de beneficio en todo el sector implicado. En cuanto esa competencia se generaliza, las oportunidades de obtener beneficios se contraen, la inversión disminuye, y, en algún momento, se hace inevitable una recesión aguda, que durará hasta haber eliminado del sistema suficiente capital obsoleto como para recomenzar los mecanismos de acumulación.

Si ésa era la lógica general de la larga recesión iniciada en 1973, lo que la precipitó –es el segundo tema de Brenner– fue un patrón específico de desarrollo desigual entre bloques de capital rivales. Históricamente, una condición del auge de posguerra fue que las economías nacionales estaban aún relativamente segmentadas, lo cual permitió a Alemania y Japón construir complejos tecnológicos que, con el tiempo, igualarían o superarían a los del líder mundial, el propio Estados Unidos. En un espacio económico todavía en gran medida protegido por las fronteras nacionales, podían montarse las condiciones para retar a los que han llegado primero a un sector de producción determinado sin peligro de ser sofocados desde el principio. El capitalismo japonés y alemán, además, no sólo disfruto de las ventajas técnicas de una modernización sin trabas del capital fijo, sino de ventajas institucionales clave en su competencia con el capitalismo esta-

---

[27] *Ibidem*, pp. 29-41. La lógica perversa de este proceso la señaló Alexandre Lamfalussy, posteriormente director del Bank of Internacional Settlements, con sede en Basilea, en su análisis de la «inversión defensiva» por parte de las empresas industriales belgas en la década de 1950: *Investment and Growth in Mature Economies. The Case of Belgium*, Londres, 1961, pp. 79-94. En una obra pionera titulada *The Limits of Capital* (Oxford, 1982), David Harvey la consideraba una «crisis de sustitución», en la que la inercia del capital invertido obstruye la salida de líneas cada vez menos rentables: pp. 428-429. La reconstrucción que Harvey hace de la teoría marxista de las crisis, anterior a la obra de Brenner, puede considerarse una alternativa principal a ella; una alternativa mucho más sistemática, pero presentada como estructura categórica, sin ejemplificación histórica.

dounidense. Entre ellas, no sólo se incluía la disponibilidad de trabajo más barato, sino también una mayor capacidad para sostener niveles de inversión altos y controlar los costes, basada en una coordinación más estricta de bancos, empresas y sindicatos, y en una intervención estatal más eficaz.

Brenner sostiene que la larga recesión se preparó cuando los productos alemanes y japoneses empezaron a penetrar en el mercado estadounidense a gran escala, con el rápido crecimiento experimentado por el comercio internacional en la década de 1960. En cuanto los complejos rivales de capital fijo se encontraron atrapados en la confrontación nacional entre ellos, sin fácil huida hacia líneas de producción alternativas, los beneficios cayeron de manera drástica y conjunta en todo el mundo capitalista avanzado a comienzos de la década de 1970. Tres décadas después, aún no se han recuperado. Brenner hace un seguimiento de los sucesivos intentos políticos de los gobiernos de los tres grandes países para revitalizar el crecimiento: primero, la ampliación de la deuda para sostener la demanda en un estilo keynesiano (abierto o disfrazado); después, los esfuerzos por primar la oferta mediante la liberalización y la deflación con métodos monetaristas; por último, operaciones improvisadas para ajustar el crédito o alterar los tipos de cambio. Nadie, documenta, ha conseguido devolver la rentabilidad de todo el sistema a niveles cercanos a los del auge de posguerra. Pero, a medida que se acercaba el fin de siglo, el desarrollo desigual volvía a entrar en la escena central.

Esta vez fue Estados Unidos el que giró las tornas en sus relaciones con Japón y Alemania, aprovechando dos ventajas negadas a sus rivales. La recuperación competitiva estadounidense, demuestra Brenner, se basó en gran medida en una efectiva represión salarial que mantuvo el crecimiento de los costes de trabajo en el sector manufacturero muy por debajo del nivel alemán o del japonés. Este completo trastocamiento del patrón de la década de 1950 fue posible por la sencilla razón de que Estados Unidos nunca había incluido el contrato salarial en las soluciones sociales que, en otro tiempo, tanto ayudaron a Alemania o a Japón, pero que, desde entonces, se han vuelto una traba. En

361

otras palabras, la lucha de clases, a pesar de tener un efecto limitado en el plano del sistema internacional en su conjunto, donde la lógica de la competencia intercapitalista exige desvalorizaciones radicales para iniciar una gran ciclo de crecimiento, puede afectar significativamente al destino de las economías nacionales dentro del sistema global, es decir, en el plano del desarrollo desigual. Incluso a este respecto, sin embargo, Brenner sugiere que, entre el Acuerdo del Plaza de 1985 y su reversión en 1995, el arma más importante de la competencia estadounidense fue más horizontal que vertical, a medida que el Departamento del Tesoro diseñaba sucesivas devaluaciones de su moneda. Durante una década, una combinación de menor crecimiento salarial y caída del dólar permitió a Estados Unidos recuperar terreno con un renovado impulso exportador y un fuerte ascenso en la rentabilidad del sector manufacturero.

En 1995, sin embargo, este régimen había empujado al yen a unas alturas que amenazaban a Japón con una contracción económica, y con riesgo de repercutir en el propio Estados Unidos si los inversores japoneses se viesen obligados a liquidar sus tenencias en activos financieros estadounidenses. Alarmado por la reciente crisis mexicana y la perspectiva de una inestabilidad financiera en todo el sistema, el gobierno de Clinton cambió de curso, haciendo subir el dólar a cambio de un enorme incremento de la compra por parte del Estado japonés y otros Estados extranjeros de bonos del Tesoro estadounidenses. *The Boom and the Bubble* analiza la historia de lo ocurrido a continuación. Con la inversión del régimen del Plaza, la caída del yen perjudicó a las exportaciones de los centros rivales cercanos a Japón, cuyas monedas estaban vinculadas al dólar, provocando la crisis financiera del este asiático en el verano de 1997. En Estados Unidos, los beneficios del sector manufacturero disminuyeron a medida que el dólar se apreciaba, mientras que el mercado bursátil se disparaba por la oleada de dinero que entraba desde el extranjero y la caída de los tipos de interés reales, hasta que, en el otoño de 1998, la bancarrota rusa puso a uno de los principales *hedge funds* de Wall Street al borde de la quiebra de la noche a la mañana. En este punto, enfrentada al peligro de una quiebra financiera mundial, la Reserva Federal entró en juego con una ayuda financiera y sucesivas reducciones de los tipos de interés, inyectando enormes cantidades de crédito en la economía estadounidense para sostener los precios de los activos bursátiles[28].

Revitalizada, la burbuja de Clinton que había desencadenado en 1996 hizo que la cotización de los valores bursátiles –en buena medida porque las empresas compraban sus propias acciones– fuese varias veces superior a los beneficios empresariales, superando ampliamente todos los récords anteriores. Durante otro breve periodo, las empresas manufactureras, inundadas de la liquidez derivada de endeudamientos inauditos y emisiones de acciones sobrevaloradas, ocultaron esta euforia especulativa con un auge inversor, buena parte de él –notablemente en telecomunicaciones– desastrosamente mal asignado. Pero a mediados de 2000, la burbuja se había vuelto insostenible, y, seis meses después, los mercados bursátiles se hundieron, y, con ellos, la rentabilidad del sector manufacturero, llevando a la economía estadounidense a la recesión cuando Clinton dejaba el cargo.

Desde entonces, la precaria recuperación ha descansado en dos nuevas inyecciones de liquidez al sistema: la implementación de tipos hipotecarios bajos por la Reserva Federal, la cual ha permitido la obtención generalizada de liquidez gracias al auge inmobiliario que ha asumido el papel de la apreciación bursátil en el fomento del consumo; y la reducción de la presión fiscal acordada por el gobierno de Bush[29]. La rentabilidad de la economía estadounidense se ha recuperado bastante bien bajo estas condiciones, aunque ni mucho menos en la medida del largo auge de posguerra, principalmente a expensas de los salarios. También se ha alcanzado un elevado aumento de la productividad, pero por la intensificación de las presiones –aceleramiento y extensión– más que por el aumento de la inversión. El resultado ha sido una

---

[28] R. Brenner, *The Boom and the Bubble*, cit., pp. 134-176.
[29] Respecto a la parte asombrosa en el mantenimiento del crecimiento que corresponde a la deuda inmobiliaria, véase R. Brenner, «New Boom or New Bubble», *New Left Review* II/25, enero-febrero de 2004 [ed. cast.: «¿Nueva expansión o nueva burbuja?», *New Left Review* II/25, marzo-abril de 2004, cit., pp. 55-96].

recuperación que prácticamente no ha creado puestos de trabajo, con un alto porcentaje de desempleo oculto, ya que la participación de la fuerza de trabajo ha disminuido. La debilidad estructural de los trabajadores estadounidenses, que ha permitido a las empresas gestionar repetidas reestructuraciones, cerrando fábricas obsoletas y redistribuyendo la fuerza de trabajo, en cada una de las agudas recesiones periódicas dentro de la larga recesión, continúa. Brenner no subestima los logros que éstas representan. La posibilidad de que al final se haya producido suficiente desvalorización del capital fijo en la economía estadounidense como para sacarla de la recesión, y aumentar con ella la economía mundial, no puede descartarse, pero, por el momento, las señales apuntan en la dirección opuesta. A pesar de la depreciación parcial del dólar, las exportaciones estadounidenses siguen cayendo aún más por debajo de la demanda de importaciones por parte de los consumidores estadounidenses. El creciente déficit comercial estadounidense sólo se cubre mediante una enorme afluencia de capital de los bancos centrales asiáticos, mientras Europa y Japón siguen atrapados en el estancamiento. Para Brenner, la causa subyacente de este punto muerto triangular es la persistencia del exceso de capacidad en las principales ramas de producción industrial en los países desarrollados. El sistema aún tiene que purgar su exceso de capital invertido, que todavía desalienta la inversión y el empleo, y ahora encuentra su homólogo en una montaña de deuda y enormes burbujas financieras. El espectro del exceso de competencia aún no se ha desvanecido.

Con independencia de los juicios particulares que puedan hacerse sobre las diferentes partes de este argumento, está claro que en estos libros, como en ningún otro actual, la empresa de Marx ha encontrado sucesor. Haber desarrollado un intento tan coherente, detallado y profundo de entender la historia del mercado mundial –donde Marx lo interrumpió en *El capital*– a partir de la Segunda Guerra Mundial debe considerarse, desde todos los puntos de vista, un logro extraordinario. Si bien al mismo tiempo deja abiertos diversos problemas, tanto teóricos como empíricos. El primero es el papel de los trabajadores en su análisis. Es fundamental para la argumentación de Brenner que «el trabajo no puede, por norma, provocar una recesión sistémica prolongada», ya que

lo que podría denominarse la potencial esfera de inversión de capital en cualquier línea de producción se extiende en general más allá del mercado laboral afectado por los sindicatos y/o por los partidos políticos, o está reglamentado por normas, valores e instituciones respaldados por el Estado[30].

En principio este argumento, presentado mucho antes de la actual oleada de deslocalización, parece irrefutable. Sin embargo, deja dos cuestiones sin resolver. Empíricamente, la propia explicación de Brenner indica que si las presiones salariales no pueden haber determinado el comienzo, y mucho menos la persistencia, de la recesión larga, la represión salarial fue fundamental para la recuperación competitiva del capitalismo estadounidense entre 1980 y 1995.

¿Existe una contradicción en este aspecto? No si sólo estuviese implicado otro giro en el patrón de desarrollo desigual del mercado mundial, en el que la posición de los competidores está sometida a cambio perpetuo: Alemania y Japón se beneficiaron de costes salariales menores que los de Estados Unidos durante el largo auge de posguerra, Corea del Sur o Taiwan de costes aún más bajos durante la larga recesión que arranca de la década de 1970. En ocasiones, sin embargo, Brenner sugiere que una plena recuperación de la rentabilidad en Estados Unidos podría desatar un círculo virtuoso de inversión y crecimiento en el resto de los países, dada la centralidad de la economía estadounidense dentro de todo el sistema[31]. Pero si la represión salarial local pudiera ayudar a provocar una reactivación mundial, parecería deducirse que las presiones salariales podrían prolongar o profundizar una recesión, convirtiendo al trabajo en una variable más independiente de lo que, a primera vista, pudiera parecer. Brenner parece más dispuesto a introducir los salarios como variable significativa

---

[30] R. Brenner, *The Economics of Global Turbulence*, cit., p. 25.
[31] *Ibidem*, pp. 291-292.

cuando están bajos y no cuando están altos, del mismo modo que los militantes son por lo general reacios a admitir que las exigencias de los trabajadores podrían contribuir a una crisis económica, pero están muy dispuestos a aceptar que las derrotas de los trabajadores incrementan los beneficios capitalistas. Quizá no debería darse demasiada importancia a las ocasionales conjeturas de Brenner sobre una salida liderada por Estados Unidos, basada en gran parte en la represión salarial, de la recesión sufrida por el conjunto del sistema en los pasados treinta años. Aunque suscitan la cuestión de si, en su análisis, influye una teoría general de la determinación salarial. ¿Qué peso relativo debe atribuirse a las luchas industriales entre trabajadores y empresarios, frente a la rigidez de los mercados laborales o las expectativas heredadas? Si las «fuerzas de trabajo de regiones con una larga historia de desarrollo económico tienden a recibir salarios sustancialmente mayores de lo que pueden explicarse por simple referencia a su nivel de productividad relativo»[32], ¿cómo se explica dicho desarrollo desigual de los costes salariales?

Una cuestión menos empírica atañe a la lógica de la competencia entre capitales. Si la esfera de inversión potencial, como sostiene Brenner, siempre excede el área en la que la acción sindical, partidista o estatal puede afectar a los salarios, ¿en qué medida se realiza normalmente este potencial? Porque si a las empresas con capital invertido en un sector de producción determinado les resulta difícil, al enfrentarse a nuevos competidores de bajo coste, salir limpiamente e introducirse en otras líneas, ¿no les impedirían las mismas restricciones cambiar fácilmente la ubicación de sus empresas, dado que esto significaría abandonar los activos fijos existentes y construir una nueva fábrica con nuevo equipamiento prácticamente de igual modo? Superficialmente, la diferencia entre sustituir líneas de productos y cambiar de lugar de producción no parece decisiva en lo que atañe a su impacto sobre el capital fijo.

A este respecto, sin embargo, *The Economics of Global Turbulence* suscita una cuestión más general. El libro de Brenner apun-

---

[32] *Ibidem*, p. 22.

ta repetidamente al destino opuesto de los sectores no manufactureros de la economía estadounidense, japonesa y alemana, donde los precios podían subirse sin temor a la competencia extranjera, y, por lo tanto, los beneficios se sostenían más fácilmente, como prueba de las restricciones del exceso de competencia en el sector manufacturero, donde esto no era posible. Estas demostraciones son en sí convincentes, pero suscitan la duda de por qué, si los precios pueden aumentarse con mayor impunidad en el sector servicios, y el peso de este sector aumenta constantemente en el mundo desarrollado, no se ha producido más presión inflacionista desde la década de 1980. De modo más formal, dado que la proporción de las manufacturas en el PIB de todos los países avanzados ha ido descendiendo progresivamente durante la larga recesión de las últimas décadas –en Estados Unidos no supera ahora el 12 por 100– ¿por qué no iba el futuro a estar en la aparición de economías de servicios cada vez más puras en estas sociedades, que generen suficientes excedentes externos de sus sectores financieros como para pagar las manufacturas necesarias a las economías menos desarrolladas? Ésta podría considerarse una adecuada *reductio ad absurdum* de todas las teorías de la sociedad posindustrial, pero lo que señala es un vacío heurístico en la exposición de Brenner que, en lugar de explicarlas, da por supuestas las razones de por qué la producción material debe seguir siendo el núcleo de cualquier economía importante, y las vicisitudes de la manufactura subyacen a los cambios tectónicos del sistema en su conjunto.

Una consecuencia de este vacío es un hiato tácito entre el análisis estructural de la sobreacumulación en *The Economics of Global Turbulence* y la senda coyuntural de la recesión a la que dio lugar. El primero expone un convincente modelo sobre las consecuencias destructivas de la competencia entre empresas que han invertido capital fijo de diferentes perfiles dentro de sectores similares de la industria, y sobre los modos en los que sus efectos de propagación pueden adquirir una dimensión mundial. Todo aquí ocurre dentro del mundo de la producción material. Cuando el análisis se traslada a la historia de la prolongada recesión de las últimas décadas, sin embargo, tanto los agentes como los instrumentos de competencia cambian: los Estados intervienen para defender los intereses de las empresas, y las alteraciones de los tipos de cambio son capaces –en todo caso temporalmente– de detener o revertir resultados en el campo de batalla empresarial. Los puntos de inflexión de la historia son momentos tales como el Acuerdo del Plaza y la reversión del mismo. Se mantiene la ambigüedad de en qué medida, durante todo el periodo, los ajustes monetarios fueron en esencia un procedimiento automático particular de sus partes, y en qué medida reflejan una asimetría contingente entre el peso «continental» de la economía estadounidense y la de sus homólogos «nacionales» de Japón y Alemania; la primacía del dólar como moneda de reserva internacional da al Estado norteamericano una especial libertad de maniobra en el campo monetario, desde que Nixon rompiera con el patrón oro.

Lo que está claro, sin embargo, a partir del análisis de Brenner es que, desde finales de la década de 1980 hasta mediados de la de 1990, la apreciación del yen y del marco alemán respecto al dólar, la cual ofreció grandes ventajas competitivas a la industria estadounidense, fue el principal factor en la recuperación de la rentabilidad manufacturera en Estados Unidos. En otras palabras, la economía monetaria –el mercado de monedas, no de mercancías– operó como «corrector» de los resultados en la economía material en el desarrollo desigual del sistema. Pero aunque este resultado se registra empíricamente, no hay explicación teórica de cómo ni por qué los tipos de cambio pueden afectar tan decisivamente a los mecanismos de competencia postulados con independencia de ellos. El propio análisis parece exigir un modelo más formal de cómo interactúan el plano material y el monetario. Brenner no es, por supuesto, el único a este respecto. El dinero no sólo se pasó por alto en el sistema de Marx, sino también en la teoría neoclásica, cuyas versiones formalmente perfeccionadas –desde el *tâtonnement* de Walras hasta el equilibrio general de Arrow y Debreu– lo vuelven superfluo. También en la escuela económica austriaca seguía siendo, como Hayek confesaba, «un cabo suelto». Keynes es la excepción, y no es accidental que haya ecos de él en la explicación que Brenner da a por qué la recesión larga no ha conducido a un desplome clásico, con una devaluación catártica de los capitales más antiguos, que permitiera que la acumulación volviera a despuntar a niveles de beneficio más elevados en una tendencia alcista mundial. Lo que, hasta el momento, ha estabilizado el sistema han sido las inyecciones masivas de crédito, no sólo mediante el gasto público cuando así hacía falta, sino también mediante la multiplicación del dinero bancario y el crecimiento de la deuda de los consumidores y de las empresas, el cual culminó con el frenesí bursátil e inmobiliario de los que trata *The Boom and the Bubble*.

Que éstas no ofrezcan solución a los problemas del exceso de competencia, sino sólo paliativos o posposiciones de los mismos, forma parte integral de la argumentación de Brenner. Suscitan, sin embargo, una duda más general respecto al marco de su teoría. En ella, la demanda se considera esencialmente en función del aumento de la inversión y, por consiguiente, del empleo y de los salarios, que se hallan regidos a su vez por la tasa de beneficio. Cuando se instala el exceso de competencia y disminuye la rentabilidad, este modelo debe presuponer que el mercado es limitado por adelantado, porque de lo contrario cabría preguntarse por qué las empresas establecidas primero no compensan la disminución de precios que les imponen los competidores que reducen gastos con un aumento de los rendimientos de escala obtenidos mediante un mayor volumen de ventas en un mercado en expansión que ofreciera espacio a productores nuevos y viejos. Y de hecho, en *The Economics of Global Turbulence*, ciertos parámetros de la demanda —«el mantenimiento de los obstáculos al dinamismo manufacturero en cualquier parte del mundo capitalista avanzado»[33]– parecen un fondo relativamente estacionario del análisis.

Como sugiere, sin embargo, la especificación de la última frase, la estructura de la demanda tiene una dimensión espacial. La explicación inicial que Brenner da a los mecanismos de sobrecompetencia descansa en la premisa de un sistema territorial segmentado, organizado en unidades nacionales, tras cuya protección un recién llegado puede organizar sus retos contra las

---

[33] *Ibidem*, p. 233.

empresas más antiguas. De esto fluye un relato vasto e ilustrador, pero el postulado abstracto de la división territorial nunca se introduce en una descripción conmensurablemente concreta del espacio total del sistema. Por el contrario, explica Brenner, *The Economics of Global Turbulence* se centra por razones prácticas en los casos estadounidense, alemán y japonés, que después de todo, señala él, suponían dos tercios de la producción de la OCDE a mediados de la década de 1990[34]. Una consecuencia de esta decisión es que la Unión Europea se convierte en una especie de factor nulo en el relato: es como si Alemania se erigiera en representante de toda Europa, a la vez que su propia senda de desarrollo se relaciona en esencia con los movimientos de la economía estadounidense.

Europa, sin embargo, siempre ha sido un mercado mucho más importante para las exportaciones alemanas que Estados Unidos; al tiempo que el enorme tamaño de la UE, con un PIB mayor que el del propio Estados Unidos, hace difícil tratarla sólo como una sombra de la economía alemana. En el otro lado del mundo, a Japón se le da en *The Economics of Global Turbulence* un contexto más regional que a Alemania, porque las economías menores del este asiático protagonizan una entrada dramática en el relato, invadiendo los mercados estadounidenses y reorientando el comercio y la inversión japoneses en la década de 1990. *The Boom and the Bubble* empieza con la crisis de 1997-1998 en esta región, y ningún lector de Brenner podía para entonces dudar de la importancia de dicha crisis para la historia del presente. No obstante, la selección de Estados Unidos, Alemania y Japón como un *abrégé* estilizado de la economía mundial sigue sustancialmente inalterada. Las implicaciones teóricas de una gran expansión del espacio del capitalismo industrial *desde* la larga recesión de estas últimas décadas no se afrontan de manera explícita. Sencillamente, los nuevos participantes en la partida –Corea del Sur, Taiwan, Hong Kong y Singapur– figuran como audaces combatientes adicionales en la batalla por los mercados de exportación, intensificando aún más la sobrecompetencia mundial. La cuestión de

---

[34] *Ibidem*, p. 12.

cómo alcanzaron esta categoría sin los mercados internos sustanciales ni el largo auge internacional que potenciaron la expansión alemana y japonesa después de la guerra se deja a un lado.

Hoy, la emergencia de China en el siglo XXI como una de las mayores potencias industriales, principal socio comercial no sólo de Estados Unidos, sino también de Japón, plantea un reto de una magnitud completamente distinta para la concepción presentada por Brenner del espacio de la sobrecompetencia. Brenner rechaza sucintamente el teorema marxista de que la tasa de beneficio tiende a descender a medida que la composición orgánica del capital aumenta[35]. Pero no aborda directamente algo que fue un desarrollo del mismo, la idea planteada por Luxemburg de que la apertura de territorios antes no capitalistas podría ser una solución, parcial o provisional, a las crisis de sobreacumulación. El imperialismo, en opinión de Luxemburg, se entendía mejor como un impulso de compensar el descenso de la demanda nacional, aprovechando la demanda exógena de regiones hasta ese momento inaccesibles por razones sociopolíticas, el acceso a las cuales permitía dar a la acumulación un nuevo lapso de vida. De acuerdo con esta teoría, podría considerarse que la reintegración del bloque soviético en la economía mundial ofreció una especie de salida de ese tipo a determinados sectores de la industria occidental. ¿Pero qué decir de la masa gravitacional mucho mayor que posee la China posmaoísta?

Los sueños de mercado ilimitado para las mercancías europeas y estadounidenses en China ya eran comunes entre los comerciantes y los proyectistas occidentales del siglo XIX. El intento contemporáneo por parte de Microsoft o News Corp de acceder a los consumidores chinos tiene considerables antepasados, pero desde el punto de vista macroeconómico, la bota ha estado por el momento en el otro pie, y China acumula enormes excedentes comerciales, importando principalmente materias primas y bienes de equipo, y exportando no sólo manufacturas con un empleo intensivo de trabajo, sino también cada vez más en líneas de media o alta tecnología. A pesar del tamaño del mer-

---

[35] *Ibidem*, pp. 15-16.

cado chino, y de la importancia de la inversión extranjera en él, el impacto neto de este coloso emergente sobre la economía mundial parecería, de acuerdo con la exposición de Brenner, no ser tanto el de mitigar la sobrecompetencia en las economías más avanzadas al abrir nuevas sendas de demanda, como el de agravarla al acumular aún más presión de oferta sobre los productores de costes más elevados. En cualquier caso, ésa parece una posible deducción del modo en que China figura en su análisis hasta la fecha.

Si esto es así, surgen dos cuestiones. La premisa básica de la teoría de Brenner sobre la recesión larga es que la lucha intercapitalista entre empresas estadounidenses, japonesas y alemanas conduce al exceso de competencia, porque están por lo regular enfrentándose por cuotas de mercado en las mismas líneas de producción. Pero por qué, en caso de un recién llegado como China, ¿no debería haber más complementariedad que competencia en sus relaciones comerciales con Estados Unidos o Japón, o incluso Europa (que China exporte mercancías más sencillas e importe otras más elaboradas, en un círculo virtuoso de crecimiento para todos)? ¿Por qué, de hecho, son las especializaciones nacionales rigurosas, al estilo ricardiano clásico –paño inglés por vino portugués– un fenómeno tan limitado en el mundo contemporáneo? ¿Por qué casos como el antiguo semimonopolio japonés de productos electrónicos para el consumo, o el semimonopolio estadounidense de grandes aviones, son excepciones transitorias, y no la norma? Implicada en la idea de sobrecompetencia hay una antítesis cuyas condiciones formales y ejemplificaciones históricas están poco exploradas. La complementariedad aparece en la discusión como lo que no se ha materializado, no como un objeto por derecho propio. En el caso de China, este abandono teórico es el más pertinente debido a un rasgo empírico del crecimiento del este asiático, que Brenner señala en el caso del Japón de posguerra, pero no se mantiene: la altísima tasa de ahorro doméstico que siempre ha reforzado desde abajo la inversión interna en la región. En la RPCh, este fenómeno ha asumido dimensiones extraordinarias: los ahorros alcanzan el 40 por 100 del PIB, permitiendo tasas de inversión cercanas al 50 por 100. Buena parte de este enorme gasto en capital fijo, que, en gran medida, no se dedica a fábricas sino a infraestructuras, está produciendo un índice de rentabilidad que no sería ni remotamente aceptable en la OCDE. Responde a otra lógica de acumulación. ¿Pero significa eso que no influya en el estancamiento de la demanda mundial?

Tales cuestiones nos devuelven al espacio del sistema. Al menos hay una cosa clara: ha pasado el tiempo en el que Estados Unidos, Japón y Alemania podían seguir sirviendo de resumen de la economía mundial. ¿Cómo es probable que afecte este cambio a la forma del argumento de Brenner? Para comprender sus posibles direcciones, tal vez sea útil observar cómo ha sido recibido su trabajo de historiador hasta la fecha, y el patrón de sus respuestas a esa recepción. Pocos especialistas que trabajen con el pasado han obtenido resultados tan espectaculares desde tan jóvenes. El primer gran ensayo de Brenner, «Agrarian Class Structure and Economic Development in Pre-Industrial Europe» [«Estructura de clase agraria y desarrollo económico en la Europa preindustrial»], publicado en *Past and Present* en 1976, fue objeto en 1978-1979 de un debate internacional en el que participaron importantes historiadores económicos de cuatro países, entre ellos eminencias tales como Postan, Le Roy Ladurie, Cooper y Hilton. Tres años después llegó la amplia respuesta de Brenner, que tomó la gama de objeciones que le presentaron y amplió su argumentación original, tanto empírica como conceptualmente. Todo el intercambio se publicó con el título de *The Brenner Debate* a mediados de la década de 1980. Después, durante una década, cesó toda discusión sobre sus tesis. Hasta que, a mediados de 1990, un grupo de jóvenes historiadores belgas y holandeses la retomaron con fuerza, en un segundo debate colectivo del que, a su debido tiempo, se editó un libro tan sustancial como el primero, *Peasants into Farmers?*, publicado en 2001[36].

---

[36] P. Hoppenbrouwers y J. L. van Zanden (eds.), *Peasants into Farmers? The Transformation of Rural Economy and Society in the Low Countries during the Later Mediaeval and Early Modern Periods in the Light of the Brenner De-*

El vacío más preñado de consecuencias en la taxonomía que Brenner hace de las relaciones agrarias y los orígenes del capitalismo siempre había sido el de los Países Bajos. Allí, en la región más densamente urbanizada de Europa, la agricultura comercial a comienzos de la Edad Moderna alcanzó niveles de productividad más avanzados que en Inglaterra, basándose en la explotación directa por parte de los propietarios, sin significativos terratenientes aristocráticos. ¿Cómo encaja esa aparente autoemancipación del campesinado en su esquema? Con su minuciosidad característica, Brenner se dispuso a responder en el largo artículo conclusivo de *Peasants into Farmers?* En él, demuestra que la mera presencia de ciudades y la ausencia de una gran explotación señorial no bastaron para desencadenar una transición a la agricultura capitalista en el área más desarrollada de los Países Bajos medievales, el interior de Flandes. Allí, los campesinos seguían obteniendo parte de su subsistencia de pequeñas parcelas, pero se vieron obligados por las presiones demográficas a complementar los cultivos para la familia con la agricultura intensiva –forrajes, legumbres, lino– para el mercado, y al final con la industria doméstica generalizada. El resultado, sin embargo, no fue el desarrollo, ya que no había una verdadera dependencia del mercado, ni por lo tanto una exposición a sus imperativos de reducción de costes, mientras las familias pudieran seguir aferrándose a una subsistencia rudimentaria. Por el contrario, en un círculo vicioso, la productividad laboral caía a medida que los campesinos redoblaban sus esfuerzos en parcelas cada vez más subdivididas, y la miseria rural acabó generalizándose.

Por el contrario, en el norte marítimo de los Países Bajos, también región de señorío débil, pero mucho más pobre y menos urbanizada que el sur, el deterioro del suelo –la penetración

bate, Turnhout, 2001, que contiene nueve estudios detallados de historiadores locales, que apoyan más a Brenner que quienes le respondieron en *Past and Present*, y con mucha más documentación, junto con un ensayo de Jan de Vries de Berkeley, decano de historia económica de la primera edad moderna holandesa y acuñador de la idea de que la «revolución industriosa» fue anterior a la Revolución industrial.

del agua en la turba en terrenos robados al mar– hizo el cultivo arable cada vez menos viable a finales de la Edad Media. La consecuencia fue obligar a los campesinos, todavía en posesión de su tierra, pero a esas alturas completamente incapaces de usarla con fines de subsistencia, a especializarse en las granjas lecheras en explotaciones más grandes, a menudo usando trabajo asalariado[37]. De esta contingencia ecológica emergió una verdadera agricultura capitalista, si bien con un patrón de propiedad muy distinto del inglés, que sentó las bases del espectacular crecimiento urbano y el dinamismo comercial de la República de Holanda a comienzos de la Edad Moderna. Pero este modelo de desarrollo, sostiene Brenner, tenía un talón de Aquiles que hizo que su rival inglés, al principio más lento en despegar, acabara por superarlo. La ventaja holandesa dependía de las exportaciones. Sus lácteos, textiles y porcelanas se vendían en los mercados de toda Europa, donde sus barcos dominaban el transporte de mercancías. Cuando la economía preindustrial europea se vio golpeada por una crisis maltusiana generalizada, en el siglo XVII, Holanda carecía de suficiente mercado interno como para compensar la contracción externa generalizada. A pesar de su riqueza y su modernidad, formaba un territorio y una población demasiado pequeños como para evitar la fatalidad de la simbiosis con su entorno premoderno, que condenó a la república al estancamiento y finalmente a la regresión, mientras que la economía inglesa –no menos capitalista, pero con un mercado interior mucho más amplio, a prueba de altibajos en Europa– aceleró y, en su debido momento, le adelantó.

Si los Países Bajos habían presentado el principal reto a la explicación original que Brenner dio de «las raíces agrarias el capitalismo europeo», ¿qué decir de las economías no europeas? A este respecto, claramente, el caso mayor era el de China, de la que universalmente se reconoce que en tiempos de la dinastía

---

[37] Al contraste entre el sur interior y el norte marítimo de los Países Bajos, Brenner añade un elemento adicional: las relaciones sociales en el cinturón costero de Flandes se inclinaban a una tenencia comercial de la tierra, en las regiones internas del norte, a la agricultura feudal.

Song era mucho más próspera y desarrollada que la Europa medieval. En años recientes, además, se insiste cada vez más en que la economía de la región más rica de China, el delta del Yangzi, se mantuvo tan plenamente avanzada como cualquier otra parte de Europa, si no más, hasta finales del siglo XVIII, una opinión compartida por un contemporáneo como Montesquieu, que comparaba la fertilidad irrigada de Jiangnan y Zhejiang, de hecho, con la de Holanda[38]. En *The Great Divergence*, la obra más ambiciosa de este tipo, Kenneth Pomeranz sostiene que tanto en la Inglaterra moderna como en el delta del Yangzi el desarrollo rápido estuvo fomentado por un aumento de la demanda iniciado por la combinación de crecimiento demográfico y mercados libres, conduciendo –al modo smithiano clásico– a una intensificación de la división del trabajo, a la especialización de las actividades productivas y a la correspondiente expansión de la oferta. Si China se quedó por detrás de Inglaterra –y de Europa en general– en el siglo XIX, se debió esencialmente a la carencia de dos elementos fundamentales que permitieron que, en Occidente, se produjese la Revolución industrial: el carbón y las colonias[39]. Fueron éstas las que dieron primero a Inglaterra y después a buena parte del continente acceso a una enorme riqueza de energía inorgánica y a la oferta de tierra en ultramar, sin los cuales habrían topado con los mismos obstáculos maltusianos a la continuación del crecimiento que paralizaron la economía de la dinastía Qing en la época de la Guerra del Opio.

En este caso, Brenner ha sido un crítico en un debate más amplio, no el objeto del debate, ya que la opinión de que la

---

[38] «Los antiguos emperadores chinos no fueron conquistadores. Lo primero que hicieron para engrandecerse fue lo que dio mayor prueba de su sabiduría. Levantaron de debajo de las aguas dos de las provincias más importantes del imperio; dichas provincias deben su existencia al trabajo del hombre. Y es la inexpresable fertilidad de estas dos provincias la que ha dado a Europa tales ideas de la dicha de ese enorme país»: Montesquieu, *The Spirit of the Laws*, Nueva York, 1949, p. 274.

[39] K. Pomeranz, *The Great Divergente. Europe, China and the Making of the Modern World Economy*, Princeton, 2000, pp. 66-67 y 264-280 ss.

China del siglo XVIII estaba económicamente a la par de Inglaterra es rechazada por la principal autoridad en historia agraria del país, Philip Huang, autor de importantes obras sobre las llanuras del norte y del delta del Yangzi. Pero de nuevo, la intervención de Brenner, en colaboración con Christopher Isett, ha sido tan cortés y decisiva como lo fue en su momento la respuesta a Le Roy Ladurie respecto a Francia. Lo que ambos demuestran es lo enorme que era de hecho la distancia entre la senda de desarrollo inglesa y la de Jiangnan desde comienzos del siglo XVI. Se trataba de una divergencia que hizo que, a finales del siglo XVIII, el tamaño de las explotaciones agrícolas en Inglaterra fuese cien veces superior al de las explotaciones del delta del Yangzi, que aquéllas estuvieran caracterizadas por un prolongado ascenso secular de la productividad laboral frente a una drástica caída en las últimas, por niveles de urbanización y de vida popular mucho más elevados, y por una mayor esperanza de vida[40]. Esos contrastes se basaban, como en la propia Europa, en la capacidad de las familias campesinas chinas para mantener la subsistencia con microparcerlas, invirtiendo cada vez más trabajo para obtener rendimientos decrecientes y, al mismo tiempo, recurriendo a las actividades comerciales para obtener una renta complementaria, en un patrón que recuerda más al desarrollo flamenco que al holandés. En el Jiangnan, incluso el notable avance en la productividad del arroz y el florecimiento del consumo urbano –por no hablar de las abundantes vetas de carbón no utilizado, y un enorme imperio en Asia Central– acabaron por ser de poca utilidad contra la involución agraria cuando ya no pudo aumentarse la intensificación agrícola y se alcanzó una frontera terrestre. A medida que los bosques se talaban y las tierras marginales se volvían estériles, el resultado inevitable fue la superpoblación, la caída de la esperanza de vida y el estancamiento económico. La idea smithiana de que los mecanismos del mercado y un pueblo industrioso pueden por sí

---

[40] R. Brenner y C. Isett, «England's Divergence from China's Yangzi Delta. Property Relations, Microeconomics, and Patters of Development», *Journal of Asian Studies* 61, 2 de mayo de 2002, pp. 609-662.

mismos obtener bases de crecimiento autosostenidas demostró ser, en meticuloso detalle, un espejismo[41].

Esta lección puede, en efecto, considerarse la propuesta fundamental de todo lo que Brenner ha escrito sobre los orígenes del capitalismo. Su tema constante es que sólo un conocimiento de las relaciones de propiedad comparativas en la tradición de Marx, y no la apelación a los axiomas intemporales de Smith o Malthus, puede explicar los diversos resultados de las economías premodernas tanto en Europa como en Asia. Dado el predominio de las premisas neoclásicas, tomadas como verdades evidentes en sí mismas por la profesión económica e historiadores aliados, no sorprende que ésta fuese una conclusión desagradable para muchos, entre quienes el culto político al mercado que ha marcado las décadas recientes meramente ha reforzado una fe intelectual de larga duración anterior al mismo. La resistencia a cualquier visión de desarrollo alternativa, sin importar lo bien fundamentada o documentada que esté, es prácticamente automática entre dichos creyentes. Pero si éste ha sido un motivo oculto común en las reacciones de los historiadores económicos al trabajo de Brenner sobre la lógica de las relaciones de propiedad para los patrones de desarrollo, la recepción de *Merchants and Revolution* entre los especialistas en la dinastía Estuardo ha sido muy distinta. Cuando se publicó, las respuestas fueron en general elogiosas. El que Brenner hubiera puesto de manifiesto la importancia en la Guerra Civil de los comerciantes con base en Norteamérica era –en opinión de Robert Ashton, compartida por otros– una «contribución notable e indiscutible tanto a la historiografía de la reorientación comercial como a la de la revolución política»[42]. Hubo correcciones. Los comerciantes de Le-

---

[41] No se habla de los contrastes culturales –en ciencia, filosofía, pensamiento social y político– entre las dos sociedades en la mitad de la dinastía Qing, suficientes por sí mismos para convertir los intentos de minimizar las diferencias económicas entre ambas en una especie de empresa quijotesca.

[42] R. Ashton, *English Historical Review* CIX, 430, febrero de 1994, p. 116. Conrad Russell: «La conclusión fundamental del libro es que el apoyo al Parlamento en la City en 1640-1642 procedió abrumadoramente de los implicados en los comercios coloniales, y en especial en el tabaco. Esta

vante y de las Indias Orientales tal vez fueran menos favorables a la monarquía, y quizá los comerciantes nacionales fueran más significativos en la oposición a ella de lo que Brenner había admitido, pero su mapa general de los diferentes intereses en la City no fue puesto en duda.

Las críticas se centraron, por el contrario, en lo que se considera la deducción de que fueron las posiciones económicas, no las religiosas, las que determinaron la agenda política de la conexión de los intérlopes[43]. De hecho, Brenner había rechazado la idea de que las consideraciones comerciales pudieran por sí solas explicar el papel de los comerciantes coloniales en la Guerra Civil, y él mismo resaltó la importancia en esta red de la perspectiva religiosa, no exclusiva de ella, que, con el tiempo, se convertiría en la Independencia. *Merchants and Revolution* –correctamente descrito por Ashton como un «monumental ejercicio de *l'histoire intégrale*»– no contrapone lo que dichos críticos separan. El rasgo más llamativo de la recepción dada al libro, sin embargo, es otro. Aunque prácticamente todos los historiadores que reseñaron el trabajo señalaron que Brenner había propuesto una nueva interpretación social de la Guerra Civil, nadie la asumió. El que Russell dijese que ni siquiera «sé con seguridad lo que son el "feudalismo" o el "capitalismo"», y mucho menos «si en algún momento ha existido una transición entre ambos», puede considerarse más o menos representativa[44]. Tales declaraciones de

---

conclusión parece sustancialmente correcta y claramente es de gran importancia», *International History Review*, febrero de 1994, p. 128.

[43] «*Asumir* que la actividad económica los condujo a la religión radical, y la religión radical a la política radical, es ilógico e improbable. Es mucho más probable que la mayoría de estos radicales empezasen en otras formas de actividad económica, y fuesen atraídos a la religión radical y a través de ella a una inversión y/o participación en el comercio colonial»: J. Morrill, «Conflict Probable or Inevitable?», *New Left Review* I/207, septiembre-octubre de 1994, p. 118, una objeción compartida por Ian Gentles, para quien Brenner «no conoce las interioridades de la fe puritana»: I. Gentles, «A New Social Interpretation», *ibidem*, p. 110. Éstas son las dos reseñas más detalladas y sustanciales a *Merchants and Revolution*.

[44] «Como inglés involuntariamente en el extranjero, obligado a adaptar su boca a amenazadoras sílabas extranjeras», señalaría cáusticamente

desconocimiento, pensadas como condescendencia, eran en parte, por supuesto, simples palabras clave de una aversión al marxismo *de rigoeur* en este periodo en comparación con la época de *The Brenner Debate*. Sin duda, también, reflejaban en cierta medida una dificultad más general que los historiadores pueden experimentar al enfrentarse a estructuras teóricas para las que su equipamiento intelectual no los ha preparado. Sin embargo, tras la incapacidad para afrontar el argumento más amplio de Brenner quizá hubiera también algo más específico de este campo periódico, una creciente indiferencia a la historia económica de cualquier tipo.

Sea cual sea la mezcla de razones, el creciente silencio que ha cubierto la obra de Brenner en la década transcurrida desde la publicación de *Merchants and Revolution* sugiere en qué medida los historiadores no sólo estaban en desacuerdo con ella, sino también perdidos. Si la marea alta de revisionismo ha retrocedido, y con ella buena parte del impulso polémico y de la curiosidad que causó acerca del periodo, las obras sobre la historia de los Estuardo siguen siendo muchas y continuas. No obstante, la temperatura de los tiempos puede tomarse a partir

---

más tarde un historiador más joven, Russell «alega una delicada incapacidad para hablar sobre la conclusión del libro de Brenner, porque no sabe con seguridad qué son el "feudalismo" y el "capitalismo"»: una estratagema perenne, como señalaba R. H. Tawney en 1926: "Tras más de medio siglo de trabajo de especialistas de media docena de nacionalidades diferentes y de todas las variedades de opinión política, negar que el fenómeno existe, o sugerir que si existe es único entre las instituciones humanas por haber existido, como Melquísedes, desde la eternidad, o dar a entender, si tiene una historia, que el decoro prohíbe desenterrar la historia, es correr voluntariamente con anteojeras"»: J. Holstun, «Brian Manning and the Dialectics of Revolt», artículo de un congreso titulado *Making Social Movements*, 2002. La única excepción al patrón procede de Manning, que criticó la interpretación social que Brenner hacía de la Guerra Civil por exagerar la contribución de la *gentry* al desarrollo de un capitalismo agrario a expensas de los campesinos ricos, y, más en general, por prestar insuficiente atención a los pequeños productores, también en la industria, en la génesis del conflicto: B. Manning, «The English Revolution and the Transition from Feudalism to Capitalism», *International Socialism*, verano de 1994, pp. 75-86.

de tres ejemplos de estudios recientes que enlazan directamente con el terreno explorado por Brenner: la Guerra Civil, la relación de la República de mitad de siglo con la Revolución de 1688-1689 y las interpretaciones historiográficas rivales sobre el periodo en general. Los tres suprimen cualquier referencia a la obra de Brenner. La síntesis principal sobre las guerras civiles y el interregno, *Britain in Revolution, 1625-1660*, de Austyn Woolrych, ochocientas páginas de análisis detallado, lleno de personajes tanto menores como importantes, elimina por completo cualquier vestigio del gremio norteamericano, consiguiendo la hazaña de no mencionar siquiera *Merchants and Revolution* en su bibliografía en cinco partes de obras importantes. En ella, la vuelta a un estilo de imaginación más antiguo produce un panegírico de Cromwell que hubiera causado rubor a los victorianos[45]. El intento más ambicioso de reconectar las crisis sucesivas del siglo XVII dentro de un solo marco, *England's Troubles* de Jonathan Scott, es programáticamente inocente de cualquier referencia a los cambios económicos en el país. Su principal premisa es que la comprensión de la época no debe apartarse de las creencias que los contemporáneos (selectos) tenían sobre ella: en esencia, el temor al papismo, que no debe tomarse solamente por lo que parece, sino que el historiador debe interiorizarlo hasta el punto de describir el arminianismo de Carlos I, en el lenguaje de sus enemigos, como una versión subrepticia del mismo[46]. A este respecto, inmune a la intrusión de las evo-

---

[45] Se pueden encontrar comentarios desdeñosos sobre los anacronismos partidistas de este estudio en general, en M. Kishlansky, «The Price of Treason», *Times Literary Supplement*, 8 de noviembre de 2002. Si a veces el revisionismo se ha asociado, injustamente, con el clima político del thatcherismo, ese posrevisionismo mantiene en ocasiones algo del tono del régimen posterior. Si alguna vez hubiera hojeado *Britain in Revolution*, el anterior director de comunicaciones de Downing Street tal vez hubiera admirado la presentación de su protagonista, y otros *dramatis personae* admirables –ciertamente no los Niveladores– en coyunturas delicadas de su vida profesional.

[46] «No es difícil conseguir que los estudiantes actuales entiendan por qué estas políticas provocaron en los contemporáneos temor al papismo. Lo que resulta más difícil, dentro de la historia inglesa existente, es conse-

luciones estructurales en el conjunto de la sociedad, pueden coreografiarse principalmente cuestiones religiosas, militares y fiscales, en una suite rígidamente estilizada, prácticamente balletística a capricho del director.

Más mordaz aún es el reciente estudio de Ronald Hutton, *Debates in Stuart History*, del que podría pensarse que el tema en sí hace inevitable mencionar *Merchants and Revolution*. Pero en un libro atractivo, en general justo y animado en sus juicios sobre autores y argumentos, la obra de Brenner brilla de nuevo por su ausencia. En este caso, el olvido es mucho más llamativo, porque Hutton se impone el objetivo de efectuar un análisis reflexivo sobre el tema, no sin éxito, ofreciendo, entre otras cosas, el mejor análisis con creces sobre los orígenes y las luces del revisionismo, a los que sitúa en contextos generacionales, profesionales y sociales que los historiadores raramente han admitido en su propia práctica[47]. Pero entre tanta franqueza erudita y autobiográfica, a la que no falta ironía autocrítica, Hutton parece no imaginar las limitaciones que podrían haber llevado a su descuido: no simplemente la creencia automática en que el marxismo debe de estar ahora tan muerto como la Unión Soviética, una suposición tan perezosa como lo habría sido su opuesta, de moda hace treinta años, sino una tendencia más general a escribir como si la historia económica –aparentemente desaparecida de los «debates sobre la historia de los Estuardo»– ya no existiera. Es la combinación de ambos como disposición profesional la que ha mandado a Brenner a un peculiar limbo de la imagina-

---

guir que se tomen en serio la posibilidad de que se tratase de papismo, que cuando los contemporáneos pensaban que estaban contemplando la erradicación del protestantismo inglés tenían razón»: J. Scott, *England's Troubles*, Cambridge (MA), 2000, p. 126. El oxímoron de «protestantismo de la contrarreforma», libremente usado como fórmula alternativa con los mismos fines, difícilmente podría ser un ejemplo más estridente de lo que el libro deplora, una categoría inconcebible para los contemporáneos.

[47] R. Hutton, *Debates in Stuart History*, pp. 6-31. Se puede encontrar otra revisión detallada de la historiografía sobre los Estuardo a partir de 1992 en el prefacio de la tercera edición a B. Coward, *The Stuart Age*, Londres, 2003, pp. xiv-xxxviii, igualmente incapaz de recordar *Merchants and Revolution*.

ción estos años. Pero con el tiempo es de esperar un *rebondissement*, como en el caso del propio Debate Brenner. Cuando salga publicado el próximo libro del historiador estadounidense Steven Pincus sobre la revolución de 1688-1689[48], ofreciendo un análisis integrado de las cargas de profundidad en la sociedad inglesa que hicieron volar el intento final de establecer un absolutismo Estuardo, el absurdo de seguir escribiendo la historia política del país abstrayéndose de su economía será obvia. Es probable que la *longue durée* de *Merchants and Revolution* se defienda en más de un sentido.

Si la obra de Brenner sobre la historia tardomedieval ha suscitado repetidos, aunque muy espaciados, debates, mientras que la dedicada al siglo XVII ha sido, tras un reconocimiento inicial, prácticamente censurada dentro de la profesión, el destino de *The Global Turbulence* también ha sido diferente. Se ha producido una bifurcación en la respuesta a este libro. Un bombardeo de réplicas en revistas pequeñas de la izquierda recibió su aparición, la mayoría referidas a puntos de la doctrina y ninguna intentando abordar su historia del desarrollo económico de posguerra en conjunto[49]. Los medios convencionales hicieron caso omiso. Y esta dualidad no se vio muy alterada por la publicación de *The Boom and the Bubble*, favorablemente reseñada en la prensa, pero no analizada por la profesión. Cinco años después de entrar en circulación, el punto de vista de Brenner sobre la economía mundial, sin embargo, ha suscitado una respuesta mayor y más profunda que cualquier otra parte de su obra hasta la fecha. El

---

[48] Al parecer a punto de completarse. En su primer libro, Pincus difería de Brenner acerca de los orígenes de la primera guerra anglo-holandesa –más religiosa y política que comercial, en su opinión–, pero se esforzó por respaldar la crítica de Brenner a la historiografía dominante sobre la primera parte del siglo XVII: Steven Pincus, *Protestantism and Patriotism*, Cambridge (MA), 1996, p. 13. Pincus fue posteriormente reprendido por Scott por mantener una perspectiva injustificablemente laica sobre la opinión de la Restauración en lo que concernía a los asuntos exteriores: J. Scott, *England's Troubles*, cit., pp. 351-354.

[49] La principal andanada, con unos diecisiete artículos y más de cuatrocientas páginas, se puede encontrar en dos números sucesivos de *Historical Materialism* 4:1 y 5:1, 1999.

largo ensayo de Giovanni Arrighi titulado «La economía social y política de la turbulencia global» intenta reenmarcar el relato contado por Brenner en una perspectiva histórica más amplia, adaptando sus argumentos a una estructura teórica y narrativa alternativa, comparable en argumento y escala, pero con otros puntos de inflexión y conclusiones[50].

Coincidiendo con Brenner en que la larga recesión desde 1973 ha sido consecuencia de la competencia excesiva, similar en esto a la prolongada depresión de 1873-1896, Arrighi sostiene que hay entre los dos ciclos de crisis largos diferencias críticas que debemos comprender si queremos conocer la novedad del actual periodo, y una solución subyacente común que el capital ha adoptado en ambas épocas para escapar de la sobreacumulación. ¿Cuáles son las diferencias? A finales del siglo XIX, los trabajadores consiguieron resistirse en los grandes países industriales del Norte a la caída de los salarios nominales una vez iniciada la depresión, mientras que en el Sur cayó en todas partes presa de la penetración imperial y la conquista; cien años después, los trabajadores del Norte eran mucho más fuertes y sus presiones salariales precipitaron la propia recesión descendente, mientras que los movimientos de liberación nacional habían liberado la mayor parte del Sur y estaban a punto de vencer a Estados Unidos en Vietnam. En ambos periodos, sin embargo, la respuesta típica de las empresas manufactureras a la caída de la rentabilidad fue la misma. No la de defender el capital fijo existente, como sostenía Brenner, sino cambiar sus activos de la producción a las finanzas, donde aún pudieron obtenerse altos beneficios durante un periodo de tiempo.

---

[50] G. Arrighi, «The Social and Political Economy of Global Turbulence», *New Left Review* II/20, marzo-abril de 2003, pp. 5-71 [ed. cast.: «La economía social y política de la turbulencia global», *New Left Review* II/20, mayo-junio de 2003, pp. 5-82]. El análisis se basa en el famoso libro de G. Arrighi, *The Long Twentieth Century*, Londres, 1994 [ed. cast.: *El largo siglo XX*, Madrid, Ediciones Akal, 1999] y en el libro de B. Silver, *Chaos and Governance in the Modern World System*, Minneapolis, 1999 [ed. cast.: *Caos y orden en el sistema-mundo moderno*, Madrid, Ediciones Akal, 2001].

En consecuencia, la marca de cada ciclo fue, en opinión de Arrighi, la creciente liquidez y un proceso general de «financiarización», tipificado igualmente por el insano florecimiento de la Inglaterra de Asquith y el Estados unidos de Reagan. Los resultados, sin embargo, han divergido necesariamente, porque la deflación que marcó la recesión del siglo XIX ya no era una opción políticamente viable para el capital –al ser los trabajadores mucho más fuertes– a finales del siglo XX, haciéndo que éste escogiese la inflación como modo de erosionar los aumentos salariales. Pero una vez que los costes de la Guerra de Vietnam habían destruido el sistema de Bretton Woods, Estados Unidos pagó el precio de esta solución: una caída del dólar que, en lugar de atraerla, repelía a la masa de capital en busca de inversión liberada por la financiarización mundial. Sólo con la vuelta a un monetarismo estricto, hacia finales de la década de 1980, se invirtió ese flujo. Con un dólar fuerte y unos tipos de interés por las nubes, Estados Unidos consiguió entonces atraer enormes cantidades de capital financiero que le permitió financiar la victoria occidental en la Guerra Fría y controlar los movimientos antisistémicos en el Norte y en el Sur. Con el nuevo siglo, la dependencia estadounidense de la afluencia de capitales para cubrir un déficit comercial cada vez mayor, combinada con el exceso imperial en Iraq, hace que su posición sea en muchos sentidos más débil que la de la Inglaterra eduardiana, una potencia que estaba aún exportando capital y que mantenía el ejército indio sin coste propio. Para Arrighi, la crisis de rentabilidad en la que se ha concentrado Brenner es, por consiguiente, un aspecto de una crisis de hegemonía más profunda, que privará a Estados Unidos de su papel de primera potencia mundial en un futuro predecible[51].

Queda por ver cómo responderá Brenner a esta crítica. Hablando formalmente, las obras de ambos son en muchos aspec-

---

[51] Respecto a esta conclusión, véase la continuación de G. Arrighi, «Hegemony Unravelling» I y II, *New Left Review* II/32 y 33, marzo-abril y mayo-junio de 2005, pp. 23-80 y 83-116 [ed. cast.: «Comprender la hegemonía», *New Left Review* II/32 y y 33, mayo-junio y julio-agosto de 2005, pp. 20-74 y 24-55], que resalta el ascenso de China como potencia económica.

tos opuestos complementarios. Arrighi tiene la ventaja de una escala temporal continua, que se retrotrae a sus escritos sobre el Renacimiento, y un alcance geopolítico más global. Su principal centro de atención son desde hace tiempo el comercio y las finanzas –a veces prácticamente identificadas con el propio capitalismo, al estilo de Braudel– en lugar de la producción, y su estilo es más ampliamente analítico que estrictamente estadístico. Brenner tiene la ventaja de un mayor dominio empírico y una estrategia de investigación más profunda, el cuidado de un historiador frente al barrido de un sociólogo. Centra su atención en el sector industrial, y su esquema se acerca más al de Marx. Cuando aborde las cuestiones planteadas por la explicación que Arrighi ofrece a la recesión –la importancia de la inflación en su primera fase; la evolución en la periferia del sistema; la financiarización como vía de salida para el descenso de los beneficios; la idea de competencia interestatal por el capital en busca de inversión; las funciones de la hegemonía– lo hará sin duda con estas cualidades y predisposiciones.

Algo de lo que probablemente resulte puede suponerse a partir de la estructura y la secuencia integral de su trabajo como historiador, porque todo él sigue un marcado patrón. No totalizando, sino profundizando a modo de túnel, tanto en su explicación del original avance hacia el capitalismo, que lo hizo famoso, como en la del prolongado mal del sistema en décadas recientes, la estrategia intelectual de Brenner ha sido la misma. En ambos casos, ha escogido un sector como la clave del desarrollo económico en general, y lo ha seguido principalmente en una sociedad determinante dentro de un marco comparativo. Frente a la opinión convencional, la explicación que da a los orígenes del capitalismo gira exclusivamente en torno a la agricultura, concediendo a las ciudades y al comercio poco más que papeles ínfimos en la salida del feudalismo. De igual modo, en su explicación de la larga recesión verificada desde la década de 1970, todo gira alrededor del destino del sector manufacturero, relegando los servicios –que, en general, comprenden un sector mucho más amplio de la economía– a compensaciones o efectos secundarios. En la transición al capitalismo, Inglaterra domina la escena; en la deceleración del capitalismo, Estados Unidos. En un sacrificio deliberado de la amplitud en aras de la profundidad, el foco central es inquebrantable: en un solo país dominante, en un solo campo.

Pero este estrechamiento del haz de investigación es lo opuesto a cualquier limitación provincial. En ambos campos históricos, Brenner presenta su argumento comparativamente. En *The Brenner Debate*, la demostración de la senda específica de Inglaterra hacia un capitalismo agrario procede mediante un doble contraste: con Francia por un lado, y con Europa Oriental por otro. Mientras que, al otro lado del Elba, el equilibrio de las fuerzas de clase estaba tan abrumadoramente a favor de los señores que el resultado de la crisis general del feudalismo tardío en las zonas de colonización reciente en las que las comunidades aldeanas eran, por lo general, débiles fue la imposición de una «segunda servidumbre», las comunidades campesinas de Francia seguían siendo tan fuertes que los señores no pudieron dislocar los derechos consuetudinarios de los arrendatarios a la posesión de sus parcelas. En ambos casos, el resultado fue que se bloqueó el desarrollo de una producción cuyo objetivo era recortar gastos para llegar al mercado. Sólo en Inglaterra los terratenientes pudieron impedir la seguridad de ocupación campesina con fianzas de entrada y arrendamientos variables, abriendo el camino a los arriendos competitivos, la consolidación de las tenencias, y la agricultura comercial basada en el trabajo asalariado, con niveles de productividad cada vez mayores. En *The Economics of Global Turbulence*, son Japón y Alemania los que sirven de contrastes equivalentes a Estados Unidos, aquí en dirección opuesta desde Europa Oriental y Francia, como economías que disfrutan de las ventajas tecnológicas e institucionales de los recién llegados sobre el líder del auge de posguerra y capaces de enfrentarse a él en la pugna por cuotas de mercado.

En cada caso, el marco comparativo es selectivo: no se intenta aportar una tipología completa de las relaciones agrarias en la Europa de la Baja Edad Media, y no se menciona a la OCDE en su conjunto. En lugar de acudir a lo que falta en estas comparaciones, el siguiente paso de Brenner fue de nuevo llamativamente similar en ambas zonas temporales. Después de *The Brenner Debate* se publicó *Merchants and Revolution*, una retirada del estudio comparativo al estudio único, concentrándose con un detalle mucho mayor sólo en Inglaterra; después de *The Global Turbulence* publicó *The Boom and the Bubble*, centrado mucho más de cerca en Estados Unidos. En ambos casos, el estrechamiento formal del ámbito geográfico fue acompañado por una gran ampliación del análisis sustantivo, enmendando lo que habían sido lagunas significativas en los estudios comparativos originales. En *Merchants and Revolution*, Brenner abordaba en profundidad la función del comercio, las ciudades y el Estado en la transición del feudalismo al capitalismo, dejada de lado en *The Brenner Debate*. En *The Boom and the Bubble*, se dedica tanto espacio a la especulación como a la producción, a las acciones y a las hipotecas como a los fabricantes.

En sus ensayos sobre las economías premodernas de los Países Bajos y China se hace visible un tercer movimiento: un retorno dialéctico a sus puntos de partida comparativos originales, para completar las partes del rompecabezas que éstos omitían. La lógica de esta ampliación del ámbito comparativo de Brenner al comienzo de su análisis a largo plazo del capitalismo indica una expansión similar al final de él. Eso significaría, en primer lugar, una profunda explicación del patrón de crecimiento de alta velocidad experimentado en la actualidad por China, y un seguimiento del efecto de desplazamiento de su enorme economía a medida que se desliza hacia las aguas planetarias. En medio, se encuentra todo el periodo de la propia revolución industrial, y los modos en los que se extendió a una Europa continental que nunca experimentó el capitalismo agrario que fue plataforma de la industrialización en Inglaterra. Éste es un territorio que Brenner no ha tocado hasta el momento, en el que muchos leones historiográficos –Wrigley, Pollard, Crafts, Landes– esperan. Sorprendería que no tuviera hipótesis en mente para opinar sobre él. Sería de esperar que estas hipótesis fueran una combinación tan sobria y rigurosa como las empleadas para abrir el final del señorío feudal o el inicio de la inversión defensiva. En su propia austeridad, radica el secreto de esta

obra, cuya ambición es nada menos que encontrar los elementos esenciales abstractos –las relaciones de propiedad y los mecanismos competitivos– que han generado las formas de la vida
capitalista moderna a través de sus consecuencias económicas,
con una densidad y una tenacidad de detalle, por lo demás aso-
ciadas a los más *terre-à- terre* de los historiadores empíricos.
Sólo una mente muy obcecada y original podría haber concebido un proyecto tan formidable.

1993-2005

CAPÍTULO XIII

La izquierda vencida: Eric Hobsbawm

¿Quiénes más aptos para practicar la autobiografía que los historiadores? Formados para examinar el pasado con mirada imparcial, alerta a las rarezas del contexto y a los artificios del relato, parecerían ser los candidatos ideales para la difícil tarea de la autodescripción de una vida. Pero extrañamente no son ellos, sino los filósofos los que han destacado en el género; de hecho, prácticamente lo han inventado. En principio, la autobiografía es la forma de escribir más íntimamente particular de todas, y la filosofía la más abstracta e impersonal. Deberían ser como el agua y el aceite. Pero fueron san Agustín y Rousseau quienes nos dieron la confesión sexual y personal, y Descartes quien ofreció la primera «historia de mi mente»: en tiempos contemporáneos Mill y Nietzsche, Collingwood y Russell, Sartre y Quine, todos dejaron registros de sí mismos más memorables que cualquier otra obra escrita sobre ellos. El número de historiadores que han escrito autobiografías distinguidas, por el contrario, es notablemente pequeño. En el siglo XIX, las memorias interesadas de Guizot y Tocqueville, raramente consultadas hoy, son principalmente de interés como testimonio de evasión política. Más cercana, la obra de Marc Bloch, publicada a título póstumo en 1940, con su mezcla de reportaje personal y requisitorio general, es un documento conmovedor, pero demasiado circunscrito como para ofrecer algo más que destellos de autorrevelación. Más recientemente, tenemos las excéntricas apariciones estelares de Richard Cobb y los *casuarios* de A. J. P. Taylor, de los que él dijo que eran pruebas de que se había quedado sin temas históricos. En total, en el género para el que parece tan bien diseñada, la destreza del historiador tal vez sólo haya ofrecido dos clásicos: el agraciado espejo de Gibbon a finales del siglo XVIII, y la barroca *Wunderkammer* de Henry Adams a comienzos del XX.

En este campo en general decepcionante, Eric Hobsbawm ha entrado en las listas con una obra que nos invita a leer como «la otra cara de la moneda» de su gran *Age of Extremes [Historia del siglo XX]*: «No la historia mundial ilustrada por las experiencias de un individuo, sino la historia mundial que modela dichas experiencias», y las opciones vitales que le ofreció. Publicado a los ochenta y cinco años, por su energía y su agudeza *Interesting Times* podría haberse escrito a los cuarenta[1]. Tiene tantas cualidades que, de hecho, es casi imposible leerlo sin sentirse atraído de nuevo hacia su trabajo como historiador, por la cantidad de explicaciones que ofrece, de manera casual o deliberada, sobre lo que el autor ha conseguido en conjunto. Nos enfrentamos a una especie de quinto volumen, en un registro más personal, de un proyecto continuo. Éste podría titularse, sin más, la era de EJH.

Como tal, ofrece una autobiografía compuesta por tres partes diferenciadas. La primera, que cubre los primeros años del autor hasta el umbral de la universidad, puede aspirar a convertirse en el escrito más elegante jamás producido por este estilista famosamente dotado. Con delicadeza y reserva, pero también con una tensa sinceridad, Hobsbawm nos lleva desde su nacimiento accidental en Alejandría hasta una niñez precaria en la Viena de posguerra; la breve pero exaltada escolarización en los últimos días del Berlín de Weimar; la huida del nazismo a Inglaterra y el ascenso final hacia Cambridge, en vísperas de la Guerra Civil española. Los conmovedores retratos de sus padres –desdichado padre inglés y frágil madre austriaca, ambos ya muertos cuando él tenía catorce años– esbozan un fondo psicológico; la descendencia judía en la ciudad más antisemítica de Europa, otro. Hobsbawm explica la lealtad a los orígenes familiares que le enseñó su madre, y su correspondiente «falta de obligación emocional con el Estado nación pequeño, militarista, culturalmente

---

[1] E. Hobsbawm, *Interesting Times*, Londres, 2002, p. xiii [ed. cast.: *Años interesantes*, Barcelona, 2003].

decepcionante y políticamente agresivo que exige mi solidaridad por razones raciales»[2].

Mudado a Berlín, donde un vivaz tío (por parte inglesa) trabajaba en el sector cinematográfico, Hobsbawm describe su descubrimiento del comunismo a los quince años, en un tradicional Gymnasium prusiano, con Hitler a las puertas del poder. Pocas evocaciones tan vívidas ha habido de la atmósfera eléctrica que vivió la izquierda revolucionaria alemana en esos meses. No extraña que los recuerdos del último y ardiente desfile del condenado KPD por el ocaso de Berlín lo hubieran marcado más que los días de colegio en el calmado Londres del Gobierno Nacional. De su posterior experiencia en la St Marylebone Grammar School escribe con afectuoso buen humor («me aficioné a los exámenes como a los helados»)[3]. En la composición de estas escenas opuestas, la inteligencia del historiador siempre está en funcionamiento, situando los accidentes de una vida individual en las corrientes cruzadas de un espacio y un tiempo gráficamente delineados. La imagen que emerge con considerable maestría es la de un muchacho distinto de las imágenes convencionales del hombre: solitario, inicialmente más atraído por la naturaleza que por la política, un tanto abstraído e introspectivo, gradualmente más convencido de sus capacidades. El tono del autorretrato con el que animaba su adolescencia recuerda un poco al horóscopo que Kepler hacía de sí mismo:

Eric John Ernest Hobsbawm, un tipo de dieciocho años y medio, alto, anguloso, patoso, feo, rubio, rápido de entendimiento, con una considerable aunque superficial reserva de conocimientos y muchas ideas, tanto generales como teóricas, originales. Incorregible ariete de actitudes, que es más peligroso y a veces eficaz, porque se convence a sí mismo de que debe creerlas [...] No tiene sentido de la moral, profundamente egoísta. Algunos lo encuentran tremendamente desagradable, otros agradable, pero otros (la ma-

---

[2] *Ibidem*, p. 24.
[3] *Ibidem*, p. 93.

yoría) sólo ridículo [...] Es vano y engreído. Es un cobarde. Ama profundamente la naturaleza. Y olvida la lengua alemana[4].

Así termina la primera parte de *Interesting Times*. Desde un punto de vista literario, bien podría acabar aquí. Tendríamos entonces algo cercano a esas *chefs d'oeuvre* de truncamiento calmado, conmovedoras y tentadoras en igual medida, que Constant o Sartre nos han dejado: viajes a la era de la razón, o de la pasión, que nos dejan en el umbral de ambas. Si este pensamiento no es incongruente, se debe a que en lugar de preparar el camino para un retrato del historiador joven, el párrafo arriba citado cierra la puerta a una mayor exploración del yo. Una recreación profundamente sentida e imaginativa del joven que, en otro tiempo fue, da paso abruptamente a otro tipo de empresa. Nunca volvemos a percibir el mismo paisaje interior. Sin aviso de cambio de marcha, el siguiente capítulo nos traslada a la segunda parte de *Interesting Times*, que cubre la participación de Hobsbawm en el Partido Comunista de Gran Bretaña desde finales de la década de 1930 hasta su disolución, a comienzos de la de 1990. En esta parte, recuerda su tiempo en Cambridge, en el cenit de su comunismo estudiantil; su estancamiento durante la guerra por ser sospechoso para las autoridades; su perspectiva como miembro del Partido y su semimarginación académica durante la Guerra Fría; sus reacciones a las crisis que engulleron al movimiento comunista con las revelaciones de Jruschov y la revuelta húngara de 1956; las razones por las que permaneció en el Partido después de que la mayoría de los historiadores marxistas lo dejasen, y la creencia de que su decisión fue más fructífera que la de ellos; cómo al final ayudó, desde su punto de vista, a salvar al Partido Laborista incluso mientras el propio CPGB se hundía.

Estos capítulos marcan un cambio de registro completo. La diferencia se instala desde la primera página, en la que –antes siquiera de intentar describir su propia experiencia en Cambridge– Hobsbawm se siente obligado a explicar lo pequeña que fue su relación con Burgess y Maclean, Philby y Blunt, todos los cuales

---

[4] *Ibidem*, pp. 98-99.

lo precedieron en la universidad. Muy honradamente, añade que si más tarde le hubieran pedido que desempeñara la misma función lo habría hecho. Pero se mantiene una sensación de incomodidad, como si otro tipo de lector estuviese empezando a rondar en el fondo del relato. La descripción de Cambridge que sigue ofrece diestros esbozos del arcaísmo de tutores e instituciones, y de los motivos y personajes del radicalismo estudiantil. Señalando que, en su momento culminante, la izquierda tal vez ascendiese a un quinto del cuerpo estudiantil, y que el contingente comunista no era a su vez más que el 10 por 100 de la misma, Hobsbawm resalta la influencia informal que el Partido ejercía, no obstante, en la universidad, producto de su enérgica campaña, su empeño en alcanzar el éxito académico y el optimismo de sus activistas en ciernes. La escena así presentada es convincente, pero esencialmente genérica. De la senda personal que Hobsbawm recorrió en ella se nos dice muy poco: nada en absoluto de su desarrollo intelectual, prácticamente nada de su vida emocional, apenas una insinuación incluso sobre sus ideas políticas. El pronombre persistente es ahora el anónimo «nosotros» generacional. La primera persona de singular se reserva para momentos menos cargados, como cuando se toca un *cursus* más convencional: «Mi último trimestre, mayo-junio de 1939, fue muy bueno. Dirigí *Granta*, me eligieron para los Apóstoles y conseguí un Primero estelar en el curso, que me valió una beca en el King's»[5].

En qué medida puede ser equívoca esta supresión de la subjetividad se puede ver en el curioso desplazamiento de episodios decisivos de esta fase de la vida del autor a capítulos muy posteriores, separados de su relato sobre estos años estudiantiles por cientos de páginas. Hacia el final de este capítulo sobre Cambridge, menciona de pasada, en relación con Margot Heinemann, las vacaciones de verano pasadas en París, trabajando con James Klugmann para una organización tapadera del Comintern. Del segundo, Hobsbawm comenta ambiguamente: «¿Qué sabía uno de él? No revelaba nada»; de la primera, dice sencillamente: «Probablemente influyó más en mí que cualquier otra

---

[5] *Ibidem*, p. 124.

persona que haya conocido», y después de este lacónico tributo, no vuelve a mencionarla[6]. Hasta alcanzar una serie de recuerdos concluyentes sobre diferentes partes del mundo que Hobsbawm ha visitado, al final del libro, no se desliza –bajo los encabezamientos objetivos de Francia y España– una percepción de cuáles pudieron ser los sentimientos íntimos que provocaron esas breves expresiones.

En su relato sobre Cambridge, no hay nada que toque la pasión de su descripción del Día de la Bastilla en el primer año del Frente Popular, cuando condujo por el París en fiestas con un equipo documental del Partido Socialista Francés –«fue uno de esos raros días en los que mi mente estaba en piloto automático. Sólo sentía y experimentaba»– después bebió y bailó hasta el amanecer: un trance distinto a la marcha fúnebre de Berlín[7]. Sería extraño que estas estancias temporales en París, trabajando de traductor en el que entonces era el centro de todas las redes del Comintern en Europa, rodeado por el fermento del Frente Popular, no significase más para él que las tareas de partido en el Club Socialista de Cambridge. Quizá por una asociación inconsciente, en este otro ambiente incluso –en unas memorias por lo demás absolutamente mudas en tales cuestiones– confíe inusitadamente su iniciación sexual, «en una cama rodeada de espejos», en un burdel cercano a la Rue Sébastopol. Antes, aventurando una entrada ilegal en España poco después de que estallase la Guerra Civil, por la época en la que John Cornford se enroló en Barcelona, ¿se planteó tomar las armas a favor de la República? De nuevo, la página en la que se pregunta retrospectivamente sobre esa posible encrucijada tiene una profundidad enigmática y una belleza que destacan sobre el deslustrado relato inglés[8]. Lo que falta –deliberadamente evitado– es un intento de reunir estos elementos dispersos de un joven revolucionario en una síntesis interior. A medida que avanza el libro, se produce una exteriorización que acarrea dispersión.

---

[6] *Ibidem*, pp. 122-123.
[7] *Ibidem*, pp. 73-74 y 323.
[8] *Ibidem*, pp. 315 y 340-341.

Cronológicamente, después de Cambridge vino la guerra, una experiencia relativamente vacía para Hobsbawm, como él se queja con legítima amargura, ya que la Oficina de Guerra lo confinó a un regimiento de zapadores hasta que éste fue enviado a Singapur, y después a tareas ridículas en el país, en el Cuerpo de Educación, probablemente tanto por el hecho de proceder de Austria como por ser comunista. Pero de este tiempo con el cuerpo de Ingenieros aprendió a apreciar de primera mano las cualidades tradicionales de los trabajadores ingleses, hacia quienes desarrolló una «admiración permanente, aunque exasperada», comienzo de una simpatía imaginativa que ha marcado todo lo que ha escrito desde entonces sobre las clases populares[9]. La aguda inseguridad económica, a veces cercana a la penuria, de su propio origen en Viena lo habría acercado de todos modos más a la experiencia proletaria que a la mayoría de los intelectuales ingleses de su generación. También durante la guerra se casó por primera vez, con otra funcionaria comunista, de quien apenas dice nada. Tras una desmovilización tardía, empezó a trabajar de historiador, y pronto consiguió un trabajo en Birkbeck. Pero entonces descubrió que lo que debería haber sido una brillante carrera –después de un comienzo tan prometedor en el King's– era desviado de su senda natural por la Guerra Fría, cuando se congeló el avance de todos los comunistas. Él da a entender, de modo digno, su dolor por la denegación de los puestos que podría haber esperado en Cambridge. Pero leyendo entre líneas, la narración que hace de esta curva en su carrera contiene algunos misterios. Revela que sólo tomó parte en la reconstitución de los Apóstoles –una camarilla de iniciados, si alguna vez la hubo– después de la guerra, pero en realidad estaba al mando, como organizador de la sociedad, y siguió reclutando nuevos estudiantes para ella hasta mediados de la década de 1950. ¿Hubo alguna relación entre este papel y la beca que le concedieron en el King's en 1949, no antes, sino en el momento culminante de la Guerra Fría, o con el despacho por el que se le concedían alojamientos compatibles, sobre los cuales él mismo comenta, cuando su ma-

---

[9] *Ibidem*, p. 159.

trimonio se rompió? Una ausencia desconcertante da un indicio de que puede haber algo más en esta historia de lo que parece: el nombre de Noel Annan, becario y más tarde rector del King's, íntimo amigo, no figura en aquí.

Aunque en principio tales asuntos tienen cabida en una autobiografía, son de escasa trascendencia en otros casos. La principal carga del tratamiento que Hobsbawm otorga a estos años es política. Dedica tres capítulos sustanciales a explicar lo que, en aquella época, significaba ser comunista, fuera del poder o en el poder; qué problemas les planteó a los comunistas británicos la evolución del sistema soviético durante la Guerra Fría; y cómo la desestalinización hizo estallar en el CPGB una crisis que lo convirtió en uno de los pocos intelectuales que quedaron en el partido. En estos capítulos, vuelve una y otra vez a la pregunta de por qué se quedó hasta el amargo final. El efecto de estas extensas reflexiones es variado. Contemplando la opción del comunismo en un plano muy general, desde la Revolución de Octubre hasta el final de la guerra, Hobsbawm ofrece una elocuente defensa e ilustración de lo que significó para quienes optaron por ella, alternando la observación social con los ejemplos individuales, ya fuesen heroicos o monótonos. Recalca que la ética de obediencia desinteresada y el sentido práctico —«eficacia empresarial», como él lo llama— fueron el verdadero sello de la Tercera Internacional.

> Los partidos comunistas no eran para los románticos. Por el contrario, eran para la organización y la rutina [...] El secreto del Partido leninista no estaba ni en soñar con alzarse en las barricadas, ni siquiera en la teoría marxista. Puede resumirse en dos frases: «Las decisiones deben verificarse» y «disciplina de partido». El atractivo del Partido estaba en que hacía las cosas mientras que otros no[10].

Históricamente debe decirse que esta imagen es extrañamente sesgada. Un movimiento que contó con revolucionarios como Serge o Trotsky, Roy o Mariátegui, Sneevliet o Sorge, ¿no era

---

[10] *Ibidem*, p. 133.

para románticos? Por lo mismo, ¿qué hay de Mao? Una figura, para bien y para mal, mucho mayor en la historia del comunismo que cualquiera de los leales funcionarios y militantes europeos a los que se nos presenta aquí. En otra parte, de hecho, Hobsbawm lo tacha precisamente de «romántico»[11]. La realidad es que contraponer las barricadas y la teoría con la eficacia empresarial y con hacer las cosas es una retórica *post facto* que, en el mejor de los casos, indica parte de la imagen que, después de 1926, tenía de sí misma la Comintern europea estalinizada en el que el propio Hobsbawm se formó, pero no capta adecuadamente ni siquiera sus ambigüedades. El culto a la rutina realista y al sentido práctico, expresado aquí, no era a menudo más que otra forma de romanticismo y, de ningún modo, la más eficaz. Por fortuna, el propio Hobsbawm no lo cumple de manera congruente, como su afectuoso retrato del revolucionario austriaco Franz Marek, centro moral de sus reflexiones sobre el «ser comunista», deja claro.

¿Cuáles eran entonces sus convicciones como individuo, en aquel momento ya no de la Comintern, disuelta en 1943, sino de la Cominform reunida por Zhdanov en 1948 para colaborar en el momento culminante de la Guerra Fría? No es fácil de decir. En parte se debe a que, en el análisis del propio comunismo del autor, *Interesting Times* se salta cualquier cronología demasiado meticulosa. La meditación general sobre la experiencia comunista, que se extiende más o menos sin fechas desde Lenin hasta Gorbachov, se sitúa inmediatamente después del capítulo dedicado a Cambridge, antes incluso de la guerra. Cuando reanuda el tema en su historia personal es para evocar la actitud de los intelectuales del Partido británico a los sucesos del periodo del Cominform que les preocupaban: la excomunión de Tito, los juicios espectáculo de Rostov, Rajk y Slansky. También a este respecto, la referencia es insistentemente colectiva: «¿Qué íbamos a pensar?», «ninguno de nosotros creía», «claramente subestimamos», «otros como yo», «también nosotros reconocimos»[12].

---

[11] E. Hobsbawm, *Age of Extremes, The Short Twentieth Century 1914-1991*. Londres, 1994, p. 468 [ed. cast.: *Historia del siglo XX*, Barcelona, 1993].
[12] E. Hobsbawm, *Interesting Times*, cit., pp. 192, 194 y 195.

De las opiniones personales de Hobsbawm poco sabemos, a parte de que dudaba de que Basil Davidson, a quien conocía en persona, pudiera ser el agente británico acusado junto con Rajk. No nos ofrece claves sobre su opinión acerca de los Juicios de Moscú que destruyeron a los viejos bolcheviques y establecieron el patrón para su continuación en Sofía, Budapest y Praga después de la guerra. No menciona lectura alguna de la considerable bibliografía que rodea a estos sucesos. La esencia de su explicación es que los comunistas británicos, o en todo caso los intelectuales del Partido, no creían las versiones oficiales de ninguno de ellos. Esto no es lo mismo que saber que eran una sarta de mentiras, ya que también circulaban versiones oficiosas. Cuando al final Jruschov descubrió los cimientos de todo el grotesco edificio de confesiones, en las cámaras de tortura de Stalin, Hobsbawm resalta el trauma que sus revelaciones –que contenían, por supuesto, poco que no se supiera ya fuera de él– causaron en el movimiento comunista internacional. «La razón –escribe– es obvia. No nos dijeron la verdad sobre algo que tenía que afectar a la naturaleza misma de la creencia comunista»[13]. Aunque, de nuevo, el pronombre deja un margen de ambigüedad, debe deducirse que el propio Hobsbawm seguía de algún modo creyendo en el honor de Stalin. ¿De qué modo? La construcción del relato impide adivinarlo. Lo que está claro es que no se esperaba que la verdad la emitiesen fuentes independientes críticamente controladas, sino que la palabra de la autoridad emitiese la verdad. En apariencia, la del militante y la del historiador se mantuvieron como identidades separadas.

Hobsbawm describe la crisis provocada por el discurso de Jrushchov en abril de 1956 –seguida meses después por la revuelta húngara– en el CPGB con una imagen de emoción agitada. «Durante más de un año, los comunistas británicos vivieron al borde del equivalente político a una crisis nerviosa colectiva»[14]. El Grupo de Historiadores del Partido, presidido por él, se convirtió en centro de oposición a la oficialidad, y en el verano de

---

[13] *Ibidem*, p. 204.
[14] *Ibidem*, p. 206.

1957 prácticamente todos sus miembros, con excepción del propio Hobsbawm, habían abandonado el Partido. ¿Por qué se quedó él? Ofrece dos respuestas y una nota al margen.

No entré en el comunismo siendo un joven británico residente en Inglaterra, sino siendo un centroeuropeo en la República de Weimar a punto de hundirse. Y llegué a él cuando ser comunista no significaba simplemente luchar contra el fascismo, sino la revolución mundial. Sigo perteneciendo al extremo posterior de la primera generación de comunistas, aquellos para quienes la Revolución de Octubre fue el punto de referencia central en el universo político.

Por lo tanto, escribe, «romper con el Partido era sencillamente más difícil para alguien de mi época y de mi procedencia que para quienes llegaron más tarde y de otro lugar»[15].

Seguramente, ésta sea la simple verdad biográfica, bien declarada. Pero si la emergencia y la esperanza que lo llevaron al movimiento comunista eran más intensas de lo común en sus contemporáneos ingleses, está menos claro que el segundo contraste hubiera sido más significativo que el primero, como él sugiere. ¿Fue la Revolución de Octubre tan periférica para Christopher Hill, que se afilió al Partido en 1932, aprendió ruso –como Hobsbawm explica, él no llegó a hacerlo– y escribió un libro sobre Lenin? En todo caso, al explicar la que le parece la mayor diferencia, de tiempo más que de espacio, Hobsbawm ofrece otro comentario iluminador sobre él mismo. «Políticamente», dice, habiéndose afiliado al PC en 1936, pertenece a la época del Frente Popular, que intentó alcanzar una alianza entre capital y trabajo que hasta hoy ha determinado su pensamiento estratégico; «emocionalmente», sin embargo, en cuanto converso adolescente en el Berlín de 1932, siguió atado al programa revolucionario inicial del bolchevismo[16]. Es ésta una dicotomía que influye en más de un sentido en el conjunto de su obra.

---

[15] *Ibidem*, pp. 217-218.
[16] *Ibidem*, p. 218.

Pero si tales fueron las razones biográficas profundas de por qué Hobsbawm siguió siendo comunista después de 1956, sería aun de esperar que influyesen también evaluaciones políticas más ordinarias. Porque después de todo, la desestalinización no acabó ese año. Con la derrota de Malenkov y Molotov en el verano de 1957, Jruschov la mantuvo con más vigor en la URSS que antes. Los campos se vaciaron, los niveles de vida subieron, el debate intelectual se revitalizó, la solidaridad se extendió hasta el último extremo de la revolución mundial en el Caribe. En el XXII Congreso del Partido, celebrado en 1962, se tomaron nuevas medidas para limpiar el expediente del pasado. Tales avances convencieron a muchos comunistas sacudidos en 1956 de que el legado de la Revolución de Octubre estaba siendo, aunque con meandros, gradualmente redimido, no irrecuperablemente abandonado. Sorprendería que Hobsbawm nunca hubiera pensado de ese modo perfectamente comprensible, pero si lo hizo, no indica nada en estas páginas. Como en todo el tratamiento que da a la experiencia comunista, no analiza la historia política real del periodo, *stricto sensu*. Por el contrario, concluye sus razones para quedarse en el Partido aludiendo a una «emoción íntima: el orgullo», explicando que si lo hubiera dejado hubiese aumentado sus perspectivas profesionales, pero por esa misma razón se quedó «para probarme a mí mismo que podía tener éxito siendo un comunista reconocido –independientemente de lo que "éxito" significara– a pesar de esa desventaja»[17].

Hobsbawm considera a esta combinación de lealtad y ambición una forma de egoísmo, y no la defiende. La mayoría vería en ella la prueba de una excepcional integridad y fuerza de carácter: la valentía de adoptar posiciones impopulares, más llamativa aún en alguien a quien el éxito le importaba tanto. *Interesting Times* registra las diferentes formas –podemos tomar ese ligero paréntesis como un gesto propiciatorio– que ha asumido el éxito: lectores de todo el mundo en múltiples idiomas, cátedras simultáneas en tres países, premios académicos y honorarios *ad libitum*, entrevistas y audiencias en abundancia, homenajes de la

---

17 *Ibidem*, p. 218.

Cámara de los Comunes y del Viminale. Y se omiten otros: los lectores ingleses pensarán en la Compañía de Honor a la que también pertenece, junto con los lores Tebbit, Hurd y Hailsham. En las primeras páginas de este relato sobre su vida, Hobsbawm explica que ha «aceptado al menos parte de las señales de reconocimiento público» que lo han convertido en «miembro de la elite cultural británica oficial», porque nada habría alegrado más a su madre en sus últimos años, añadiendo, con un sonrisa encantadora que asegura todas las salidas, que al decirlo «no sería más ni menos sincero que sir Isaiah Berlin, que solía excusar su aceptación del grado de caballero diciendo que sólo lo había hecho por complacer a su madre»[18].

Los grandes hombres tienen debilidades que se les pueden perdonar; incluido el que, en ocasiones, no comprendan dónde radica su grandeza, o qué podría menoscabarla. En Reino Unido, la incapacidad para resistirse a las fruslerías es de todos modos tan común entre los eruditos eminentes –principalmente entre los historiadores de todas las tendencias– como entre los otrora agentes del comercio de esclavos. En el caso de Hobsbawm, el interés no radica en ninguna disociación, sino en la conexión entre la lealtad política y el acomodamiento social. Sólo por haber permanecido tan firme en una causa execrada, la entrada en el mundo de la aceptación parece haber adquirido mucho más valor. Interiormente, cada avance en uno podría tacharse de retroceso del brillo en la otra. Psicológicamente, esos intrincados equilibrios son muy normales. Pero tienen un precio. En el fondo de *Interesting Times*, subyace un esfuerzo sostenido de explicar el significado de la vida comunista. ¿Pero explicárselo a quién?

Si hay algo doloroso en la repetida aversión nerviosa a esa búsqueda se debe –no siempre pero por desgracia sí con demasiada frecuencia: desde la primera conexión con los espías de Cambridge hasta la última oleada de satisfacción por el hecho de que Heath y Heseltine adornasen *Marxism Today*– a que el destinatario no pronunciado es como un orden establecido al que se

---

[18] *Ibidem*, p. 40.

deba a cambio una explicación del yo. Ésta parece ser la lógica de esa ausencia de análisis político estricto y de cualquier abordamiento intelectual de las cuestiones que persiguieron a la trayectoria del comunismo europeo; un rasgo muy inesperado de estas páginas. «Ahora debe de ser obvio», escribe de la Revolución Rusa, que «el fracaso estaba inscrito en la empresa desde el comienzo»[19]. No ofrece razones para una conclusión tan completamente opuesta a su insistencia en el espíritu práctico de la tradición estalinista. Pero dado que tal fracaso es evidente en sí mismo para los lectores que tiene en mente, ¿por qué molestarse en explicarlo? Hacerlo exigiría otro estilo de orientación, y un conjunto de referencias distinto, empezando por algunos nombres e ideas clarividentes –Kautsky, Luxemburg, Trotsky– que estas memorias prefieren evitar.

No obstante, introducidas todas las salvedades o excepciones, la elegía de Hobsbawm a la tradición política a la que dedicó su vida tiene una dignidad y una pasión que deben suscitar el respeto de todos. El tratamiento que da a las tradiciones de otros es menos impresionante. A este respecto, la falta de generosidad desfigura demasiados juicios, produciendo incongruencia tras incongruencia. El problema empieza en el momento mismo en el que empieza a explicar por qué no dejó el Partido en 1956. Antes de llegar a las razones biográficas válidas para su propia decisión, se dispone, como si fuera un preliminar necesario para justificarse, a desacreditar a quienes tomaron la decisión contraria. El perfil de Raphael Samuel –«esta ansiosa figura vagabunda, absoluta negación de la eficacia administrativa y ejecutiva»– se dedica principalmente a denunciar su «proyecto descabellado» de fundar un café en Londres, y a deplorar su propia complacencia en esta «empresa lunática», con una desconcertante falta de sentido de la proporción[20]. Leyéndolo, nadie supondría que Samuel, tras seis años en el CPGB, había escrito una antropología política del partido, «The Lost World of British Communism» [«El mundo perdido del comunismo británico»], cuya riqueza

---

[19] *Ibidem*, p. 127.
[20] *Ibidem*, pp. 212-214.

hace que los recuerdos que Hobsbawm tiene de dicho comunismo parezcan un tanto esqueléticos[21].

De Edward Thompson se nos da igualmente a entender que «carecía de brújula interior», y después de escribir *La formación de la clase obrera en Inglaterra* –una obra genial, si bien agresivamente breve y de enfoque limitado– esencialmente perdió el tiempo, con un desvío «criminal» de energías hacia el debate teórico en lugar de optar por la investigación científica, algo contra lo que Hobsbawm le había advertido. Thompson se habría sorprendido al verse calificado de «inseguro» en estas páginas[22]. No cabe duda de que esto puede decirse en cierta medida de todos los seres humanos. Pero podemos estar muy seguros de que, en este caso, él habría pensado que lo contrario era lo cierto. «A efectos prácticos», continúa Hobsbawm, las diferentes nuevas izquierdas que surgieron de la crisis de 1956 eran insignificantes. Peores aún eran los estudiantes radicales de Norteamérica o Europa en la década de 1960 –a quienes «mi generación permanecería ajena»– que no llegaron a ser responsables siquiera de «un intento chapucero de revolución, sino de la ratificación efectiva de otra: la que abolió la política tradicional y, al final, la política de la izquierda tradicional». En cuanto a la «extrema izquierda contemporánea dentro y fuera de Suramérica (cuyos intentos guevaristas de insurrección guerrillera fueron fracasos espectaculares)» inspirada por la Revolución cubana, «ni entendían ni querían entender qué podría mover a los campesinos latinoamericanos a tomar las armas», a diferencia de las FARC en Colombia o Sendero Luminoso en Perú[23].

Apenas un artículo de esta amarga retrospectiva soporta un análisis cuidadoso. La nueva izquierda de finales de la década de 1950, participó en la Campaña para el Desarme Nuclear, que no alcanzó sus objetivos, pero fue bastante menos insignificante

---

[21] R. Samuel, «The Lost World of British Communism», *New Left Review* I/154, noviembre-diciembre de 1985, pp. 3-53; I/156, marzo-abril de 1986, pp. 63-113; I/165, septiembre-octubre de 1987, pp. 52-91.

[22] E. Hobsbawm, *Interesting Times*, cit., p. 215.

[23] *Ibidem*, pp. 251-252 y 375.

como fuerza de cambio que el CPGB no reconstruido. Los movimientos estudiantiles de Europa y América no sólo, como recuerda el propio Hobsbawm en un descuido, ayudaron a debilitar los regímenes de De Gaulle y Nixon, sino que –como él no recuerda– también fueron fundamentales en Estados Unidos para poner fin a la Guerra de Vietnam, y pusieron en marcha las movilizaciones más poderosas de la clase trabajadora en la Francia y la Italia de posguerra. En América Latina, Cuba no sólo inspiró, sino que también colaboró en la única revolución victoriosa, la de Nicaragua. En cuanto a Perú y Colombia, Hobsbawm nos dice que no podía más que recibir bien el aplastamiento de Sendero Luminoso por Fujimori; ¿por qué no ahora la de las FARC por Uribe?

En contrapunto a tales ejercicios de futilidad, Hobsbawm recuerda otra empresa –en su opinión más fructífera– iniciada a comienzos de la década de 1980. Se trata de la campaña que libró en las páginas de *Marxism Today* para rescatar al Partido Laborista de los peligros de Bennery. A este respecto, el orgullo legítimo y el autoengaño fatal están curiosamente entrelazados. Antes de que cayese el gobierno de Callaghan, Hobsbawm señaló con razón que el sindicalismo militante de la década de 1970, a pesar de sus asombrosos éxitos industriales, no se estaba efectuando mediante una ampliación subyacente de la fuerza o de la organización de la clase trabajadora; y después de que Thatcher subiera al poder, que la captura de la debilitada maquinaria laborista por parte de la izquierda no bastaría para derrocar al nuevo conservadurismo[24]. Pero las conclusiones que sacó de estas observaciones correctas eran extraordinariamente ingenuas: en esencia, que la tarea fundamental era garantizar la restauración a toda costa de un liderazgo «moderado» capaz de atraer de nuevo al Partido a los votantes de clase media, sin tener en cuenta el hecho obvio de que había sido exactamente el agotamiento de este tipo de laborismo tradicional, sobradamente demostrado

---

[24] Véanse sus ensayos en M. Jacques y F. Mulhern (eds.), *The Forward March of Labour Halted?*, Londres, 1981; y E. Hobsbawm, *Politics for a Rational Left*, Londres, 1989.

por desgracia a finales de la década de 1960 y en la de 1970, el que había conducido al ascenso de la izquierda.

Hobsbawm recuerda con placer, pero lo sobreestima, su papel en el clamor de medios que acabó con Benn y puso en el cargo a la lastimosa figura de Kinnock. Dado que todo Fleet Street, desde *The Sun* y *The Mirror* hasta *The Guardian* y *The Telegraph*, pedía la cabeza de Benn, es dudoso que su ladrido personal supusiera mucha diferencia. En cuanto Kinnock efectuó las purgas necesarias en el Partido, nos asegura, «su futuro estaba a salvo». Por desgracia, incluso apartada Thatcher de su camino, el nuevo líder resultó un fiasco en las elecciones de 1992. «No soy el único –escribe Hobsbawm melancólicamente– que recuerda aquella noche de elecciones como la más triste y desesperada de mi experiencia política»[25]. Lo sentimos por marzo de 1933. Una inflación tan absurda indica la pérdida de contacto con la realidad que su cruzada para «salvar al Partido Laborista» –de nuevo el viejo lema de Gaitskell desempolvado– parece haber inducido temporalmente en el historiador. Porque, por supuesto, lejos de salvarse, en el sentido que él quería, se le dio la vuelta para producir lo que él mismo llama ahora una «Thatcher con pantalones».

Comentando que desde su operación de salvamento del partido ya no existe una izquierda laborista, parece incapaz de captar que ésta fue de hecho una de las condiciones para el ascenso del blairismo que él ahora deplora. Es bastante obvio que, en una escala menor, *Marxism Today* –periodísticamente vital, pero sin brío intelectual ni político (desapareció en 1991 junto con el Partido que la mantenía)– desempeñó el papel de aprendiz de brujo principalmente al preparar el culto a Thatcher como modelo de gobierno radical que el Nuevo Laborismo asumió llevado al límite. Hobsbawm acaba lamentando que el régimen de Blair «nos haya sacado de la política "real"», y cita con tristeza la admonición que le hizo un robusto parlamentario, ahora refugiado en Downing Street, de que la crítica ya no basta, porque el Nuevo Laborismo «debe operar en una economía de mercado a cuyas

---

[25] E. Hobsbawm, *Interesting Times*, cit., p. 276.

exigencias debe adaptarse». A lo que todo lo que él puede responder es «cierto», añadiendo sólo a ese humilde minimalismo la protesta de que, aun así, los líderes tienen excesiva fe en la ideología neoliberal[26]. Este episodio no es la totalidad de Hobsbawm, ni mucho menos. Lo que demuestra es sólo en qué se había convertido esa parte de su origen que él dice que siempre ha guiado su pensamiento estratégico. El Frente Popular consiguió en otro tiempo despertar a las masas a la vida política y movilizar un verdadero entusiasmo, pero incluso en su momento culminante, Francia y España en la década de 1930, carecía de cálculo de poder realista, y acabó en desastre. La transferencia de su carga de ilusiones sentimentales a las condiciones de posguerra, donde nunca había habido tras él una movilización popular comparable, tuvo resultados más banales: la expulsión confusa de un Partido Comunista tras otro de los gobiernos continentales en 1946-1947, la fútil búsqueda de un compromiso histórico en Italia en la década de 1970, por último –cenizas frías de las brillantes esperanzas de 1936– el intento desesperado de pegar de nuevo la concha rota del laborismo en la década de 1980.

El último tercio de *Interesting Times* cambia nuevamente de registro, abandonando cualquier secuencia narrativa para introducir análisis sobre la profesión y los viajes de Hobsbawm. El ritmo disminuye y el libro parece volverse más convencional, aunque hasta en los tramos más planos brilla la misma inteligencia aguda. Ofrece un buen análisis sobre el ascenso de la historia social analítica asociado con *Annales* y *Past and Present* a expensas de grandes narrativas políticas anteriores, lamentando su posterior retirada con el cambio cultural de la década de 1980. Califica a los historiadores que la iniciaron de «modernizadores», un término demasiado vago y burocrático, bastante separado de sus otras connotaciones («se había construido la principal red ferroviaria por la cual circularían los trenes de la historiografía») como para ser de mucho uso teórico[27]. Aquí Hobsbawm se vende mal. Para ver lo original que ha sido su pensamiento sobre el

---

[26] *Ibidem*, pp. 276-277.
[27] *Ibidem*, p. 293.

estudio del pasado –más que el de Braudel, por quien dice sentirse un poco intimidado–, hay que acudir a su recopilación *On History*. Porque lo que esta parte de *Interesting Times* ayuda a entender de nuevo es qué poca explicación directa ofrece esta autobiografía sobre el compromiso de Hobsbawm con el mundo de las ideas. De principio a fin, apenas se menciona una obra de pensamiento que le haya impactado seriamente. De su marxismo, prácticamente todo lo que se nos dice es que leyó el *Manifiesto comunista* cuando estaba en el instituto en Berlín. Señalando que la literatura fue el sustituto de la filosofía en los dos últimos cursos de secundaria en Inglaterra, se asocia con otros historiadores marxistas británicos al llegar a la historia a través de una pasión inicial por las artes. Pero aparte de decir que la St Marylebone Grammar School lo introdujo en «las asombrosas maravillas de la poesía y la prosa en inglés»[28], no sabemos nada más acerca de cuáles fueron de hecho sus lecturas. En cuanto a la política, se citan versos de Brecht y Neruda, pero conceptualmente hay un completo vacío.

Quizá sólo se abstenga en atención a un público no interesado por estas cuestiones. El viaje es otra cosa. El libro acaba con las experiencias de Hobsbawm en Francia, España, Italia, América Latina y Estados Unidos. De los primeros cuatro, escribe con constante afecto, sin afirmar conocerlos especialmente. Confiesa, de hecho, que, de diferentes modos, se ha sentido desconcertado o decepcionado por la evolución de cada uno de ellos, considerando la política y la cultura de la Quinta República una continuación antipática de la Francia de finales de la década de 1930 y de la de 1940; sorprendido por la velocidad con la que el capitalismo ha transformado España; asombrado por el éxito de Craxi y Berlusconi en Italia, y la disminución del movimiento comunista al que se sentía más cercano; resignado ante la falta de progreso político real en América Latina, en medio de cambios sociales arrolladores. Pero en otros aspectos, estos capítulos son recuerdos bastante agradables sobre los placeres y las amistades que mantiene en sociedades por las que siente afecto.

---

[28] *Ibidem*, p. 95.

Estados Unidos, donde Hobsbawm ha pasado más tiempo que en todos los demás países juntos, es otra cosa. Exceptuando Manhattan, dice que aprendió más sobre el país en los pocos meses en los que exploró la escena de jazz en 1960 que en los doce años de enseñanza periódica en las décadas de 1980 y 1990. Éstos parecen, en todo caso, haber reforzado un sentimiento de distancia hacia ese país, una antipatía sin su habitual cociente de curiosidad. Por impresionantes que sean sus logros, escribe, la desigual social y la parálisis política, la absorción en sí mismo y la megalomanía estadounidenses son rasgos que le hacen alegrarse de pertenecer a otra cultura. Este comentario nos recuerda que el país que más ha significado para Hobsbawm no figura en este estudio. Después de describir sus impresiones infantiles, *Interesting Times* –aunque contiene un breve intermedio de vacaciones en Gales– nunca vuelve a Inglaterra. Ciertamente no es signo de indiferencia. Está claro por los contemporáneos que, ya en Cambridge, se sentía más británico de lo que ellos esperaban, sentimientos patrióticos que luego hallaron expresión en una fuerte defensa de la integridad de Reino Unido, y quizá sentimientos encontrados sobre la Guerra de las Malvinas. La relación con su país legalmente natal, pero culturalmente adoptado, es un área compleja que deja a un lado en este autorretrato.

Interesting Times cierra con un magnífico colofón sobre el 11 de septiembre y su explotación política: sobre todo «el total descaro de presentar el establecimiento de un imperio mundial estadounidense como reacción defensiva de una civilización a punto de ser abatida por innombrados horrores bárbaros a no ser que destruya al "terrorismo internacional"»[29].

En una perspectiva histórica, el nuevo imperio estadounidense será más peligroso que lo fue el británico, porque está dirigido por una potencia mucho mayor, pero es improbable que dure más. De hecho, el propio capitalismo, sugiere Hobsbawm, está nuevamente ganándose la desconfianza de los jóvenes, mientras fuerzas de cambio social más amplias lanzan el mundo más allá de todos los horizontes conocidos. Definiéndose como un histo-

---

[29] *Ibidem*, p. 412.

riador que se ha beneficiado de no haber pertenecido nunca por completo a una comunidad, cuyo ideal es «el ave migratoria, cómoda en el Ártico y en el trópico, sobrevolando la mitad del planeta», insta a las nuevas generaciones a eludir los fetiches de la identidad, y a hacer causa común con los pobres y los débiles. «No nos desarmemos, incluso en tiempos insatisfactorios. Aún hay que denunciar la injusticia social y luchar contra ella. El mundo no mejorará solo»[30]. Al cerrar estas páginas, a pesar de todas las diferencias de composición que hay en ellas como memorias y de las reflexiones que sugieren, la impresión perdurable es la de la enormidad de esta mente, y la compleja distinción de la vida de la que habla. Son una compañía adecuada para el logro del historiador. Una brusca vitalidad ha desafiado a los años.

II

Presentado como un apéndice a *Age of Extremes*, un retrato personal colgado frente al paisaje histórico, ¿qué luz arroja *Interesting Times* sobre la visión que Hobsbawm tiene del siglo XX, y sobre el relato completo de la modernidad? En la concepción general, *The Age of Revolution [La era de la revolución]*, *The Age of Capital [La era del capital]*, *The Age of Empire [La era del imperio]* y *Age of Extremes* pueden considerarse una sola empresa, una tetralogía sin parangón en cuanto estudio sistemático sobre cómo se ha creado el mundo contemporáneo. Todos despliegan la misma fusión asombrosa de dones: economía de síntesis; intensidad de detalle; alcance mundial, pero aguda percepción de la diferencia regional; fluidez politemática, cómoda con cultivos y mercados bursátiles, naciones y clases, estadistas y campesinos, ciencias y artes; amplitud de simpatías por agentes sociales dispares; capacidad de narración analítica; y, en igual medida, un estilo de notable claridad y energía, marcado por un repentino relámpago de electricidad metafórica que atraviesa incluso la superficie del argumento frío y mordaz. Asombra con qué frecuencia estos rayos

---

[30] *Ibidem*, p. 418.

de figuración se obtienen del mundo natural al que él dice haberse sentido tan cercano en su juventud: «De ser una especie de atmósfera de la que ningún hombre puede escapar y que contiene todo lo que está encima de la tierra, la religión se convirtió en algo parecido a un banco de nubes, un rasgo grande, pero limitado y cambiante del firmamento humano»; «el arado de hierro de la industrialización multiplicó sus cosechas de empresarios de rostro duro bajo las nubes lluviosas del Norte»; «el fascismo se disolvió como un terrón arrojado a un río»[31].

Aun así, dentro del alcance épico de estos cuatro volúmenes, existe una clara ruptura entre los tres primeros, concebidos pronto como trilogía, y el último, que es más independiente, con características que lo distinguen de sus predecesores. Abarcando la época que transcurre entre la Revolución francesa y la Primera Guerra Mundial, la trilogía sigue un esquema constante, de lógica clásicamente marxista: cada volumen empieza con un estudio de los fundamentos económicos del periodo, después una narración de sus conflictos políticos (en los dos primeros volúmenes titulado «desarrollos»); seguido por un panorama de las clases sociales, y después un análisis de la escena cultural e intelectual, titulado «resultados». No hay ruidos de armadura teórica; base y superestructura no se mencionan. En la serie, sobresalen repetidamente los tratamientos individuales: capítulos maravillosos sobre las guerras napoleónicas, el Romanticismo, el auge mundial de la década de 1850 y sus perdedores, los orígenes de la Primera Guerra Mundial, y muchos otros. Una década antes de que el término se volviera habitual, la «globalización» ya es un tema presente en *The Age of Empire*.

Las simpatías políticas de la trilogía están claras. Es raro encontrar a un historiador escribiendo –esto se dice en *The Age of Capital*– que «el autor de este libro no puede ocultar cierta aversión, quizá un cierto desprecio, hacia la era a la que se refiere, aunque mitigado por la admiración a sus titánicos logros

---

[31] E. Hobsbawm, *The Age of Revolution*, Londres, 1962, pp. 227 y 267 [ed. cast.: *La era de la revolución, 1789-1848*, Barcelona, 1997]; *Age of Extremes*, cit. p. 175.

materiales y por el esfuerzo de entender incluso aquello que no le gusta»[32]. A menudo, los veredictos generales de Hobsbawm son ardientes:

> En conjunto, la introducción del liberalismo en el territorio fue como una especie de bombardeo silencioso que sacudió la estructura social [la campesina] que siempre lo había habitado y no dejó en su lugar nada más que los ricos: una soledad denominada libertad[33].

Pero el sabor de los juicios particulares siempre es individual, y raramente predecible. ¿Quién habría esperado ver el Congreso de Viena calificado de sensato y realista, o que Luis Napoleón recibiera un trato más favorable que Proudhon o Bakunin?

Aunque los tres primeros libros disfrutan de una admiración universal bien merecida, han atraído menos análisis crítico del que merecen. Eso se debe en parte, por supuesto, a la escala de sus logros, que prácticamente desafía cualquier perspectiva completa de las mismas. Al carecer de ella, los puntos de disensión o reflexión específicos no pueden, sino seguir siendo un tanto arbitrarios o marginales. Pero si la prueba de cualquier gran obra está también en las cuestiones que suscita, tal vez valga la pena lanzar unas cuantas ideas sueltas sobre estas superficies soberbiamente pulidas. El eje en torno al cual la trilogía organiza la historia del «largo siglo XIX» –que abarca, por así decirlo, desde 1776 o 1789 hasta 1914– es, en palabras de Hobsbawm, «el triunfo y la transformación del capitalismo en las formas históricamente específicas de la sociedad burguesa en su versión liberal»[34]. Aquí tenemos, *in nuce*, el trío de objetos de análisis –económico, social y político– que rigen el despliegue de cada libro.

Al describir su obra «no [como] una narración detallada, sino [como] una interpretación o lo que los franceses llama *haute*

---

[32] E. Hobsbawm, *The Age of Capital*, Londres, 1975, p. 17 [ed. cast.: *La era del capital, 1848-1875*, Barcelona, 1998].

[33] E. Hobsbawm, *The Age of Revolution*, cit., p. 194.

[34] E. Hobsbawm, *The Age of Empire*, Londres, 1987, pp. 8-9 [ed. cast.: *The Age of Empire, 1875-1914*, Barcelona, 1998].

vulgarisation»[35], Hobsbawm deja abierta la cuestión de en qué medida esto lo compromete a la explicación, una distinción que no es inconsecuente para su logro. Al comienzo de su empresa, comenta que *La era de la revolución* no intentará explicar los orígenes del capitalismo, que se sitúan en la Europa de los siglos XVI o XVII, sino el avance decisivo de la Revolución industrial en Inglaterra a partir de la década de 1780. Mantiene su promesa con un análisis firmemente centrado en los cimientos imperiales de la industrialización británica. «Lanzada, como un deslizador, por el comercio colonial al que iba unida», la industria del algodón –con sus materias primas proporcionadas principalmente por esclavos, sus mercados garantizados por el poder naval– representó el triunfo de las exportaciones sobre el consumo interno[36]. Historiadores posteriores han resaltado la ventaja comparativa que a Gran Bretaña le supuso la energía del carbón como elemento clave para la Revolución industrial, una idea que otros han intentado eliminar por completo. Pero nadie ha destruido seriamente el argumento de Hobsbawm.

Por otra parte, cuando nos introducimos en la segunda gran época de la expansión industrial, el despegue mundial de la década de 1850 del que parte *The Age of Capital*, se establece una gradual disminución de la presión explicativa. «¿Por qué la expansión económica se aceleró tan espectacularmente en nuestro periodo?», pregunta Hobsbawm, sólo para responder que «la cuestión debería en realidad invertirse», ya que el problema es por qué no lo hizo antes[37]. Este *fin de non recevoir* [no admisibilidad] parece una especie de ofuscación, pero, en cualquier caso, no lo sigue. Por el contrario, se nos ofrece un menú de factores más dispersos –el ferrocarril, la mejora de las comunicaciones, las nuevas reservas de oro– que nunca abarca realmente la escala del cambio invocada, quedándose de manera bastante irresoluta a la zaga de la expansión del liberalismo económico («en qué medida el movimiento planetario para liberalizar fue causa, con-

---

[35] E. Hobsbawm, *The Age of Revolution*, cit., p. 11.
[36] *Ibidem*, pp. 50-52.
[37] E. Hobsbawm, *The Age of Capital*, cit. p. 47.

comitante o consecuencia de la expansión económica debe seguirse dejando como una cuestión abierta»)[38].

En la siguiente coyuntura crucial de la economía mundial, el deslizamiento hacia la Gran Depresión de 1873, aún se concede menos; de hecho, aunque hay una descripción gráfica del carácter desigual del declive económico, apenas se llega a aventurar un análisis causal. Por el contrario, cuando la marea cambia de nuevo, con la recuperación de la década de 1890, Hobsbawm simplemente señala que todo el periodo de *The Age of Empire* parece haberse movido siguiendo el ritmo de Kondratiev: unos veinte años de recesión seguidos de veinte de expansión. Pero «dado que no podemos explicarlas, las periodicidades de Kondratiev no nos ayudan mucho»[39]. Poco se dice de las posibles razones de la recuperación, aparte de que aumentó la capacidad de compra de las grandes ciudades, después de la deflación de precios de la depresión. Quizá el abstenerse de mayores sondeos sea el precio que tiene que pagar por la elegancia generalizada de la trilogía, cuyo ritmo milita en contra de la paciente excavación económica que Hobsbawm practicaba en otro tiempo, en artículos como «The Crisis of the Seventeenth Century»[40].

Si pasamos del primero al segundo tercio del programa de la trilogía, se plantean varias cuestiones, más conceptuales que empíricas. Podría decirse que empiezan con la famosa idea de la propia doble revolución: «Cráteres gemelos de un volcán regional más grande»[41]. El problema a este respecto puede plantearse con mucha sencillez. A finales del siglo XVIII, en Gran Bretaña se produjo la Revolución industrial, en Francia la revolución política. ¿Pero por qué se disociaron? De acuerdo con las premisas marxistas tradicionales, una revolución política debería darse cuando el avance de las nuevas fuerzas de producción económicas estalla a través del caparazón de las relaciones sociales desfa-

[38] *Ibidem*, p. 53.
[39] E. Hobsbawm, *The Age of Empire*, cit., p. 48.
[40] *Past and Present* 8 y 9, mayo y noviembre de 1954, pp. 33-53 y 45-65, reeditado en T. Asthon (ed.), *Crisis in Europe 1560-1660*, Londres, 1965.
[41] E. Hobsbawm, *The Age of Revolution*, cit., p. 14.

sadas. Pero en un país el estallido de la industria moderna no destruyó ni la monarquía ni la oligarquía; en el otro, la erupción del pueblo no provocó una aceleración de la tecnología avanzada, sino por el contrario –como señala Hobsbawm– una consolidación de la propiedad campesina tradicional. Para un historiador marxista, esta asimetría recíproca podría parecer exigir algo más que registro empírico. Acusar a una obra de tal magnitud de lo que no dice, en lugar de aprender de lo que dice, siempre supone el riesgo de ser capcioso, pero en este caso, la gracia con la que la *histoire raisonnée* de Hobsbawm se desliza por un fino hielo analítico presagia dificultades posteriores, porque lo que elude es la naturaleza de la relación entre el «capitalismo» y la «sociedad burguesa», de la que la fórmula trinitaria de la trilogía sólo dice que uno es una forma históricamente específica de la otra, sin más detalles.

El punto neurálgico a este respecto es la carrera de la burguesía europea como clase política. En su primer volumen, después de describir el asentamiento de la Restauración de 1815, Hobsbawm escribe acerca de la oleada revolucionaria de 1830:

> En efecto, marcó la derrota definitiva del poder aristocrático por el burgués en Europa Occidental. La clase dominante de los siguientes cincuenta años sería la *«grande bourgeoisie»* de los banqueros, los grandes industriales y a veces altos funcionarios civiles, aceptados por una aristocracia que se desvaneció o aceptó promover políticas principalmente burguesas, todavía no cuestionadas por el sufragio universal, aunque perseguidas desde el exterior por las agitaciones de los empresarios menores o insatisfechos, la pequeña burguesía y los primeros movimientos obreros[42].

Esto parece un poco prematuro. Si la burguesía era ya la que dominaba Europa Occidental en tiempos de Lola Montes y el rey Bomba, ¿qué necesidad había de los levantamientos de 1848? ¿Por qué concluir, de hecho, al final de uno de estos estudios admirables, que fue entonces cuando «la burguesía dejó de ser

---

[42] *Ibidem*, p. 140.

una fuerza revolucionaria»?[43]. Por lo mismo, en el medio siglo posterior a 1830, el sufragio universal masculino había llegado a Francia y a Alemania, pero ¿eran Bismark y MacMahon meros burgueses?

El segundo volumen sugiere otra periodización, que, en lugar de resolverlas, complica dichas incertidumbres. Los años transcurridos entre 1850 y 1875 representan, ante todo, «la era del burgués triunfante», cuando el ascendiente de éste «parecía fuera de duda o de peligro». Pero al mismo tiempo, admite Hobsbawm,

> en la mayoría de los países claramente la burguesía, por definida que estuviese, no controlaba ni ejercía el poder político. Lo que ejercía era la hegemonía, y lo que determinaba cada vez más era la política. No había alternativa al capitalismo como método de desarrollo económico[44].

Lo que esta descripción da a entender, pero no dice, es que entre el ámbito económico y el político no existía coincidencia, sino torsión. El dominio del capital no significaba necesariamente gobernantes burgueses. También ésta es una paradoja fundamental, que parece necesitar explicación, pero, de nuevo, el texto la elude. En este caso, lo hace en parte mediante la dispersión. Los grandes levantamientos políticos del periodo forman un conjunto que concentra todos los elementos de este giro fundamental: las unificaciones de Alemania e Italia, la Guerra Civil americana y la Restauración Meiji en Japón. *The Age of Capital* las cubre todas, distribuyéndolas bajo diferentes encabezamientos —«Conflictos y guerras», «La construcción de naciones», «Ganadores»— no se refiere a ellas de modo que forzase la cuestión histórica subyacente.

Si, en la cumbre de su poder, la burguesía europea nunca llegó a estar de hecho en el poder, disfrutando la dirección del Estado, ¿cuál fue su curva de desarrollo tras el «breve y transitorio»[45]

---

[43] E. Hobsbawm, *The Age of Capital*, cit., p. 33.
[44] *Ibidem*, pp. 293 y 291.
[45] *Ibidem*, p. 17.

momento de su triunfo? *The Age of Empire* cambia su énfasis al tercer plazo de la fórmula inicial. «Este libro revisa el momento de la historia en el que quedó claro que la sociedad y la civilización creada por y para la burguesía liberal occidental no representaba la forma permanente del mundo industrial moderno, sino sólo una fase de su desarrollo inicial»[46]. En otras palabras, por primera vez Hobsbawm empieza explícitamente a desconectar la forma económica y la fuerza social. Tras un cuidadoso análisis de la composición y los límites fluidos de la clase, comenta que «el problema de definir a la burguesía *como un grupo de hombres y mujeres*, y la línea entre ellos y "las clases bajas y medias", no guarda relación directa con el análisis del desarrollo capitalista en esta fase», porque «las estructuras económicas que sostienen el mundo del siglo XX, aunque sean capitalistas, ya no son las de la "empresa privada" en el sentido que los empresarios habrían aceptado en 1870»[47].

The Age of Empire no se centra en el continuo control de las elites aristocráticas y agrarias en la cumbre del Estado y de la sociedad durante la *belle époque*, como ha hecho un historiador como Arno Mayer. Traza la «disolución de los firmes contornos de la burguesía del siglo XIX» en la aparición de la gran empresa moderna, la emancipación de las mujeres y, sobre todo, en la crisis del liberalismo, una autodestrucción moral e ideológica que condujo a 1914.

A medida que la Europa burguesa avanzaba con un creciente confort material hacia su catástrofe, observamos el curioso fenómeno de una burguesía, o al menos una parte significativa de su juventud y de sus intelectuales, que se lanzaba voluntariamente, incluso con entusiasmo, al abismo[48].

En efecto, la conclusión de la trilogía es una ruptura de los lazos entre los elementos constitutivos que la pusieron en mar-

---

[46] E. Hobsbawm, *The Age of Empire*, p. 11.
[47] *Ibidem*, pp. 173 y 11.
[48] *Ibidem*, pp. 188 y 190.

cha. El capitalismo ya no necesita –¿ésta o cualquier?– burguesía. La burguesía ya no está comprometida con –¿éste o ningún?– liberalismo. Los demostrativos siguen siendo indeterminados, dejando en suspenso la diferencia entre lo particular y lo genérico. Cronológicamente, *Age of Extremes* retoma el relato en el punto en el que acaba su predecesor, con el estallido de la Primera Guerra Mundial, una continuidad subrayada por la anticipación de algunos de sus temas clave en el epílogo que concluye la trilogía, mirando hacia la historia del siglo XX. Pero conceptual y arquitectónicamente se produce una ruptura. Ocupando él solo casi la mitad que los otros tres, el cuarto volumen se erige a mayor escala. Llegar a él después de los anteriores es como si, habiendo trepado por lo que parecía la línea de cumbres de una gran cadena montañosa, uno encontrase de repente un pico de proporciones andinas elevándose por encima de esa cadena. No cabe duda de que *Age of Extremes* es la obra maestra de Hobsbawm. Su presentación y su construcción interna merecen una firme atención. El título original, *Age of Extremes*, ya es de por sí una señal; los artículos definidos *[the]* de la trilogía han desaparecido, al igual que sus sustantivos afilados. Los sustitutos pertenecen a otro campo semántico: menos categórico y político y más existencial. Los actores también han cambiado. La discontinuidad más llamativa del cuarto volumen es la completa desaparición de la burguesía, que –al contrario que el ajedrez, las drogas o el fútbol– ni siquiera merece una entrada en el índice. ¿Se desvaneció históricamente en agosto de 1914? Ningún historiador está obligado a retomar temas anteriores, y el deseo de abrir nuevos terrenos siempre es elogiable, pero es improbable que una cesura tan profunda sólo sea cuestión de un cambio de tema, sin importancia para la dirección de lo que sigue.

Age of Extremes proporciona su argumento fundamental en la forma de periodización. El «corto siglo XX» transcurrido entre 1914 y 1991 puede dividirse en tres fases. La primera, «La era de las catástrofes», va desde la carnicería de la Primera Guerra Mundial, pasando por la Gran Depresión y el ascenso del fascismo, hasta el cataclismo de la Segunda Guerra Mundial y sus consecuencias inmediatas, incluido el fin de los imperios europeos.

La segunda, «La edad de oro», que se extiende aproximadamente desde 1950 hasta 1973, experimentó tasas de crecimiento históricamente insólitas y una nueva prosperidad popular en el mundo capitalista avanzado, con una expansión de las economías mixtas y los sistemas de seguridad social; acompañado por el aumento del nivel de vida en el bloque soviético y el «fin de la Edad Media» en el Tercer Mundo, a medida que el campesinado dejaba la tierra para dirigirse a las ciudades modernas en los países poscoloniales. La tercera fase, «El derrumbamiento», que empezó con la crisis del petróleo y el comienzo de la recesión en 1973 y continúa hasta el presente, ha contemplado un estancamiento económico y una atrofia política en Occidente, la caída de la URSS en el Este, la anomia sociocultural en todo el Norte, y la expansión de cruentos conflictos étnicos en el Sur. Los signos de estos tiempos son: menos crecimiento, menos orden, menos seguridad. El barómetro del bienestar humano está cayendo.

Ésta es una visión interesante del siglo. El contraste que traza entre la primera y la segunda fase es completamente preciso, y da su fuerza al título del libro. ¿Y qué decir de las líneas divisorias entre la segunda y la tercera? He aquí un sentido obvio en el que Hobsbawm se ha mantenido fiel a sus orígenes marxistas, ya que la principal demarcación entre ambas es económica. Cada periodo, observa, se corresponde con una onda de Kondratiev larga: un cuarto de siglo de dinámico crecimiento, seguido por otro de lenta recesión. De nuevo, reitera que los ciclos de Kondratiev parecen existir, pero han desafiado cualquier explicación. Dado que *Age of Extremes* comienza diciendo que «mi objetivo ha sido el de entender y explicar por qué las cosas salieron como salieron» –un énfasis mayor que la «interpretación» prometida por la trilogía–, basarse en el mismo mecanismo inescrutable podría considerase una admisión más seria de límite, ya que la coherencia de todo el relato se centra en cierto sentido en este *deus absconditus*[49].

En realidad, Hobsbawm sí ofrece explicaciones parciales de la Gran Depresión de la década de 1930, del auge de la edad de oro,

---

[49] E. Hobsbawm, *Age of Extremes*, cit., pp. 87, 268, 3.

e incluso –aunque más indirectamente– de la larga recesión. La primera la atribuye esencialmente a una demanda insuficiente (estancamiento salarial) en el Estados Unidos de la era del jazz, de todos modos quizá demasiado aislacionista para asumir un papel responsable en la economía mundial en general. El segundo lo atribuye a una gestión eficaz de la demanda en las economías mixtas del castigado capitalismo de posguerra, garantizando aumentos salariales periódicos para absorber la producción, y una coordinación internacional mucho mejor del comercio y la inversión. De la tercera, da a entender que se debió al exceso de demanda, porque los salarios superaron a la productividad a finales de la década de 1960, desatando una inflación generalizada en el preciso momento en que se venía abajo el sistema de vinculación del dólar al oro establecido en Bretton Woods. La simetría de estas sugerencias está muy clara. En su mayor parte, Hobsbawm las deja caer sin prestarles mayor atención, con el aire escéptico de un historiador que desconfía de los dogmas de los economistas de cualquier tipo, por lo que no debería dárseles demasiado peso. Pero siguen siendo convencionales y sorprendentemente no se ven afectadas por indicaciones contrarias. Robert Brenner ha demostrado, de manera muy concluyente, lo poco que se puede explicar el comienzo de la recesión en Estados Unidos atribuyéndolo a la represión salarial, o el final del auge de posguerra por la explosión salarial[50]. También ha propuesto una verdadera explicación teórica, de esas que Kondratiev no consiguió proporcionar, a la larga recesión, respaldada por pruebas empíricas muy detalladas. La caja no es tan negra como Hobsbawm sugiere.

Aun así, independientemente de las razones, no cabe duda de que, en la segunda mitad del pasado siglo la historia económica del capitalismo avanzado se dividió en el punto y del modo que Hobsbawm describe. A partir del cambio abismal de comienzos de la década de 1970, sin embargo, Hobsbawm desarrolla un contraste de épocas de mucho mayor alcance, tendiendo a abar-

---

[50] Véase R. Brenner y M. Glick, «The Regulation Approach: Theory and History», *New Left Review* I/188, julio-agosto de 1991, pp. 45-117, y *The Economics of Global Turbulence*, analizado aquí.

car todas las dimensiones de la vida social y todas las partes del planeta. ¿En qué medida es sensata la superestructura construida sobre este cimiento? Prácticamente por definición, cualquier edad de oro es sospechosa de leyenda. En este caso, Hobsbawm ha tomado la expresión de una descripción del auge de posguerra en la zona de la OCDE efectuada por economistas angloestadounidenses de izquierda –Andrew Glyn, David Gordon y otros– y totalizado bajo ella una fase de la historia mundial. La idea, como siempre y como él mismo admite, es retrospectiva: tesoro descubierto después del suceso. Es en medio de los escombros del derrumbe donde lo que lo precedió parecen lingotes. La validez de este contraste puede observarse de diversos modos, pero si nos limitamos a las cuestiones principales abordadas por Hobsbawm, se sugieren tres.

En primer lugar, ¿ha proporcionado el periodo posterior a 1973 sustancialmente menos mejoras materiales para la mayoría de la población que el periodo anterior? Tasas de crecimiento más lentas, salarios más planos, más desempleo y creciente desigualdad en las zonas ricas del Atlántico y de las Antípodas, no significan por sí solas que la respuesta sea afirmativa, porque el periodo de la larga recesión ha contemplado también un drástico cambio en la riqueza relativa de las regiones más densamente pobladas de la Tierra. Después de todo, China tiene por sí sola más población que Norteamérica, Europa y Rusia juntas. Sus tasas de crecimiento en el periodo del derrumbamiento empequeñecen a las de la edad de oro. A pesar de la aguda crisis económica de 1997-1998, el sureste asiático –con una población considerablemente superior a la de Suramérica– ha alcanzado un desarrollo más rápido desde la década de 1970 que en las de 1950 y 1960. Incluso India aceleró un poco en ese mismo periodo. En toda esta parte del mundo, donde viven tres quintas partes de la humanidad, la suma de miseria se ha reducido más significativamente que en los pacíficos días del auge atlántico.

Por lo tanto, incluso admitiendo el pozo en el que ha caído la mayoría de la antigua Unión Soviética, el indescriptible abismo de grandes regiones del África Subsahariana, y el aumento universal de la desigualdad, en cualquier cálculo benthamista la balanza de bienestar se inclina hacia el periodo posterior, no al anterior. Para confirmarlo, podemos tomar la imagen más asombrosa que el propio Hobsbawm da de la mejora humana. El campesinado no se extinguió en la edad de oro, y dista mucho de haber desaparecido después de tres décadas de derrumbamiento. Sigue suponiendo aproximadamente el 45 por 100 de la población mundial. Pero su mayor descenso, con mucho, se ha producido en los pasados treinta años de vertiginosa urbanización en el Tercer Mundo. La Edad Media, en el sentido insinuado, acabó para la mayor parte de la humanidad en la época de Reagan, no en la de Eisenhower.

Un segundo tema central de *Age of Extremes* es la violencia política del siglo: los 187 millones de muertos por las guerras, las masacres, las ejecuciones y las hambrunas que Hobsbawm sitúa al comienzo de su historia. ¿Cuál es la comparación entre la edad de oro y el derrumbamiento en esta escala? La forma de la primera fue inseparable de la Guerra Fría, a la cual Hobsbawm dedica un capítulo enérgico, achacando la responsabilidad esencialmente a Estados Unidos, y no a la Unión Soviética o a ambas potencias. El tono apocalíptico y el celo cruzado del conflicto procedieron, sostiene él, exclusivamente de Washington. Dado que no existía ningún peligro inminente de guerra mundial, cada bando aceptó la división del planeta después de 1945, y las armas nucleares, irracionalmente acumuladas y estratégicamente inconsecuentes, nunca se usaron. El efecto de esta explicación de la Guerra Fría es el de suavizar los peligros de destrucción mutua tan ampliamente temidos en su momento, que podría pensarse que ponían en peligro la imagen de una edad de oro. *Interesting Times*, de manera más congruente y sincera, habla de la vida «bajo la nube negra del apocalipsis nuclear»[51].

Aun así, incluso dejando esto aparte, el periodo fue suficientemente sangriento. Los años transcurridos entre 1950 y 1972 incluyeron la Guerra de Corea, las guerras francesas en Indochina y Argelia, tres en Oriente Próximo, las guerras portuguesas en África, el conflicto de Biafra, las masacres indonesias, el Gran

---

[51] E. Hobsbawm, *Interesting Times*, cit., p. 228.

Salto Adelante y la Revolución cultural, y la guerra de Estados Unidos en Vietnam. Total de muertos: quizá 45 millones. Por comparación, la proporción de muertos en conflictos, durante el derrumbamiento, descendió drásticamente. De 1973 a 1994, cuando se publicó *Age of Extremes*, sus peores episodios fueron la guerra entre Irán e Irak, las masacres de Camboya, el genocidio en Ruanda, el terrorismo contrarrevolucionario en América Central y del Sur, la cuarta y la quinta Guerras de Oriente Próximo, y la limpieza étnica en los Balcanes. Número aproximado de muertos: 5 millones. Las barbaridades de la época actual distan de haber terminado, pero a ese respecto no hay razones para llorar a su predecesora.

¿Por qué el esquema analítico de *Age of Extremes* difiere tanto del registro histórico en los dos principales temas que elige para evaluar el siglo? Se sugiere una razón común. En ambos, es el peso de Asia oriental, y sobre todo de China, lo que marca la diferencia, suponiendo con creces las mayores bajas en la edad de oro y con mucho las tasas de crecimiento más elevadas en el derrumbamiento. En su autobiografía, Hobsbawm escribe:

> Hasta hoy, comprendo que trato la memoria y la tradición de la URSS con una indulgencia y un cariño que no siento hacia la China comunista, porque pertenezco a la generación para la que la Revolución de Octubre representó la esperanza del mundo, como China nunca hizo[52].

Hay en esto un toque de generalización excesiva: Brecht, de una generación anterior, o Althusser, de la suya, no sentían igual. Pero puede considerarse un hecho personal, importante para el historiador. Dada la mentalidad extraordinariamente internacionalista de Hobsbawm, unida a su experiencia política, su erudición profesional y su simpatía imaginativa, sería absurdo reprocharle su formación europea. Pero *Age of Extremes* conserva el ángulo de visión de los orígenes del autor en Viena, Berlín y Londres, tal como los describe la autobiografía. China carece de

---

[52] *Ibidem*, p. 56.

una lugar proporcionado en el equilibrio del siglo. También Japón figura menos de lo que debiera, en buena medida durante la propia edad de oro, o de lo que su papel en *The Age of Capital* justificaría. El único miembro del país que consigue una mención es Kurosawa. En este tema, quizá se haga sentir la distancia cultural. Una vez que le preguntaron cómo era el país, después de una visita, el historiador miró a la nada y respondió, sencillamente: «Marte» Las afinidades siempre son selectivas: la condición para relacionarse en profundidad con algunas culturas extranjeras, por muchas que sean, es inevitablemente contactar menos con otras.

El tercer gran tema que recorre el análisis de Hobsbawm sobre el pasado medio siglo es «la desintegración de los antiguos patrones de relaciones sociales humanas, y con ellas, por cierto, la ruptura de los lazos entre generaciones, es decir, entre pasado y presente»[53]. El comparador sociocultural no es tan preciso como el material o el mortal, pero el énfasis del relato recae sobre las «décadas de crisis» de 1970 y 1980 como el tiempo en el que los lazos morales que habían dado cohesión inmemorial a la vida humana –de familia, lugar de nacimiento, trabajo, religión, clase: solidaridades de importancia ética– se desmoronaron de la manera más decisiva. El resultado ha sido la expansión de «un absoluto individualismo asocial», cuyos costes psicológicos han encontrado creciente compensación en las retorcidas fijaciones colectivas de la política de identidad. A este respecto, es ciertamente más verosímil suponer un desarrollo unidireccional conjunto que en el caso del crecimiento económico o de la muerte violenta. Dado que Hobsbawm sitúa, como es razonable, el nacimiento en Occidente de una revolución cultural contra toda forma conocida de tradición en la década de 1960, se deduce que el impacto más amplio de esta transformación debió de producirse en las décadas posteriores.

Una cosa es situar tales cambios en el tiempo y otra evaluarlos. Las descripciones que Hobsbawm hace de la década de 1960 y sus consecuencias, tanto en *Age of Extremes* como en *Interesting*

---

[53] E. Hobsbawm, *Age of Extremes*, cit., p. 15.

Times, son en general malhumoradas. En dirección, se pueden alinear con las sugerencias esbozadas por primera vez en la izquierda por Régis Debray, y después desarrolladas por Mark Lilla en la derecha, de que el libertarismo hedonista del periodo se extendió por el mismo terreno moral que el neoliberalismo desenfrenado del periodo posterior: en el abandono de todas las restricciones, primero al sexo y después a la avaricia, en busca del deseo individual desnudo[54]. Hobsbawm no establece esta conexión tan expresa, dando más importancia a la autonomización de la juventud como fenómeno histórico insólito, pero su veredicto negativo sobre la «revolución cultural» está claro.

Hay en esto, sin embargo, una respuesta obvia a cualquier lamento. ¿Ha habido una sola consecuencia de transvaloración tan general y profunda como el avance mundial de la emancipación de las mujeres? Es ésta una evolución cuyo embate entra de lleno en el derrumbamiento. El feminismo contemporáneo como movimiento, y la entrada masiva de las mujeres en la población activa del mundo industrializado en condiciones menos desiguales respecto a los hombres, data en esencia de la década de 1970. Hobsbawm concede a todos estos cambios la importancia sociológica que merecen, naturalmente sin censura. Pero no figuran mucho en su consideración moral de la disolución de los lazos tradicionales. Sin apenas una palabra, la familia burguesa y sus patriarcas, objeto de desdeñoso análisis en *La era de los imperios*, han desaparecido de escena. Tácitamente, su muerte ha dejado de ser por completo una liberación.

Con esto llegamos de nuevo a los actores que faltan en el corto siglo XX. El cambio en la situación de las mujeres se asigna a la «revolución social», como forma específica de nociva revolución cultural, abordada en el siguiente capítulo. En él Hobsbawm expone las grandes fuerzas colectivas del mundo contemporáneo, en un estudio homólogo a sus panoramas de clase del siglo XIX. ¿Qué contiene? Por orden: campesinos (en desaparición o desa-

---

[54] R. Debray, *Modeste contribution aux discours et cérémonies du dixième anniversaire*, París, 1978, pp. 35-63; M. Lilla, «A Tale of Two Reactions», *The New York Review of Books*, 14 de mayo de 1998.

parecidos); estudiantes (multiplicándose); trabajadores (en decadencia); mujeres (en ascenso). Ausente está cualquier continuación o equivalente de los burgueses que dominaban las cumbres de la trilogía. ¿No tuvieron descendientes? La arquitectura de *Age of Extremes* enmascara la dificultad a este respecto, al no incluir una sección transversal de las sociedades occidentales entre 1914 y 1950. En efecto, damos un salto desde la mitad de la *belle époque*, con la que termina *La era de los imperios*, hasta la parte posterior de la edad de oro o incluso hasta el derrumbamiento, pasando por encima del periodo de entreguerras. Esto oculta, pero también profundiza, el hiato dentro de la serie como conjunto, porque claramente las burguesías occidentales, se entiendan como se entiendan, no dejaron de funcionar en Versalles, sino que siguieron predominando durante toda la era de la catástrofe, como Hobsbawm, que llegó a la Inglaterra de Baldwin, tiene todas las razones para saber. ¿Por qué entonces no las incluye?

Una clave para la respuesta tal vez radique en la anomalía espacial de *Age of Extremes*. Económica, política y culturalmente, el país que para bien o para mal ha dominado abrumadoramente la franja histórica que el libro estudia, hasta el punto de que el breve siglo XX a menudo recibe su nombre de él, es Estados Unidos. Sería de esperar que tuviera aproximadamente la misma importancia en el libro, pero de hecho no hay en absoluto un tratamiento directo de Estados Unidos. Dicho país sólo aparece en puntos relevantes del relato –las dos Guerras Mundiales, la Gran Depresión, la Guerra Fría, las décadas de crisis, etcétera– en pasajes casi siempre agudos, pero no hay ninguna reflexión consolidada. El contraste con Rusia es asombroso. El índice presenta dos veces más entradas sobre la URSS que sobre Estados Unidos, pero la disparidad de atención es de hecho mucho más marcada. La Unión Soviética recibe tres análisis completos: en el momento de la fundación bolchevique, en la cumbre del sistema estalinista y después en el momento de la decadencia brezhneviana y la implosión bajo Gorbachov y Yeltsin. Nadie pediría menos de la Revolución de Octubre y sus consecuencias, pero esta centralidad del perdedor hace más evidente la marginación relativa del ganador.

Si *Interesting Times* arroja luz biográfica sobre las fuentes de una incomodidad subyacente con Estados Unidos, es probable que las razones por las que sus entradas son esporádicas en *Age of Extremes* –como si buena parte del tiempo le correspondiese mantenerse fuera de escena– sean más estructurales: consecuencia tanto de la composición como del alejamiento. Y así Estados Unidos sólo ha participado en el sentido más mitigado en el tríptico en el que Hobsbawm divide el siglo. Del tiempo de la catástrofe, sólo conoció la depresión, muy profunda, pero sublimada rápidamente en las leyendas sentimentales suscitadas en torno al *New Deal* y al presidente con más éxito de Estados Unidos, frente a las que el propio Hobsbawm no es completamente inmune (el régimen de FDR «se convirtió en un gobierno para los pobres y los sindicatos»)[55]. Las dos guerras mundiales fueron, desde un punto de vista relativo, sendas galopadas en el extranjero, que provocaron más prosperidad que aflicción en un país intacto. La «edad de oro», como Hobsbawm señala en *Interesting Times*, continuó la experiencia del auge durante la guerra. El «derrumbamiento» ha alzado al país a la cumbre del poder de todos los tiempos. Si China no llega a integrarse en un lado de la imagen, Estados Unidos no encaja fácilmente en el otro. La desaparición en *Age of Extremes* de la clase de señores estudiada por los libros anteriores tal vez tenga algo que ver con esta desaparición del punto de enfoque.

Sean cuales sean sus vicisitudes en Europa, no puede haber sombra de duda de que, en Estados Unidos, la burguesía, *haute o moyenne*, se mantuvo al mando durante toda la primera mitad del siglo. Sólo necesitamos recordar figuras tan distintas como Taft y Wilson, Coolidge y Mellon, Stimson y Cordell Hull, Acheson y los hermanos Dulles, por no hablar de los dos Roosevelt. Por supuesto, no es que Europa careciese de equivalentes –Adenauer, Pinay o Scelva– incluso después de la guerra. Pero ciertamente Estados Unidos fue la tierra por excelencia donde la especie se mostró en su faceta más robusta. Cincuenta años después, ¿podemos hablar en el mismo sentido de burguesía en Occidente? Al

---

[55] E. Hobsbawm, *Interesting Times*, cit., p. 388.

quitarla de su lista de personajes, es improbable que Hobsbawm se dejara conmover por las connotaciones ahora desfasadas del término. Es más probable que le causara perplejidad lo que le había ocurrido, lo cual es perfectamente comprensible, porque ciertamente, entre las consecuencias de la «revolución social» puesta en marcha a partir de la década de 1960, se produjeron mutaciones en lo que el propio Marx denominó las máscaras de carácter del propio capital. Sin duda se produjo cierto marinado plebeyo de estilos y personas, pero el cambio más significativo no es de tono, sino de escala. Nunca desde la *Gilded Age*, que se extiende desde la Guerra de Secesión americana a los últimos años del siglo XIX, han recorrido los bucaneros financieros y los magnates industriales la tierra con pasos tan gigantescos, pisoteando a los trabajadores y pavoneándose en la cultura, desde alturas de poder y riqueza que Gould o Morgan difícilmente podrían haber imaginado. Un vistazo a la prensa o a la televisión nos recuerda cumplidamente la ubicuidad de esta tribu. Omitiéndola, *Age of Extremes* ofrece un retrato decapitado de la sociedad contemporánea.

¿Cuál ha sido la conclusión política de las convulsiones sociales y culturales descritas en *Age of Extremes*? Ciertamente, ninguna revolución igualable. En todo caso, el efecto de esta abreviación del paisaje de riqueza y poder es el de conjurar un mundo cercano al dicho acuñado, aunque no respaldado, por Lutz Niethammer: los dominantes han dejado de dominar, pero los esclavos siguen siendo esclavos[56]. Dicho veredicto no es el modo que Hobsbawm tiene de expresar las cosas, pero plantea la cuestión pertinente: ¿qué opina de la democracia del siglo XX? Porque en esto está, por supuesto, el argumento definitivo –y desde cualquier punto de vista convencional, ciertamente el más concluyente– contra su contraste de la edad de oro y del derrumbamiento. ¿Cómo pudo pasar por alto el mayor progreso humano de todos, que se ha extendido por el mundo en este periodo, no en el anterior? De acuerdo con Freedom House (sede: Washington DC), el número de democracias certificadas en el planeta aumentó de 22 en 1950 a 31 en 1972; pero, entre 1973 y 2000,

---

[56] L. Niethammer, *Posthistoire*, Hamburgo, 1989, p. 156.

experimentó un salto a 85. La democracia, que ya no está limitada a Europa Occidental y a sus extensiones ultramarinas en el Nuevo Mundo y en el Pacífico del Sur, ha conquistado ahora prácticamente toda América Latina, África del Sur, Europa Oriental y la mayor parte de la antigua Unión Soviética, Tailandia e Indonesia, Taiwan y Corea del Sur, y cada año se alinean nuevos candidatos a la admisión. ¿No basta esto para demostrar que todo lo que se ha estado derrumbando ladera abajo han sido las tiranías de cualquier tipo? De acuerdo con esta interpretación, los pasados veinticinco años no han contemplado tanto un periodo cuyos beneficios o pérdidas pudieran compararse aproximadamente con los de su predecesor, sino un mundo inmensurablemente más libre y mejor.

Que Hobsbawm sería un improbable adepto a este punto de vista podría deducirse ya de la trilogía, que da un tratamiento constantemente frío a la aparición de la política electoral masiva a finales del siglo XIX. *The Age of Empire* observa que la famosa declaración hecha por Lenin de que «la república democrática es el mejor caparazón posible para los regímenes capitalistas» –que habría sobresaltado a una generación anterior de revolucionarios– era una conclusión verosímil en los años anteriores a la Primera Guerra Mundial, cuando las clases dominantes de Europa «descubrieron que la democracia parlamentaria demostraba, a pesar de sus temores, ser muy compatible con la estabilidad política y económica de los regímenes capitalistas». Después de la guerra, sin embargo, la relación entre ambas demostró ser tremendamente frágil, y mientras se extendía el fascismo, los comunistas sostenían lo contrario, que «el capitalismo debe abandonar inevitablemente la democracia burguesa». Esto resultó igualmente equivocado, como demostraría la experiencia después de 1945[57]. Pero, aunque la democracia reapareció entonces como el sistema favorito de las sociedades capitalistas prósperas y cohesivas, era realidad en muy pocos de los más de 150 países de todo el mundo. Tal era la postura de Hobsbawm en 1987, dos años antes de la caída del Muro de Berlín.

---

[57] E. Hobsbawm, *The Age of Empire*, cit., pp. 110-111.

¿Cómo se muestra la democracia en *Age of Extremes*? Hobsbawm limita el análisis de la misma a dos bloques de reflexión, hacia el comienzo y hacia el final del libro. El primero forma parte de un análisis más general sobre «La caída del liberalismo» en la era de la catástrofe, cuyo núcleo es un brillante análisis sobre el ascenso en el periodo de entreguerras de distintos tipos de autoritarismo de derechas, de los cuales el más extremo fue el fascismo. Las democracias cayeron como bolos, sostiene, porque necesitan condiciones de prosperidad, legitimidad consensuada, armonía social y bajas exigencias políticas sobre el gobierno, que raramente se obtenían en medio de una enorme dislocación económica y tensión social. En 1940, de aproximadamente veintisiete países europeos, sólo cinco sobrevivían en forma de democracia. Todo el capítulo es un *tour de force* de sucinto diagnóstico, pero cuando el relato pasa al periodo de posguerra, no ofrece un estudio equivalente sobre la reconstrucción de la democracia en Europa y en Japón, típicamente sobre bases de sufragio más amplias que antes: por el contrario, pasamos directamente a la Guerra Fría, sin mencionar apenas el hecho de que el «mundo libre» era la insignia bajo la cual Occidente libró esa guerra. En los casos en los que entra en el relato, la democracia recibe un tratamiento brusco. En un comentario sobre las superpotencias rivales, Hobsbawm escribe:

> Como la URSS, Estados Unidos era una potencia que representaba una ideología, de la que la mayoría de los estadounidenses creía sinceramente que constituía un modelo para el mundo. Al contrario que la URRS, Estados Unidos era una democracia. Por desgracia, debe decirse que el segundo de estos países probablemente fuese el más peligroso[58].

La ausencia de atención particular a la expansión de la democracia como orden político modal durante el derrumbamiento coincide, por lo tanto, con el modo en que la aborda en la edad de oro. Pero al final de *Age of Extremes*, Hobsbawm recupera el

---

[58] E. Hobsbawm, *Age of Extremes*, cit., p. 234.

tema, con una serie de comentarios memorables sobre el presente. «Ningún observador serio de comienzos de la década de 1990 –comienza– podría ser tan optimista respecto a la democracia liberal como respecto al capitalismo»[59]. Porque el Estado nación estaba siendo constantemente debilitado por la mundialización de los mercados financieros y de productos, en una economía mundial que se estaba volviendo cada vez más incontrolable para las autoridades públicas, o una combinación de ambas. Las democracias eran ahora sistemas en los que los gobiernos ejercían cada vez menos poder, pero tenían que tomar más decisiones –normalmente de complejidad técnica superior a los conocimientos de sus ciudadanos– y, al mismo tiempo, soportar el asedio constante de los medios de comunicación, que se habían convertido en parte más importante del sistema político que los partidos o la normativa electoral. Hoy, los pueblos no pueden gobernarse a sí mismos en un sentido realista; pero tampoco pueden ser olvidados por los gobiernos, que a su vez ya tampoco pueden gobernar plenamente. El resultado de este punto muerto es inevitablemente una política de evasión oficial, ofuscación o manipulación plebiscitaria. En buena parte de Occidente, las elecciones contemporáneas se han convertido en poco más que «concursos de perjurio presupuestario». Históricamente, la verdad, «la democracia representativa raramente es un modo convincente de dirigir Estados»[60].

En medio del reinante barullo de imparable democratitud –burocrática, académica, periodística–, tal austeridad es un correctivo vigorizante. Si hiciera falta algún testimonio de lo inasimilable que es la obra de Hobsbawm a cualquier consenso cómodo, estos acres veredictos bastarían. Descriptivamente, se corresponden con la continua pérdida de sustancia de los sistemas parlamentarios y electorales, en una época de mayor difusión, que ciertamente es uno de los sellos del momento. Desde el punto de vista analítico, sin embargo, también señalan un cambio en el modo en el que se concibe la democracia en la tri-

---

[59] *Ibidem*, p. 575.
[60] *Ibidem*, pp. 578-583 y 138.

logía. *The Age of Empire* relacionaba el funcionamiento de los sistemas democráticos con las estructuras de la sociedad de clases, y las necesidades del capital, en la época de dominio europeo del mundo. Si hubiera que criticar a la democracia que había entonces, sería en nombre de la soberanía popular y de la igualdad a las que coartaba. Ése era el fundamento de la máxima de Lenin. La idea de *Age of Extremes* difiere. Un siglo después, no es la desigualdad de las democracias posmodernas la que constituye el centro de la crítica, sino su gobernabilidad. El carácter clasista del orden representativo, como una estructura de poder sistemáticamente sesgada, ya no está en juego. La democracia burguesa ha desaparecido junto con la burguesía. En su lugar, se sitúa algo más parecido a la versión radical de un discurso normalmente conservador, porque, desde luego, «la crisis de gobernabilidad» fue la consigna de la propia Comisión Trilateral, constituida por David Rockefeller y Zbigniew Brzezinski en 1973 para reunir a «altos políticos y empresarios» de Estados Unidos, Europa y Japón, para analizar los problemas de la dirección conjunta del mundo. Al igual que la insistencia de *Age of Extremes* en que el principal problema de la economía mundial no es tanto el lento crecimiento como la «incontrolabilidad» recuerda un motivo del mismo entorno. Brzezinski tituló una de sus obras (citada por Hobsbawm en otro contexto) *Out of Control [Fuera de control]*.

No es que los problemas a los que *Age of Extremes* apunta en tales pasajes sean ficticios. La inestabilidad endémica de los mercados financieros internacionales y la complejidad científica de muchos asuntos medioambientales plantean a los regímenes existentes dificultades que Hobsbawm indica, pero una revisión de las disfunciones democráticas que se mantenga demasiado cerca de la crítica tecnocrática no capta la fuerza ideológica del orden actual. Hay poca percepción de la función indispensable desempeñada por la democracia como carta vencedora en el resultado de la Guerra Fría: no es el as en la mano siempre a disposición de Occidente, que era el atractivo del consumo más elevado, pero sí al menos una sota o una reina esenciales. En consonancia con la lógica de la trilogía, *Age of Extremes* conside-

433

ra en detalle la caída del liberalismo entre las dos guerras mundiales, pero no se cuenta la historia de su recuperación en la edad de oro, y mucho menos la potencia de su mutación durante el derrumbamiento. El neoliberalismo, cuya expansión a todos los continentes en las pasadas dos décadas quizá lo haya convertido en la ideología más universal de la historia mundial, se despacha prácticamente entre comas, como una pasajera fantasía utópica.

Tal minimización señala una laguna reveladora en el tejido de este último volumen. La trilogía sigue un patrón regular: trata primero las economías, las clases y los Estados; después las artes, las ciencias y las ideologías. En este esquema, la cantidad de cobertura dedicada a las artes y las ciencias se mantiene constante en los tres volúmenes, y reaparece debidamente en *Age of Extremes*, que, en la última parte del libro, ofrece (de diferentes modos) capítulos atractivos sobre ambas. En lo referente a las ideologías, sin embargo, se produje una parábola inconfundible. *La era de la revolución* contiene dos capítulos, uno dedicado a las ideologías religiosas y otro a las laicas: 42 páginas. *The Age of Capital*, parte de un capítulo: 22 páginas. *The Age of Empire* un capítulo: 13 páginas. Cuando llegamos a *Age of Extremes*, que muchos consideran la era de las ideologías por excelencia, no hay nada. Las ideas han perdido su lugar en la historia de la especie. ¿Cómo debe interpretarse este descenso de interés por algo que antes figuraba de modo tan preponderante?

Una explicación, por supuesto, radicaría en un *parti pris* metodológico subyacente: la tendencia, por así decirlo, de todo materialista histórico a considerar los sistemas intelectuales como algo meramente secundario a la interrelación de fuerzas económicas y sociales más profundas, en la cual se determina realmente el movimiento de un periodo. Demasiados marxistas, sin embargo, se han especializado en la historia de las ideas como para que ésta sea una línea de pensamiento convincente. La propia ambición original de Hobsbawm, nos cuenta él en *Interesting Times*, era la de descubrir las relaciones entre la superestructura y la base, no la evolución de la base en sí, y en un sentido obvio se mantuvo fiel a ella. Una explicación alternativa podría encontrarse en el carácter de las ideas a las que se enfrentan los sucesivos plazos de su historia. El primer volumen concede un espacio generoso a los grandes monumentos de la Ilustración y sus secuelas: la economía política clásica de Smith y Ricardo, el legado radical de Rousseau, las síntesis filosóficas de Kant y Hegel y la culminación de estas tradiciones en Marx. El segundo desecha de plano a Comte y Spencer, presta una atención cautelosa, pero lacónica al marginalismo, da una mala opinión de los comienzos de la historia académica y se detiene en las diferentes manifestaciones del racismo de mediados de siglo. El tercero analiza la expansión del marxismo, la decreciente popularidad de las teorías evolutivas y, bastante someramente, la aparición del psicoanálisis y la sociología clásica.

El cuarto, referente a un periodo el doble de largo, contiene una página sobre el posmodernismo, una frase o dos sobre el neoliberalismo, y eso es todo. Obviamente, es tentador concluir que la cobertura es proporcional a las afinidades del historiador, que descienden de manera gradual y después precipitada a medida que avanzamos hacia un presente ingrato. Por supuesto, algo hay de eso: uno de los méritos de Hobsbawm es que no esconde aquello que le disgusta o que desdeña, pero no puede ser la única razón, ya que la misma lógica no se aplica a las artes. *Age of Extremes* contiene un capítulo sustancial sobre el destino de éstas en el siglo XX, es decir, un ataque demoledor contra las reivindicaciones del movimiento moderno y los proyectos fútiles y decadentes de la vanguardia, en los que Hobsbawm detecta «el olor de la muerte inminente», un ataque ampliado en su conferencia Neurath titulada «The Decline and Fall of the Twentieth Century Avant-Gardes» [«Decadencia y fracaso de las vanguardias del siglo XX»][61]. La aversión no impide un compromiso decidido en este frente. La razón por la que las ideas desaparecen de la imagen debe de ser otra.

¿Tal vez influyesen los reflejos nacionales adoptados? En el impaciente rechazo por parte de Hobsbawm a las doctrinas arcanas o a las figuras de pensamiento excesivamente complica-

---

[61] E. Hobsbawm, *Behind the Times*, Londres, 1998 [ed. cast.: *A la zaga. Decadencia y fracaso de las vanguardias del siglo XX*, Barcelona, 1999].

das, se percibe a veces una nota de franca inglesidad: el término despectivo «gurú» aparece con demasiada frecuencia en *Interesting Times*, asignado a pensadores como Raymond Williams o Antonio Gramsci. Quizás haya también una veta anterior de *plumpes Denken* [pensamiento tosco]. Éstos podrían ayudar a explicar la curiosa ausencia de ideas en su autorretrato. O más sencillamente, dejando a un lado todos los factores culturales, podría haber un temperamento en el que una racionalidad sensata, contraria a todo lo que resiste una lógica directa, es un elemento fuerte. Ciertamente, eso influye en el modo en que tantas ideas y episodios fundamentales del siglo XX se consignan a una sola categoría situada más allá del saber del historiador. En la Primera Guerra Mundial, el objetivo de la rendición incondicional fue «absurdo y contraproducente». En la década de 1930, el terror de Stalin fue «una absurdez asesina». En la Segunda Guerra Mundial, «no hay una explicación adecuada» a la locura de Hitler de iniciar hostilidades contra Estados Unidos. Durante la Guerra Fría, la creencia occidental en la amenaza soviética era «absurda» y la carrera de armamento nuclear de la Guerra Fría una «absurdez siniestra». Las «absurdeces asesinas» del Gran Salto Adelante maoísta fueron seguidas por las «absurdeces surrealistas» de la Revolución Cultural. La guerra estadounidense en Vietnam es «casi imposible de entender». El rearme de Reagan fue «una clara locura». Hoy, el derecho a la autodeterminación nacional ha sido reducido a una «salvaje y trágica absurdez»[62].

Tales anotaciones se acercan más a Voltaire que a Marx. Su eco en un punto crucial del argumento sugiere la razón suprema de que *Age of Extremes* evite las ideas. En las primeras páginas del libro, Hobsbawm declara que la oposición binaria entre el «capitalismo» occidental y el «socialismo» soviético que dominó el corto siglo XX fue una construcción arbitraria y artificial, y que el conflicto entre ambos es de interés histórico limitado: comparable a largo plazo con las guerras de religión o las

---

[62] E. Hobsbawm, *Age of Extremes*, cit., pp. 30, 391, 41, 230, 249, 469-470, 244, 247, 567.

cruzadas[63]. Volviendo a este tema en su conclusión, Hobsbawm escribe que el «debate que enfrentó al capitalismo y al socialismo como opuestos mutuamente excluyentes y polares» bien puede «resultar tan irrelevante para el tercer milenio como el debate entre los católicos y los diversos reformadores de los siglos XVI y XVII sobre qué constituía verdadero cristianismo demostró ser en el XVIII y el XIX»[64].

Este tropo no es un simple recurso de encuadre. Un capítulo particular lo convierte en un rasgo estructural del relato. «Contra el enemigo común», sustancialmente más largo que el propio estudio sobre el fascismo, está dedicado a las alianzas antifascistas en 1935-1945: los frentes populares antes de la guerra, las resistencias después de 1941, y sobre todo el pacto militar entre la Unión Soviética, Reino Unido y Estados Unidos que finalmente derrotó a la Wehrmacht. En este caso, sostiene Hobsbawm, no se trazaron las líneas entre el capitalismo y el comunismo, sino entre los descendientes de la Ilustración y sus opositores. La unidad de la lucha contra el fascismo, que movilizó una gama de fuerzas extraordinaria, «no fue negativa, sino positiva y, en ciertos aspectos, duradera», basada ideológicamente en valores compartidos de progreso, ciencia y educación, y en la práctica, en una gestión activa de la economía por el Estado. En muchos aspectos, la victoria de este frente común forma «la bisagra del siglo XX»[65].

El elemento de proyección fantasiosa en esta imagen idealizada de los aliados de Yalta y Potsdam, sus mejores yos secretamente unidos entre sí, está suficientemente claro. Históricamente, el régimen capitalista y el comunista se contemplaron entre sí con una fría distancia instrumental durante toda su coalición alcanzada por cuestiones de necesidad. Para Stalin, su alianza con Estados Unidos no significaba más, ni menos, que su anterior pacto con Alemania (calculó mal ambos). En el caso de

---

[63] *Ibidem*, pp. 4, 9.

[64] *Ibidem*, p. 564.

[65] *Ibidem*, p. 176; E. Hobsbawm, «The Present as History», *On History*, Nueva York, 2000, p. 238 [ed. cast.: *Sobre la historia*, Barcelona, 1998].

Truman, que había recibido bien el ataque nazi contra la Unión Soviética, por considerar que debilitaba a ambas potencias, los planes de contingencia sobre un ataque atómico por sorpresa contra la URSS empezaron a las pocas semanas de acabar la guerra. La «unidad duradera» del antifascismo no duró más que el propio fascismo. El capitalismo y el comunismo eran sistemas mortalmente antagónicos, como ambos bandos sabían. La Guerra Fría no fue una aberración. La mezcla de analogías en la interpretación de Hobsbawm, poniendo cabeza abajo los siglos XVIII y XVII –cinco años de Ilustración, seguidos de cuarenta y cinco de guerras religiosas– es bastante indicativa. Las ideas que ambos bandos se lanzaron entre sí durante la Guerra Fría eran terrenales, no teológicas: planes de organización social, comparados en este mundo, no sutilezas de fe sobre un mundo sobrenatural situado más allá. No pueden desecharse, después del suceso, como otras tantas irrelevancias.

Esto lo confirma el propio *Age of Extremes*. Porque, lejos de dejar un mundo pacificado, libre de desfasadas pasiones sectarias –cruzando, por así decirlo, hacia las aguas calmadas de un acuerdo de Utrecht contemporáneo– el final de la Guerra Fría nos ha inclinado, de acuerdo con la propia explicación de Hobsbawm, a cataratas de impredecible violencia y desesperación social. Éste es, de hecho, el escandaloso mensaje que compone el núcleo del libro. La victoria de Occidente sobre la Unión Soviética no fue ni históricamente neutral (una mera eliminación de equívocas etiquetas de diferencia), ni beneficiosa (la llegada de la libertad y de la promesa de prosperidad a territorios de estremecedora dictadura). La disolución de la URSS fue, por el contrario, «una catástrofe sin paliativos», que hundió a Rusia en una caída de proporciones similares a las experimentadas entre las dos guerras mundiales, y creó una enorme zona de desorden, conflicto y mortalidad en toda Eurasia. En el mundo en general, la Revolución de Octubre había salvado dos veces al capitalismo de sí mismo: derrotando al nazismo en el campo de batalla y obligando a las sociedades occidentales a adoptar reformas profilácticas después de la guerra. Ahora, para detrimento de todos, ese control de sus instintos salvajes ha desaparecido.

Cinco años después de la publicación de *Age of Extremes*, en una entrevista sinóptica que sirve de colofón al libro, Hobsbawm afirma que, en realidad, nunca subestimó la gravedad del desastre que el hundimiento de la URSS ha significado: «La escala de la catástrofe humana que ha golpeado a Rusia es algo que sencillamente no entendemos en Occidente. No creo que haya habido nada comparable en el siglo XX»[66]. La ruptura histórica de 1991, sostiene, es de consecuencias más duraderas que la de 1918 o la de 1945. En resumen, sería difícil exagerar la convicción que Hobsbawm tiene de la seriedad del revés que supone la destrucción del socialismo soviético.

Aquí, sin embargo, radica la tensión que se percibe en el fondo de *Age of Extremes*. En él se encuentran dos perspectivas incompatibles sobre el corto siglo XX. Para la primera, el enfrentamiento entre dos sistemas sociales que comenzó en 1917 y terminó en 1991 fue en último término un descubrimiento ilusorio: las similitudes benéficas siempre fueron más profundas que los contrastes hostiles, que, en gran medida, eran invenciones de dos metafísicas igualmente anacrónicas. Para la segunda, el enfrentamiento entre el socialismo revolucionario y el capitalismo fue una lucha cuyo desastroso final, la muerte de uno a manos del otro, es la medida de todo lo que se ha perdido con la eliminación de la diferencia entre ellos. No cabe duda de cuál de ambas interpretaciones es más verosímil, o pesa más en la arquitectura del libro. La calamidad, no la reconciliación, es la clave dominante. Es esta visión del modo en el que se cerró el siglo la que rige la estructura tripartita del libro, porque si preguntamos por qué el derrumbamiento se contrapone en general a la edad de oro, a pesar de tantos indicadores que aparentemente matizan o invierten los términos de cada uno, la respuesta está clara: es el descenso inicialmente gradual y después precipitado del experimento soviético lo que establece la pendiente del momento.

---

[66] E. Hobsbawm, *The New Century*, Londres, 2000, pp. 45, 74 [ed. cast.: *Entrevista sobre el siglo XXI*, Barcelona, 2000]. Este amplio apéndice no ha recibido la atención que merece.

Hobsbawm ha explicado, con su franqueza característica, que la organización de *Age of Extremes* había cambiado a medida que lo componía. Originalmente, explicó en una conferencia pronunciada un año antes de que se publicase, el libro se concibió en forma de díptico: primero una era de la catástrofe, desde el estallido de la Primera Guerra Mundial hasta las consecuencias inmediatas de la Segunda, y después, desde finales de la década de 1940 hasta el momento de escribir, «el opuesto exacto»: la reforma del capitalismo y la persistencia del socialismo en medio de un insólito «gran salto adelante de la economía mundial», en el que los propios rusos vivían mejor bajo Brezhnev de lo que hubiera vivido cualquier generación anterior[67]. Dos cambios, dice, transformaron su perspectiva: el hundimiento del bloque soviético a comienzos de la década de 1990, y la coincidente gravedad de las dificultades económicas en Occidente. No cabe duda de cuál de ellos fue el decisivo. La larga recesión de la economía capitalista mundial estaba clara al menos desde mediados de la década de 1970, como él mismo señala: el final de la burbuja financiera en Japón y la recesión estadounidense de 1991-1992 no fueron más que sus episodios más recientes; por así decirlo, previstos de antemano en el ciclo de Kondratiev activo que él dice que ya había asumido en el díptico. Fue la caída de la URSS la que lo cambió todo.

Estratigráficamente, las pruebas radican en sí en la composición final. La ubicación y las premisas de «Contra el enemigo común» sólo tienen sentido realmente a partir del punto de vista original del díptico. Entonces, de hecho, habría servido de bisagra del siglo XX, cuando la historia extendió los suplicios de Kursk y Bastogne de un extremo a otro; un desastre colectivo sin parangón para un progreso común hasta entonces inimaginable. Una vez efectuado el cambio al tríptico, esta capa anterior sobrevive como un afloramiento en otra formación. En otras partes, se ha producido una visible compactación de las placas temáticas que cuenta en buena medida la misma historia. Por lo tanto, los largos capítulos de la edad de oro dedicados a las revolucio-

---

[67] E. Hobsbawm, *On History*, cit., pp. 234-235.

nes sociales y culturales del periodo de posguerra no se limitan de hecho al periodo 1950-1973, sino que avanzan hasta el extremo de lo que habría sido el díptico; el primero se extiende incluso explícitamente hasta el año 2000, fuera de los confines del libro. A este respecto, el contraste de periodización formal que genera el tríptico es claramente un revestimiento en la continuidad de los depósitos que hay bajo él.

Si las dos perspectivas del siglo coexisten en la versión definitiva de *Age of Extremes*, en lugar de que la segunda invalide por completo a la primera, la razón es que se corresponden con las dos almas políticas de su autor, tal como él las ha descrito. La primera está teñida de la nostalgia del Frente Popular, y su deseo es creer que el león y el cordero podrían yacer en paz. La lealtad de la segunda es la Revolución de Octubre, cuya espada dividió al mundo. Los modos en que ambas influyen en el libro, sin embargo, tienen algo en común. En su conferencia, Hobsbawm dijo al público:

> Buena parte de mi vida, probablemente la mayor parte de mi vida consciente, ha estado dedicada a una esperanza que claramente se ha visto contrariada y a una causa que claramente ha fracasado: el comunismo iniciado por la Revolución de Octubre. Pero no hay nada que pueda agudizar más la mente del historiador que la derrota[68].

Para respaldar esta idea, cita un asombroso pasaje de otro historiador que experimentó la derrota, Reinhart Koselleck, veterano del ejército de Paulus en Stalingrado:

> El historiador del bando vencedor se inclina fácilmente a interpretar el éxito a corto plazo en función de una teleología retrospectiva a largo plazo. No así los derrotados. Su experiencia primaria es que todo ha ocurrido de manera distinta a lo esperado o planeado. Tienen mayor necesidad de explicar por qué ha ocurrido algo distinto [...] A corto plazo, la historia tal vez la hagan los vencedores.

---

[68] *Ibidem*, p. 239.

A largo plazo, el aumento de los conocimientos históricos ha procedido de los derrotados[69].

Por supuesto, señala Hobsbawm, la mera derrota no garantiza necesariamente el conocimiento: pero, desde Tucídides en adelante, ha sido un agudo acicate del mismo. Tiene derecho a situar *Age of Extremes* en esa línea. Ciertamente es la más formidable ilustración contemporánea de la misma. Pero a pesar de toda su fuerza, el argumento de Koselleck es sesgado. Al señalar las ventajas epistemológicas del derrotado, pasa por alto sus tentaciones. La primera de ellas son los atractivos del consuelo. Aquí es donde se entrecruzan dos perspectivas alternativas del «corto siglo XX».

El mensaje subyacente de ambas es un modo de darle la vuelta a la derrota. El sueño de la retrospectiva del Frente Popular es que no hubo una victoria de una parte sobre otra, dado que, en realidad, todos estábamos en el mismo bando. La afirmación de la parte dedicada al derrumbamiento es que no hubo victoria, dado que, en realidad, el otro bando también perdió. Las dos estrategias de consuelo, una eufórica y la otra amenazadora, son distintas. En el lenguaje de la calle, cada una tiene sus epónimos: Pollyanna y Casandra. Pero aunque el final de «nadie perdió» y «ellos también perdieron» está psicológicamente muy cercano, se trata de argumentos históricos muy distintos. El primero no se sostiene; es el segundo el que da forma y dirección a *Age of Extremes*. Sean cuales sean las críticas que se le puedan hacer a su excesiva extensión, la idea de un derrumba-

---

[69] E. Hobsbawm, *On History*, cit., pp. 239-240. La fuente es R. Koselleck, «Erfahrungswandel und Methodenwechsel», en C. Meier y J. Rüsen (eds.), *Historische Methode*, Múnich, 1988, ahora incluido en R. Kosellek, *Zeitschichten*, Fráncfort, 2000, p. 68. Uno de los orígenes intelectuales de la concepción de Koselleck fue Carl Schmitt, de quien fue alumno y amigo después de la guerra, y cuyas reflexiones en *Ex Captivitate Salus*, sobre Tocqueville como figura de la derrota, cita. Su propia lista de pensadores históricos cuya grandeza nació de una experiencia de derrota incluye a Tucídides, Polibio, Salustio, Tácito, Commines, Maquiavelo y Marx (los días de junio y la Comuna). De manera extraña, se extiende incluso a los economistas políticos escoceses, pero omite a Clarendon.

miento tal vez haga referencia al menos a la larga fase descendente de la OCDE y a la profundidad de la crisis social en la CEI. En la actualidad, ni el capitalismo avanzado ni el poscomunismo están en plena forma.

Eso no significa, por supuesto, que la hegemonía del orden creado en Malta y París sea débil e inestable, siempre que las alternativas a él sigan siendo poco más que chispas de fosforescencia en una oscuridad circundante. Pensar de otro modo es un autoengaño político. Una consecuencia sintomática es la persistente subestimación del neoliberalismo como idioma dominante del periodo. *Age of Extremes* se consolaba con la idea de que, dado que ningún gobierno ha practicado realmente un *laissez-faire* constante, las doctrinas puristas resultarían fantasías de corta vida. De hecho, el «triunfalismo neoliberal no sobrevivió a los reveses económicos mundiales de comienzos de la década de 1990». Cuatro años después, tras la crisis financiera asiática, Hobsbawm proclamaba de nuevo «la muerte del neoliberalismo». Hoy, *Interesting Times* trae las mismas nuevas, aunque la nota es un poco más vacilante. Ahora se nos dice que «quizá» el estallido de las recientes burbujas especulativas provoque la defunción del fundamentalismo del mercado, esta vez con la anotación compungida de que «el final de la hegemonía del neoliberalismo mundial lleva bastante tiempo anunciándose; yo lo he hecho más de una vez»[70].

Un elemento de esta incapacidad para tomarse en serio al enemigo es la tendencia general al desprecio intelectual señalado antes. En el *Marxism Today* de la década de 1980, siempre hubo una diferencia entre sus dos principales comentaristas. Ambos ejercían una crítica de izquierdas tradicional, pero, para Stuart Hall, «la senda hacia la renovación» pasaba por reconocer la fuerza ideológica del thatcherismo, a cuya construcción de un nuevo sentido común para el pueblo británico dedicó mucha atención: sólo captando la plena importancia de esta hege-

---

[70] Véanse las obras de E. Hobsbawm, *Age of Extremes*, cit., p. 412; «The Death of Neo-Liberalism», *Marxism Today*, reedición de un número, noviembre-diciembre de 1998; *Interesting Times*, cit., p. 227.

monía, sostenía, podía desarrollarse una mejor. Hobsbawm, por su parte, no recalcaba el ascendiente cultural y político de Thatcher –insistía en que electoralmente siempre había sido bastante débil–, sino la división de sus rivales. El modo de recuperar el poder, sostenía, era recuperar a las clases medias alejadas por el invierno del descontento y Bennery, y la clave para eso era pragmática: un pacto formal o informal entre liberales y laboristas.

La continuación dio un veredicto sobre cada una de estas opiniones. Blair recuperó a la clase media, y llegó al poder con un acuerdo tácito entre liberales y laboristas; pero el thatcherismo, lejos de ser contraatacado, fue asimilado como la condición ideológica para el retorno. La ruta pragmática, que restó importancia a las ideas, simplemente produjo un mutante de lo que su defensor más había detestado. *Age of Extremes* lleva aún más lejos el rechazo de las teorías económicas, sosteniendo que lo que separaba a los keynesianos de los neoliberales era simplemente una «guerra de ideologías incompatibles», cada una de las cuales racionalizaba una opinión a priori sobre la sociedad humana, desde posiciones «apenas accesibles a la discusión»[71], una visión de esa disciplina que habría provocado desprecio en los días en los que él enseñaba en el King's.

Pero la subestimación de la fuerza de las teorías neoliberales –no hay más que pensar en el alcance y la coherencia de la obra de Hayek– responde asimismo a un anhelo político más familiar: la necesidad de buenas noticias en malos tiempos. Es posible que el sistema establecido en los momentos culminantes de Reagan y Thatcher acabe hundiéndose bajo la presión de un desplome mundial, aunque si ése hubiera de ser el resultado de la actual contracción, se achacaría a cualquier onda Kondratiev: el ciclo descendente iniciado en 1973 que ahora ya toca su tercera década, más allá del cuarto de siglo que debería haber durado. Pero sin una alternativa conceptual capaz de ser articulada en la misma gama, desde lo filosófico a lo exclusivamente político pasando por lo técnico, es improbable que las mejoras que Hobsbawm desea se materialicen. *Interesting Times* se reduce a aferrarse con

---

[71] E. Hobsbawm, *Age of Extremes*, cit., pp. 409-410.

desespero a Stiglitz y Sen, como si los premios Nobel fuesen una prueba de esperanza intelectual.

Age of Extremes trata el sistema interestatal de modo similar. Porque si el neoliberalismo sigue siendo la ideología hegemónica del momento, la potencia hegemónica –en un sentido muy nuevo– es Estados Unidos. Desaparecida la URSS, y con el FMI y la ONU a su disposición, ningún país de la historia ha disfrutado jamás de una supremacía tan planetaria. Esta posición insólita ya estaba clara cuando Hobsbawm terminó la tetralogía, pero no se refleja en ella. Todo lo que *Age of Extremes* tiene que decir sobre el tema es que «el único país que podría reconocerse como gran potencia, en el sentido en el que la palabra se había usado en 1914, era Estados Unidos. Lo que esto significaba en la práctica era bastante oscuro»[72]. El mundo retratado en las últimas páginas de la obra es un sistema sin amo, menos que nunca antes controlado por nadie. *Interesting Times* se ha ajustado a la realidad de una «sola hiperpotencia planetaria», pero sigue insistiendo de manera poco verosímil en que «el imperio estadounidense no sabe lo que quiere hacer con su poder[73]. La idea de que los propósitos estadounidenses son impenetrables es otro modo de sugerir que no hay en el orden internacional una verdadera dirección.

La evidencia diaria es otra. Todas las hegemonías tienen sus límites, y ninguna política obtiene jamás lo que pretende, pero la característica destacada del presente no es que el mundo en general esté sin control, sino que nunca ha estado sometido a un control tan extenso por parte de una potencia, que actúa para difundir y poner en práctica un sistema, como vemos hoy. Los propósitos estadounidenses, ampliamente ventilados por las estrategias del Estado, no podrían estar más claros: expansión general del capitalismo liberal hasta los confines de la tierra, y su organización siempre que sea posible en consonancia con las normas y los intereses nacionales de Estados Unidos. No hay nada irracional en estos objetivos, que datan de la época de Cordell

---

[72] *Ibidem*, p. 559.
[73] E. Hobsbawm, *Interesting Times*, cit., p. 410.

Hull y Acheson. Dichos objetivos, por supuesto, no impiden los cálculos erróneos, ni entonces ni ahora. La única diferencia de hoy es que Estados Unidos tiene mucha más libertad para perseguirlos. De ahí la continua serie de cómodas expediciones militares al Golfo, los Balcanes, el Hindu Kush y sin duda ahora Mesopotamia. Acerca de ellas Hobsbawm se muestra inquebrantable. En la política interna de Occidente, sus instintos distan a menudo de ser radicales: capaz de sentirse decepcionado por Clinton, de juzgar a Lafontaine demasiado a la izquierda, y de sorprenderse de que el Nuevo Laborismo no les parezca tan peligroso a los mercados financieros[74]. Aquí sus instintos derivan, como él dice, del Frente Popular. Pero en el campo internacional, es típicamente su otra formación la que sale a la luz. En ese terreno, la década pasada ha mostrado pocas señales de inclinaciones browderistas; los reflejos leninistas clásicos siguen inalterados. Rechazó la Guerra del Golfo, le dijo con rotundidad a un entrevistador *bien pensant* italiano que la Guerra de los Balcanes no era una intervención humanitaria, ha comparado la operación afgana con anteriores bombardeos de la región por el imperialismo británico, y vilipendiado la guerra contra el terrorismo y el inminente ataque a Irak[75]. Es difícil encontrar un intelectual británico de estatura comparable con un historial tan firme.

Dado que es mucho más importante la actual revitalización abierta de las pretensiones imperiales que los meros perjurios internos –como si Brown importase más que incluso un cero a la izquierda como Hoon, ahora que el Nuevo Laborismo se dirige de nuevo a la guerra– el valor de la línea que Hobsbawm ha trazado a este respecto es muy preciso. Pero *Age of Extremes* ofrece una lección más general. La derrota política histórica conduce casi inevitablemente a la búsqueda de rayos de luz. En todo el mundo, buena parte de la izquierda lleva casi toda una década haciendo más o menos lo mismo. Las dos medidas más habituales en el repertorio de dichas reacciones son aquellas a las que

---

[74] E. Hobsbawm, *The New Century*, cit., pp. 107, 109.
[75] *Ibidem*, pp. 17-20; E. Hobsbawm, *Interesting Times*, cit., p. 414.

Hobsbawm ha dado una expresión excepcional: cambiarle el nombre al sistema victorioso para hacerlo más aceptable, y exagerar las fisuras de su victoria para imaginarlo más vulnerable. En ambos casos, el impulso subyacente es el mismo: el sentimiento de que cualquier oposición eficaz al orden existente exige una expectativa de librarse pronto de él; que comprender su identidad y su fuerza absolutas debe de algún modo conducir a la aceptación del mismo. Eso es un error. El conocimiento preciso del enemigo vale más que los boletines para levantar una moral insegura. Una resistencia que prescinda de los consuelos es siempre más fuerte que aquella que se basa en ellos.

Estas reflexiones no afectan a la grandeza de *Age of Extremes*. El libro es como un palacio cuyo arquitecto hubiese alterado los planos a medida que lo construía, dejando incongruencias estructurales que lo hacen más extraño, pero no menos espléndido, de lo que parece a simple vista, albergando innumerables salas llenas de cuadros, de diferentes géneros, cada una con momentos de magia, muchas con obras maestras. Y como ocurre con cualquier Hermitage, no hay modo de apreciar tanto de repente: hacen falta repetidas visitas. No deberían ser en absoluto pacíficas. El arte sólo está vivo si provoca disensiones. Al enorme patrimonio que Hobsbawm nos ha dejado deberíamos acercarnos con el mismo espíritu del autor: con calor, pasión y sarcasmo.

2002

CUARTA PARTE
Deudas

APÉNDICE I

London Review of Books

La *London Review of Books* se anuncia en ocasiones como «posiblemente la mejor revista literaria del mundo». Esta recopilación proporciona materiales para debatir sobre dicho aserto, aunque ninguna selección de artículos de un quincenal recogidos en libro podría esperar ser adecuadamente representativa[1]. Inevitablemente, de ella está ausente buena parte de lo que distingue a la *LRB*. No hay Cartas, de esas que Alan Bennett considera con razón fundamentales para el carácter de la revista. A su propia solicitud, con una sola excepción, no hay artículos de miembros de la plantilla. No hay poemas, y ninguno de los artículos más largos, en diversos géneros, que aparecen periódicamente. La selección sólo está tomada de la pasada década. Incluso con estos límites, las omisiones que cualquier editor lamentaría superan a las inclusiones. Aun así, con estas páginas es posible hacerse cierta idea de la *London Review of Books*.

Las generalizaciones sobre cualquier publicación significativa que produce en torno al millón de palabras al año siempre es probable que yerre, porque, con toda probabilidad, a cualquier afirmación (o conjetura) que pueda hacerse se le encontrarán excepciones o contraindicaciones. Esto es especialmente cierto de una revista que disfruta con lo impredecible. La misteriosa elegancia de la *LRB* es fácil de captar. En este artículo, no se pretenderá explicarla, pero algunos comentarios comparativos tal vez ayuden a situar el periódico, aunque un colaborador sólo puede expresar su opinión personal no mejor que la de sus lectores –si sus columnas de correspondencia sirven de prueba–, tienen opiniones igualmente decididas sobre el tema.

---

[1] *London Review of Books. An Anthology*, Londres, 1996.

La *London Review* pertenece a un pequeño subtipo de publicaciones, periódicos en formato grande basados en las reseñas críticas de libros para un público general, originados en Inglaterra en vísperas de la Gran Guerra. La primera aparición de *The Times Literary Supplement* como semanario independiente data de 1914. La forma se consolidó en el periodo de entreguerras, cuando el *TLS* –aun siendo sospechoso de complacencia a ojos de Leavis– era, de acuerdo con criterios continentales, una revista de juicio notablemente independiente. Después de la guerra, bajo una serie de dotados directores que le aportaron ambiciones más amplias, el *TLS* llegó a ocupar una posición única como revista de trayectoria crítica, alcanzando probablemente su máxima influencia en la década de 1960. La forma no se extendió a Francia hasta 1966, con la aparición de *La Quinzaine Littéraire*, y no llegó a Italia hasta 1984, con el lanzamiento de *L'Indice*. Pero aunque cada vez más emulado en Europa (hay una versión húngara que data de la década de 1990), sigue siendo un fenómeno eminentemente anglosajón. Las versiones continentales tienden a ser menos francas –su función se acerca más, en ocasiones, a la publicidad que a la crítica– y menos fundamentales para la cultura local.

El desarrollo más allá del modelo clásico inglés llegó de Estados Unidos, cuando una prolongada huelga en *The New York Times* en 1963, que suprimió temporalmente su sección de libros, dejó espacio libre para el lanzamiento de *The New York Review of Books*. Tres innovaciones marcaron a la *NYRB* desde el comienzo. El hecho de ser quincenal en lugar de semanal le permitía publicar artículos sustancialmente más largos de los que nunca había ofrecido el *TLS;* aunque reteniendo el formato aparente de una publicación crítica periódica, ofrecía artículos no relacionados con ninguno de los libros publicados; y desplegaba un perfil abiertamente político, escogido mediante las firmas de sus autores. El éxito de esta fórmula, con su identidad mucho más agudamente centrada y de actualidad, fue inmediato. A comienzos de la década de 1970, la *NYRB* era claramente dominante, estableciendo los términos del campo con una circulación mucho mayor que la del *TLS*, que había acabado por adoptar la colaboración firmada y el artículo independiente dentro de su formato propio, y por lo demás, todavía en gran medida tradicional.

Al final de la década, el escenario de Nueva York se repitió en Londres en 1979, cuando un largo cierre patronal de *The Times* –antes de que Murdoch lo comprase– sacó el *Literary Supplement* de las calles durante varios meses. La oportunidad de su ausencia creó la *London Review of Books*, lanzada económicamente como una rama de *The New York Review of Books*, e inicialmente distribuido como suplemento local plegado dentro de las páginas de éste. Al año, cuando la nueva empresa aún no se había vuelto rentable, la *NYRB* se deshizo de su responsabilidad sobre la *London Review of Books*. Pero los orígenes comunes de ambos periódicos, y su estrecha relación inicial, hacen que las comparaciones entre ellos sean más o menos inevitables para los lectores de ambos lados del Atlántico en la actualidad; a pesar de las obvias distancias de estilo y escala entre ellos, como un navío de guerra y una goleta.

Los contrastes entre ambos periódicos son en parte una consecuencia natural de sus entornos objetivos. El mercado estadounidense, cinco veces mayor que el británico, respalda a una revista mucho más grande y rica, que obtiene amplios ingresos de un sector editorial acostumbrado a gastar mucho en promoción para llegar a un público lector continental. Flanqueados por columnas publicitarias mayores, los artículos medios son más largos y los números más copiosos en la publicación neoyorquina que en la londinense. Aparte de tales diferencias de estructura del mercado, la relación de la cultura con el poder también es muy distinta en ambas sociedades. Desde la época de Kennedy, ningún gobierno estadounidense ha carecido de una sustancial sombra de intelectuales que sirven o aspiran a servir en las más altas instancias del gobierno: asesores en activo, o asesores cesantes, dependiendo de quién mande en la Casa Blanca.

La relación de periodistas y académicos con el gobierno es en consecuencia mucho más estrecha que en Reino Unido, cuyo Estado nunca ha reclutado intelectuales en la misma medida que el estadounidense. Aunque los años de Thatcher sí contemplaron los primeros signos de un séquito de Downing Street, el sistema parlamentario británico deja menos espacio para este fenómeno que uno presidencial. La diferencia del entorno de trabajo es visible en las dos *Reviews*. Los artículos de *NYRB* tienden a tener un tono «político», que implica un potencial asesoramiento a las autoridades, en general ausente en la *LRB*, mucho más despegada de los mundos de Whitehall y Westminster.

También hay, por supuesto, una oposición subjetiva entre las revistas. En el momento en que se lanzó *The New York Review of Books*, la guerra de Vietnam y las revueltas de los guetos en Estados Unidos habían generado una oposición radical al *establishment* bipartidista estadounidense, la cual encontró animada expresión en sus páginas. Pero en cuanto terminó la guerra del sureste asiático y la política interior volvió a las rutinas normales, la *NYRB* se adaptó gradualmente al papel de mentor crítico de la opinión progresista estadounidense, agudamente consciente de los problemas sociales dentro de Estados Unidos y hostil a los excesos del reaganismo, pero partidario en general de la dirección seguida por la diplomacia estadounidense en los últimos años de la Guerra Fría. Hoy, bajo la presidencia demócrata, el resultado es una fórmula muy pulida pero cada vez más predecible, en la que además de los escritores y estudiosos ilustres (muchos de este lado del Atlántico) en los que la revista ha confiado tradicionalmente, colaboradores semiautorizados de diversos tipos –antiguos embajadores, secretarios de la primera dama, jefes de departamento y similares– ocupan más espacio que en el pasado.

Políticamente, la *London Review of Books* partió de una posición bastante cercana a la de su progenitora. En los últimos años del gobierno de Carter, el equivalente británico era la simpatía hacia el recientemente creado Partido Socialdemócrata (SDP). Pero la *LRB* pronto avanzó en la otra dirección: hacia una actitud más radical, con el resultado de que hoy la política de ambas publicaciones se ha distanciado bastante. No sería difícil elaborar un índice de las cuestiones en las que han adoptado posturas opuestas. Algunas se reflejan en esta recopilación. Simplificando enormemente, podría decirse que el contraste principal radica en la aversión tácita de una a los legados de la Guerra Fría en gran medida aceptados por la otra. No se trata sólo de la batalla contra el comunismo, sino también de la participación de Estados Unidos en los teatros de conflicto secundarios de todo el mundo.

La contribución de Victor Kiernan sobre la URSS en el volumen analizado es un indicativo de la amplitud de la brecha sobre la primera. Paul Foot y Edward Said sobre dos cuestiones de Oriente Próximo –la Guerra del Golfo y la paz palestina– sugieren el contraste de actitudes en la segunda. De modo similar, las reflexiones de Tom Nairn sobre el nacionalismo desechan de plano los juicios habituales que en Washington o Nueva York se hacen sobre los Balcanes. Sobre todo, quizá, el indeleble retrato que Christopher Hitchens hace de Clinton es un comentario sobre la circunspección de la *NYRB*[2]. De este modo, la revista londinense destaca muy a la izquierda de su homóloga neoyorquina. Sería un error, sin embargo, confundir un instinto con un sistema. El espíritu de contradicción preciado por la *LRB* puede avanzar en sentido contrario. Las devociones progresistas rara vez se escatiman, como deja claro el cáustico análisis de R. W. Johnson sobre Suráfrica. En ocasiones, se puede producir un cambio en los papeles trasatlánticos. El inteligente corresponsal de la *LRB* en Rusia apoyaba el brutal gobierno de Yeltsin mucho después de que la *NYRB* desarrollase serias dudas sobre él: la cobertura de Chechenia ha sido completamente a favor del periódico estadounidense, no del británico.

Aunque este caso es inusual, sigue recordando que la *London Review* nunca puede darse por sentada. Esto se da incluso respecto a la política interna, donde el patrón de sus intervenciones ha sido más congruente. La *LRB* nació durante el gobierno de Thatcher y, hasta ahora, ha pasado sus dieciséis años de vida bajo un régimen conservador. Desde muy pronto, fue un opositor valiente a la Guerra de las Malvinas que confirmó la hegemonía de la

---

[2] En un ejemplo trémulo, compárese lo dicho por Gary Wills, «The Clinton Scandals», publicado en *The New York Review of Books*, el 18 de abril de 1996: «El Whitewater ha sido un escándalo, pero los que claramente han obrado mal han sido los políticos, los periodistas y los críticos (bien pagados) de Clinton. Él parece, por comparación, un modelo de virtudes», etc.

nueva derecha, y pasó a criticar ferozmente la idea de que el thatcherismo era la panacea de la recuperación nacional. De hecho, ninguna otra revista del país publicaba ataques tan letales contra la insensibilidad, la futilidad y la corrupción del sistema de poder conservador y contra el arruinamiento de la justicia británica bajo dicho poder. La recopilación incluida en este libro da un indicio de este historial destacado[3]. La actitud de la *LRB* hacia la oposición, por otra parte, siempre ha estado menos agudamente definida. El periódico perdió pronto la paciencia con el SDP, y nunca mostró mucho interés por los líderes del Partido Laborista o por la izquierda de éste. Kinnock fue objeto de brusco desdén, pero dado lo alejada que la oposición estaba del poder, sus vicisitudes nunca recibieron demasiada atención. Ahora que, por fin, el Nuevo Laborismo se aproxima al gobierno, sin embargo, tenemos por delante un paisaje político bastante distinto. La *London Review of Books* siempre ha mostrado una resistencia innata a cualquier perspectiva *bien-pensant*: ningún periódico podría alejarse más de la mentalidad de manada. Es impensable que se convirtiera en ornamento del régimen entrante. Por otra parte, los lectores radicales no deberían suponer que pueden predecir la actitud que la *LRB* adoptará hacia dicho gobierno.

El único artículo de esta recopilación que trata de Reino Unido, escrito por Ross McKibbin, es un ejemplo de la capacidad del periódico para desconcertar las expectativas de la izquierda. No hay muchos laboristas –y mucho menos socialistas– dispuestos a expresar nostalgia por la época de Wilson y Callaghan; al igual que hay pocos defensores de las libertades civiles que disientan del llamamiento de *Charter 88* a que se redacte una declaración de derechos, firmemente rechazada, sin embargo, por el colaborador judicial más asiduo del periódico[4]. En diferentes

---

[3] Véanse, entre otros, R. McKibbin, «Stormy and Prolonged Applause Transforming Itself into a Standing Ovation», 5 de diciembre de 1992; C. Gearty, «The Party in Government» y «Our Flexible Friends», 9 de marzo de 1995 y 18 de abril de 1996; R. Bennett, «Criminal Justice», 24 de junio de 1993.

[4] S. Sedley, «Free Speech for Rupert Murdoch», 19 de diciembre de 1991.

aspectos, ambos textos alteran un cierto consenso. ¿Dan tranquilidad a otro? Quizá el hecho de que Blair, cuando todavía era un oscuro parlamentario de segunda fila, expusiera por primera vez sus enseres políticos en la *LRB* no sea más que una curiosidad histórica[5]. El primer análisis significativo del periódico sobre la impronta de Blair como líder de su partido ha sido mordaz[6]. Pero la elección de un gobierno laborista cambiará la atmósfera en la que la *London Review of Books* ha trabajado, y es dudoso que nadie, incluso aunque trabaje en la revista, pueda estar seguro de cómo reaccionará ésta a la nueva administración.

Hay una razón para dicha incalculabilidad. La *LRB*, al contrario que *The New York Review*, no es un periódico con tendencia ideológica. En esencia, de ahí procede la frescura de sus opiniones. Incluso el principal contraste político entre ambas revistas sugiere esta asimetría. La adhesión positiva a las líneas generales sobre las cuales se luchó la Guerra Fría hasta alcanzar la victoria es un programa. La evitación negativa de ellas, no. Las fuentes de sensatez que explican la huida de la *LRB* de los convencionalismos dominantes en los asuntos internacionales no son fáciles de precisar. Parece probable que incluyan un elemento generacional. La *NYRB*, con sede en el centro del nuevo orden mundial, es casi dos décadas más antigua que la *LRB*. Sus principales escritores se formaron en general en el momento culminante de las políticas de contención; en los dos pasados años, la edad media de sus colaboradores más frecuentes (tres o más artículos) superaba los sesenta y cinco años. A un grupo de edad más joven y residente en una potencia ahora menor, las pasiones de ese periodo le importan menos. Los orígenes del director también pueden influir. Posiblemente la *LRB* sea la principal revista de Occidente dirigida por una mujer; y con una vicedirectora. Políticamente incorrecta en extremo, nunca ha habido en sus páginas una insistencia feminista, aunque a menudo aborda la situación de las mujeres. Pero es razonable suponer que una cierta indiferencia hacia los temas del mundo libre tal

---

[5] T. Blair, «Diary», 29 de octubre de 1987.
[6] S. Milne, «My Millbank», 18 de abril de 1996.

vez esté relacionada con intereses más contemporáneos, relacionados con el género. No es tan obvio que, en el caso de Mary-Kay Wilmers, los orígenes rusos o los estudios en Bélgica tengan algo que ver con el asunto.

Lo que está claro es que la divergencia más significativa entre el modo en que se dirigen los dos periódicos no es cuestión de personal, sino de concepción editorial. Ambas revistas encargan sus artículos basándose en una serie de razones, como la reputación del autor, la urgencia del tema y la dirección del debate. Pero mientras que para *The New York Times of Books* la importancia pública de un tema es por lo general un imperativo, en la *London Review of Books* el estilo de un escritor tiende a prevalecer sobre la importancia de un tema, o la afinidad de una postura. La última entra en la alquimia editorial, pero no a expensas de la primera. El resultado es que la *LRB* tiene mayor nivel de redacción, en una gama más amplia de hablas individuales –algunas de gran brillantez–, que su homóloga de Nueva York, cuya prosa es a menudo como mucho concienzuda, pero cubre una gama más restringida y caprichosa de asuntos actuales. La *NYRB* –lo mismo se puede decir del *TLS* actual, bajo la capaz mano de Ferdinand Mount– es mucho más sensible a la escala de asuntos, siempre publica algo moderadamente informativo sobre los temas del momento, y raramente deja de proporcionar a sus lectores un sustancial artículo sobre un suceso importante en cualquier parte del mundo. La *London Review* pasa por alto cualquier país o una crisis si no encuentra un colaborador que le guste para escribir al respecto. En ocasiones, es la cuestión de los medios económicos –la remuneración es modesta de acuerdo con los criterios estadounidenses– la que impide publicar algo; a veces, sin duda, de conocimiento; pero, mucho más a menudo, es una cuestión de gusto.

Los mayores placeres que proporciona el leer la *LRB* se compensan con un horizonte más errático y limitado. La irregularidad de la cobertura tal vez no sea tan aleatoria. Extremo Oriente es el vacío más llamativo. Sugerentemente, quizá, el único texto sobre Asia –la mayor parte de la humanidad– incluido en esta selección trata de un misionero europeo en India. Aunque su personal recibiría la idea con hilaridad, ojos más externos pueden trazar una línea exterior inconsciente, como una leve marca de agua, de la Commonwealth en la distribución de la atención del periódico. Suráfrica recibe más espacio que toda América Latina. Australia ha estado generosamente representada en páginas que apenas registran la existencia de Japón. Oriente Próximo recibe una fuerte atención; el Magreb ninguna. Incluso en Europa Occidental, el único país que puede contar con figurar en *LRB* es Irlanda: los capiteles de Fermanagh y Tyrone difícilmente quedan fuera de visión, mientras que, a menudo, el continente permanece envuelto en bruma.

En estos aspectos, Manhattan es una posición estratégica superior a Bloomsbury. El alcance planetario del imperio estadounidense no deja ninguna parte del mundo fuera de su posible escrutinio, y la cobertura de *The New York Review of Books* refleja que percibe esta responsabilidad. Pero el talento no está de hecho extendido de modo tan uniforme, y los productos de un periodismo respetuoso que está invariablemente à la page corren el riesgo de ser aburridos y convencionales, algo que nunca le ocurre a la *LRB*. Y sus propios intereses tampoco son meramente caprichosos. La razón de que Irlanda proyecte una sombra mayor que Francia o Alemania está en una guerra que la mayor parte de Inglaterra prefiere olvidar. El historial de publicación de la *London Review* en este tema nada popular pone en evidencia a muchos periódicos situados a su izquierda. Ningún periódico puede hablar de todo; cuando la *LRB* escoge un tema, a menudo destaca en él.

Ninguna línea particular, aparte de la aversión a la hipocresía oficial, une a los diversos escritores irlandeses que la *LRB* ha publicado, de quienes Colm Tóibín ofrece un ejemplo en este volumen. Esto toca un rasgo más general del periódico, que lo distingue de su homólogo estadounidense. En la *London Review*, los escritores nunca están sometidos a la dirección editorial. Los textos pueden ser rechazados, pero una vez aceptados, el firme puntillismo sobre la sintaxis o la expresión se combina con una libertad de opinión prácticamente completa, por caprichosa que sea. Ningún colaborador verá sus conclusiones reescritas. Esta falta de presión, como principio de funcionamiento, puede tener cierta relación con el metabolismo interno de la revista. Karl Miller y Mary-Kay Wilmers han sido dos directores notables de la *LRB*. Pero ninguna voluntad desproporcionada impone su sello en todas las páginas, y distintos miembros de la plantilla –editorial, diseño y negocio– escriben para el periódico que ayudan a producir[7]. Cualquiera que haya trabajado en una publicación periódica sabrá lo distinta que es esta dinámica directiva de una jerarquía más convencional.

Dichas consideraciones afectan en especial al tratamiento de las cuestiones políticas, por supuesto. La *LRB*, sin embargo, es ante todo –como se describe a sí misma– una revista literaria. La agudeza de su identidad política procede, de hecho, en gran medida de la ausencia de los reflejos ideológicos acostumbrados en el mundo político. Pero el periódico es también literario en el sentido más obvio de que la mayor parte de él se dedica a lo que tradicionalmente se conoce como la vida y las letras. Su enfoque de estos temas es muy específico. Las artes propiamente dichas están dominadas, como cualquiera podría esperar, por la narrativa y la poesía, pero no en gran medida. La pintura y la música han ocasionado algunos de los mejores artículos de la revista: característica a este respecto es la hermosa ensoñación de Nicholas Spice sobre la música ambiental[8]. Es asombroso que el cine siga siendo relativamente tan marginal; en este volumen, las cabezas de los hermanos Marx nos contemplan como un incongruente tótem ancestral. Recientemente ha empezado a publicarse sobre arquitectura. Desde el punto de vista geográfico, el enfoque es en

---

[7] Por ejemplo, véanse: Peter Campbell sobre Tiépolo, 12 de enero de 1995; Jeremy Hardin sobre Zaire, 8 de junio de 1995; Paul Laity sobre *The Sun* de Murdoch, 20 de junio de 1996; John Manchester sobre Auden, 16 de noviembre de 1995; Jean McNicol sobre la sanidad mental, 9 de febrero de 1995; Andrew O'Hagan sobre la mendicidad, 18 de noviembre de 1993; Sarah Rigby sobre las hermanas Yeats, 15 de junio de 1996; John Sturrock sobre Camus, 8 de septiembre de 1994; Mary-Kay Wilmers sobre un encuentro con el general Sudoplatov, 4 de agosto de 1994.

[8] También de N. Spice: «How to Play the Piano» (sobre Glenn Gould y Alfred Brendel) y «Music Lessons» (Mozart), 26 de marzo de 1992 y 14 de diciembre de 1995.

esencia anglo-estadounidense, con la tradicional mirada de soslayo a Francia; desde el cronológico, el marco es el siglo XX, con la ocasional introducción de obras anteriores siguiendo líneas contemporáneas, como en la famosa interpretación sáfica de Jane Austen por Terry Castle, incluida aquí. La mezcla es menos cosmopolita que en Nueva York, pero más enérgica. Las ideas trazan un patrón un tanto similar. La filosofía y la historia están mejor representadas que las ciencias naturales, donde la comparación está decididamente a favor de Estados Unidos; el periódico nunca ha conseguido atraer a colaboradores de la talla de Stephen Jay Gould o Richard Lewontin. Las ciencias sociales reciben más atención, pero la característica más llamativa de los intereses de la *LRB* es una alteración de los estereotipos nacionales. El psicoanálisis disfruta de mucha más importancia, y respeto inquieto, en sus páginas que en las de *The New York Review of Books*, que ha dado amplia voz a los rechazos escépticos al mismo. El contraste de actitudes plantea un tema más amplio. Si políticamente es sin duda radical, ¿en qué medida la *London Review of Books* lo es también culturalmente?

Que no hay una unión necesaria entre ambos planos es un hecho familiar de la vida intelectual en general. En Reino Unido, *The New Statesman* antiguo era famoso por el contraste entre la primera y la segunda mitad: política vehementemente socialista unida a letras insípidamente conservadoras. Podría decirse que *Scrutiny* representa la combinación opuesta: delantera literaria con regresión política. Estos ejemplos no son infrecuentes. Karl Miller, fundador de la *London Review of Books*, fue alumno de Leavis en Cambridge y se convirtió en director literario de *The New Statesman*, antes de pasar a dirigir *The Listener*. Pero son exactamente esos precedentes los que indican en qué medida la *LRB* se aparta de este patrón. Desde el principio, se han podido ver impulsos comparables en el aspecto político y el aspecto literario de la revista, que nunca los ha segregado en un orden particular; los artículos de portada (o de última página) representan a cualquiera de ellos, dependiendo de la ocasión.

La cobertura de la narrativa nunca ha sido, por lo tanto, convencional. Un nombre establecido no es garantía de aviso en la

LRB, que normalmente pasa por alto novelas de autores de moda cuya reseña es de rigor en otras publicaciones. Por otra parte, un escritor aún desconocido puede tener más posibilidades de atención que en cualquier otra parte de la prensa. Entre sus «descubrimientos» se encuentra Salman Rushdie, cuya primera edición de *Los hijos de la medianoche* sólo fue reseñada por la *LRB;* más recientemente, Paddy Doyle o James Buchan. Formas menos ortodoxas –Georges Pérec o Christine Brooke Rose– tienen igual cabida. La captación de lo nuevo, o de lo olvidado, ha sido desde el comienzo un hilo perceptible en la revista. No representados en esta recopilación, los colaboradores menores de cuarenta años bien podrían llenar otro libro. Aquí es donde el contraste con la *NYRB* se agudiza.

No obstante, justo es decir que el cociente de iconoclasia en la cobertura de la vida cultural por parte de la *LRB* es menor que en su comentario sobre los asuntos públicos. En conjunto, los artículos sobre autores contemporáneos tienden a sostener las reputaciones existentes más que a cuestionarlas. Es ésta una cuestión de porcentaje, no una norma. Los ejemplos contrarios son difíciles de encontrar. Un famoso artículo crítico sobre Brodsky sería un ejemplo[9]: sin embargo, en este caso, el blanco está en el extranjero; es más raro toparse con ataques más cercanos. Asimismo, es más probable encontrar los temas de demolición en géneros menores que en los grandes: por así decirlo, P. D. James en lugar de V. S. Naipaul. Hay una serie de buenas razones para ello. Es comprensible la aversión al sarcasmo fácil. También es cierto que la forma de crítica más difícil es la afirmativa, y ésta es la que la *London Review of Books,* cuando se esmera, realiza extraordinariamente bien, como revela un vistazo a los artículos publicados sobre Bishop o Nabokov, por ejemplo[10].

Aun así, no deja de haber diferencia entre el modo en que se ejercitan los instintos editoriales comunes en los dos campos principalmente cubiertos por el periódico. No está completa-

---

[9] Véase C. Reid, «Great American Disaster», 8 de diciembre de 1994.

[10] Véase H. Vendler, «The Numinous Moose», 11 de marzo de 1993; J. Lanchester, «Unspeakability», 6 de octubre de 1994.

mente claro por qué. Podría pensarse que tiene algo que ver con que, en el entorno metropolitano británico, cualquier publicación literaria estará necesariamente más cerca del mundo de la edición que de la política. Este escenario se ha transformado en los pasados quince años, ya que los procesos de concentración han aumentado enormemente las inversiones de las editoriales en los principales escritores, desde adelantos mucho mayores hasta enormes presupuestos publicitarios, habiéndose convertido ahora las giras promocionales para vender libros en un acompañamiento automático del éxito literario. La saturación del terreno por el gran capital se ha producido durante el periodo de crecimiento de la *LRB* –un tiempo en el que por primera vez un poeta lírico era transportado en helicóptero a las lecturas públicas– y ha cambiado el entorno de las letras, con efectos profundamente ambiguos para las propios escritores, de modos que aún no se han entendido plenamente.

No puede decirse que, hasta ahora, el periódico haya hecho mucho por analizarlos. Pero las razones de su coexistencia relativamente pacífica con esta constelación no radican en su enredo institucional. La pequeña subvención que recibe del Arts Council suscita con regularidad la indignación de los comentaristas de la derecha, simplemente porque la *LRB* no se ha adaptado a las expectativas establecidas; *The Sunday Times* pedía recientemente que se le retirase, porque la revista no hacía mucho por apoyar a los escritores británicos. Lejos de participar en un escenario literario actual anhelante de moda e hipérbole, la *LRB* mantiene hacia él lo que, en general, se considera un distanciamiento de mandarín. Difícilmente se puede acusar al periódico de complicidad con las instituciones literarias, ya sean mecenas o anunciantes.

Una explicación alternativa podría atender más a los lectores que a los patrocinadores. La observación común sugiere que el comprador medio de libros combina el escepticismo general hacia los políticos, de cualquier tipo, con la creencia informal en las reputaciones literarias, independientemente de cómo se hayan ganado. Baste pensar en la fe comparativa asignada a los debates parlamentarios y a los premios literarios. Es de buen tono mostrarse cáustico respecto a Major o Blair, pero no tanto respecto a Barnes o Brookner. Las ventas automáticas de las novelas ganadoras de premios hablan por sí solas. ¿Hay trazas de que esta sensibilidad –que puede, después de todo, apelar a la opinión lógica de que la política siempre es un ámbito de engaño retórico, y la literatura un espacio de verdades imaginarias– se encuentra de forma más refinada en el propio periódico?

No puede negarse que existe una cierta relación entre un estrato con esta perspectiva tradicional y la *LRB*. La revista va dirigida a lo que podría denominarse un lector común en un sentido woolfiano actualizado: es decir, ni «académico» ni «vanguardista». Aunque muchos de sus colaboradores proceden de las universidades, y sus columnas de correspondencia incluyen muchos combates de esgrima de briosa erudición, la revista hace todo lo posible por evitar todo aquello que huela a cátedra. Sintomáticamente, las notas a pie de página –una característica normal y útil de *The New York Review of Books*– han desaparecido de la *LRB*, por considerarlas fruto de la pedantería. De igual modo, aunque los escritos experimentales encuentran un lugar en los intereses de la revista, en otras artes –donde son más fuertes– las formas de vanguardia no entran en su gama. Uno no esperaría encontrar en la *London Review* una consideración de Godard o Beuys en mayor medida que una recensión sobre Parsons (aunque la revista siempre tiene la capacidad de sorprender). De este modo, la *LRB* se mantiene cercana al ideal de un lector lego pero cultivado, inmune a los tics de las salas o los círculos de profesores.

Pero esta armonía no depende de una indulgencia con el gusto pasajero de los consumidores. Si en general la *London Review of Books* afronta menos la opinión literaria recibida que los conocimientos políticos, se podría suponer mejor que la razón tal vez sea el distinto peso asignado a cada uno de ellos. La clave del contraste parece estar en sus respectivas estrategias de recriminación. Si al periódico le disgusta una obra literaria, normalmente la pasa por alto. Pero si un procedimiento político le molesta, lo ataca directamente. Lo que la diferencia sugiere es la convicción de que un arte inferior –fraudulento incluso, de hecho–, por deplorable que sea, no es una gran molestia pública.

En el equilibrio de las cosas, lo falso o lo pretencioso importa menos que lo cruel y lo injusto. La creencia de que el bienestar moral –y *a fortiori* la salud política– de una nación está en último término en conformidad con su literatura tiene una larga historia en la tradición intelectual inglesa, y no ha desaparecido. Ésta es la suposición que la práctica de la *LRB* niega. Olvidándose de sí mismo, en un gesto quizá de sobrecompensación, un famoso escritor político hablaba recientemente de «la transmutación de lo innoble en oro que es la materia prima de la literatura; nuestra leve y sardónica esperanza»[11]. Ninguna floritura podría estar más lejos de la mente del periódico. Lo que lo distingue, discretamente, es un sentido de la proporción.

Podría describirse también como una suerte de realismo. El término, sin embargo, tiene un tono deflacionario que discrepa con una revista cuya nota es todo menos relajado. Tal vez fuese mejor hablar de su idiosincrásica forma de mundanería. Como directores, el peculiar genio de Karl Miller y Mary-Kay Wilmers ha sido el de encontrar un tono que combine los valores de lo inteligente y de lo modesto. La inteligencia siempre corre el riesgo de la vecindad del esnobismo, de lo exclusivo: la «distinción» en el sentido de Bourdieu. Por lo general, la *LRB* evita este peligro convirtiendo el estilo en una especie de elegancia informal unida a los temas o a los accesorios más corrientes de la vida. Los escritos que verdaderamente marcan la revista no son, de hecho, los políticos ni los de crítica literaria, sino aquellos que mejor reflejan esta actitud. Incluyen la curiosidad sobre vidas individuales accidentadas, presente en esta recopilación. Otro género, no representado aquí, son los artículos documentales escritos por miembros más jóvenes de la redacción sobre los infiernos de la mendicidad o el trastorno mental, los cuales no tienen parangón en la *NYRB*. Por último y quizá más significativo –a pesar de Bennett–, se encuentra la transformación por parte de la *LRB* de la forma periodística tradicionalmente aburrida de la agenda en un vehículo de asombrosa variedad, por los muchos artículos memorables publicados por el periódico. Las se-

---

[11] C. Hitchens, «After-Time», 19 de octubre de 1995.

lecciones para esta sección se encuentran, en cualquier caso, entre las colaboraciones más luminosas.

Una maravillosa gama de escritos se ofrecen en éstas y en otras formas. Estilísticamente, los límites son tácitos. Lo délfico y lo serpentino no forman parte del repertorio. Ningún temor podría ser más ajeno a la revista que «la diablura de la aclaración prematura», contra la que Fredric Jameson –cuya llegada a estas páginas supone un grato alejamiento de la coherencia– advertía en una ocasión. De igual modo, lo excesivamente vehemente está en buena parte descartado, por sospechoso de «rimbombancia». Quizá el mejor modo de transmitir el clima general sería decir que el periódico se resiste a incluir cualquier traza de *l'esprit du sérieux* en el sentido sartreano: es decir, de lo portentoso, lo altruista, lo hipócrita. Contra todos ellos, su vivacidad encuentra expresión tanto en los temas más grandes como en los más pequeños. Emblemáticos en esta recopilación son los tonos taciturnos de Edward Luttwak, un «peso pesado» entre los colaboradores[12]. Basta pensar en las colaboraciones del presidente Havel en *The New York Review of Books* para entender su antítesis.

Las imágenes visuales de ambas publicaciones tal vez tengan la última palabra. Entre los muchos rasgos importantes de *NYRB*, los dibujos de David Levine sobresalen por el impacto público, como un logotipo serial interminablemente fértil para reproducir la identidad del periódico. Son ilustraciones que se oponen al texto. Aunque la prosa pueda ser solemne o sentenciosa, las imágenes son sagaces y escépticas. Héroes y villanos se convierten por igual en otras tantas marionetas ligeramente reptantes, que se mueven en los extremos del escarnio. Las acuarelas que adornan la primera página de la *London Review of Books* tienen el efecto contrario, vivificando el sentido de la escritura,

---

[12] Véase también «Screw You» (sobre la corrupción italiana), 19 de agosto de 1993; «Programmed to Fail» (la presidencia estadounidense), 22 de diciembre de 1994; «Does the Russian Mafia Deserve the Nobel Prize for Economics?», 3 de agosto de 1995; «Buchanan has it Right», 9 de mayo de 1996.

en lugar de mortificarlo. El ingenio inmutable y la belleza de las máquinas de escribir y los lavamanos, las camas desechas y la frondosidad tropical de Peter Campbell ofrecen una *promesse de bonheur* de lo que se puede encontrar en el interior, promesa que no siempre se cumple, por supuesto. Pero aunque, en ocasiones, el ideal que figuran supera a la realidad de los artículos que las siguen, las portadas dicen más de este periódico que de cualquier otro en el mundo.

1996

Epílogo

La *London Review of Books* ha superado ya el cuarto de siglo. Al hacerlo, se ha convertido en la principal publicación periódica intelectual de Reino Unido, relegando claramente a *The Times Literary Supplement* –potencialmente con obstáculos a la hora de escribir esto, por la incierta propiedad conglomerada– al segundo puesto, no sólo en la calidad y la gama de lo que publica, sino también en ventas. De hecho, con un territorio interno la quinta parte del estadounidense, la *LRB* tiene ahora una circulación de 45.000 ejemplares, frente a los 135.000 de la *NYRB*, casi la mitad de ellos en el extranjero, donde la cifra de *The New York Times* es prácticamente la décima parte. Ambas publicaciones han aumentado su circulación, la *LRB* más rápidamente, desde 2000. Pero aunque ambas reflejan entornos distintos, su evolución ha mostrado en otros aspectos un patrón entrecruzado.

En Reino Unido, la *LRB* afrontó una alteración de escenario más drástica en cuanto el Nuevo Laborismo se instaló en el poder como régimen sucesor del thatcherismo, encontrando aun menos oposición de la que había hallado el orden conservador en la década de 1980. La revista, como se predijo, no se convirtió en un sidecar de la Tercera Vía, pero tampoco, como también podría suponerse, le hizo una oposición especialmente enérgica. Durante bastante tiempo, la *LRB* publicó poco sobre el sistema local instalado, y cuando lo hacía, las contribuciones eran en general de bajo octanaje. En un periodo marcado por la guerra en Yugoslavia y un fuerte aumento de los bombardeos sobre Iraq, su cobertura a Clinton y Blair no difirió excesivamente de la de *TNYRB:* apoyo a la Operación Fuerza Aliada en los Balcanes, y protección al presidente en sus momentos de tribulaciones judiciales en el interior, independientemente de cuántos cohetes cayesen en Jartum o Bagdad dentro de la misma causa[13].

Con la elección de Bush en 2000, sin embargo, la situación de las dos publicaciones divergió. Enfrentada al gobierno republicano, la *NYRB* se pasó de inmediato a la oposición, de un modo que la apartó de la ambivalencia de la *LRB* bajo el Nuevo Laborismo. Aunque durante casi dos años, hasta el otoño de 2002, publicó poco sobre los asuntos de Washington, pero con la aproximación de la guerra de Iraq, las ansiedades de que la Casa Blanca estaba descartando fórmulas probadas y demostradas para el ejercicio del poder estadounidense a través del Consejo de Seguridad empezaron a aumentar, si bien inicialmente sin cuestionar la existencia de armas de destrucción masiva en Iraq ni la necesidad urgente de tomar medidas contra Saddam Hussein[14]. Cuando comenzó la guerra, la crítica al alejamiento de Bush de las tradiciones multilateralistas estadounidenses aumentó, pero no alteró drásticamente el tono de su cobertura hasta que la resistencia iraquí empezó a causar graves daños a la ocupación. A partir del otoño de 2003, la *NYRB* redescubrió un *tranchant* que no conocía desde la década de 1960, y no sólo atacó con gran efecto la institucionalización de la tortura con

---

[13] Compárense los sucesivos artículos de Lars-Erik Nelson, Ronald Dworkin y Anthony Lewis: *TNYRBK*, 20 de enero, 9 de marzo, 13 de abril de 2000, con los de Stephen Holmes, Martin Jay y David Simpson: *LRB*, 18 de marzo de 1999, 29 de julio de 1999, 23 de septiembre de 2004.

[14] Véanse M. Ignatieff, «Bush's First Strike», 9 de marzo de 2001; B. Urquhart, «The Prospect of War», 15 de noviembre de 2001; M. Waltzer, «The Right Way», 13 de marzo de 2003. La cobertura de la *LRB* en los meses anteriores a la guerra fue mucho más firme: véanse, en sus páginas, C. Glass, «Iraq Must Go!», 3 de octubre de 2002; N. Dombey, «What has he got?», 17 de octubre de 2002; E. Said, «The Academy of Lagado», 17 de abril de 2003.

Bush, sino también las políticas del gobierno en el exterior[15]. Tal ataque desenfrenado contra el régimen de Bush, sin muchos signos de entusiasmo por la candidatura de Kerry, no difirió significativamente de la actitud de la *LRB* hacia el gobierno estadounidense. Pero en Londres, Bush podía servirle de pararrayos a Blair, que en *London Review* recibió un tratamiento perceptiblemente más indulgente. En las elecciones de 2005, ciertamente se encontraron carencias en el balance de situación del gobierno de Blair; pero en tono de desilusión más que de repugnancia. Incluso después de la invasión de Iraq, los colaboradores de la *LRB* seguían elogiando la personalidad del nuevo gobernante británico antes de aventurarse a mostrar desacuerdo con sus políticas, con un estilo de crítica novedoso, más admirativo que airado, como para protegerse contra la acusación de deslealtad al Partido Laborista[16]. También a este respecto el aumento de la resistencia en Iraq y el hundimiento del mito de las armas de destrucción masiva provocaron un cambio, pero hasta el otoño de 2003 no se pudo encontrar un escritor, no de procedencia laborista, sino del SDP, que pidiera tímidamente –después de los cumplidos de rigor– la dimisión de Blair[17]. Incluso los mejores artículos sobre cuestiones internas, como el fundamental ensayo de Stefan Collini sobre las hipocresías y la confusión que rodearon a la

---

[15] El ejemplo más destacable ha sido ciertamente el de C. Hedges, «On War», 16 de diciembre de 2004; el crítico más persistente, M. Danner: «Torture and the Truth», «The Logic of Torture», «Abu Ghraib. The Hidden Story», «The Secret Way to War», 10 de junio, 24 de junio y 7 de octubre de 2004, 9 de junio de 2005.

[16] Ejemplos de este género incluyen: C. Gearty, «How did Blair get here?», R. McKibbin, «Why did he risk it?», J. Lanchester, «Unbelievable Blair»: *LRB*, 20 de febrero, 3 de abril, 10 de julio de 2005. La primera frase del primero dice: «Tony Blair es el político con más éxito de su generación»; la del segundo: «Estemos o no de acuerdo con ella, siempre ha habido un argumento convincente para la intervención en Iraq»; la del tercero declaraba: «Pensaba que Blair era en el fondo una buena cosa».

[17] P. Clarke, «Blair Must Go», 11 de septiembre de 2003, que comienza: «Hay una razón muy buena para la gestión que Tony Blair hizo del asunto de Iraq. Los críticos nunca reconocieron suficientemente sus esfuerzos por jugar una baza difícil en una partida difícil. No es el perrito faldero de nadie. Fue prudente, no ingenuo, no aislar a los estadounidenses [...]».

reforma educativa[18], han enfocado al propio gobierno de manera bastante cautelosa. Aun sin ser en absoluto un ornamento del régimen, la *LRB* tampoco ha sido hasta la fecha una espina clavada en su carne. No cabe duda del contraste con la función que desempeñó durante el gobierno de Thatcher.

En parte, las razones están suficientemente claras, y radican menos en la revista que en su escenario. En las condiciones políticas británicas, los reflejos de un sistema bipartidista están muy asentados. La desafección hacia el laborismo se controla fácilmente por la aprensión al conservadurismo, en un espíritu de aferrarse a lo malo por temor a algo peor, aunque el primero promulgase legislación que el segundo no se atrevería a plantear. El provincianismo de buena parte de los escritos políticos locales, más conocedores de los tramos fiscales y las leyes de apuestas en Reino Unido que de los asuntos balcánicos o de Oriente Próximo, refuerza esos instintos tribales, en los que, a menudo, los partidos mantienen una fidelidad vitalicia sin importar lo que hagan, como si fueran clubes de fútbol y no organizaciones políticas. A estas circunstancias se les puede añadir el hechizo causado en buena parte de la opinión progresista británica por la figura aniñada de Blair, que, durante mucho tiempo, atrajo la misma exaltación que rodeó a Kennedy en Estados Unidos; en ambos casos, con una fuerza capaz de sobrevivir incluso a la desilusión política. Sin duda, tales humores hacen difícil que la *LRB* encuentre escritos políticos de mayor mordacidad o distinción que los que ha conseguido recoger; más debatible es que le fuese imposible. Lo que está claro es que, paradójicamente, una de sus mayores virtudes –la renuncia a interferir en las opiniones de un autor– también hacía probable que en lugar de reflejar un enfrentamiento reflejase el estado de ánimo dominante en la intelectualidad británica, en cuanto el Nuevo Laborismo se afirmó en el poder. Incluso ahora, los veredictos más severos que se pueden encontrar en los artículos principales de la revista siguen atemperados por la esperanza de que llegue algo mejor: reformas sociales con Brown como consuelo a las aventuras militares

---

[18] S. Collini, «HiEdBiz», *LRB*, 6 de noviembre de 2003.

de Blair, como si después de Kennedy se encontrase alivio con un Johnson más limpio[19]. El periódico ha desistido por el momento de reconsiderar el laborismo como cultura política, en su antiguo formato o en el nuevo.

Que este patrón se ha dado más por defecto que de modo intencionado lo sugiere el contraste entre la propia voz editorial de la *LRB*, raramente oída y discretamente utilizada, y los tonos que lo rodean en los medios progresistas en general. En ellos, Blair ha sido adulado por comentaristas y editorialistas con una falta de circunspección inaudita en la política británica después de la guerra[20]. La *LRB* no llega a este nivel de degradación. Poco hay más revelador de la atmósfera del periodo que la indignación general cuando la revista se negó a publicar un ejemplar de esta bibliografía[21]. Este gesto de Mary-Kay Wilmers, imponien-

---

[19] «La mayoría de los logros de este gobierno han sido de Brown. La mayoría de los errores los ha cometido Blair. En general, me gustaría votar a Brown»: D. Runciman, 21 de abril de 2005.

[20] Véase el florilegio en S. Watkins, «A Weigthles Hegemony», *New Left Review* II/25, enero-febrero de 2004; «Balance de situación del Nuevo Laborismo», *New Left Review* II/25, marzo-abril de 2004, el mejor análisis comparativo hasta la fecha.

[21] El artículo en cuestión, «The Liberal Nation», escrito por David Marquand, se publicó de buen grado en *Prospect* en febrero de 2002. He aquí unos párrafos típicos: «La gestión de la crisis posterior al 11 de septiembre por parte de Blair fue impecable. Su discurso ante el Congreso del partido fue el más impresionante pronunciado por un primer ministro británico en activo desde Winston Churchill [...] No fue, por supuesto, el principal arquitecto de la coalición contra Bin Laden, pero es difícil creer que ésta hubiera podido construirse sin él [...] Ha demostrado que un primer ministro británico con la mezcla adecuada de valentía, gracia y habilidad forense puede seguir desempeñando una función geopolítica internacionalista, significativa y sin prejuicios [...] Su primera gran prueba será el euro. Parece que espera poder ganar pronto (o bastante pronto) un referendo. Pienso que tiene razón, pero la victoria no será fácil. Para ganar, Blair tendrá que jugar la misma baza patriótica y liberal que en el congreso del Partido Laborista [...] Si lo consigue, y las probabilidades de que así sea son más que regulares, dominará la política interior como ningún político ha hecho desde los días de gloria de la señora Thatcher. En buena medida, será también el jefe de gobierno más fuerte de la UE [...]». Dos años después, el mismo autor escribía sobre el mismo parangón, en el mismo medio: «Fue Blair quien introdujo al Reino Unido en la guerra, no el comité

do un límite político, encontró a su debido tiempo su homólogo en una serie de salvajes interjecciones contra el régimen bélico del Nuevo Laborismo por parte de su asesor de edición, John Sturrock, discretamente situadas en un recuadro reservado a comentarios personales[22]. Además, se sabe que, en las ocasiones en las que ha tenido oportunidad de publicar algo más radical que la tirada de artículos internos, la *LRB* la ha aprovechado. Su famoso simposio sobre el 11 de septiembre, alejado de la avalancha de devoción e histeria que rápidamente cubrió a los atentados contra el World Trade Centre y el Pentágono, fue un notable acto de audacia e imaginación que sólo podría haber efectuado la *London Review of Books*[23]. De igual modo, «What I heard about Iraq» de Eliot Weinberger (en el espíritu de Karl Kraus), «On the Take in Iraq», de Ed Harriman, que pone de manifiesto la escala del pillaje en el país por parte de la Autoridad de la Coalición Provisional, y los sucesivos despachos de Patrick Cockburn sobre la zona de ocupación estadounidense han sido intervenciones cuyo tenor sobresale agudamente en la ahora extensa bibliografía crítica sobre la actual campaña mesopotámica[24]. Es difícil imaginar que cualquiera de estas formas aparezca en *The New York Review*. Menos aun la consistencia con la que la *LRB* se ha negado a permitir que los eufemismos y las evasivas habitua-

---

de inteligencia conjunto. Ayudó a infligir un daño mortal a Naciones Unidas, envenenó nuestras relaciones con dos de los principales países de la UE, y dividió al Partido Laborista» (*Prospect*, febrero de 2004). Hoy, bien podría estar reflexionando con tristeza que tal vez habría hecho mejor aceptado el veredicto de *LRB* y cerrando la boca.

[22] Véanse «Short-Cuts», 17 de abril, 19 de junio, 7 de agosto, 6 de noviembre de 2003; 21 de julio de 2005.

[23] «Reflections on 9/11», 4 de octubre de 2001. *The New York Review of Books* rara vez reconoce la existencia de la *London Review of Books*, pero, en esta ocasión, se vio movido a despreciar las aportaciones más convincentes a este simposio: véase Tony Judt, «America and the War», 15 de noviembre de 2001. En su propio simposio sobre las elecciones estadounidenses de 2004, el equivalente más cercano en Nueva York, ciertamente ejerció la oposición, pero, por lo demás, fue muy convencional: «The Election and America's Future», 4 de noviembre de 2004.

[24] Respectivamente, 3 de febrero de 2005, 7 de julio de 2005 y desde el 24 de julio de 2003 en adelante.

les cubran las realidades de las expropiaciones y las expulsiones israelíes en Cisjordania, o las hipocresías de las sucesivas «hojas de ruta» hacia la subyugación definitiva de la resistencia palestina. A ese respecto, la sola voz de Edward Said, escuchada una y otra vez en *London Review* como en ninguna otra parte de Occidente, hace que la revista sea irremplazable. Los disidentes israelíes y los activistas palestinos también han hecho sus propias contribuciones señaladas. Es justo decir que el historial de la *LRB* en esta área excepcionalmente explosiva no tiene paralelo en el mundo atlántico. Ni qué decir tiene que, en su compromiso con la causa de los árabes palestinos, nunca ha abandonado el recuerdo del destino de los judíos europeos. «Sound of Voices Intoning Names» de Thomas Laqueur[25], sobre los niños deportados desde Francia, es una de las reflexiones más inquietantes sobre el aniquilamiento.

En estos años, el alcance geográfico del periódico se ha ampliado considerablemente, haciendo que las antiguas marcas de nivel se desvanezcan bajo una luz internacional más fuerte. Japón, Nigeria, Guatemala, Siria, Nepal, Sudán, Corea del Norte, Haití: artículos sobre estos países habrían sido menos probables en el pasado; a menudo, también menos perspicaces. Sigue dándose una gran diferencia entre la *NYRB* y la *LRB* a este respecto, ya que, en el primero, la cobertura sigue rigiéndose más por la actualidad de la región, y en el segundo, por la calidad del reportaje. La perspectiva de los artículos en la *London Review of Books* sigue siendo por lo común menos convencional, aunque como antes esto no está garantizado: aberraciones –elogiar a la contrainsurgencia estadounidense en Colombia, culpar al separatismo chechenio de Rusia– siguen surgiendo antes y ahora. Pero en conjunto, los lectores de la *LRB* pueden esperar platos más amargos, de un menú mundial más variado, que hace una década.

El eléctrico escenario internacional de los pasados años ha dado inusual relieve al historial político de revistas como la *LRB* y la *NYRB*. Pero siguen siendo revistas en las que los asuntos públicos, entendidos tradicionalmente, ocupan menos espacio

---

[25] 5 de junio de 1997.

que las artes y las letras: quizá la quinta parte de las colaboraciones de la *LRB*, y menos de un tercio en el caso de la *NYRB*. ¿Qué decir del historial cultural a lo largo del mismo periodo? Tomando los años de Thatcher como punto de referencia, podría decirse que los artículos literarios de la *London Review of Books* han avanzado en dirección opuesta a los de la política interior. Mientras que éstos han perdido filo bajo el Nuevo Laborismo, aquéllos lo han ganado. En manos de James Wood, Christopher Tayler y Theo Tait, el tratamiento dado a la narrativa contemporánea se ha vuelto perceptiblemente más enérgico. Las obras de nombres famosos como Amis, Barnes o Boyd, por no hablar de seguidores más jóvenes de la moda étnica o multicultural, han pasado a disfrutar de menos inmunidad que en el resto del Londres literario. Adoptando criterios más estrictos, es cierto, sigue tratándose de una crítica muy circunspecta. Gárgolas más antiguas del circuito de premios –Naipaul, Roth, Bellow– siguen recibiendo un exceso de elogios, y a menudo, al final de los avisos más dañinos a figuras menos venerables, incluso se suavizan las críticas. Mientras que los artículos sobre la política interior ofrecen a veces cumplidos propiciatorios a los gobernantes del país antes de presentar contra ellos quejas temperadas, las reseñas sobre la narrativa de moda tienden a invertir el procedimiento, presentando juicios aparentemente ruinosos para la obra en cuestión, sólo para retroceder con unas cuantas reverencias y aprobados *pro forma* en el último párrafo.

La presión de un medio literario metropolitano demasiado cercano, en el que las ambiciones y los favores van continuamente de la mano, puede con frecuencia percibirse en esas tímidas retractaciones. La *NYRB* sigue siendo, por supuesto, en su mayor parte más amable con la narrativa que reseña, a menudo escrita por autores que publican en sus propias páginas. Pero la liberación que la distancia puede proporcionar le ha permitido, en ocasiones, publicar el tipo de críticas que la narrativa inglesa sigue sin recibir en la *LRB*. Una comparación de la recepción dada por las dos revistas a una creación principal como es la novela más reciente de Ian McEwan debería causar rubor en la

LRB[26]. Es cierto que evaluar literatura contemporánea siempre es la menos gratificante, y la menos desinteresada, de las tareas críticas. En lo referente a textos clásicos del pasado, *London Review of Books* opera en un nivel distinto. En él, ensayos como los de Michael Wood sobre James o Neruda hablan por sí solos. En las otras artes, la paleta se ha ampliado. El cine, liberado de los estrenos de los estudios, puede ahora incluir a Godard – dos veces, incluso– y a Kiarostami, junto con Stroheim, Welles o Buñuel. La escena arquitectónica se ha abierto al maravilloso y cáustico ojo de Hal Foster, crítico no sólo de los edificios, sino también de las artes contemporáneas, sin igual en la actualidad por su talento y su amplitud. La música sigue estando totalmente subrepresentada, en contraste con la *NYRB*. En compensación, los lectores pueden encontrar más poesía, de una serie de autores menos consagrados, que en Nueva York. ¿Teoría? Una adecuada dieta de filosofía analítica, y sus insípidos acompañamientos políticos, en un continuo anglo-estadounidense desde Yale a Cambridge, en ambas revistas. En la *LRB*, sin embargo, hay mucha menos clausura. ¿En qué otro lugar podrían encontrarse placeres alternativos tales como el artículo de Slavoj Z̆iz̆ek sobre el temor de Habermas a la clonación, el de Malcolm Bull sobre el estado de excepción de Agamben, o el de T. J. Clark sobre la pasión de Walter Benjamin –«el Fabricio del Dongo del marxismo»– por las galerías parisinas?[27].

En las ciencias, en las que hace una década la superioridad de la *NYRB* era enorme, hoy la ventaja, si existe, corresponde a la *LRB*. Ninguno de los cambios de la revista ha sido tan impresionante como éste. Los debates sobre biología evolutiva, sobre la historia de la Tierra, sobre el genoma, la capa de hielo, la tecnología nuclear, las nuevas pandemias: sobre todos estos temas ha publicado atractivas colaboraciones, en las que la autoridad técnica y la expresión personal coinciden con facilidad, sin el abuso

---

[26] Compárese C. Tayler, *LRB*, 3 de marzo de 2005 con John Banville, *NYRB*, 26 de mayo de 2005.
[27] Respectivamente, 22 de mayo de 2003, 16 de diciembre de 2004 y 22 de junio de 2000.

de autoridad de los laureados ni las bravuconadas interpretativas de los artistas de la popularización. En esta discreta ampliación de su alcance intelectual radica una de las principales transformaciones del periódico.

Pero lo que al final define mejor a la *LRB* de este periodo tal vez sea la extraordinaria secuencia de escritos autobiográficos que ha publicado estos años. En general más largos que los artículos medios, estos estallidos de vida y recuerdos han dado a la revista un registro peculiarmente suyo. Por qué alquimia los ha atraído –dichos textos están fuera de cualquier encargo– es inescrutable. Sólo se puede decir que la aparición en sus páginas es un homenaje objetivo al espíritu del periódico. Los recuerdos de David Silvester sobre su niñez judía en Hackney; el extraño puntillismo del yo joven de Richard Wollheim; la sensacional montaña rusa de Wynne Godley con su madre y su psicoanalista; el impasible relato de adopción de Jeremy Harding[28]; la lista de tales *tours de force* podría ampliarse. Se diría que aquí puede encontrarse una especie de sensibilidad central de la revista, de la que indirectamente irradia todo lo demás.

2005

---

[28] 5 de julio de 2001; 15 de abril y 20 de mayo de 2004; 22 de febrero de 2001; 31 de marzo de 2005. Algunos añadirían T. Castle, «Desperately Seeking Susan», 17 de marzo de 2005.

APÉNDICE II
Un anglo-irlandés en China: J. C. O'G. Anderson

la gama de emociones que los padres pueden despertar en sus hijos –afecto, rebelión, indiferencia, temor, adulación y sus inquietantes combinaciones– sugiere un repertorio de universales subjetivos que en cada caso individual se entrecruzan de manera aleatoria en todas las culturas. Lo que los hijos saben –frente a lo que sienten– sobre sus padres, por el contrario, es probable que esté en función de restricciones objetivas que varían de modo más sistemático: tradición, lugar, longevidad. ¿Hay un núcleo inalterable, de pudor o incomprensión, incluso aquí? Eso está menos claro. En los trópicos americanos, lapsos de poco más de doce años entre generaciones, no infrecuentes, pueden producir una intimidad casi de hermanos entre madre e hijo, adulto, difícil de imaginar en el norte.

En el polo opuesto, mi padre tenía cuarenta y tres años cuando nació su primer hijo, mi hermano Benedict. Murió diez años después, cuanto yo tenía ocho. Pero en sus últimos años estuvo suficientemente enfermo como para que mi madre pensase que era mejor mandarnos a un internado. En este caso, la brevedad de la superposición biológica se redujo aun más por la decisión social. El motivo de mi madre fue la compasión, pero su solución sugiere que un filtro tal pudiera haber caído en cualquier caso entre padre e hijos, aunque él hubiera sobrevivido. La distancia en años, y la escisión de la muerte, fueron selladas por una cultura en cualquier caso marcada por la reticencia. No hubo nada inusual en tales circunstancias. Un hijo suyo por fuerza tenía que saber poco del padre.

En nuestra familia, sin embargo, otra cortina cayó sobre su memoria. Había pasado la vida a miles de kilómetros de Irlanda, donde él murió y nosotros nacimos, en una China que dejó de

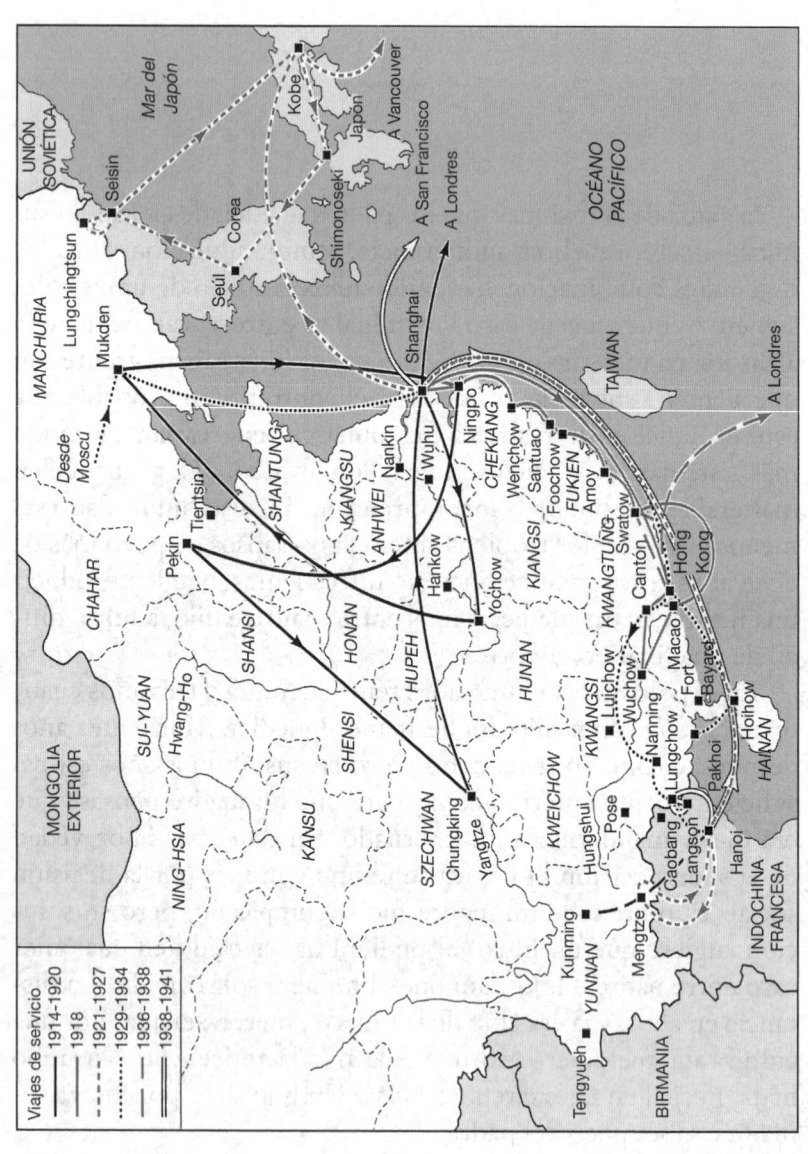

existir nada más irse él. Sabíamos que había trabajado allí de comisario de Aduanas, pero teníamos poca idea de lo que eso podía significar. En sus últimos meses, sentado junto al fuego en las húmedas noches irlandesas, le gustaba contarnos a los chicos –mi hermana era demasiado joven para escuchar– anécdotas sobre Parnell, a quien admiraba; y cuentos de juncos y piratas, en los que escapaba de bandidos o capturaba presas. Tales imágenes eran demasiado vívidas para durar, y su tinte excesivamente llamativo se desvaneció en las penumbras de los relatos infantiles que los adolescentes, con más impaciencia que condescendencia, dejan tras sí; casi como el revólver que descubrí en un cajón una tarde ociosa, cuyo peso me sorprendió, antes de que mi madre me descubriese y me lo quitara.

En cuanto estas leyendas retrocedieron, nos quedamos con un mundo de objetos familiares e incomprensibles que nos recordaban un pasado con el que no teníamos ninguna otra relación: grandes cajas de cuero para el té, con ideogramas estampados, todavía forradas –¿es un truco de la memoria?– de periódicos chinos; libros y periódicos polvorientos, con caracteres chinos en la contraportada, en la vitrina del vestíbulo; una lámpara de porcelana barnizada con celadón, una alfombra amarilla, una teterita oscura; sudaderos azules que mi madre usaba para cubrir el televisor; pinturas de sabios con sombrero negro enmarcadas, pergaminos de seda con damas bajo parasoles, un caballo arrastrado por una corriente. Siendo un adolescente absolutamente ignorante, no tenía tiempo para nada de esto. Incluso el gran tigre de lomo ancho –una copia de un conocido original Ming, me hizo pensar más tarde– que nos miraba con magnífica cólera desde la pared de la sala de estar apenas me causaba impresión consciente. Sólo el *Ch'ing Ping M'ei*, una versión domesticada del original, pero a los quince años con suficiente carga sexual, en una encuadernación azul celeste realizada en Shanghai en la década de 1930, captaba mi atención. Cuando entré en la universidad, las asociaciones con China eran como trocitos descoloridos de papel de pared en una casa que uno deseaba olvidar, la Irlanda de las reuniones y las misas de aquella época. La palabra «Aduanas» sólo evocaba la imagen de los personajillos locales, de un clericalismo sórdido, escrutando los libros en el muelle para ver si estaban en una lista negra del Índice Papal. Mi madre, por supuesto, podría habernos contado más. Pero incluso de adultos algo nos impedía preguntar. Una vez comentó nuestra falta de curiosidad, pero siempre tuvo demasiado tacto como para sacar el tema a la fuerza. Había álbumes fotográficos de Kunming, donde nació mi hermano, Swatow, donde me concibieron, y después de nuestra casa en Shanghai[1]. Pero había poca referencia a todo esto. ¿Por qué no habló más del tema sin que le preguntásemos? En parte, por su propia actitud hacia la vida: tenía el infrecuente don de aprovechar al máximo el presente; a menudo tuve la impresión de que se volvía más joven y vital a medida que envejecía. Su matrimonio había sido un éxito. Después lo había cuidado en su larga enfermedad. Por temperamento, tenía poca inclinación a mirar hacia atrás, a no ser que la invitáramos. Quizá hubiera también otro elemento. Vivió tres años en China con mi padre, antes de la Guerra del Pacífico. Pero él ya llevaba viviendo allí más de veinte, y estuvo casado diez años con otra mujer, la escritora Stella Benson, cuyas novelas se conservaban en buena medida sin leer en nuestras estanterías. Mi madre tal vez fuese consciente de los límites de sus conocimientos de esta otra vida china.

Tras la muerte de Stella en 1933, mi padre depositó sus diarios en la Biblioteca Universitaria de Cambridge, donde no podían leerse hasta transcurridos cincuenta años. Cuando estuvieron disponibles, pronto se publicó una buena biografía basada en ellos[2]. Mi madre le contó al biógrafo, Joy Grant, lo que sabía de la vida anterior de su marido. Pero tanto ella como nosotros aprendimos mucho más de la biografía, que ofrece una imagen comprensiva de mi padre. Aunque, obtenido de los diarios de una escritora notablemente sincera pero también introspectiva,

---

[1] Todos los lugares y nombres propios incluidos en este artículo siguen la trascripción Wade-Giles, común en los documentos ingleses de la época, no en el *pinyin* contemporáneo [En la edición en español, se mantiene esta trascripción excepto en el caso de Pekín, Nakín, Cantón]. Swatow era la actual Shantou.

[2] J. Grant, *Stella Benson. A Biography*, Londres, 1987.

se limita esencialmente a la relación matrimonial, que ciertamente es muy impresionante. Los diarios, reveladores en muchos otros aspectos, muestran muy poco interés por el trabajo de mi padre, y la experiencia de éste antes de que se conocieran, en 1920, permanece en blanco.

Para entonces, a comienzos de la década de 1990, mi actitud cambió. Nadie que enseñase en Los Angeles podía dejar de sentir la fuerza del lema italiano de la década de 1960: *la Cina é vicina*. Teniendo en la universidad algunos de los mejores historiadores de China del mundo, y estudiantes de todas partes de Extremo Oriente, era difícil no preguntarse por la conexión familiar. Para entonces había aparecido mucho material sobre la misteriosa organización para la que había trabajado mi padre: las Aduanas Marítimas Chinas (*Chinese Maritime Customs* – CMC). Pero estas obras, en buena parte de la distinguida mano de John Fairbank, se referían principalmente a los orígenes de la institución en el siglo XIX, arrojando menos luz sobre tiempos modernos. En cuanto a su historia más reciente, ni siquiera estaba claro dónde se encontraban los archivos: la mejor guía contemporánea sobre los archivos chinos, producida en 1996, no aporta indicaciones[3].

El pasado verano, investigaciones realizadas a través de mi hermano establecieron que los archivos que buscaba se conservaban en Nankín, aunque no era para nada seguro que concedieran permiso para consultarlos. Un oportuno congreso me llevó a China y a su debido tiempo conseguí llegar a Nankín. El Segundo Archivo Nacional, que en principio cubre la documentación fundamental del periodo republicano (1911-1949), se alberga en una gran estructura retirada de la carretera, precedida por una verja tradicional de colores llamativos y una mansión de tejado de teja construida por el Kuomintang poco antes de que la ciudad fuese atacada por los japoneses en 1937. Nankín se conoce como uno de los «cuatro hornos» chinos, y, en esa época del año, la sala de lectura estaba desierta. El respeto filial se entiende en China, y los trabajadores se mostraron amistosos y

---

[3] Véase Y. Wa y J. Esherick, *Chinese Archives. An Introductory Guide*, Berkeley, 1996.

dispuestos a ayudar. Pero no eran optimistas. El archivo de Aduanas, señalaron, contenía 57.000 volúmenes, y no había un catálogo detallado: ¿por dónde empezaban? Les sugerí que mirasen las noticias de la provincia de Yunnan en 1936, cuando mi padre fue comisario allí.

A la media hora, tenía delante de mí los despachos que él había enviado desde Kunming. La sensación de un encuentro tardío fue abrumadora, mezclada con una especie de sobrecogimiento. Porque no sólo estaba mirando la obra de una vida que estaba tras la mía, sino uno de los archivos más inmaculados del mundo. No sé qué esperaba encontrar, pero no eso. Las comunicaciones entre las estaciones de campo –«puertos», incluidas tanto ciudades interiores como costeras– y la Jefatura de Aduanas estaban recogidas en volúmenes de piel negros o rojos, con letras mayúsculas en oro, año a año. Dentro, despachos y correspondencia, en meticulosa secuencia, resultan tan frescos y claros ahora como cuando se mecanografiaron por primera vez; en sus márgenes, los comentarios manuscritos de un infatigable inspector general y sus secretarios, o instrucciones de respuesta. Cada mes se transmitían tres categorías distintas de comunicaciones, que se archivaban y encuadernaban en diferentes formatos: Correspondencia Oficial, que cubría los asuntos administrativos ordinarios; Semioficial, que informaba de los sucesos políticos y militares de la zona; y Confidencial, para el material más sensible, relacionado con líderes, potencias o guerras[4]. Eran, de hecho, las memorias de un Estado dentro de un Estado. A lo largo de dos décadas, pude seguir la senda de mi padre dentro de él, a medida que trazaba su órbita en torno a China.

Cuando volví a Europa unos meses después, mi hermana mencionó que los primos de Irlanda tenían en el ático de un molino en desuso fotos antiguas y posiblemente documentos sobre nuestro abuelo –del que se sabía que estaba a cargo de la criptografía del ejército a comienzos de la Primera Guerra Mundial, pero, por lo demás, era una figura oscura–, muerto en 1920.

---

[4] La última parece haber empezado en 1939, a juzgar por las indicaciones de un catálogo todavía aproximado.

Levemente intrigado por la idea, fui a verlos. Para mi asombro, allí me mostraron, sin embargo, una maleta llena de cartas del hijo, que abarcaba todo el tiempo transcurrido entre su partida a China hasta su muerte en Irlanda, cuarenta años después. Dirigidas a su madre, su tía y su hermana, debieron de quedar guardadas con descuido en cajones, sin orden ni mayor interés, y muchas extraviadas o tiradas con la misma tranquilidad. Aunque ninguna secuencia está completa, tampoco falta ningún gran periodo importante; con todas las reservas que atañen a la correspondencia familiar de este tipo –la censura inmemorial de hijos varones que escriben a su madre–, se puede reunir un friso más o menos continuo de la vida de mi padre, especialmente revelador en sus primeros años. Las cartas halladas cerca de Cahir podían considerarse una cuarta serie de informes –Personal– que complementaba, o compensaba, los tres almacenados en Nankín.

Empiezan el 19 de julio de 1914, tres días antes del vigésimo primer cumpleaños de mi padre, pasajero en ese momento del *S.S. Morea*, que pasaba por delante del Stromboli en erupción de camino a Suez. Cuando llegó a Colombo, el 2 de agosto, Inglaterra estaba a punto de entrar en guerra: «Dos buques de guerra en el puerto y reflectores de 25 millas en funcionamiento»[5]. Las hostilidades estallaron antes de que llegase a Penang, donde descubrió que «los Estrechos temen un levantamiento chino» y los campos del club colonial están ya fortificados[6]. Navegando de noche y sin luces, el *Morea* llegó a Hong Kong, donde a los pocos días él volvió a embarcarse hacia el norte en un barco correo. Llegando a Shanghai la última semana de agosto, lo avisaron con pocas horas de antelación de que debía viajar 600 kilómetros Yangtze arriba, hasta un puerto situado en el interior de Hunan, para empezar su carrera en Aduanas. ¿Por qué había ido a China? Tras un año de becario de clásicas en Cambridge, descuidando o despreciando el programa, había suspendido los exámenes de los primeros cursos. Indignado por esta indiferencia, el padre, muy riguroso, se negó a permitir que volviera a presentarse, pri-

[5] J. C. O'G. Anderson, Cartas: 3 de agosto de 1914.
[6] *Ibidem*, 7 de agosto de 1914.

vándolo de apoyo económico. Su tío, también general y más importante, que, en otro tiempo había mandado la plaza fuerte de Hong Kong, no dudó en recomendarlo para el servicio en Aduanas Marítimas. El sufrimiento académico fue, de hecho, buena suerte. Enviado a su futuro empleo inmediatamente antes de que estallase la guerra, con una dieta de equipamiento de 100 libras, estaba ligado por contrato a un servicio de cinco años en China. Incapaz de conseguir su baja para participar en la carnicería de Europa, escapó al destino de su hermano menor, la niña de los ojos de sus padres, muerto en los últimos meses de la contienda. Esta muerte acabó con su padre. Había castigado al hijo equivocado.

La institución en la que el joven J. C. O'G Anderson asumió su cargo en 1914 tenía casi cincuenta años de existencia. Para entonces, no tenía parangón en el resto del mundo. Sus orígenes se encuentran en la crisis del Imperio Ch'ing, a mediados del siglo XIX, cuando la Rebelión Taiping dio a las coaliciones occidentales, lideradas por Gran Bretaña, la oportunidad de imponer el «sistema de Tratados» a la sitiada dinastía, sometiendo a China a una completa penetración comercial. El origen inmediato de la creación del Servicio Imperial de Aduanas Marítimas Chinas fue la expedición anglo-francesa a Pekín, que culminó con el incendio del Palacio de Verano en 1860. Una vez dominado el recalcitrante Estado Ch'ing por la fuerza de las armas, había que apuntalarlo contra la Insurrección Taiping en el delta del Yangtze, con sus actitudes amenazadoras contra la propiedad privada y el comercio del opio. Una nueva Jefatura de Aduanas, responsable ante Pekín, pero manejada por extranjeros, obligaría a cumplir el sistema arancelario extremadamente ventajoso impuesto a la dinastía, fijando unos intereses de importación máximos del 5 por 100 del valor, y proporcionándole los ingresos estables necesarios para pagar la indemnización anglo-francesa y financiar la victoria militar sobre los Taiping[7].

---

[7] Para Fairbank, la creación de la Jefatura entraba en una larga tradición, desde los Wei del norte hasta la época Ch'ing, de «sinarquía», la sumisión china o el empleo de extranjeros para administrar el país: una no-

A partir de esos comienzos, se construyó un extraordinario espacio financiero y semipolítico. Su arquitecto, Robert Hart, sólo tenía veintiocho años cuando se convirtió en inspector general en 1863. Ganándose con rapidez la confianza de la corte Chi'ng, creó gradualmente el primer sistema administrativo moderno de China. Su núcleo era una burocracia fiscal que garantizaba al Estado imperial tardío un tercio de sus ingresos, y cuya probidad y eficacia se extendía a otras muchas operaciones además de la recaudación de impuestos. Dirigía el servicio postal, gestionaba las vías fluviales, mejoró los puertos y construyó faros, estableció servicios estadísticos. Hart, estrecho confidente de la Emperatriz Viuda, organizaba misiones ultramarinas, asesoraba sobre asuntos diplomáticos, mediaba en conflictos internacionales. En teoría, debía su cargo a la destacada posición de Gran Bretaña en el comercio de China; en la práctica, a la enorme influencia imperial británica en la región. Al final, Londres lo presionó para que se convirtiera en embajador británico en Pekín.

Pero Hart rechazó el cargo. Lejos de ser un mero mayordomo de intereses extranjeros, se consideraba un fiel servidor del gobierno chino, y era muy capaz de tomar medidas enérgicas contra las prácticas ilícitas de los comerciantes occidentales, entablar litigios contra el gobierno británico y enfrentarse al *Foreign Office* cuando lo consideraba adecuado. La China imperial seguía siendo un país independiente, y él estaba empeñado en alcanzar en ella una modernización conservadora, incluso aunque al final llegara a temer que la dinastía tal vez resultara irreformable. Su insistencia en la autonomía de Aduanas respecto a las potencias occidentales que la habían instaurado y en la integridad de su fidelidad a China no era sencillamente desinteresada, sin embargo. La posición personal de Hart dependía crucialmente de la disociación de su país natal. Nunca habría podido mantener la misma influencia en la Ciudad Prohibida si hubiera

---

ción planteada por primera vez en *Trade and Diplomacy on the China Coast, 1842-1954*, Cambridge (MA), 1953, pp. 464-468, y después desarrollada en «Synarchy under the Treaties», incluido en J. Faibank (ed.), *Chinese Thought and Institutions*, Chicago, 1957, pp. 204-231.

sido un instrumento de Disraeli o Salisbury. Pero esta función soberana dependía a su vez del extraordinario carácter de la organización que tenía bajo su control.

Porque Aduanas Marítimas Chinas no contrataba sólo candidatos británicos, sino de las principales potencias extranjeras del momento: franceses, alemanes, austriacos, rusos, estadounidenses, japoneses; por no hablar de los países europeos menores: portugueses, españoles, holandeses, belgas, daneses, suecos, noruegos. Las majestuosas Listas de Servicio estatales de las CMC, que denominaban el país de origen, el cargo y el puesto de todos los miembros de la organización –verdaderas obras de arte burocráticas–, ofrecen una imagen periódica de esta composición internacional. Aunque los británicos predominaban fácilmente, con más de la mitad de la «plantilla ejecutiva interna», y el inglés era el idioma de trabajo, Hart siempre tuvo cuidado de equilibrar a sus compatriotas con otras nacionalidades, de quienes ocasionalmente afirmaba que tenían una educación y un talento superiores.

En efecto, Aduanas era un consorcio interimperialista, comparable sólo con la Administración Otomana de Deuda Pública, establecida como aparato de recaudación fiscal establecida por los extranjeros para la Puerta dos décadas después. Ambas debían su forma a un punto muerto entre depredadores. Las grandes potencias rivales, vigilando celosamente las maniobras de cada una, no consiguieron llegar a un acuerdo sobre el reparto de los imperios turco y chino, estableciendo a cambio un instrumento recaudador colectivo para garantizar al menos indemnizaciones y préstamos varios. La institución otomana, sin embargo, no sólo fue menos duradera (1881-1918), sino que nunca empleó a tantos europeos, porque podía confiar en los súbditos griegos o armenios del sultán para ocupar puestos clave[8]. Encaramado sobre una pirámide más cosmopolita, Hart tenía amplia

---

[8] Véanse los detalles en D. Quataert, «The Employment Policies of the Ottoman Public Debt Administration 1881-1909», *Festschrift für Andreas Tietze*, *Wiener Zeitschrift für die Kunde des Morgenlandes*, t. 76, 1986, pp. 233-237.

libertad de acción para dirigir los asuntos como quisiera, y modelar el Servicio de Aduanas a su imagen. Procedía de una familia modesta de Ulster, y pasó directamente de Queen's a China. En el poder, no olvidó a conocidos y familiares. Favoreció a su hermano para que le sucediera, y cuando éste murió prematuramente, optó por su cuñado, también del Ulster.

Pero en esto el *Foreign Office* no cedió, y tuvo que conformarse con Francis Aglen, hijo de su mejor amigo del colegio, a quien había instalado como comisario en Cantón, el puerto donde él mismo había empezado. Su nepotismo sobrevivió incluso desde la tumba. A Aglen lo sucedió brevemente otro irlandés, Arthur Edwardes, que fue seguido a su vez por el sobrino de Hart, naturalmente del Ulster, Frederick Maze. Durante los ochenta años de esplendor, Aduanas –invernadero de la modernidad administrativa– estuvo dirigida a este respecto como una burocracia patrimonial. No había criterios de contratación formales ni verdaderas reglas de promoción, ni regularidad o previsibilidad de puestos. El inspector general era un autócrata dentro de su reino, y no tenía que responder ante nadie. El personal interno era trasladado de un lugar a otro del país a voluntad, con un ritmo más rápido del que jamás habían seguido los magistrados chinos, incluso bajo aquellas dinastías más decididas a impedirles establecer conexiones locales (una preocupación tradicional). Con el tiempo, esta movilidad se intensificó. En el siglo XX, es dudoso cuántos cuadros del PCCh, en la cumbre movilizadora del partido, tuvieron carreras de tal amplitud geográfica.

El contraste con la estabilidad de los nombramientos provinciales en el Servicio Civil Indio, con el que los contemporáneos comparaban a menudo a Aduanas Portuarias, es asombroso. Esto estaba relacionado con la diversidad de los idiomas indios, que desalentaban los traslados una vez aprendido el idioma local, frente a la uniformidad del chino escrito; pero también con formas de jerarquía más convencionales. Por otra parte, el cuerpo interno de Aduanas era una elite con salarios y equipos militares similares a los de sus homólogos indios: aspectos que impresionaron al joven Maurice Bowra cuando visitó a su padre –secretario jefe de las CMC– en 1916 («la vida en Pekín ofrecía comodidades que yo nunca había conocido antes y que no he vuelto a conocer desde entonces»)[9]. En 1914 había sólo 321 extranjeros en la plantilla interna, de un personal total de 7.600; los nuevos contratados recibían un salario de 1.500 taeles haekwan al año, unos 2.250 dólares.

En 1911, con admirable oportunidad, murió Hart. Tres meses después, el imperio Ch'ing se vino abajo. Pero la Revolución de 1911 resultó incapaz de crear una república unitaria, y acabó desintegrándose en un tablero de regímenes militares. En estas condiciones de confusión y división endémicas, Aglen –que personalmente no disfrutó con ningún gobierno chino de una autoridad parecida a la de Hart– consiguió paradójicamente mayor poder institucional en Pekín que su predecesor. Mientras que, en tiempos de Hart, la jefatura extranjera evaluaba los derechos de aduanas recaudados, de hecho, por los superintendentes chinos, para transmitirlos al Estado central y a las autoridades provinciales; a partir de 1912 los impuestos los recaudaba directamente las propias CMC, y los depositaba en tres bancos «custodios» –británico, ruso y alemán– que los conservaban para las CMC como garantía contra préstamos extranjeros, y sólo desembolsaba los fondos a los regímenes de Pekín con el consentimiento del inspector general y del cuerpo diplomático. Con este dominio fiscal sobre las camarillas que competían por el poder en el norte de China, Aduanas se convirtió, de hecho, como el propio Aglen decía confidencialmente, en un *imperium in imperio*[10]. Desde 1913, las potencias extranjeras respaldaban las pretensiones de Yuan Shih-k'ai, excomandante Ch'ing, de establecerse como nuevo hombre fuerte contra sus rivales, la mayoría relacionados con el Kuomintang de Sun Yat-sen, cuyos baluartes se encontraban en el sur del país.

---

[9] M. Bowra, *Memories 1898-1939*, Londres, 1967, p. 49.

[10] Aglen a Acheson, 28 de febrero de 1922: Documentos de Aglen. Los riesgos potenciales implicados en el cambio de la valoración a la recaudación los señaló Leonard Lyall, alto funcionario de Aduanas con Hart, en su reflexivo libro titulado *China*, Londres, 1934, pp. 280-286.

Tal era la escena cuando mi padre llegó a China, con muy poca idea de lo que le esperaba. Avanzando por el Yangtse –en una parada en Hankow, el cónsul ruso lo llevó a las carreras– llegó una semana después a la pequeña estación de aduanas situada a la entrada de Yochow, en el norte de la provincia de Hunan, donde el río Siang, que fluye hasta el enorme lago Tung-ting, se une con el Yangtse[11]. Allí, extremadamente solo, aprendió los procedimientos básicos, y recibió sus primeras clases de chino. En este aislado puesto, fútiles expediciones de caza en los cenagales de la orilla opuesta y cenas en una cañonera francesa varada eran prácticamente su única distracción[12]. Pero desde los montes que bordeaban el río, el destacamento aduanero se erguía sobre un campamento de soldados despachado por Yuan Shih-k'ai para conservar la provincia: «15.000 hombres para contener a los revolucionarios de Hunan». Al oscurecer, escribía a casa, «a no ser que lleves una luz, los soldados son capaces de disparar nada más verte, porque temen que una fuerza rebelde entre en la provincia, y el lugar está lleno de patrullas y controles»[13]. En el propio río, los transportes de tropas se movían en ambos sentidos. Fue una introducción a la China de los jefes militares. En apariencia tranquilo y estudioso, se ganó el aprecio del comisario local, un escocés barbarroja, que lamentó perderlo cuando nueve meses después llegó la orden de traslado[14]. En abril de

---

[11] Yochow, hoy Yuehyang, fue escogido por Hart en 1899 para ser el primer ejemplo de puerto «abierto por sí mismo», es decir, uno que China, en teoría, ponía voluntariamente a disposición de los extranjeros. La intención de Hart era promover la penetración comercial en Hunan. Pero dado que había poca necesidad de que el tráfico fluvial entre Hankow y Changsha parase en Yochow, su decisión fue equivocada. Respecto al modo en que se instaló la estación de las CMC, véase J. Fairbank, M. Coolidge y R. Smith, *H. B. Morse. Customs Commissioner and Historian of China*, Lexington, 1995, pp. 145-161.

[12] «¡Sin poni, sin piano, sin perro y sin hielo en el verano! Fiu», J. C. O'G. Anderson, Cartas, sin fecha, primavera de 1915.

[13] J. C. O'G. Anderson, Cartas, sin fecha, septiembre de 1914; 22 de enero de 1915. Acerca de la escala de las represiones en la provincia, véase Ernest P. Young, *The Presidency of Yuan Shih-K'ai*, Ann Arbor, 1977.

[14] CMC 32130: R.A. Currie a Aglen, 9 de septiembre de 1914, 12 de abril y 27 de abril de 1915; fin de los despachos: «Durante el mes, veinti-

1915, le ordenaron viajar a Mukden para recibir instrucción intensiva en chino en la Escuela de Aduanas creada para formar en el idioma a los nuevos contratados. Con Aglen, por primera vez, el ascenso en el servicio por encima de cierto nivel dependía de aprobar una serie de exámenes de chino escrito y hablado, que se extendían casi una década.

Situada en una aldea a las afueras de la ciudad, la escuela tenía una ubicación carente de interés. Pero allí al menos un joven de veintiún años se encontraba entre coetáneos, en compañía preferible a la soledad de Yochow. Manchuria, entonces a punto de caer bajo el control de Chang Tso-lin, el exbandido que se convertiría en gobernante de la región poco después, era mucho más tranquila que Hunan. Aun así, podían sentirse las ondas sísmicas del resto del país. Mi padre llegó a Mukden justamente cuando la noticia de que Yuan Shih-k'ai se había rendido a la presión japonesa para extender las concesiones territoriales y económicas en China –las famosas Veintiuna Exigencias– provocó furor en todo el país. «No hay verdaderos problemas con la cuestión chino-japonesa –escribió a su hermana– aunque aquí tanto chinos como japoneses habían fortificado sus respectivas partes de la aldea»[15]. En la escuela, daban clases de nueve a tres a diario, y se examinaban todos los meses. Al llegar el invierno, la principal distracción era el hockey sobre hielo, que él tomó con entusiasmo[16]. Una fotografía en grupo del periodo lo muestra recostado en el fondo de una pirámide de jóvenes estudiantes, elegante con su monóculo, su bigote y un cigarrillo. Pero sin duda era diligente. En octubre, el comisario encargado de la escuela, después de describir una cena con el gobernador de la provincia y Chang Tso-lin

---

nueve juncos llenos de soldados se han dirigido hacia Lin-hsiang desde Chagsha y otros lugares situados por encima de Yochow, y de Hankow a Changsha ha pasado un número similar».

[15] J. C. O'G. Anderson, Cartas, 29 de mayo de 1915.

[16] «No hago más que trabajar, leer y jugar al hockey sobre hielo, que es un gran deporte [...] La última vez jugamos un partido mixto y yo acababa de darle un buen avance al disco cuando choqué con una tal señorita Moorhead, me caí encima, ¡y me deslicé diez metros sentado sobre ella!», *ibidem*, 20 de febrero de 1916.

—«éste no ha perdido nada de ambición y no ha aumentado nada su educación, tan defectuosa desde el punto de vista chino»— comunicaba a Aglen que «todavía no ha habido en la escuela ningún estudiante cuya capacidad, aptitud para el trabajo y progreso haya igualado a la del señor Anderson»[17].

Tras sólo un año en Mukden, terminado su curso, mi padre fue enviado al sur en la primavera de 1916, al puesto fluvial de Ningpo, a 22 kilómetros de la población costera de Chekiang, cerca del lugar donde nació Chiang Kai-shek. El conflicto europeo no cambió el carácter interimperial de Aduanas, y los nacionales de los países beligerantes siguieron trabajando juntos. Mientras su hermano luchaba contra el Ejército Imperial en Picardía, él se encontraba presentando informes a un jefe alemán, cuyo único defecto era un toque de amigable *Schlamperei* [negligencia]. La pequeña comunidad extranjera –cuarenta y cinco personas– vivía en el Bund en miniatura situado junto al río: «Desde mi terraza veo a veces pasar los barcos y los juncos a sólo 20 metros». El verano era bochornoso, pero los viajes río arriba en casa flotante hacían placenteros los fines de semana. Para entonces, tras el intento fallido de entronizarse emperador, abandonado ante la revuelta generalizada, Yuan Shih-k'ai se tambaleaba. A la semana de llegar a Ningpo, mi padre escribía:

La provincia en la que estamos, Chekiang, se ha unido al partido revolucionario y ha habido algunos combates en el interior, pero aquí estamos muy seguros porque ambos bandos nos ofrecen garantías. Acabo de volver de Shanghai, adonde fui por cuenta del servicio a llevar despachos, porque los rebeldes están abriendo todo el correo extranjero[18].

Seis semanas después, Yuan – a punto de pedir refugio en la legación estadounidense– estaba muerto. En Ningpo, mi padre

---

[17] CMC 31910: Moorhead a Aglen, 23 de octubre de 1915. Seis meses después: «En cuanto a aprender bien el idioma, ha mostrado, pienso, más capacidad que cualquier estudiante anterior», 12 de abril de 1916.

[18] J. C. O'G. Anderson, Cartas, 20 de abril de 1916.

sufrió varios brotes de dengue, pero aun así aprobó los fundamentales exámenes de chino en otoño. En la primavera de 1917, cuando por fin se convenció a China de que rompiese relaciones con las Potencias Centrales, el personal alemán y austriaco de las CMC fue enviado a su país. Tuvo poco tiempo para adaptarse a un nuevo comisario. La primera semana de junio, lo transfirieron a la sede de las CMC en Pekín.

Apenas se había adaptado a su nuevo cargo, en el Departamento de Personal, cuando el calidoscopio político experimentó una nueva sacudida. En la primera semana de julio, Chang Hsun, el general de la trenza, durante mucho tiempo leal al imperio Ch'ing, se hizo con la ciudad en un intento de restaurar la monarquía manchú. Bajo el bombardeo de artillería de los militaristas rivales al otro lado de las murallas, y tras un extenso soborno desde el interior, el golpe cayó unos días después. «Todo el fuego cesó a las 10 de la mañana. Chang, el líder monárquico, se ha refugiado en la legación holandesa. Lo único que le recuerda a uno que ha habido combates es que se han caído muchos vidrios. Hay agujeros de bala en las ventanas de la oficina, y en el Club»[19]. Aunque de corta duración, el golpe tuvo efectos duraderos, ya que los delegados del Kuomintang se separaron del Parlamento, y en Cantón se consolidó un centro de poder alternativo animado por Sun Yat-sen. En Año Nuevo, el intento de reconquistar el sur fracasó, dividiendo al régimen de Pekín[20]. Trabajando en la Jefatura General bajo el mando de Aglen y Bowra, mi padre

---

[19] *Ibidem*, sin fecha, probablemente 12 de julio de 1917.

[20] «Se están produciendo como cinco rebeliones distintas, con todas las probabilidades de que se produzca una revolución total financiada por Japón, pero el trabajo sigue como siempre. Tanto Yochow como Ningpo están en él. Yochow acabó prácticamente destruida, pero los comerciantes de Ningpo pagaron a los soldados revolucionarios una cantidad de 10.000 libras para evitar los saqueos. En consecuencia, los soldados siguieron avanzando y saquearon la siguiente ciudad. Se espera que el presidente de China huya muy pronto y hay 3 ministros a cargo de 8 ministerios, ya que todos los demás se han ido a la Concesión Francesa de Tientsin», *ibidem*, 16 de enero de 1918. La evolución de la crisis se describe en Hsi-Sheng Ch'i, *Warlord Politics in China 1916-1928*, Stanford, 1976, pp. 18-23 ss.

pasaba largas horas, hasta la noche, descodificando el tráfico te-legráfico, ya que las CMC –que al final no sólo se hizo cargo de los ingresos aduaneros para financiar las deudas extranjeras sino también del excedente sobre estas obligaciones, por orden del cuerpo diplomático– se convirtió en uno de los principales acto-res en la capital. «Aduanas ha alcanzado gran influencia desde la guerra y aquí en Pekín constituimos más de la mitad de la fuerza política –escribía mi padre a su familia–. En la práctica nos esta-mos encargando de los bancos estatales»[21]. Desde la Jefatura, situada en medio del Barrio de las Embajadas, en el extremo este de la actual plaza de Tienanmen, se veía constantemente la can-cha de los conflictos entre caudillos militares en la capital. En el verano de 1918 escribía: «La razón es la religión de China y una muy buena religión», aunque promovía el desapego: «Sólo los inescrupulosos entran en política, de ahí el actual gobierno inú-til»[22]. Su actitud hacia los conflictos entre jefes militares, como la de la mayoría de los extranjeros en ese momento, era despec-tiva. Pero el 4 de mayo de 1919, cuando se produjo el despertar, con las protestas estudiantiles que marcaron el nacimiento de la política contemporánea en China, su respuesta fue brevemente entusiasta:

> ¡Toda China está en huelga! Es muy impresionante –informaba–. Todos los negocios están cerrados y los estudiantes, que dirigen el movimiento, se han adueñado de la situación. Hay una especie de epidemia de dimisiones, desde el Presidente hasta el Parlamento[23].

Evidentemente, Aglen apreciaba su trabajo, y, a finales de año, lo tomó como secretario privado en un viaje de inspección en crucero por los puertos del sur de China, con paradas en Cantón, Wuchow, Amoy, Foochow, Wenchow, Macao y otros. Mi padre volvió con una mezcla de sentimientos respecto al pro-pio Aglen.

---

[21] J. C. O'G Anderson, Cartas, 27 de enero de 1918.
[22] *Ibidem*, 19 de julio de 1918.
[23] *Ibidem*, 13 de junio de 1919.

Sir F. Aglen es inglés –informaba a su madre–, grande, pesado, bien parecido, bastante raro y tímido, de natural perezoso pero que ahora trabaja mucho, muy concienzudo y absolutamente «recto», inteligente en el trabajo de Aduanas, con una maravillosa memoria de Aduanas: pero bastante egoísta e inclinado a la fanfarronería, muy ignorante en lo que a la parte china y política de su cargo se refiere[24].

Sus perspectivas personales debían de parecer buenas. De vuelta a Pekín, terminada una traducción para Kishimoto Hirokichi, el comisario de la Jefatura encargado de las negociaciones con los chinos, «que es japonés y a cuyo puesto aspiro de aquí a veinte años»[25], su carrera parecía encarrilada. Pero la ambición no es la nota dominante de su correspondencia por aquel entonces. Estaba en la veintena, y los placeres de la vida al aire libre –montar a caballo, patinar, jugar al tenis, nadar– cuando las presiones del trabajo disminuían, figuran en mayor medida. La belleza de Pekín, comentada por todos los extranjeros de la época –«una ciudad maravillosa» a pesar de que «los elevados muros, el polvo, el aspecto duro y seco de las cosas» eran opresivos en la temporada de calor– y del campo, de los Montes Occidentales, donde caminaba los fines de semana, eran atractivos naturales[26]. En la costa, Aduanas disponía de bungalós en Peitaiho, el complejo en el que, en la actualidad, se recluyen todos los veranos los líderes comunistas.

Pero otra preocupación era previsiblemente más importante, «lo incompleto de la vida de soltero»[27]. Sexualmente, los

---

[24] «Ésta es mi impresión, que puede ser o no correcta», *Ibidem*, 9 de abril de 1919. El hecho de que le especifique a su madre que Aglen es inglés sugiere un sentimiento compartido de distancia cultural. Años después, escribiría sobre la capacidad de mantenerse en términos amistosos con las personas sin llegar nunca a intimar con ellas: «Es una cualidad inglesa. Nosotros los irlandeses no podemos hacerlo», *Ibidem*, 16 de abril de 1933.

[25] *Ibidem*, 23 de julio de 1919.

[26] *Ibidem*, 30 de marzo de 1918.

[27] *Ibidem*, 4 de julio de 1918, enviada a su hermano Sainthill que, muerto cerca de Bucquoy el 25 de agosto, tal vez nunca la recibiera. La muerte del hermano, a quien se sentía profundamente unido, fue un golpe terrible. La noticia no le llegó a Pekín hasta mediados de octubre.

jóvenes europeos en China encontraban por lo general solaz con muchachas de compañía o concubinas locales. Hart, metodista devoto, tuvo tres hijos con una amante de Amoy antes de casarse con una prima de Portadown. Seguramente mi padre, a quien la típica «chica china» de la comunidad occidental le parecía insufriblemente consentida por el ratio de sexo, siguió el ejemplo. Pero, en su último año en Pekín, cayó bajo el hechizo de la esposa de un funcionario de la embajada, Florence Harding, de inusual audacia (muchos años después, mi madre señalaba divertida que «aparentemente inició las operaciones metiéndole la mano en el bolsillo»). Siguió un turbulento romance. Tendría que ser muy clandestino. Incluso el cortejo de una chica soltera, si los padres o los superiores lo consideraban inadecuado, podía provocar un abrupto traslado al puesto más remoto que el inspector general pudiera encontrar; ése fue el destino de su mejor amigo por aquel entonces, exiliado por su trasgresión a un agujero abatido por la fiebre en la frontera birmana[28]. En tales condiciones, es probable que la intensificación del sentimiento generada hasta por un secretismo ordinario fuese mayor.

A comienzos de 1920, mi padre fue trasladado a Chungking, 2.400 kilómetros Yangtze arriba, en la provincia de Szechwan. Era un cargo que él deseaba, por razones que se han perdido. Quizá fuera el atractivo de más agitación. La provincia había sido uno de los epicentros de la revuelta tanto en el derrocamiento de la dinastía Chi'ng en 1911 como en la caída de Yuan Shih K'ai en 1916, cuando tropas de Yunnan y Kweichow la habían tomado desde el sur, conectando con los insurgentes locales. Cuatro años después, permanecía en una situación muy inestable, ya que los militaristas locales de Szechwan intentaban expulsar a las fuerzas de Yunnan Kweichow que todavía contro-

---

[28] Por haberse entretenido con una muchacha de dieciséis años, con pocas luces pero bonita, «a Black lo trasladan a Teng-Yeh y yo estoy indignado [...] es un cementerio regular [...] pienso que la familia de ella pidió el traslado de Black, porque la chica se estaba encariñando mucho con él, y tenían miedo de que se pusiera en entredicho». *Ibidem*, 12 de abril de 1918.

laban buena parte de la provincia, incluida Chungking[29]. Además de los continuos pillajes efectuados por las tropas de los caudillos militares, la piratería era común en el Alto Yangtse. Mi padre se incorporó a su nuevo puesto la primera semana de marzo de 1920. El asistente al que sustituyó, de viaje en el sentido opuesto, hacia Ichang, fue víctima de una emboscada días después. «Las condiciones río abajo empeoran cada vez más», informaba a Pekín el jefe de la estación.

He recibido carta del señor Nordstrom, que zarpó de aquí el día 8 en *wupan*, diciéndome que a unos 10 *li* arriba de Yunyang lo habían atacado los ladrones, que incendiaron la barca, mataron al *laodah* y se llevaron todas sus pertenencias valiosas. En los últimos días, han llegado cables de que otros tres barcos con extranjeros a bordo han sido saqueados de manera similar, y se han enviado con urgencia dos cañoneras río abajo[30].

En el verano, los combates entre los ejércitos rivales se aproximaban a la ciudad.

Los hombres de Yunnan se están retirando. A medida que se retiran, exigen contribuciones bajo amenaza de destruir pueblos y aldeas... Es posible que las tropas se Ssuch'uan entren en la ciudad o estén a sus puertas dentro de tres días. Parece evidente que los hombres de Kueichou tienen pocas esperanzas de mantenerse, porque siguen moviendo su impedimenta y hoy, cuando bajaba del monte, me encontré muchos heridos de camino al sur.

La situación económica daba poca libertad a Aduanas.

---

[29] Respecto al escenario de Szechwan en esos años, véase el libro del que, en ese momento, era cónsul general británico en Chengtu, Sir M. Hewlett, *Forty Years in China*, Londres, 1943, pp. 84-145; y R. Kapp, *Szechwan and the Chinese Republic, Provincial Militarism and Central Power 1911-1938*, New Haven, 1973, pp. 13-17.

[30] Comisario adjunto en funciones C.F. Johnston a C. A. V. Bowra (Aglen estaba de permiso): CMC 32045, S/O n.º 210, 31 de marzo de 1929. Un *wupan* era un poco más grande que un *sampan*, literalmente «cinco tablas» en lugar de «tres tablas»; el *laodah* era el barquero.

Por desgracia, los negocios están paralizados. Las mercancías no pueden bajar con todos estos movimientos militares. Los juncos no se mueven de Wanhsien sin escolta, por el bandidaje, y no hay suficientes soldados para proporcionar escoltas. Hace algo más de una semana había más de 300 juncos reunidos en Wanhsien y esta multitud, unida al consumo militar, está haciendo que el precio de la comida suba gravemente.

En cuanto a la ciudad en sí, «gane el bando que gane, es seguro que Chungking tendrá que pagar; siempre ha pagado»[31].

Estas circunstancias bastaban para absorber las energías de cualquier joven ayudante. Pero su mente también debía de estar en el amor que dejaba en Pekín, y sin duda debieron de escribirse. En septiembre, en todo caso, Florence llegó a pasar un tiempo con él, acompañada –sin duda por razones de decoro– de dos amigas. Una de ellas era Stella Benson, que entonces recorría Asia como escritora y periodista autónoma. Envuelto en lluvia torrencial, en la parte alta de una ciudad que se encaramaba sobre una cornisa en medio del agitado río, el grupo se convirtió enseguida en un semillero de emociones. Stella se enamoró perdidamente de mi padre, mientras él luchaba con todas sus fuerzas por separar a Florence de su matrimonio, regalando a la primera voluntarias confesiones sobre su amor por la segunda. Las discusiones sobre Irlanda –las fuerzas paramilitares monárquicas [Black and Tans] acababan de llegar; mi padre simpatizaba con el Sinn Fein– complicaron la situación. Más abajo, se desarrollaban batallas campales entre las tropas de Yunnan y las de Szechwan, en el último asalto de los combates para controlar la provincia: en las calles silbaban las balas, los cadáveres flotaban río abajo, mientras el agitado trío se disponía a partir en barco hacia Shanghai[32]. La ruta estuvo salpicada por dolorosos *mises-au-*

---

[31] Johnston a Bowra, CMC 32045, S/O n.º 215, 24 de junio de 1920.

[32] «A las 2, Chungking cayó en manos de las tropas de Szechwan. Lo vimos como una película, hubo disparos desde los dos extremos de la ciudad, y las balas chapoteaban en las silenciosas y rápidas aguas. Nada más empezar el fuego, una especie de explosión de juncos que huían se dirigió río abajo, probablemente con hombres de Yunnan en retirada a bordo,

point. Florence volvió a Pekín. Stella se dirigió a Calcuta. Mi padre se quedó a pasar los últimos meses de su turno de servicio en Shanghai, una ciudad que detestaba, donde «a los chinos sólo los toleran para patearlos e insultarlos»[33]. En la primavera de 1921, a los veintisiete años, se embarcó para su primer permiso a casa.

¿Qué había conseguido en China? Con toda probabilidad, a mi padre le habría resultado difícil dar una respuesta centrada, tan estrechamente debieron de entremezclarse, y superponerse, el particular encuentro con un mundo extraño y las dificultades generales de madurar. Por ejemplo, después de siete años, ¿cómo era su conocimiento del chino? Bastante bueno como para recibir una mención especial en una circular del inspector general, pero es difícil saber qué significaba eso en la práctica. Hay ciertos indicios de que podía leer poesía clásica; pero tal vez sean equívocos. Ciertamente, cuando salió de Pekín desdeñaba la actitud de la mayoría de sus contemporáneos. «Los europeos en China son muy estúpidos –escribía–. Si se interesaran un poco por el país en el que viven disfrutarían más la vida. Pero esperan que Chungking sea como Leeds y añoran los lujos mezquinos de un pueblo inglés de tercera»[34]. El orgullo por la variedad de paisajes y ciudades que ya había conocido, y por la escala de la organización de la que formaba parte, están claros[35]. En la última carta a su her-

---

docenas de juncos. Todo el día había habido una sucesión más o menos continua de ahogados flotando río abajo por delante de nosotros [...] Cerca de la noche, los extranjeros de la ciudad consiguieron cruzar, algunos bajo el fuego, y Schjoth y Palmer subieron a bordo para decirnos que habían puesto barricadas en la Casa de Aduanas, que había montones de muertos en las calles, que un tendero chino había abandonado una bolsa llena de dólares de plata en la calle y la confusión de civiles y combatientes que intentaban por igual quedarse con los dólares. Una cena de despedida bastante deplorable para Shamus [...]». Diarios de Stella Benson, entrada 6782, 15 de octubre de 1920. A bordo, los soldados se apuñalaban y disparaban unos a otros para quedarse con las reservas de opio.

[33] J. C. O'G Anderson, *Cartas*, 5 de febrero de 1920.

[34] *Ibidem*, 29 de mayo de 1920.

[35] A su madre: «Entenderás que después de trabajar aquí en una administración que se extiende sobre miles de millas, no es probable que me satisfaga un trabajo provincial en Irlanda», *ibidem*, 7 de marzo de 1919.

mano había escrito: «No quiero descartar China, de algún modo amo el país, y estoy tan lejos de suspirar por "el fresco y verde regazo de la tierra del justo rey Ricardo" que siento que no podría soportar vivir en Irlanda»[36]. La segunda expresión de sentimiento es más fuerte que la primera, sin negarle toda la fuerza. De profundo apego es difícil hablar. Claudel, cónsul francés en China durante quince años, que conocía bien a la comunidad occidental en el país, escribió –repitiendo una opinión de Stevenson– en vísperas de la Primera Guerra Mundial:

> Si un hombre se convierte en un expatriado no se debe en general al gusto por la aventura o a una energía impaciente con las restricciones, sino sencillamente a que no pertenecía, como si estuviese desenganchado de sí mismo *[comme de lui-mème décroché]*. Pregúntale: siempre fueron las *circunstancias* las que determinaron su partida. Nunca encontrarás en un expatriado esa fe extática en las cosas de este mundo, la tenacidad de propósito, el feroz apetito de poder y dinero que admiramos en los protagonistas de Balzac. El expatriado siempre tiene en él algo «suelto», terriblemente aferrado: una básica indiferencia de alma y cuerpo[37].

Con independencia de la validez general de la descripción, hay razones para pensar que podría haber tenido una verdad especial en este caso anglo-irlandés.

De vuelta en Londres, a los tres meses mi padre se había casado con Stella. Cuando la llevó a su casa de Waterford, en Irlanda, las carreteras estaban llenas de trincheras, los cuarteles volados, los puentes agujereados por las emboscadas. Los lugareños, viendo el corte de pelo a la moda que le habían hecho a ella en Londres, supusieron que la habían reclutado para cooperar con el Sinn Fein. Mientras Griffith y Collins negociaban, la pareja se dispuso a viajar a Estados Unidos en luna de miel. Atravesando en coche el país, desde Pennsylvania hasta California,

---

[36] *Ibidem*, 4 de julio de 1918.
[37] P. Claudel, *Oeuvres Complètes*, vol. IV, *Extrême Orient*, París, 1952, pp. 92-93, escrito en 1909.

volvieron a Irlanda durante la Guerra Civil. Las fuerzas del Estado Libre, en connivencia con las británicas, habían cercado Waterford, que se encontraba en manos republicanas. Debió de ser algo parecido a lo de Szechuan. En la mesa familiar, cuando mi padre siguió defendiendo la independencia irlandesa, la atmósfera se volvió explosiva: estaban quemando las casas solariegas, y su tío había sido expulsado del país. Los recién casados emprendieron viaje a China al día siguiente de que asesinaran a Collins en Cork.

Al llegar a Hong Kong, mi padre fue destinado a Mengtze, Yunnan, en la frontera con Indochina. Rechazando los intentos del servicio de espionaje local para reclutarlo como agente británico –desdeñaba su incompetencia–, se trasladó con su esposa a Hanoi, y después en el ferrocarril francés por la parte alta del río Rojo hasta Mengtze. Yunnan, famosa por su belleza natural y su clima hospitalario, era una provincia de China cuya lejanía y diversidad étnica prácticamente convertían a sus caudillos militares en gobernantes independientes. Económicamente, sin embargo, la región se encontraba en la esfera de influencia francesa: comunicaciones, concesiones y comercio fluían hacia Tonkín. El bandidaje estaba generalizado en torno a Mengtze, donde la mayoría de los montañeses pertenecían a la etnia lolo. A caballo por el campo, Shaemas y Stella sufrieron algunos percances; pero políticamente la zona era tranquila.

Allí, la joven pareja vivió dos años en una gran casa de adobe «sobre elevados cimientos de piedra, con un ensortijado tejado chino pintado alegremente de azules, naranjas y carmesíes descoloridos»[38], parte del complejo de Aduanas que, quince años después, se convertiría en las aulas en las que William Empson enseñaba inglés durante la guerra chino-japonesa, encontrándose con sus propios bandidos fuera de los muros de la ciudad[39]. En Mengtze, el matrimonio estuvo a punto de romperse. Stella cayó en un violento desamor, mi padre en un ensimismamiento heri-

---

[38] J. C. O'G Anderson, Cartas, 22 de febrero de 1923.
[39] W. Empson, «Moonlight Robbery: China 1938», *London Review of Books*, 5 de octubre de 1995.

do. Eran la antítesis física. Sufriendo de una aguda mala salud –una condición tísica crónica– toda su vida, ella era espiritualmente apasionada y carnalmente adormecida. Quizá necesitaba todo el calor para el mero esfuerzo de sobrevivir. Mi padre era emocionalmente serio, pero intensa y francamente sexual. Pocos matrimonios soportan esa tensión. Hablaron de divorcio. Ella se sumergió en la escritura; él, en el estudio del chino. En la primavera de 1925, lo trasladaron a Shanghai. Ella decidió tomarse seis meses en Europa. En el muelle, cuando levantaron la pasarela, le sorprendió vagamente echarlo de menos.

Mientras tanto, China se había puesto a la altura de Irlanda. Expandiéndose por las grandes ciudades, el nacionalismo moderno había establecido una base política en Cantón, donde, desde 1923, Sun Yat-sen dirigía un régimen de Kuomintang con asesores soviéticos y apoyo comunista. Un intento de hacerse con el control del Servicio de Aduanas local había sido abortado por una flotilla de cañoneras de las grandes potencias, pero la Jefatura de Pekín se enfrentaba ahora a un aumento general de la xenofobia en el sur. En esa coyuntura, cuando mi padre acababa de salir de Shanghai, cipayos británicos dispararon a bocajarro sobre una multitud china que se manifestaba por la liberación de los estudiantes retenidos en la comisaría británica. La masacre del 30 de mayo de 1925 incendió el país. En Shanghai se declaró la huelga general; estallaron revueltas antibritánicas que se extendieron a otras ciudades. Tres semanas después, una gran manifestación organizada en Cantón contra los tratados desiguales se encontró con una descarga anglo-francesa que provocó muchas más muertes[40]. El resultado fue una huelga popular y un boicot a las mercancías inglesas en Hong Kong y en Cantón que duró dieciséis meses; el escenario de la memorable primera novela de Malraux, *Les conquérants*.

¿Qué opinión le merecieron a mi padre estos acontecimientos? Parece probable que saliera de la ciudad hacia el 3 de junio,

---

[40] El mejor estudio sobre la crisis y su contexto es el de Richard Rigby, *The May 30 Movement. Events and Themes*, Canberra, 1980; respecto a la primera semana en Shanghai, pp. 34-43.

habiendo presenciado la explosión inicial y las huelgas y la represión que la siguieron, pero no ha sobrevivido ninguna carta de esas semanas. Todo lo que está claro es que, en lugar de ser destinado a un cargo de despacho en la ciudad, como esperaba, lo enviaron de comisario en funciones –el más joven que ocupaba el cargo– al remoto rincón de China en el que una pequeña franja de Manchuria se introduce entre la punta más nórdica de Corea y la frontera de Rusia. Geográficamente, la ciudad más cercana al asentamiento de Lungchingtsun, adonde llegó el 10 de junio de 1925, era Vladivostok. Su primer informe empezaba:

SITUACIÓN LOCAL: el «asunto» de Shanghai y los posteriores estallidos, negociaciones, etc., los discuten y comentan todo tipo de chinos. Al llegar aquí hice el viaje desde la frontera [coreana] hasta Lungchintsun a pie y descubrí que los campesinos de aldeas muy remotas hablaban de la situación. La Cámara de Comercio de Hunchun está recolectando dinero para la caja de resistencia de los huelguistas de Shanghai, en Yenchi se produjo una manifestación bastante desganada, y están boicoteando la tienda principal del representante de British American Tobacco[41].

Señalaba, sin embargo, que el equilibrio político y étnico en la zona no favorecía al movimiento nacional. En los puertos del centro y el sur de China, el poder británico seguía siendo el principal blanco de la hostilidad popular. En el noreste, la expansión japonesa representaba una fuerza mucho más poderosa. Manchuria era el territorio natal del caudillo militar dominante en el norte, Chang Tso-lin. Pero su régimen estaba supervisado por Tokio desde posiciones de fuerza: control militar japonés de la península de Liaotung, acantonamientos en Mukden, guardias armados a lo largo del Ferrocarril del Sur de Manchuria. La frontera de la zona de Chientao a la que habían destinado a mi padre tenía un especial interés para Japón, porque la mayoría de sus habitantes eran inmigrantes coreanos, y era la principal área base para la actividad nacionalista clandestina contra el dominio

---

[41] CMC 31905: Lungchingtsun S/O n.º 426, 4 de agosto de 1925.

colonial japonés en Corea. Después de que atacasen sus consulados en 1920, Japón tenía policía militar permanentemente estacionada en las poblaciones locales[42]. Allí, unos años después, Kim Il Sung empezaría su trayectoria como guerrillero del movimiento comunista. Hoy, la región forma parte de la prefectura coreana autónoma de Yanbian en la RPC. Entonces, una minoría de pobladores chinos y un grupo disperso de rusos blancos completaban la escena. Aunque remoto, se trataba de un territorio fértil y la actividad económica se aceleraba.

> Lungchingtsun se está desarrollando con rapidez y se parece más a un asentamiento de pradera en el Medio Oeste estadounidense que a un puerto de tratado chino. Los andamios de construcción y los edificios extranjeros de aspecto audaz se levantan en medio de las chozas de adobe de los colonos coreanos[43].

Mi padre pasó dos años en este extraño espolón de Siberia. Los inviernos eran implacables, aunque no sin animación. En un informe enviado a Aglen sobre «un viaje de inspección de 360 *li* por los pasos y las estaciones patrulleras fronterizas», señalaba que, durante la mayor parte del viaje, pudo avanzar con gran rapidez en coche por la superficie helada del río Tyumen; «difícilmente se podría encontrar una carretera mejor»[44]. Stella se unió a él, sufriendo por los terribles vientos y el aislamiento, pero al final convirtiendo a los rusos locales en el material de su novela más conocida. Cuando ella partió para un descanso de seis meses en California, mi padre se llevó a una rusa a la cama, y escribió a su esposa –una carta impresionante– para pedirle el consentimiento. Aturdida, ella le mandó un cable diciéndole que adelante; lo lamentó; al volver, se lo recriminó, y lo dejó pasar. Para entonces, sabía lo fuerte que era el apego que él sentía por ella, y

---

[42] Véase G. McCormack, *Chang Tso-lin in Northeast China, 1911-1928*, Stanford, 1977, pp. 41-42; y más antecedentes en C.-S. Lee, *The Politics of Korean Nationalism*, Berkeley, 1963, pp. 158-163, 181-182 y ss.

[43] CMC 31905, Lungchingstun S/O n.º 426, 4 de agosto de 1925.

[44] CMC 31905, n.º 444, 4 de febrero de 1926.

el poco apaciguamiento que ella le daba. Reanudaron –imaginando, inspeccionando– su existencia extraña y dislocada.

Mientras tanto, la crisis política del país alcanzó al Servicio de Aduanas. En el verano de 1926, el régimen del KMT de Cantón, entonces dirigido por Chiang Kai-shek, lanzó la Expedición del Norte para expulsar a los diversos caudillos militares que dominaban el resto de China. A finales de año, las fuerzas nacionalistas habían avanzado hasta el Yangtze y establecido un gobierno en Hankow. Aglen a la cabeza de las CMC y Reino Unido como potencia hegemónica del cuerpo diplomático se encontraban ahora en un dilema. Ambos habían respaldado tradicionalmente a los regímenes militares de Pekín. Pero el *Foreign Office* veía con reservas a Aglen a quien, por haber canalizado parte del excedente de Aduanas a un fondo de amortización interno, en lugar de hipotecárselo todo a obligacionistas extranjeros –un movimiento que le daba más influencia en la política china– consideraba demasiado independiente. ¿Qué línea debía adoptarse entonces hacia el Kuomintang? En el otoño, Chiang Kai-shek cablegrafió órdenes de suprimir la larga huelga y el boicot a los productos británicos, hasta entonces respaldada por Cantón. Encantado con el alivio de Hong Kong, Londres no hizo escándalo cuando, incumpliendo técnicamente el sistema de tratados, el KMT impuso un sobrearancel al comercio exterior y empezó a cultivar relaciones con Hankow.

Dos meses después, el régimen de Pekín –que para entonces estaba bajo el control de Chang Tso-lin, y reclamaba formalmente la autoridad sobre todo el territorio chino– respondió anunciando su propio sobrearancel en el mismo porcentaje, y ordenó a Aduanas que lo recaudase. Aglen, alegando oposición diplomática, se dirigió al sur para conversar con las autoridades de Hankow sobre la delicada situación. Antes de que pudiese volver, el gobierno de Pekín lo destituyó por insubordinación. Londres, independientemente de sus sentimientos hacia Aglen, estaba decidido a que su sucesor fuese británico, algo que la embajada japonesa, tras algunas vacilaciones, consintió. En febrero de 1927, el régimen del norte nombró debidamente inspector general en funciones a quien por entonces era secretario jefe,

Arthur Edwardes. Mi padre, que conocía bien a Aglen, señalaba: «Edwardes es un irlandés grande y gordo, pelirrojo, con aspecto de carnicero, aunque en realidad es un Butler por parte de madre, y está emparentado con el ducado irlandés de ese nombre», bastante sociable pero «no demasiado trabajador» y «probablemente ayude a sus amigos a expensas de los demás»[45].

Enfrentado a un continuo conflicto territorial, Edwardes optó por una cooperación *de facto* con el norte. Se autorizó la recaudación del sobrearancel, aunque por parte de superintendentes chinos, no de funcionarios extranjeros del Servicio de Aduanas. Japón, que para entonces se disponía a abandonar a Chang Tso-lin, se opuso al gravamen. En julio llegaron a Lungchingtsum las órdenes de recaudarlo. El cuartel general japonés en la zona orquestó un asalto al almacén de Aduanas y una virulenta campaña de prensa contra mi padre, amenazándolo con inminentes atentados de «pistoleros coreanos» contra los que no podían garantizarle protección; algo que con más probabilidad, señaló él, se dirigiría contra las instalaciones japonesas, ya que él no tenía disputas con la independencia coreana. Stella comentaba: «Las ametralladoras brincaban por las calles y asomaban por encima de la elevada muralla del fortificado y bastionado consulado nuevo, construido, dicen los japoneses, como "símbolo de amistad entre dos grandes naciones"»[46]. Al final, la elite japonesa local se calmó, pero sus últimos meses en Manchuria fueron cada vez más tensos, a medida que el sentimiento nacional chino –tardíamente desatado por Chang Tso-lin– estallaba en una campaña de manifestaciones populares contra Japón en toda la región. En otoño, llegó el permiso, y Shaemas y Stella partieron hacia Europa.

¿En qué medida las ausencias de China, en teoría un año de cada cinco –una nítida puntualización en esta existencia–, intensifican la percepción de los cambios experimentados por el país, ya que cada regreso suponía una especie de entrada en el drama después de perderse un acto, reconstruible sólo a partir de las

---

[45] J. C. O'G. Anderson, Cartas, 8 de marzo de 1927.
[46] Diarios de Stella Benson, entrada del 13 de julio de 1927; «Storm in a Manchurian Teacup», *The Nation and Athenaeum*, 27 de agosto de 1927.

indicaciones de las escenas siguientes, o mediante furtivas consultas a un programa en la oscuridad? Mientras mi padre estaba ausente, el paisaje político de China cambió radicalmente, y con él la posición de Aduanas. En la primavera de 1928, se retomó la Expedición del Norte. Los ejércitos del KMT, junto con diversos aliados regionales, avanzaban hacia Pekín. A comienzos de junio, Chang Tso-lin abandonó la capital y oficiales japoneses hicieron estallar el tren de lujo en el que regresaba a Mukden. En octubre, se proclamaba en Nankín un gobierno nacionalista que reclamaba el control sobre todo el país.

En Aduanas, Edwardes, que nunca había sido aceptado por el KMT, pronto se vio inmerso en una posición imposible. Desde su nombramiento, había estado amenazado por un rival, en la persona del sobrino de Hart, Frederick Maze, comisario en Shanghai. Maze, más viejo y más hábil en la maniobra, había cultivado buenas relaciones con el KMT desde la Revolución de 1911, cuando era comisario en Cantón. Cuando el comandante nacionalista Pai Chung-hsi entró en Shanghai en marzo de 1927, Maze estaba a mano para entablar conversaciones secretas con él, justamente antes de que Chiang Kai-shek ordenase la masacre de comunistas en la ciudad, con complicidad anglo-francesa. Durante todo el año, Maze trabajó para ganarse el favor de las autoridades del KMT y el respaldo de la comunidad empresarial de Shanghai. Conocía los requisitos del poder en ascenso, y no dudaba en cumplirlos. En enero de 1929, Edwardes fue despedido y Maze nombrado inspector general[47]. La sede central de las CMC se trasladó a Shanghai, y se suspendieron las nuevas contrataciones de extranjeros. El mismo mes, China recuperó su autonomía arancelaria. La Revolución Nacionalista parecía en plena marcha.

En realidad, tras atacar a sus aliados comunistas, Chiang Kai-shek sólo había unificado China en teoría. Los militaristas regionales, que carecían de las mismas conexiones extranjeras y co-

---

[47] M. Atkins, *Informal Empire in Crisis, British Diplomacy and the Chinese Customs Succession 1927-1929*, Ithaca, 1995, ofrece un cáustico pero admirable estudio sobre el ascenso de Maze al mando de la Jefatura frente a la oposición del *Foreign Office*.

merciales, pero a menudo eran mejores generales, controlaban grandes territorios y ejércitos propios, bajo el amplio manto ideológico de Sun Yat-sen. La autoridad directa de Nankín nunca se extendió mucho más allá de la China Central, e incluso allí estaba sometida a frecuentes desafíos. En los veinte años siguientes, los rivales más formidables y persistentes de Chiang salieron de la provincia subtropical de Kwangsi, una región atrasada junto a la frontera indochina y con una gran minoría de origen tailandés. Sus principales generales, Li Tsung-jen y Pai Chung-hsi, habían destacado más en el combate real en la Expedición del Norte que el propio Chiang, y le habían puesto fin con el control de una amplia área que, durante un tiempo, incluyó Hankow y Pekín. Ambos comandantes se distinguirían de nuevo en la guerra contra Japón; y cuando por fin Chiang tuvo que dimitir tras sus desastrosos fracasos en la guerra civil contra los comunistas, fue Li Tsung-jen quien se convirtió en el último presidente de la China republicana, en 1949, intentando en vano negociar la paz con el PCCh. Ya anciano, volvió del exilio para morir en Pekín como un honorable veterano.

A comienzos de 1929, sin embargo, Chiang se impuso de repente sobre la «cuadrilla de Kwangsi», expulsándolos del KMT y obligándolos a exiliarse en Hong Kong[48]. Allí tramaron una vuelta desde su provincia natal. Para frustrar sus planes, Chiang instaló inadvertidamente a oficiales locales con tendencias izquierdistas en el gobierno de Kwangsi. Esa primavera, mi padre volvió a China solo, en el Transberiano. El viaje fue duro y su mente estaba ansiosa: la partida había sido turbulenta. Los médicos le habían dicho que no podía tener hijos, algo que Stella deseaba. Los papeles se invirtieron, y él le escribió desde Hong Kong: «Si realmente quieres un hijo, adelante. No me importaría siempre que no rompieras conmigo»[49]. Su-

---

[48] Respecto a estos acontecimientos, véase D. Lary, *Region and Nation. The Kwansgsi Clique in Chinese Politics 1925-1937*, Cambridge, 1974, pp. 13-145, uno de los mejores estudios sobre la política provincial en el periodo republicano.

[49] J. C. O'G. Anderson, Cartas, 6 de mayo de 1929.

puso que ella no podía reunirse con él. Bajo una considerable depresión, acababa de saber que lo habían destinado a Nanning, capital de Kwangsi.

De hecho, mientras navegaba río arriba desde el delta del río Perla y gradualmente veía el tipo de país en el que entraba, su estado de ánimo mejoró. Nanning se encuentra justamente después de la orquilla que trazan el río Derecho y el río Izquierdo, en un escenario tan alejado de Tyumen como pudiera imaginarse.

Mi casa está a la orilla del río y desde ella se ven limpias aglomeraciones de bambú plumoso y búfalos, y chinos lavando ropa, remando, arreglando velas de juncos, etc. Tengo un precioso jardín, muy asilvestrado: hibiscos, franchipanes, camelias, buganvillas, tamariscos, acacias de flor, palmeras, bambúes y diversos arbustos y árboles florecidos, de especies casi excesivamente fragantes[50].

El comercio estaba en recesión, el trabajo era ligero. Se estableció, esperando que Stella se le uniera. Unas semanas después, un emisario del cuartel general del PCCh en Shanghai llegó en secreto a Nanning. Fue la entrada en la historia de Deng Xiaoping, que entonces tenía veinticinco años y había vuelto hacía poco de Europa; quizá su conocimiento del francés lo seleccionara para la misión, ya que ascendió por el río con ayuda de los comunistas vietnamitas, por la que mi padre denominó «la puerta de atrás», para llegar a Kwangsi a través de la ciudad fronteriza de Lungchow[51].

Infiltrándose en el gobierno y en la fortaleza locales, Deng sentó las bases para un levantamiento. En octubre, sin embargo, los oficiales encargados de la provincia –bajo cuya protección había estado trabajando el PCCh– se declararon prematuramente contra Chiang Kai-shek, en concierto con otras fuerzas

---

[50] *Ibidem*, 14 de julio de 1929.
[51] La versión oficial completa de las actividades de Deng en Kwangsi en 1930 se encuentra en el relato de su hija: D. Maomao, *Deng Xiaoping. My Father*, Nueva York, 1995, pp. 162-191.

desafectas del bando nacionalista, sólo para descubrir que sus tropas se desvanecían y abrían el camino a la vuelta al poder de los famosos militaristas de Kwangsi. Antes de que éstos pudiesen llegar a Nanning, Deng ordenó a los destacamentos ganados para la causa comunista salir de la ciudad, un grupo hacia Lungchow, en el suroeste, y el otro hacia la zona de la minoría *chuang*, en el noroeste de la provincia, adonde él navegó río Derecho arriba en un convoy de juncos cargado del arsenal de la ciudad para reunirse con ellos. Allí, en la ciudad de montaña de Pose, que controla los pasos de Yunnan, proclamó un soviet. Los terratenientes militares fueron expropiados, las aldeas de los *chuang* movilizadas, y pronto un área de aproximadamente un millón de habitantes estaba bajo el control del recientemente creado Octavo Cuerpo del Ejército Rojo. Mi padre informó a Maze:

> Todo el río Pose está invadido por un ejército de campesinos comunistas que últimamente han capturado P'ingma y Lungan, esta última a sólo 100 kilómetros de aquí. ¡En estos lugares han quemado públicamente los retratos del Dr. Sun junto con todas las escrituras encontradas en los *hsien yamens*![52].

Un mes después, en enero de 1930, la Cuadrilla de Kwangsi estaba de vuelta en Nanning.

POLÍTICO: gran cambio de situación desde que escribí por última vez [...] Li Tsung-jen está aquí. Pasando por la Casa de Aduanas la otra mañana, se refugió en mi despacho de un repentino aguacero, y habló con franqueza y aparente confianza de sus planes. Él mismo dirigirá desde Nanning las operaciones para limpiar los ríos Lungchow y Pose, en la actualidad infestados de los restos del ejército de Yü Tso-po y de los comunistas campesinos. Todo está tranquilo en la localidad y la Cámara de Comercio de Nanning ha pagado a Li más de 70.000 dólares. El dinero lo ha recaudado sin mucha dificultad, porque a los comerciantes les interesa que se rea-

---

[52] CMC 32519, n.º 451, 9 de enero de 1930.

bran las comunicaciones con Pose, donde, desde hace tiempo, mantienen reservas de opio[53].

De hecho, Li y Pai no pudieron tomar medidas inmediatas contra las fuerzas comunistas de Kwangsi –donde unos días después se proclamó otro soviet en el río Izquierdo, cerca de la frontera indochina–, porque se encontraron atacados desde Cantón, donde se había reunido contra ellos un ejército en nombre del gobierno de Chiang Kai-shek. Los combates se extendieron por el este de la provincia, al unírseles otro importante comandante de la Expedición del Norte, Chang Fa-kuei, que trasladó los restos de sus «Valientes» a Nanning para bloquear el avance cantonés.

Chang Fa-k'uei está ahora encargado de la defensa de Nanning, y ha asumido la tarea con gran energía, cavando trincheras, levantando barricadas, organizando piquetes, etc. Fui a verlo el otro día y descubrí con sorpresa a un joven más pequeño de lo normal, con aspecto de *chétif*, que bien podría tomarse por un estudiante mayor [...] Sus hombres llenan las tiendas, entregando para sus compras buenos billetes de Hongkong, Tonkin y Shanghai. Es agradable escuchar la pronunciación de Pekín en este lugar, tan al sur[54].

La atmósfera de Nanning se convirtió en una mezcla incierta, quizá no atípica del momento, de sitio y diversión, vívidamente captada por el diario de Stella. Un día, un avión cantonés bombardeaba la ciudad; al día siguiente, los generales de Kwangsi practicaban su deporte favorito. Stella señalaba en su diario:

El general Huang Shao-hsiang [tercer miembro de la junta] nos ha ordenado hoy por teléfono que le proporcionásemos un poco de

---

[53] CMC 32519, n.º 353, 27 de enero de 1930. El propio Li narró sus movimientos después de ser expulsado de Hong Kong por las autoridades locales, presionadas por Nankín, de camino hacia Kwangsi. Véanse *The Memoirs of Li Tsung-jen*, Boulder, 1979, dictadas durante su exilio en Estados Unidos, pp. 274-276.

[54] CMC 32519, n.º 358, 16 de febrero de 1930.

tenis; parece que hay una calma momentánea en los combates. Es un gran hombre aquí, y se comporta como tal. Nos apresuramos a organizar un partido de tenis y un té al aire libre, aunque caía una fina llovizna. El general Huang llegó con seis soldados con revólveres de cañón muy largo, como siempre ondeando en la mano desnuda a la vista del anfitrión y la anfitriona[55].

Los torneos siguieron. En la mesa, se intercambiaban acaloradas discusiones sobre lo bueno y lo malo de los combates del momento con un oficial del grupo de Valientes perteneciente al Servicio de Logística, en las que Shaemas y Stella revelaron su común indignación ante las duras condiciones soportadas por el campesinado chino en manos de los avariciosos caudillos militares («fue refrescante decir lo que uno pensaba a un militarista chino»). En medio de mucho prejuicio europeo, es una de las raras ocasiones en las que Stella desliza indicios de lo que mi padre pudiera saber de la vida intelectual china: cuenta que citó a Hu Shih, el principal moderado de la generación del Cuatro de Mayo, como el más inteligente crítico de las plagas de la China contemporánea, una voz para avergonzar a cualquier caudillo retrógrado[56].

En marzo llegó la noticia de que el soviet del río Izquierdo, amenazado por los sobrevuelos franceses, había atacado edificios extranjeros de Lungchow. Deng Xiaoping estaba en la ciudad cuando las multitudes asaltaron y quemaron el consulado francés, incautando armas y fondos, y después se dirigieron la Casa de Aduanas. El comisario adjunto en funciones francés –conde O'Kelly– se refugió entre los bandidos locales, que le exigieron un rescate, antes de comprar su avance hacia la frontera de Indochina[57]. Es improbable que la secuencia de estos acontecimientos fuera accidental. El soviet de Lungchow se proclamó el 1 de febrero de 1930. Las primeras huelgas de plantaciones organiza-

---

[55] Diarios de Stella Benson, Entrada 6798, 4 de febrero de 1930.
[56] *Ibidem*, Entrada 6798, 10 de abril de 1930.
[57] O'Kelly a Maze: CMC 32578, S/O n.º 474, 28 de marzo de 1930, ofrece un vertiginoso relato de sus aventuras; poco después solicitó el retiro.

das por los comunistas en Vietnam estallaron en Phu Rieng el 4 de febrero. El Partido Comunista Vietnamita se fundó en Hong Kong, donde estaba exiliado Ho Chi Minh, en una reunión que duró del 3 al 7 de febrero. Deng volvió a Lungchow de un viaje a Hong Kong el 7 de febrero. La primera insurrección nacionalista en Tonkín estalló con el motín de Yenbai el 9 de febrero, un acontecimiento inesperado para la opinión pública francesa[58].

Es ésta una madeja sobre la que ni China ni Vietnam están ansiosos por llamar la atención hoy en día, y que los historiadores aún no han desenredado. Lo que está claro es que el gobierno colonial de Hanoi se vio movido a la acción en ambos lados de la frontera. La aviación francesa bombardeó Lungchow (más tarde Deng afirmó que sus hombres habían derribado un avión durante el ataque). Poco después, las tropas de Li Tsung-jen recuperaron la ciudad. Pero no se restauró un orden estable, y la región se mantuvo en un caos lleno de bandidos. En esta coyuntura, Maze ordenó a mi padre que se trasladase a Hong Kong. Nanning estaba aún sitiada desde el este, por lo que la única ruta de salida era río Izquierdo abajo. Con un subordinado sueco adicto a la morfina a bordo *in extremis*, mi padre y Stella partieron en una lancha motora, escoltados por una cañonera enviada por los generales de Kwangsi.

Flotando en el maravilloso, a veces amenazador, escenario durante cinco días, Stella cayó en un estado de ensueño, parecido a las atmósferas de la poesía china que ella desconocía:

Esta tarde, tumbada en la cama de campaña, recordé que de niña éste era mi ideal de viaje / avanzar *muy despacio, cerca del mundo*, tumbada y de cabeza / sin esfuerzo / pero con un mundo cercano pasando y una cosa nueva que ver a cada minuto. El anochecer fue hermoso y después / cuando salió la luna / sentada en la proa del barco / mirando hacia delante / la proa gruñía deliciosamente atravesando

---

[58] Sobre esta secuencia de acontecimientos, véase D. Hémery, «Résistances, nationalismes, mouvements sociaux (1900-1939)», en P. Brocheux y D. Hémery, *Indochine, la colonisation ambiguë 1854-1954*, París, 1994, pp. 303-306 y ss.

los rápidos. Vivir así es como ahogarse exquisitamente en un mar de verde inconciencia / es un verdadero anticlímax salir a la superficie / luciérnagas a la deriva como agujas de pino, a través de los muros sobresalientes de una aldea colgante / la primorosa nada de la vida[59].

La versión de mi padre fue menos taoísta.

El viaje río arriba hasta un lugar llamado Lungchow fue muy bueno: «Repleto» de rápidos, cascadas, gargantas, montañas y monos farfullándonos desde la orilla del río. Los monos son gibones de barba gris, y el hecho de que la barba cesase en un cuidadoso círculo negro alrededor de los ojos les daba un aspecto disipado. Toda esta parte del país fue violada (podría decirse) por (a) bandidos (b) comunistas un mes antes, y aterrorizados campesinos chinos huidos miraban nuestro barco desde las cuevas situadas en la ladera de las montañas que bordean el río[60].

En medio de este mundo salvaje, al parar una noche en una aldea, Stella recibió –increíblemente– un telegrama de sus editores en Londres. En Lungchow, inspeccionaron la residencia saqueada del comisario («amarramos al pie de las escaleras de Aduanas y subimos a ver la ruina dejada por los rojos», señalaba Estela; «el complejo de Aduanas de aquí debió de ser una hermosa propiedad; dos o tres encantadores edificios con porche en una serie de terrazas verdes de madera que caían hacia el río»)[61]. En la seguridad del refugio francés, al otro lado de la frontera, encontraron al conde O'Kelly «muy obsesionado con sus experiencias con comunistas y bandidos –anhelando *l'action décisif* en todas partes: en Yenbai, en India, en Francia, en la Conferencia Naval– en todas partes habría que poner gente contra el paredón y matarla»[62]. Avanzaron hasta Hanoi y desde allí volvieron a Hong Kong.

---

[59] Diarios de Stella Benson, Entrada 6798, 6 de mayo de 1930.
[60] J. C. O'G. Anderson, Cartas, 22 de junio de 1930.
[61] Diarios de Stella Benson, Entrada 6798, 10 de mayo de 1930.
[62] *Ibidem*, Entrada 6798, 11 de mayo de 1930.

En Kwangsi, el soviet del río Derecho cayó ese otoño, después de que el PCCh ordenara a Deng y a sus colaboradores que sacaran el Octavo Cuerpo del área base de Chuang, en una desastrosa marcha de la que sólo escaparon unos restos diezmados para unirse a la rapidez de Mao en el norte. En Nanning, Li Tsung-jen y Pai Chung-hsi, que ejercían de nuevo un firme control, se dispusieron a convertir Kwangsi en una región modélica. Hu Shih, que visitó la provincia unos años después, elogió mucho sus esfuerzos por modernizar la provincia. Para entonces, Shaemas y Stella tendrían menos que decir de la Colonia de la Corona.

* * *

La tercera semana de julio de 1998 tuvo lugar en Pekín un «congreso de trabajo nacional contra el contrabando». En discursos sensacionales, los gobernantes de la República Popular revelaron que, en la actualidad, China pierde 12.000 millones de dólares al año debido a una masiva oleada de contrabando, en el que participan autoridades públicas de todo tipo, y en buena medida también el Ejército Popular de Liberación. El presidente Jiang Zemin anunciaba el establecimiento de una «policía nacional especial para detener el contrabando generalizado», a la que remunerarían con los ingresos de las confiscaciones, y ordenó al Ejército retirarse de todas sus –múltiples– empresas comerciales. La cuestión tiene ciertamente ecos históricos.

En la primavera de 1930, tras dieciséis años de servicio, mi padre fue destinado a Hong Kong. Allí permaneció dos años, técnicamente asignado a Kowloon, pero viviendo en el Pico. El lugar no le gustaba. El escenario tal vez fuese «descuidadamente hermoso», pero la sociedad era aburrida y la ciudad, repelente.

> Es curioso lo anticuadas que están las colonias –señalaba–. Hongkong no está más que empezando a ser eduardiana. Hanoi es casi por completo Jules Ferry. Es extraño en Hongkong ver a las chicas jóvenes mostrarse infantiles al estilo de 1900, y en Hanoi oír a los franceses manifestar ideas sobre el desarrollo colonial, etc., que son audaces al modo de Ruyard Kipling.

Pero mientras que Hanoi al menos era bonita, con calles que radiaban desde un lago rodeado de árboles en el centro, cafés con toldos de color rosa y blanco, y cestas de flores en cada esquina, «Hongkong es una ciudad grotescamente fea, la parte en principio digna es sencillamente terrible, una plaza con hierbas descuidadas, con las más horribles estatuas de miembros menores de la realeza»[63]. Stella tomó por blanco el consentimiento del gobierno a la prostitución forzosa, en el que adolescentes del continente eran vendidas prácticamente como esclavas a los burdeles locales. Apartándose por igual de devociones misioneras e hipocresías realistas, dejó claro que no se trataba de moral sexual sino de explotación.

Abolir los burdeles, y sobre todo retirar hasta la más mínima apariencia de aprobación gubernamental a los propietarios de los burdeles, a los chulos, a los traficantes, a las «madres bolsillo» que explotan a niñas indefensas es establecer el principio de que el cuerpo de una mujer es sólo suyo, no para disputárselo[64].

Contra mucha oposición oficial, una eficaz campaña auspiciada por la Liga de Naciones obligó al reacio gobernador a prohibir el sistema.

Esta intervención provocó naturalmente rechazo hacia su marido. Pero él era funcionario chino, más que del gobierno británico, y, en cualquier caso, Aduanas Marítimas ya estaba enfrentada a las autoridades de Hong Kong. La colonia fue tradicionalmente un paraíso del contrabando, protegido por las autoridades británicas en connivencia con los intereses locales. Poco después de que llegara mi padre, Maze descendió en persona para enfrentarse a las autoridades coloniales acerca de las instalaciones que las Aduanas necesitaban para tomar medidas contra

---

[63] J. C. O'G. Anderson, Cartas, 17 de julio de 1930; 12 de febrero de 1933.
[64] Diarios de Stella Benson, Entradas 8367-8370, 8-13 de diciembre de 1931 («Madres bolsillo»: mujeres que compraban niñas y las criaban para prostituirlas [N. de la T.]).

515

el contrabando que penetraba en China. «Estamos peleando seriamente con el gobierno de Hong Kong, y, por el momento, existe la perspectiva de que nos retiremos de Hongkong y establezcamos un cordón de cruceros en torno a la isla para dificultar el traslado», escribió a Irlanda. «La última vez se rompieron las negociaciones y hubo mucho resentimiento. No les gusta Maze y no confían mucho en él. Pero es un hombre capaz y se saldrá con la suya, creo. No le importa lo que piensen de él mientras se conserven las apariencias»[65].

Maze estaba ya, de hecho, dando un nuevo dinamismo a Aduanas. La recuperación por parte del gobierno de Nankín de la autonomía arancelaria había aumentado las tasas de importación desde niveles semicoloniales, inferiores incluso al 5 por 100 nominal, al 15 por 100 en 1931, ahora sobre la base de una unidad oro. El resultado fue un gran aumento de los ingresos aduaneros, que, en tres años prácticamente, se triplicaron. En 1932, Aduanas Marítimas generaba un 60 por 100 de los ingresos de la administración central, mucho más que en tiempos de Hart[66]. Dado que el aumento de la presión fiscal en la frontera lo hacía mucho más rentable, el contrabando se disparó. Para combatir su difusión, Maze creó dentro de la Jefatura un nuevo Departamento Preventivo, obtuvo para las CMC competencias de intercepción armada propias, y reunió una moderna flota de cruceros rápidos, ligada a una red inalámbrica, para operaciones de búsqueda y captura a lo largo de la costa china. A mi padre lo destinaron a este tipo de trabajo, primero como adjunto y después como comisario *ad interim* en Hong Kong, controlando el movimiento de pequeñas cañoneras en las aguas de la isla. Evidentemente, hacía bien su trabajo («estamos asfixiados de incautaciones»), y lo disfrutaba[67].

---

[65] J. C. O'G. Anderson, Cartas, 2 de agosto de 1930; sin fecha, aprox. septiembre de 1930.

[66] A. Young, *China's Nation-Building Effort, 1927-1937. The Financial and Economic Record*, Stanford, 1971, p. 73. Young, de nacionalidad estadounidense, fue asesor financiero del gobierno del KMT entre 1929 y 1947.

[67] CMC 32427, S/O n.º 595, 8 de enero de 1932.

Despectivo con las autoridades británicas de Hong Kong («un gobierno recóndito y tonto»)[68], también tenía que cuidar las relaciones con las autoridades chinas a las que servía. Cantón estaba controlada por el caudillo militar de Kwangtung, Chen Chi-t'ang, que había formado con Li y Pai un bloque regional en Kwangsi contra el régimen de Chiang Kai-Shek en Nankín. Cada bando, naturalmente, reclamaba la fuente de ingresos públicos más valiosa. El trabajo de mi padre estaba por lo tanto, como él decía, «agradablemente complicado por el hecho de que sirvo a dos gobiernos distintos», uno en principio legítimo pero distante y el otro insurgente pero mucho más cercano.

> Mi principal carta es la *fuerza mayor*. Esta palabra la estiman mucho todos los gobiernos chinos, de jure o de facto (y en cualquier caso debilitados). Un ejemplo. El ministro de Finanzas del Gobierno central me ordena en términos majestuosos dejar de remitir ciertos ingresos a los «perros rebeldes de la facción de Cantón» y entregárselos a él. Esto significa conseguir entre los perros rebeldes un amigo que envíe un viejo remolcador de vapor, con cinco o seis soldados a bordo, para hacer una demostración armada en una de mis estaciones aduaneras cercanas a Hongkong. Perfectamente podríamos hacer volar cualquier fuerza armada que los cantoneses pudieran enviarnos, incluida su marina de guerra, que es mucho menos imponente que nuestra flotilla anticontrabando. Pero en lugar de eso, telegrafío al Gobierno central que me he visto obligado a ceder ante la fuerza mayor. Entonces todo va bien hasta la siguiente crisis[69].

Esta nota despreocupada, y sin duda coloreada para darle efecto, no duró mucho. En el otoño de 1931, Japón invadió Manchuria, y seis meses después instaló el Estado marioneta de Manchukuo. De repente, las CMC fueron excluidas de todos los puertos de Manchuria, un gran golpe para sus ingresos. En enero de 1932, las fuerzas japonesas de Shanghai lanzaron un ataque

---

[68] J. C. O'G. Anderson, Cartas, 30 de junio de 1931.
[69] *Ibidem*, 20 de diciembre de 1931.

contra las posiciones del KMT, que, tras duros combates, provocó un mayor debilitamiento del control chino en torno a la ciudad donde ahora se situaba la Jefatura. «Aunque mi posición personal en Aduanas es floreciente –le contaba a su madre– la del servicio es un poco vacilante por la situación bélica en Shanghai»[70]. A corto plazo, las CMC sobrevivieron en bastante buen estado. Pero la ocupación japonesa de Manchuria, y la gradual ampliación del control territorial por debajo de la Gran Muralla, afectó fuertemente al sistema de movilidad dentro de Aduanas. A partir de entonces, había cada vez menos puertos para los destinos al norte del país, donde el clima era mejor y las condiciones más saludables. Stella, que odiaba Hong Kong, partió para Europa inmediatamente antes del Incidente de Shanghai, animada en ruta por la concesión del Premio Fémina por su novela más reciente. En abril, mi padre fue trasladado a Hainan.

Aceptó su nuevo puesto con un fin. Hainan, una isla tropical del tamaño de Irlanda, es el extremo sur de China, y está situada en la misma latitud que la isla filipina de Luzón, frente al norte de Vietnam. Tradicionalmente lugar del más recóndito destierro para los literatos de la dinastía Tang, como el exilio de Ovidio en el mar Negro, seguía siendo bastante silvestre, habitada en general por grupos no pertenecientes a la etnia *han*. En el interior, se mantenía activa la guerrilla del PCCh: «Completos bandidos, disfrazados con el atuendo del comunismo; un residuo del régimen de Borodin», la consideraba el comisario danés que precedió a mi padre[71]. Su importancia radicaba en su situación geográfica. Una directiva del inspector general exigía a todos los juncos oceánicos procedentes de Bangkok, Singapur, Batavia o Saigón presentar su declaración en Hainan antes de entrar en cualquier puerto continental de China. Al otro lado de los angostos estrechos con la península de Luichow, sin embargo, se situaba en letárgico enclave francés de Kwangchow-wan, con su cuartel gene-

---

[70] *Ibidem*, 17 de marzo de 1932.
[71] CMC 3250, 12 de abril de 1932; memorando oficial de K. E. Jordan, al entregar el cargo de Aduanas de Kiungchow. Kiungchow es el actual Haikou.

ral en Fort Bayard, unos 500 kilómetros cuadrados de concesión arrancados al imperio Ch'ing en 1898, y prácticamente olvidados después. Con el aumento de los aranceles chinos a comienzos de la década de 1930, sin embargo, esta zona fantasmal se convirtió de repente en imán para el contrabando a gran escala, desembarcado en Fort Baryard y después trasladado con celeridad en barco a Hainan, o a través de la frontera terrestre. «Enormes y poderosos intereses», advertía el memorando del danés, habían dado lugar a un «El Dorado de los contrabandistas»[72].

Por eso Maze envió a mi padre al sur, después de llamar la atención en una circular sobre el vigoroso ejemplo establecido por sus incautaciones en Hong Kong. La primera orden que recibió decía:

> Considere que tiene en sus manos uno de los puestos más interesantes que el Servicio puede ofrecer y que el problema de la prevención en su distrito le ofrecerá una amplia oportunidad de aprovechar al máximo la experiencia adquirida en el área de Kowloon[73].

La estación de las CMC en Fort Bayard se controlaba desde Hainan. Su primera tarea como comisario fue atacar el tráfico ilegal desde el territorio francés. Mi padre procedió a efectuar viajes de inspección de ensenadas y bahías a ambos lados de los estrechos, movilización de cruceros, pedidos de más lanchas de velocidad y escudos acorazados desde Shanghai. Tres meses después de su llegada, Hainan fue escenario de una revuelta naval contra Cantón, sofocada después de que un espectacular ataque aéreo directo —«una enorme llama amarilla y grandes columnas de humo»— hundiera el buque insignia rebelde en el puerto de Hoibow, lo cual le exigió telegrafiar advertencias a los marinos de

---

[72] *Ibidem*, Fort Bayard es en la actualidad Zhanjiang.

[73] «El puesto exige una especial cualificación y, en lo que se refiere a Kwangchow-wan, está plagado de dificultades: tendrá usted que desplegar tacto y paciencia con las autoridades francesas y actuar con circunspección en la frontera terrestre hasta tener el respaldo de suficientes guardias, pero controlar el contrabando en junco debería ofrecerle un alcance de acción ilimitado»: Maze a Anderson, CMC 32358, 16 de mayo de 1932.

todo el sureste asiático[74]. Pronto decidió que sería mejor atajar el problema del contrabando desde el otro lado de los estrechos, e hizo que algunos compañeros presionaran a la Jefatura para que trasladase el control de Fort Bayard a Pakhoi, el puerto continental más cercano, en aquel momento administrado por un somnoliento comisario holandés. Maze, comprendiendo que la propuesta tenía sentido, lo destinó a Pakhoi en el otoño de 1932.

Stella, después de seis meses de éxito literario en Londres –concesión de premios, veladas con los Wolf, retrato de Wyndham Lewis, etc.–, realizaba su viaje de vuelta a China con aprensión. «Vuelvo a estar en peligro»[75]. Cinco días después de llegar a Hainan, experimentó una crisis bronquial, de la que sólo se repuso a medias, «devotamente atendida día y noche por una concubina (no de James) china más rica que nosotros»[76]. Quince días después, cuando se trasladaron a Pakhoi, no pudo bajar a tierra por su propio pie. Allí se recuperó un poco y reanudó la escritura. La casa del comisario era «casi palaciega», ubicada en un gran complejo lleno de árboles y arbustos floridos, con vistas al mar. Mi padre, con su asistente ruso, recorrió la península de Luichow en coche para establecer un cordón más estricto en torno a Fort Bayard. Allí, en cualquier caso, la sociedad era menos tediosa que en Hong Kong. Al *administrateur* del puerto «soltero e *impénitent*, lo cual significa que tiene dos chinas annamitas»– le gustaba notificarle que «*si quelqu'un me mord dans la derrière, je lui donne un coup de pied dans les roupettes* [«si alguien me muerde en el trasero, le doy una patada en los huevos»]. Esto significa que ha habido un "incidente fronterizo"»[77]. En este es-

---

[74] J. C. O'G. Anderson, Cartas, 14 de julio de 1932. La supresión de la revuelta fue seguida de una intensificación de la campaña contra el movimiento comunista de la isla. «Periódicamente hacen desfilar por las calles de Hoihow a los prisioneros con las banderas rojas y los pañuelos rojos capturados. Ha habido muchas bajas en ambos bandos, pienso», CMC 32358, S/O, n.º 595, 15 de septiembre de 1932.

[75] Diarios de Stella Benson, Entrada 6801, 25 de agosto de 1932.

[76] *Some Letters of Stella Benson*, Hong Kong, 1978, p. 38, 22 de noviembre de 1932.

[77] J.C. O'G. Anderson, Cartas, 9 de febrero de 1933.

cenario, los modales eran más divertidos. «En Kwangchouwan conocí una lesbiana china. Una mujer muy curiosa, casada con un empleado de Aduanas. La llaman la "Conquistadora", es tremendamente mandona, y hace llamar chicas cantantes para que duerman con ella»[78]. Parecía disfrutar del reto que le planteaba aquella frontera excéntrica, y confirmó la buena opinión de sus superiores, aunque las autoridades francesas siguieron haciendo la vista gorda al tráfico prohibido. Por su parte, el régimen de Kwangtung –al que Hu Shih, después de un encontronazo con Chen Chi-t'ang, consideraba completamente ignorante en comparación con Kwangsi– obstaculizaba cualquier esfuerzo de fortificar la frontera en su lado, considerando al Servicio de Aduanas de Pakhoi un agente de Nankín del que no podía ganar nada.

A finales del invierno, la salud de Stella volvió a empeorar. «Me pregunto si no habré llegado al fin –comentaba–. Realmente no me importa. He alcanzado mi plena estatura, tal como está, y no siento que mi muerte dejase nada muy valioso *sin probar*»[79]. En verano, mi padre pidió un mes de permiso, y ambos fueron de vacaciones a las montañas de Java. Ella estaba aún muy débil. En otoño viajaron a Tonkín, donde él tenía trabajo de Aduanas. Ella se quedó unos días, después de que él regresara, en Baie d'Along, famosa por el atractivo de sus islotes montañosos. Allí cogió la última neumonía, y murió. Mi padre la enterró en una isla de la bahía. Había sido una de esas relaciones peculiares –¿muy común, o producto de circunstancias ajenas?–, como un ocho roto. Ella se había enamorado apasionadamente de él; él se casó con ella teniendo la mente en otra parte. Ella lo frustró físicamente; él la decepcionó emocionalmente. Desgastada la relación, se distanciaron. Pero su compañía se le hizo esencial, y ella aceptó el desplazamiento a cambio. Tierno e insensible, él acabó por quererla más a ella que ella a él, pero, en la práctica, ella cedió más, y sólo lo lamentó de manera intermitente. A su muerte, él escribió: «Es difícil poner en papel el orgullo secreto que siempre me ha producido, incluso cuando

---

[78] *Ibidem*, 4 de junio de 1932.
[79] Diarios de Stella Benson, Entrada 6801, 12 de marzo de 1933.

estábamos enfadados»[80]. No hay cartas de los últimos meses que pasó solo en Pakhoi. En abril de 1934 partió hacia Europa. Enviando el diario de Stella a la Biblioteca de Cambridge, escribió en letra pequeña en la última página: «Era una mujer magnífica. Entregar estos diarios es como volver a enterrarla. Apenas puedo soportarlo»[81].

Mientras estaba en Europa, la situación en China volvió a alterarse fundamentalmente. A mediados de 1934, la Quinta Campaña de Exterminio de Chiang Kai-shek había vuelto insostenible la base de Mao en el área fronteriza de Kiangsi-Fukien. En octubre, las fuerzas comunistas rompieron el asedio, y empezaron la Larga Marcha. Un año después, tras tremendas pérdidas, llegaba a Yenan un pequeño remanente. Mientras el KMT y sus caudillos militares aliados acosaban al PCCh en su nueva base del noroeste de China, en el este aumentaba la presión japonesa. Un mes después de que Mao llegase a Shensi, el Ejército japonés extendió su control alrededor de Pekín, sin una seria resistencia del régimen nacionalista. El 9 de diciembre de 1935, las protestas estudiantiles contra la acomodación de Nankín a Tokio fueron aplastadas por la policía en Pekín, con numerosas detenciones. En solidaridad, por todo el país se generalizaron las manifestaciones patrióticas, en las que los comunistas clandestinos desempeñaron una importante función. Después de sus reveses militares, el PCCh empezaba a recuperarse políticamente.

De vuelta en Londres, mi padre confesó que estaba todavía «roto en pedazos de dolor y remordimiento» por la muerte de su esposa[82]. No deseando volver a China solo, acudía a clubes nocturnos, se aficionó a los autogiros, consideró compañeras alternativas. Cenando con mi madre, le atrajo el modo que ella tenía de mover el cuchillo y el tenedor mientras hablaba. Al final, se le declaró. Ella tenía doce años menos, y estaba ena-

---

[80] J. C. O'G. Anderson, Cartas, 9 de diciembre de 1933.

[81] Diarios de Stella Benson, Entrada 6802, nota escrita el 4 de diciembre de 1934.

[82] J. C. O'G. Anderson, Cartas, 13 de octubre de 1935.

morada de un guardia real cuya familia no quería un mal partido. En sus paseos por el campo, en las anotaciones de su diario, ella sopesó sus posibilidades. Un viaje a Irlanda lo solucionó. En septiembre de 1935, se casaron. A veces, muchos años después, ella hablaba como si hubiera sido casi un matrimonio concertado. Ciertamente, China debió de ser un salto a ciegas. Pero era aventurera, y de acuerdo con los criterios habituales –de entonces y de ahora– la relación debió de funcionar. Maze cablegrafió a mi padre que debía dirigirse a Kunmig. Partieron de muy buen humor, perdiendo un barco, tomando otro en Marsella; a mi hermano lo concibieron en algún lugar del Océano Índico.

En febrero de 1936, llegaron a Yunnan. Las nuevas realidades se hicieron sentir enseguida. El primer despacho de mi padre a Maze empezaba: «LOS COMUNISTAS: han entrado en la provincia por el extremo noroeste. Hay indicios de que las tropas de Yunnan no van a combatir contra ellos, sino que les facilitarán la entrada en Szechwan»[83]. Las fuerzas de Mao habían llegado a Shensi, pero entonces otra columna del Ejército Rojo, que, al tener su base en la frontera de Hunan-Hupei, había tardado más, recorría China. Guiada por Ho Lung, excomandante de los Valientes de Chang Fa-kuei, acabaría llegando a Yenan con una fuerza mucho mayor –unos 20.000 soldados– que los supervivientes de la Larga Marcha. En abril, las fuerzas de Ho Lung estaban tan cerca de Kunming que mi padre escribió en su informe «algo muy parecido al pánico aquí […] el pasado viernes toda la población extranjera –y muchos chinos– pasaron la noche en trenes con la locomotora en marcha, dispuestos a partir al primer aviso»[84]. En su diario, mi madre proporciona una descripción más vivaz del caos nocturno en la estación de tren, y la opinión declarada de que los comunistas, si llegaban, serían una mejora para la población local. De hecho, el Segundo Ejército Rojo y el Sexto penetraron en Szechwan desde el oeste y desde

---

[83] CMC Mengtsze, 32611, S/O; n.º 863, Yunnanfu, 7 de marzo de 1936.

[84] CMC 32611, Mengtsze, 13 de abril de 1936.

el norte, sin esfuerzos de Yunnan para impedirles el paso, como mi padre había predicho[85].

La alarma, sin embargo, llevó a Chiang Kai-shek a Kunming para evaluar la situación. Mi padre acudió al aeródromo con la comitiva oficial para recibirlo a su llegada de Chengtu. «Tenía un aspecto notablemente bueno, en contraste con su anfitrión, el general Lung Yun, que es, y parece, un gran fumador de opio»[86]. Lung Yun, el diminuto gobernador de Yunnan, había regido la provincia prácticamente como un Estado independiente desde 1928. Caudillo militar *lolo*, nunca había provocado al régimen del KMT desde su franja de terreno nororiental como habían hecho sus homólogos de Kwangsi o Kwangtung, pero como mínimo lo había mantenido aún más firmemente alejado de su dominio. Yunnan tenía su propia moneda de plata, contactaba con el mundo exterior a través de Indochina, tenía minas de estaño que sostenían sus ingresos y –sobre todo– la mayor cosecha de opio de China, que llenaba sus arcas y aseguraba las fortunas de sus principales dirigentes. Poco después de su llegada, habiendo interceptado un gran envío a Tonkín «que llevaba las etiquetas de la Oficina de Yunnan para la Supresión del Opio» mi padre se vio obligado a dejarlo seguir. El tráfico de opio era, informó a Maze:

> Un interés creado muy importante para el gobierno local. A no ser que se me autorice a cerrar los ojos al tráfico de opio y de sal, y sin un fuerte apoyo del gobierno central, pienso que será inútil y peligroso intentar hacer nada. Agradecería una palabra de instrucción oficiosa respecto a esto[87].

Le dijeron lacónicamente que mirase hacia otro lado.

---

[85] Respecto al tránsito de Ho Lung por Yunnan, véase H. Salisbury, *The Long March. The Untold Story*, Nueva York, 1985, pp. 306-310; para Nym Walers, «Ho Lung fue la figura más elegante de los líderes rojos chinos, así como la más esquiva»: *The Chinese Communists. Sketches and Autobiographies of the Old Guard*, Westport, 1972, p. 291.

[86] CMC 32611, 25 de abril de 1936.

[87] CMC 32611, S/O 865, n.º 30 de marzo de 1936.

Incluso el contrabando de menor voltaje era difícil de controlar, por la sensibilidad del régimen de Lung Yun a cualquier intrusión de la autoridad del gobierno central en sus prerrogativas. Mi padre hizo repetidas solicitudes de guardias armados para reforzar la vigilancia de Aduanas contra el contrabando ordinario a lo largo de la línea férrea, las cuales encontraron una dura resistencia y ataques de la prensa ante la perspectiva.

El gobierno considera que mi intento de reclutar una guardia armada y el descubrimiento de prácticas prohibidas en Mapai son incursiones impertinentes en los asuntos provinciales, aunque de hecho atiendo estrictamente a mi propia tarea, la recaudación de impuestos, que atañe al Gobierno central del que soy agente.

Excesivamente impresionado, como muchos chinos cultos en aquel momento, por las afirmaciones que Chiang Kai-shek hacía de estar construyendo un Estado nacional moderno, tenía una opinión acordemente mala de las autoridades de Yunnan.

La verdad es que el gobierno no sólo es provincial, sino también extremadamente provinciano: tiene muy poco conocimiento o comprensión de lo que ocurre en el resto de China, es extremadamente suspicaz y resulta difícil tratar con él. Ésta es la opinión de todos los organismos extraprovinciales[88].

Tales reservas no lograban arruinar los placeres de Kunming, «uno de los lugares más encantadores de China»[89]. Situada en una meseta elevada, bajo unos cielos azules de clima prácticamente perfecto, la ciudad estaba circundada por una enorme muralla de color rojizo, cortada por cuatro puertas ornamentales, y rodeada por montes cubiertos de camelias y frutales en flor. El río Liang, que pasaba por delante de la oficina de mi

---

[88] CMC 32611, S/O 883, n.º 10 de noviembre de 1936.
[89] CMC 32611, S/O 912, n.º 8 de octubre de 1937. Respecto a Lung Yun y su régimen, a menudo subestimado por los extranjeros, véase J. Hall, *The Yunnan Provincial Faction 1927-1937*, Canberra, 1976, pp. 55-61 y ss.

padre, desembocaba en el lago Dian, al sur de la ciudad, desde cuya orilla occidental se levantaba el escarpado acantilado de Hsi Shan: templos y santuarios en la ladera de la montaña, sampanes e islas abajo en el agua. En ese escenario, nació mi hermano. La familia vivía en una villa alemana propiedad de Lung Yun, al lado de una de sus residencias. Fue una edad de oro en la leyenda familiar, que los documentos contemporáneos dejan sorprendentemente intacta: fiestas campestres en el monte, baños nocturnos en el lago, los méritos de los Lawrence (D. H. frente a T. E.), fiestas infantiles en el jardín, las esposas del gobernador o su prima para tomar el té. Quizá hubiera demasiado entretenimiento; pero cuando llegó la orden de traslado del inspector general, fue la única vez que mi padre rompió el protocolo con una protesta.

Durante este idilio, empezaron las primeras grandes batallas de lo que acabaría siendo la Segunda Guerra Mundial cuando, en agosto de 1937, Chiang Kai-Shek –que había perdido el control de Pekín– arrojó sus mejores divisiones contra las posiciones japonesas en Shanghai, en un ataque chapucero que hizo pedazos sus fuerzas, con 250.000 bajas chinas y una apresurada retirada a Nankín. En octubre, en el momento culminante del enfrentamiento, mi padre recibió de repente órdenes de partir de Kunming. En sus últimos despachos, predijo que la conflagración beneficiaría económicamente a Yunnan: «ahora pienso que se acerca una especie de situación de auge y que se mantendrá mientras dure la guerra. Hay ya una afluencia de chinos refugiados de otras provincias. El precio de los alquileres de viviendas se está disparando»[90]. Lo que no previó fue la apertura cultural y política que eso aportaría a Kunming. Tres meses después de su partida, el traslado de tres de las principales universidades de Pekín y Tientsin a Yunnan, creando el famoso campus conjunto de Lianda, convirtió a Kunming en la capital intelectual china durante la guerra. Lung Yun, que tenía todas las razones para desconfiar de los planes del KMT para la provincia, protegió este fermento, mientras en la capital de Chiang, Chungking, se

---

[90] CMC 32611, *Ibidem*.

asfixiaba la libertad académica. Inevitablemente, esto condujo a un debate político cada vez más vivo y a una oposición al KMT. Nada más terminar la guerra, las tropas nacionalistas organizaron un golpe de Estado, y asesinaron a estudiantes e intelectuales en una serie de incidentes que ayudaron a desencadenar la Guerra Civil: sucesos gráficamente registrados por Robert Payne, que ejercía de profesor en Lianda[91]. Lung Yun, detenido y deportado a Chungking, huyó más tarde a Hong Kong. Acabó sus días, como Li Tsung-jen, convertido en figura honorífica de la República Popular.

En noviembre de 1937, mientras los japoneses expulsaban de Shanghai a los ejércitos nacionalistas, la familia tomó el tren Michelin –muy adelantado para entonces– hasta Hanoi, y de allí se dirigió en barco a Swatow, el puerto de Kwangtung al que habían destinado a mi padre. Conocido hoy en día por ser el lugar de nacimiento del multimillonario más rico de Hong Kong, el naviero Li Ka-shung, que le ha aportado muchos fondos, Swatow tiene un clima pegajoso y un área interior de granito. No era del agrado de mis padres. Profesionalmente, mi padre tuvo un consuelo: la recaudación de impuestos era el doble que la de Yunnan, y la plantilla más numerosa. Allí, el superintendente –homólogo chino del comisario, normalmente una figura de paja– se tomaba muy en serio los asuntos de Aduanas. Visitándolo inmediatamente después de su llegada, a mi padre le pareció «como esperaba, malhumorado y desagradablemente inclinado», y «espantosamente aburrido (en mi experiencia, una cualidad inusual en un funcionario chino)»[92]: un añadido más significativo si cabe por la comparación que implica.

A esto Maze respondió al mejor estilo colonial: «Confío en que con su discreto manejo de la situación pueda usted hacer entender al superintendente cuál es su verdadera posición en Aduanas»[93]. De hecho, quedó claro que al funcionario en cuestión le interesaba mucho endurecer las medidas contra el contra-

---

[91] R. Payne, *China Awake*, Nueva York, 1947, pp. 200-234 y 417-419.
[92] CMC Swatow 32374, 16 de noviembre de 1937.
[93] Anotación, *Ibidem*.

bando, un objetivo con el que mi padre simpatizaba en extremo. Los buques de guerra japoneses patrullaban por aquel entonces la costa sur de China para impedir que al gobierno nacionalista le llegaran suministros de armamento, y como Swatow estaba en la zona de bloqueo, había un par de destructores apostados a unas millas del puerto. La consecuencia fue la de limitar las motoras de Aduanas a la línea de costa, aumentando el contrabando comercial en el mar, donde la práctica habitual era la de tirar el contrabando por la borda de los vapores en balas atadas a boyas, que luego eran recogidas y llevadas a tierra por juncos locales. Los navíos noruegos, que viajaban sin vigilancia contra la piratería, eran los principales infractores. Colocando agentes encubiertos en uno que navegaba hacia el sur desde Hong Kong, y una lancha rápida en espera de los juncos en una ensenada cercana, mi padre incautó un gran alijo de mercancías y detuvo a bastantes contrabandistas, provocando la práctica detención, temporal en todo caso, de las descargas. Mirando las anotaciones escritas de la Jefatura en este despacho —«un golpe típico de Anderson, bien diseñado y planeado»[94]—, recuperé débiles imágenes de la niñez.

Unos días después, las bombas japonesas caían sobre los asentamientos cercanos, aunque mi padre descartaba un desembarco inminente. En marzo de 1938, lo destinaron al interior, a Wuchow, a orillas del río Oriental. De camino, en Hong Kong le dijeron que debía operarse, y le dieron seis meses de permiso para ello. La familia estaba de vuelta en Londres en mayo. Ese mes, las exigencias japonesas a las CMC alcanzaron un punto crítico. Japón no había declarado formalmente la guerra a China, y aún debía tener en cuenta a las demás potencias de la región. Aunque Tokio controlaba ya Shanghai y Nankín, no podía anexionar ni liquidar sin más las Aduanas Marítimas sin provocar un conflicto con Reino Unido y Estados Unidos. Pero las autoridades japonesas exigieron que todos los impuestos recaudados en las partes de China bajo control japonés se ingresaran en el Banco de Metálico de Yokohama, y los nombramientos de

---

[94] CMC 32375, 22 de enero de 1938.

personal para el servicio reflejasen la preponderancia japonesa. Bajo esta presión, Maze, solicitando apoyo de Londres y Washington, y comprensión a Chungking, retiró los balances acumulados en el Banco de Hongkong y Shanghai, y se negó a efectuar grandes cambios de plantilla, pero, por lo demás, se plegó a la primera exigencia y cumplió en cierta medida la segunda.

En otoño, los japoneses capturaron Cantón. Un año después, controlaban puertos que suponían el 90 por 100 de los ingresos. Los comisarios extranjeros –un estadounidense en Cantón, un británico en Tientsin, un danés en Amoy y demás– siguieron trabajando bajo la ocupación japonesa, y las autoridades japonesas entregaban cuotas regulares a la Jefatura para los gastos del Servicio, conservando los saldos bancarios para sí. Todavía legalmente agente del gobierno chino de Chungking, la Jefatura General dependía ahora de los envíos de un gobierno en guerra con aquél. Desde su oficina central en Hart Road, en el Asentamiento Internacional, Maze intentaba suavizar al máximo los problemas de Aduanas, volando a Hong Kong para asegurarse del ministro de Finanzas del KMT, llegado desde Chungking, una tolerancia tácita a estos acuerdos. En una carta confidencial al secretario en Londres, escribió más tarde: «Mi posición no sólo era difícil; era imposible. Un epigramista podría describirla así: "Tokio *exigía*; Chungking *objetaba*, y las Potencias Interesadas *esperaban*"»[95]. Pero independientemente de la presión ejercida por Japón, o de la información transmitida a Reino Unido, siguió manteniendo su lealtad de funcionario a China[96].

En octubre de 1938, pidieron a mi padre que se reincorporase en Shanghai. Mi madre, protestando por su partida, se quedó atrás. Durante seis meses llevó una vida sosegada en la Concesión Francesa, en un limbo burocrático. En teoría asignado como

---

[95] Maze a Cubbon, 27 de marzo de 1943; Documentos Confidenciales de Maze, vol. 15, p. 347.

[96] Se puede encontrar un buen estudio sobre la función que Maze desempeñó esos años en N. Clifford, «Sir Frederick Maze and the Chinese Maritime Customs, 1937-1941», *Journal of Modern History*, marzo de 1965, pp. 18-34; y *Retreat from China. British Foreign Policy in the Far East, 1937-1941*, Seattle, 1967, pp. 56-61, 105-106.

comisario a Wuhu, un puerto del Yangtze en la zona de guerra japonesa donde ya no operaba ninguna estación de las CMC, vivía en los Apartamentos Picardie, un bloque Art Deco situado en la Avenida Pétain, jugando al ajedrez con exiliados rusos, aprendiendo italiano, leyendo a Saint-Simon. Cuando la primavera le proporcionó un puesto sobre el terreno, su alivio fue palpable. Del mermado número de puertos bajo control chino, le dieron Lungchow. La ciudad en sí no había cambiado mucho en la década transcurrida desde el soviet del río Izquierdo. Pero al llegar a través de Hanoi, descubrió que el escenario de la frontera entre Kwangsi y Tonkín había cambiado. Con la caída de Cantón, ésta se había convertido de repente en una de las dos únicas rutas por tierra que quedaban para entrar en territorio nacionalista. En la estrecha carretera que iba de Hanoi a Nanning, la pequeña caseta de revisión estaba atestada de convoyes de camiones pesados y otros vehículos que circulaban del territorio francés al chino con suministros militares y civiles. En el transcurso de pocos meses, los ingresos de Aduanas se habían centuplicado. Las condiciones en Lungchow, supuestamente el puerto más insano de China, eran primitivas y el número de tareas enorme. Pero a él le entusiasmaba estar allí.

Mientras tanto, los japoneses estaban convirtiendo Hainan en una gran base naval y aérea, a ciento cincuenta kilómetros de la costa. Pronto, los hidroaviones japoneses empezaron a atacar la zona, bombardeando la carretera y el tráfico que circulaba por ella. Había que pasar las mercancías de noche. A mediados de agosto, se produjeron ataques diarios sobre Lungchow. Dos de los ayudantes de mi padre cayeron heridos a unos metros de él, cuando una bomba cayó en su jardín. Una semana después, un escuadrón de bombarderos escoltados por hidroaviones lanzó un ataque mucho más fuerte, destruyendo blancos a ambos lados del río y destrozando la Casa de Aduanas. Lungchow carecía de defensa antiaérea: «Los aviones vuelan bajos y a menudo pasan *una hora* en cada visita, bombardeando, dando vueltas para buscar dónde descargar, bombardeando de nuevo, ametrallando»; peor incluso que el estrépito de las explosiones era el asesino «rugido de las bajadas en picado, que suena como si estuvieran

530

desgarrando el cielo de seda»[97]. Cuando sonaba la alarma, el personal de Aduanas se refugiaba en las profundas cuevas de los montes cercanos, aunque dirigirse allí también era peligroso; en una ocasión, el coche del servicio fue acribillado a balazos por los aviones que llegaban en sentido opuesto. En esas condiciones, mi padre trasladó su sede a Langson, al otro lado de la frontera; aunque oficialmente el gobernador general francés había prohibido el traslado, en la práctica, la Sûreté hacía la vista gorda. De día, y hasta entrada la noche, el personal trabajaba en Namkuan, *Porte de Chine* (la *China Gate* de la película de Samuel Fuller); por la noche, dormían en Vietnam. A la guerra en Europa le faltaban dos semanas.

Entre boletines sobre la situación militar, mi padre siguió enviando informes sobre los surrealistas problemas aduaneros de la región.

Hay cinco tipos principales de contrabandistas de aceite de palo; la Agrupación de Kwangsi, que trabaja para derrotar los intereses de la Comisión de Comercio (que es lo mismo que decir del gobierno central); el propio personal de la Agrupación, que efectúa contrabando privado contra los intereses de la Comisión y de la Agrupación; y las organizaciones contrabandistas locales que trabajan con la ayuda y la protección armada de las autoridades locales contra los intereses de la Comisión, la Agrupación y el personal de la Agrupación. (Todo esto, en un momento en el que China lucha por su existencia)[98].

El aceite de palo era una exportación enormemente lucrativa. Pero las mercancías ordinarias estaban por entonces manipuladas y gravadas de modo tan extorsionador por Chungking que «el exportador habría sido menos que humano si hubiera cumplido con docilidad las exigencias del gobierno. Seguía siendo

---

[97] CMC 31607, Cartas confidenciales al IGS, Lungchow, 21 de septiembre de 1939; J. C. O'G. Anderson, Cartas, 20 de agosto de 1939.

[98] CMC 31608, Cartas Confidenciales al IGS, Lungchow, 15 de enero de 1940.

humano, y contrabandeaba»[99]. En esas condiciones, no presionó para que le enviasen más guardias, porque los consideraba una provocación inútil.

Durante veinticinco años, mi padre había vivido en una peculiar diagonal con la sociedad china. Aduanas Marítimas no era una elite colonial que gobernase a un pueblo sometido. No era una moderna comunidad de expatriados, que estuviesen allí para dejarse sobornar. No era un cuerpo diplomático, mirando por los intereses nacionales. Se involucró con China de manera más íntima que los diplomáticos, pero, inevitablemente, seguía disociada del tejido básico de la vida china. En el periodo imperial, la arrogancia occidental impregnaba de manera natural al Servicio. En el periodo republicano, esto tal vez disminuyese, pero el debilitamiento del Estado del que era un brazo semiautónomo fomentó una cierta distancia irónica, capaz de ser igualmente indiferente hacia las realidades humanas que lo rodeaban. Mi padre había visto mucho de China, más que la mayoría de los contemporáneos educados nacidos en el país, pero seguía manteniendo una lejanía básica. Entonces, quizá, ese distanciamiento disminuyó. Bajo el ataque japonés, los riesgos vitales eran compartidos, y la admiración de mi padre por la fortaleza y el ingenio de sus subordinados surgió de una experiencia común. El ingenio de los chinos comunes, su extraordinaria capacidad en tiempos de guerra «de conseguir diez litros de una botella de litro»[100] le causó gran impresión, y lo volvió proporcionalmente más cáustico respecto a las autoridades impuestas sobre ellos.

En noviembre, la armada japonesa desembarcó en la costa norte del Golfo de Tonkín una fuerza expedicionaria que rápidamente llegó cruzando las montañas al centro de Kwangsi. Un portaviones proporcionaba ataques aéreos[101]. A finales del

---

[99] CMC 3326, Lungchow, Despacho n.º 3405, Memorando de Entrega del Cargo, 30 de mayo de 1940.

[100] CMC 31608, Cartas Confidenciales al IGS, Lungchow, 14 de febrero de 1940.

[101] Respecto a esta campaña, véase F. Dorn, *The Sino-Japanese War, 1937-1941*, Nueva York, 1974, pp. 284-303.

mes, Nanning había caído, cortando la línea de suministros al interior; «un duro golpe», escribía Maze a Londres, ya que «aproximadamente un tercio de las importaciones chinas de materiales de guerra pasaban por la carretera de Nanning»[102]. Dirigiéndose hacia el suroeste, una columna volante llegó a Lungchow en diciembre y la destrozó. Mi padre informó: «Han reducido a escombros cuatro quintas partes de la ciudad, y han dinamitado parcialmente el puente sobre el río»[103]. Pocos días después ocuparon Namkuan. El personal de Aduanas fue evacuado a Langson justo a tiempo. Cuando las tropas japonesas avanzaron, volvieron a establecer el puesto fronterizo, y el destacamento volvió a Lungchow. En medio de todo esto, mi madre voló en avión desde Inglaterra, en un pequeño avión francés que cubría varios cientos de kilómetros diarios, para reunirse con él en Langson. En el campo que rodea a Caobang, más tarde escenario de batallas chino-vietnamitas, realizó con él viajes de inspección. En abril, Lungchow volvió a ser fuertemente bombardeado desde el mar; «no entiendo por qué. Prácticamente no hay nada que valga la pena atacar»[104]. En mayo entregó el cargo a su sucesor. Dos meses después, había inspectores japoneses estacionados dentro del territorio francés, controlando todo el tráfico hacia China[105]. En Nanjing, habían instalado un gobierno colaboracionista dirigido por el vicepresidente de Chiang Kai-shek, Wang Ching-wei, que reclamaba credenciales legítimas del KMT.

Llamado a Shanghai, mi padre fue ascendido a secretario estadístico, uno de los principales cargos del Servicio, responsable

---

[102] Maze a Cubbon, 29 de enero de 1940; Documentos Confidenciales de Maze, vol. 14, p. 81.

[103] CMC 31608, Cartas Confidenciales al IGS, Lungchow, 5 de enero de 1940.

[104] CMC 32583, Lungchow S/O n.º 704, 20 de abril de 1940.

[105] Respecto a estos sucesos, véase M. Yoshizawa, «The Nishihara Mission in Hanoi, July 1940», en T. Shiraishi y M. Furuta, *Indochina in the 1940s and 1950s*, Ithaca, 1992, pp. 9-54; H. Ikuhiko, «The Army's Move into Northern Indochina», en J. Morley, *The Fateful Choice. Japan's Advance into South-East Asia 1939-1941*, Nueva York, 1980, pp. 155-208. En septiembre, el ejército japonés ocupaba Tonkín.

de cotejar los ingresos, publicar resultados, mantener los archivos, dirigir una imprenta, mantener una considerable biblioteca. En el verano de 1940, mi tía nos llevó a los hijos a través de Canadá. Probablemente, la familia viviera con cierto estilo, aunque con la discreción del *haut fonctionnaire*, y no con la opulencia fingida del medio empresarial de Ballard en *Empire of the Sun*. La seguridad económica y la unión familiar iban de la mano; mi padre deseaba las dos enormemente. Pero nunca le había gustado Shanghai, símbolo de todo lo que los occidentales le habían hecho a China; y le aburría el trabajo de oficina, por muy elevado que fuese; «me gusta moverme de un lado a otro», había escrito desde uno de sus puestos más complicados. Lo más opresivo, por supuesto, era la atmósfera en el Asentamiento Internacional, entonces rodeado de tropas y buques de guerra japoneses por todas partes, mientras desde Europa llegaban malas noticias. «La vida en Shanghai es todo menos alegre», escribió a Irlanda en febrero de 1941: «Es tranquila y aburrida, y la mayoría la preferimos así en estos tiempos. Porque la alternativa –tensa y amenazadora– nunca está muy remota»[106]. Deseaba una hija, pero difícilmente podía ampliar la familia «cuando siempre hay la posibilidad de una evacuación desordenada (por no hablar de un campo de concentración japonés)»[107]. En abril recibió el permiso de doce meses que le correspondía. Maze, reacio a dejar que el personal se fuese, lo tentó con Tientsin, el segundo mayor puerto del país. Mi madre se impuso. Europa estaba fuera de alcance. Embarcamos en el *President Coolidge* hacia San Francisco.

California, en el verano de 1941, fue otra cápsula del tiempo. Mientras la familia se instalaba en Los Gatos, el control japonés sobre Shanghai se endureció. Le retiraron a la Jefatura las cuotas de gastos de los puertos ocupados hasta que se nombró un comisario japonés en la ciudad. Maze, citando su experiencia en Ichang durante la Rebelión Boxer de 1900, resistió cualquier plan de evacuación de emergencia, manteniendo en sus puestos a todos

---

[106] J.C. O'G. Anderson, Cartas, 21 de febrero de 1941.
[107] *Ibidem*, 28 de enero de 1941.

534

los comisarios aliados[108]. Pocas horas después de Pearl Harbor, mientras mis padres contemplaban con asombro desde el Área de la Bahía el pánico y el éxodo masivos, los japoneses asumían el control del Asentamiento Internacional. Dos días después, el régimen de Wang Ching-wei en Nankín despidió a Maze y lo puso bajo arresto domiciliario. Kishimoto, a quien mi padre de joven soñaba con suceder, asumió el cargo de inspector general, y el servicio fue purgado de empleados estadounidenses y británicos. En marzo, la Kempetai, la temida policía militar japonesa, metió a Maze en una cárcel para presos con delitos graves por no cooperar con las nuevas autoridades. Nankín, sin embargo, aún no había declarado la guerra a los Aliados. Un mes después liberaron a Maze, y, en el verano de 1942, le permitieron, junto con otro personal aliado de Aduanas –en el momento culminante de la Guerra del Pacífico– zarpar de Shanghai hacia Mozambique.

La anómala condición jurídica de las Aduanas Marítimas Chinas resultó buena hasta el final. En la Primera Guerra Mundial, alemanes y austriacos habían sido despedidos, pero no internados. Ahora, la bota estaba en el otro pie, y estadounidenses y británicos fueron despedidos. Pero el gobierno de Nankín, en 1942, actuó como lo había hecho el de Pekín en 1917, y no los trató como nacionales de países enemigos, sino meramente como empleados cuyo contrato había sido rescindido. En Shanghai, se mantuvo meticulosamente la continuidad burocrática. De manera imperturbable, mientras se embarcaba a los británicos en Malasia, el nuevo secretario estadístico chino escribía al inspector general: «S/O n.º 224. Estimado señor Kishimoto, le ruego renueve la sugerencia hecha por mi predecesor, el señor Anderson […]»[109].

Desde Lourenço Marques, Maze consiguió volver a finales de 1942 a Chungking para retomar su cargo de inspector general en la zona del KMT. Descubrió que todo había cambiado.

---

[108] Maze a Lockhart (cónsul general estadounidense en Shanghai), 29 de abril de 1941: Documentos de Maze, Cartas Confidenciales, vol. 14, Sección Estadounidense, Artículo 15.
[109] CMC 30347, 10 de enero de 1942.

Tras la caída de Singapur y Hong Kong, los británicos tenían poco prestigio; el sentimiento nacionalista contra los funcionarios extranjeros era fuerte; y ya no tenía la distancia que lo protegiese del Generalísimo, que, para entonces, le producía un intenso desagrado («es perceptible que, mientras se condena al "liberalismo" y al comunismo, se guarda silencio respecto al fascismo y al nazismo"»)[110]. En mayo de 1943, arrojó la toalla. Los últimos años, observaba con una franqueza recién adquirida, había visto «las últimas fases de la historia romántica del semicontrol británico en el Servicio de Aduanas Marítimas Chinas»[111]. Para entonces –era inútil ocultar cierta amargura–, había que entregar la batuta a Estados Unidos[112]. En junio, el gobierno nacionalista, con el asentimiento de Washington, nombró a Lester Little, durante mucho tiempo comisario en Cantón, último inspector general de Aduanas Chinas.

En California, mi padre, cayendo en una larga enfermedad, no estaba en condiciones de regresar a Chungking. Invalidado para el servicio en 1942, trabajaba cuando podía en la Oficina de Política de Guerra en San Francisco, instalada por Londres para recoger información y radiar propaganda a China. Una capa de dolor oscurece esos años, en las pocas cartas que sobreviven. En 1945, la familia embarcó en el *Queen Mary*, todavía un barco para tropas, hacia Greenock. Al llegar a Waterford, supuso que le quedaba poco tiempo. Pero su mente aún debió de volver a China. La última carta encontrada no la escribió él. Es una res-

---

[110] Maze a Cubbon, secretario de las CMC en Londres, «Secreto», 3 de mayo de 1943: Documentos Secretos de Maze, Cartas confidenciales, vol. 15, 403.

[111] Dosier incluido en los Documentos Confidenciales de Maze, vol. 15, 414.

[112] Maze a Cubbon, 7 de mayo de 1943, Documentos Confidenciales de Maze, vol. 15, 414: «Cuando todo está dicho y hecho, el nombramiento de un estadounidense para el cargo de inspector general (teniendo en consideración los notables servicios de Hart a China y al mundo; y la sobresaliente administración por parte de Aglen de los asuntos económicos del país, etc., durante la confusión política que durante un tiempo siguió al derrocamiento de la dinastía Tsing en 1911) es en cierta medida una afrenta a Inglaterra; ¡y me dicen que eso es lo que pretende ser!».

puesta de su asistente cantonés en Lungchow, agradeciéndole que se interesase por su destino, la cual había tardado seis meses en llegar desde China en 1946. La carta, en una letra clara y diminuta, le contaba sin alharacas la historia de lo que había ocurrido con sus diferentes ayudantes, dispersos desde Sinkiang hasta Kwangtung, y a los hijos de éstos («incluida la hija a la que le gustaba vestirse de chico»), durante la guerra: hambre, cautividad, huida, promoción, muerte. El autor, entonces encargado de las aduanas de Hainan, acababa:

> El pueblo chino, con la capacidad potencial de superar dificultades insoportables, tal vez ponga su casa en orden. Es muy amable por su parte interesarse por nosotros. Si la gente del mundo, en especial los que están en el poder, entendiese qué es la amistad y tuviese en cuenta la despedida de otros como usted, una paz mundial duradera no sería un sueño. Espero poder pasarme a verlo a usted en el futuro, cuando el precio de los pasajes aéreos se reduzca a una cantidad que yo pueda pagar, o al menos poder hablar con usted y verlo en un teléfono con televisión. Tengo todas las razones para creer que ése no es un simple sueño[113].

La carta se envió en diciembre. Cuando llegó a Irlanda, mi padre ya había muerto.

La Jefatura Exterior de Aduanas Marítimas duró hasta que el Ejército Popular de Liberación entró en Cantón en octubre de 1949. Su último servicio encajó la posdata estadounidense. Con mucha antelación, por órdenes de Chiang Kai-shek, que no confiaba en su propia armada, Little cargó 200 toneladas de oro y plata en los cruceros de las Aduanas –todas las reservas de divisas chinas– y las trasladó a Taiwan, para esperar la llegada del Generalísimo.

1998-2005

---

[113] Carta, Hui Sungkai, 14 de noviembre de 1946.

537

ÍNDICE